权威·前沿·原创

皮书系列为
"十二五""十三五"国家重点图书出版规划项目

一带一路智库合作联盟

"一带一路"投资安全蓝皮书
BLUE BOOK OF INVESTMENT SECURITY OF "THE BELT AND ROAD" CONSTRUCTION

中国"一带一路"投资安全研究报告（2018）

ANNUAL REPORT ON INVESTMENT SECURITY OF CHINA'S "THE BELT AND ROAD" CONSTRUCTION (2018)

主　编／计金标　梁昊光

社会科学文献出版社
SOCIAL SCIENCES ACADEMIC PRESS (CHINA)

图书在版编目(CIP)数据

中国"一带一路"投资安全研究报告.2018/计金标,梁昊光主编.--北京:社会科学文献出版社,2018.4
("一带一路"投资安全蓝皮书)
ISBN 978-7-5201-2439-3

Ⅰ.①中… Ⅱ.①计… ②梁… Ⅲ.①"一带一路"-投资风险-研究报告-中国-2018 Ⅳ.①F125

中国版本图书馆CIP数据核字(2018)第048175号

"一带一路"投资安全蓝皮书
中国"一带一路"投资安全研究报告(2018)

主　　编／计金标　梁昊光

出 版 人／谢寿光
项目统筹／祝得彬　仇　扬
责任编辑／王小艳　张苏琴　仇　扬

出　　版／社会科学文献出版社·当代世界出版分社 (010) 59367004
　　　　　地址:北京市北三环中路甲29号院华龙大厦　邮编:100029
　　　　　网址:www.ssap.com.cn

发　　行／市场营销中心 (010) 59367081　59367018
印　　装／北京季蜂印刷有限公司

规　　格／开本:787mm×1092mm　1/16
　　　　　印　张:21.75　字　数:330千字
版　　次／2018年4月第1版　2018年4月第1次印刷
书　　号／ISBN 978-7-5201-2439-3
定　　价／98.00元

皮书序列号／PSN B-2017-612-1/1

本书如有印装质量问题,请与读者服务中心(010-59367028)联系

▲ 版权所有 翻印必究

"一带一路"投资安全蓝皮书编委会

单位成员 北京第二外国语学院
一带一路智库合作联盟
上海立信会计金融学院
国家科技图书文献中心（NSTL）

主　　任 顾晓园　金　鑫　计金标

委　　员 陈晶莹　叶大华　杨仁全　邹统钎　郑承军
厉新建　刘大可　程　维　梁昊光　张耀军

主　　编 计金标　梁昊光

副 主 编 张耀军　李延均

编　　委 张耀军　刘彦随　刘卫东　韩玉灵　尹美群
谷慧敏　张　颖　余金艳　兰　晓　宋佳芸
王　忠　潘建军　李　晴　方　方　康艺凡
白　雪　徐　旭　吴　桐　李英杰　邓枭弋

主编简介

计金标 北京第二外国语学院校长，经济学博士，教授，博士生导师。美国富布兰特研究学者、中国税务学会常务理事、教育部全国旅游职业教育教学指导委员会副主任委员、教育部全国财政学教学指导委员会委员等。出版学术著作6部，代表性著作：《个人所得税政策和改革》、《生态税收论》。在《财贸经济》、《税务研究》等刊物上发表论文百余篇。出版教材10余部，其中主编国家级"十五"、"十一五"规划教材2部；主编的《税收筹划概论》评为北京市精品教材。

主持北京市哲学社会科学重大项目、财政部、教育部、亚洲开发银行、世界银行与中国政府合作研究课题多项；多次参与全国人大常委会预算工作委员会、财政部、国家税务总局、教育部的专家咨询会。获教育部优秀青年教师资助计划特别资助，霍英东教育基金会高等学校优秀青年教师奖、北京市第七届哲学社会科学优秀成果二等奖、国家税务总局优秀科研成果一等奖、财政部跨世纪学科带头人、北京市青年学科带头人、北京市优秀青年教师和青年骨干教师等奖励和荣誉称号。

梁昊光 北京市第二外国语学院国家一带一路数据分析与决策支持北京市重点实验室主任，教授，博士生导师，北京市首都发展研究院院长。主持国家自然科学基金项目面上项目《环京津贫困带形成机理与新农村建设途径》；主持北京市科技支撑计划项目，北京市哲学社会科学基金重点项目，北京市十一五发展规划、北京市城市总体规划修编等重大课题40余项。曾获国土资源部第十一届"国土资源科学技术奖"一等奖，第十四届北京市哲学社会科学优秀成果二等奖，入选2009年"北京市优秀人才计划"。

摘　要

"一带一路"是我国经济外交的顶层设计，是我国发起的、与世界共同搭建的具有广泛包容性的发展合作平台。2017年，从"一带一路"国际合作高峰论坛，到中国共产党与世界政党高层对话会；从蒙内铁路正式通车，到亚马尔液化天然气项目首条生产线投产；从"冰上丝绸之路""数字丝绸之路"，到中老经济走廊、中缅经济走廊……"一带一路"迎来高光之年，成为国际重要热词。"一带一路"建设进入新阶段，合作硕果累累，顶层设计和规划持续细化，理念不断升华，朋友圈持续扩大。

2013~2018年的5年来，习近平同志多次在重大外交场合阐述中国关于全球治理的新理念新思想，提出中国解决全球治理重要议题的新方案新举措，推动全球治理体系朝更公正、更合理的方向发展。《中国"一带一路"投资安全研究报告》系统阐述"一带一路"投资安全的现状与重要战略问题，科学评价可能面临的机遇与风险，是国家深化全方位对外开放，妥善应对外部环境变化的重要研究领域。

从新时代"一带一路"地缘经济趋势来看，主导世界空间格局演变的因素已由地理环境、地缘政治逐步过渡到地缘经济，国家间在相互交往过程中所考虑的主要因素也由原来的军事安全转变为经济发展。《中国"一带一路"投资安全研究报告（2018）》从中国企业面向"一带一路"国家对外投资角度出发，对于其可能面临的安全影响因素，构建了包含投资经济安全、金融安全、政治安全、社会安全四大指标在内的模型，以"一带一路投资安全指数"发布"走出去"对外投资的整体状况，为中航工业、招商局集团、中国电建、中国五矿等企业降低境外投资风险、提高境外投资成功率提供理论指导。

研究发现，"一带一路"投资安全指数差别较大，新加坡、波兰、捷克共和国、保加利亚、斯洛伐克、马来西亚、立陶宛、斯洛文尼亚、印度处于"优先层级";拉脱维亚、印度尼西亚、罗马尼亚、爱沙尼亚、塞尔维亚、阿联酋、菲律宾、沙特阿拉伯、阿尔巴尼亚、泰国、土耳其、卡塔尔处于"推进层级";俄罗斯、克罗地亚、斯里兰卡、柬埔寨、伊朗、匈牙利、波黑、科威特、孟加拉国、阿曼、蒙古国、缅甸、约旦处于"安全层级";巴林、越南、马其顿、阿塞拜疆、埃及、巴基斯坦、乌兹别克斯坦、哈萨克斯坦、摩尔多瓦、黎巴嫩处于"谨慎层级";伊拉克、也门处于"关注层级"。在推进资金融通、设施联通、贸易畅通过程中，中低收入国家将是接受相关基金、银行等的金融信贷的主要国家，也是我国优势产能输出的主要目的地。

数据显示，与中国双边贸易额维持持续增长的相关国家有越南、伊拉克、巴基斯坦、泰国、孟加拉国、黎巴嫩、埃及、菲律宾、印度、柬埔寨、以色列、斯里兰卡、埃塞俄比亚、约旦、马尔代夫、马其顿、斯洛文尼亚、叙利亚、东帝汶、亚美尼亚、捷克、塞尔维亚、不丹等国，受全球经济外部性影响，加强与沿线各国贸易的合作深度与合作力度有着较大的空间。

报告认为，在与中低收入国家的进出口中，涉及的产业非常广泛，中国在几乎所有资本密集型和高新技术产业都有优势，也能为中低收入国家带去技术和资金，推动相关国家的经济腾飞。在产能合作方面，双边经贸维持增长的国家主要分布在中高收入经济体、经济体量较大的中低收入经济体以及少数高收入经济体。中国目前的总体产业技术水平和要素比较优势大致与中东欧发达经济体相似，产业内贸易增速明显。中国在与中东欧发达经济体、海湾发达经济体、新西兰、以色列等其他发达经济体合作中，需要综合考虑区域经济产业需求与国家特色。

报告建议，"一带一路"投资与安全必须始终重视对相关国家的持续关注，例如未来伊拉克重建，阿拉伯之春后的西亚发展，北非相关国家的重建进程以及发展进程，并深入开展合作，通过重塑国内外经济地理，引导地区间发展战略的无缝对接进而引领世界和平发展潮流，取代军事霸权，构筑世界经济安全网络，并以此塑造国际分工新格局，建立全球经济新秩序。

目录

Ⅰ 总报告

B.1 中国"一带一路"投资与安全形势分析与预测
（2017～2018）……………………………… 余金艳 梁昊光 / 001

Ⅱ 综合篇

B.2 中国"一带一路"投资安全风险评估
……………… 杨理智 张 韧 刘科峰 白成祖 李 明 / 034
B.3 中国对"一带一路"投资现状、风险与对策研究 …… 桑瑞聪 / 056
B.4 文化差异环境下中国对"一带一路"国家投资安全研究
…………………………………………………………… 谭 娜 / 070
B.5 "一带一路"国家应对全球气候变化新机制研究 …… 龙英锋 / 083

Ⅲ 国别区域篇

B.6 中国与中东欧国家贸易关系及其发展趋势研究 ………… 郑 义 / 097
B.7 中国与塔吉克斯坦共建丝绸之路经济带的进展与前景
…………………………………………………………… 张维维 / 117

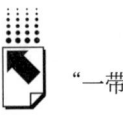

B.8 "一带一路"背景下中国与沙特阿拉伯双边经济合作
关系存在的问题和对策探析 …………………… 王在亮 / 138

B.9 泰国经贸环境及中泰贸易关系分析 ……………… 裴 填 郑 义 / 155

B.10 "一带一路"中白工业园投资环境分析 ……………… 王 超 / 169

Ⅳ 产业篇

B.11 "一带一路"背景下旅游业对外直接投资风险评估与防控
………………………………………………… 宋佳芸 周从从 / 187

B.12 中国基建企业"一带一路"沿线国家并购风险及对策研究
………………………………………………… 梁昊光 康艺凡 / 215

B.13 "一带一路"背景下中国跨境交通基础设施建设投资风险
及创新研究 ……………………………………………… 李祯琪 / 229

B.14 中国对"一带一路"沿线国家旅游投资研究
………………………… 邹统钎 关秋红 李亚轩 魏智博 / 244

Ⅴ 安全风险篇

B.15 企业走向"一带一路"税务风险防范研究
………………………………………………… 计金标 应 涛 / 262

B.16 北极西北航道海洋环境风险评估和区划
……………………… 余梦珺 葛珊珊 张 韧 杨 忠 宋 博 / 280

B.17 "一带一路"沿线及相关国家资本利得税收风险比较研究
……………………………………………………… 赵海益 / 294

B.18 "一带一路"沿线国家政府违约风险及其规避路径
——以中泰铁路项目为例 ……………… 弓联兵 咸成增 / 309

Abstract …………………………………………………………… / 321
Contents …………………………………………………………… / 324

皮书数据库阅读使用指南

总 报 告

General Report

B.1
中国"一带一路"投资与安全形势分析与预测（2017～2018）

余金艳　梁昊光*

摘　要： 系统阐述"一带一路"投资安全的现状与重要战略问题，科学评价可能面临的机遇与风险，是国家深化全方位对外开放，妥善应对外部环境变化的重要举措；国家一带一路数据分析与决策支持北京市重点实验室通过建立投资安全分析模型，以"投资安全指数"作为指标衡量目标区域的投资风险，并对宏观经济稳定、债务风险、城市化率、产能合作等领域进行综合分析与比较。

---

* 余金艳，北京第二外国语学院国家一带一路数据分析与决策支持北京市重点实验室学术秘书，博士；梁昊光，教授，博士生导师，北京第二外国语学院国家一带一路数据分析与决策支持北京市重点实验室主任，北京市首都发展研究院院长。

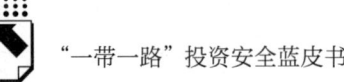
"一带一路"投资安全蓝皮书

关键词： "一带一路" 投资安全 产能合作

"一带一路"建设是新时期我国对外开放的重大举措。"一带一路"倡议的提出，标志着中国在全球化进程中自身角色与地位的重大转变。中国企业也加快了"走出去"的步伐，正在逐步扩大对"一带一路"沿线国家的投资。

2017年，我国对"一带一路"沿线国家投资降幅较去年同期收窄，中国—中南半岛、中蒙俄及中巴经济走廊方向成投资重点。2017年1~10月，我国企业对"一带一路"沿线的58个国家进行的非金融类直接投资达111.8亿美元，同比下降7.4%，降幅较去年同期减少了1个百分点，占同期我国对外投资总额的13%，较去年提高了4.7个百分点。投资主要流向新加坡、马来西亚、老挝、印尼、巴基斯坦、俄罗斯、越南等国家和地区，东南亚地区仍是我国在"一带一路"沿线投资流向的重点。

在这个过程中，国家和中资企业面临的安全风险具有一定的综合性、复杂性和多变性，既要考虑海外投资过程中的商业风险，也要看到因地缘政治、经济环境变化所引发的投资地区国内政治、国际关系变化以及各种突发事件所带来的安全风险，以及当地法律、文化、社会等对生产经营的包容性等。

因此，更全面地掌握"一带一路"沿线的国别动态，客观评估其综合发展环境，不仅有助于中国企业更好地主动"嵌入"地方环境，而且有利于国家进行投资决策和风险防控。

一 "一带一路"投资安全研究

（一）"一带一路"建设性意义研究

在"一带一路"从理念提出到实践的过程中，结合中央文件部署，学者们做了大量探索和研究,推动"一带一路"的理论发展和落地实施。

一是在理论探索方面,对"一带一路"的内涵和国内区域发展机遇进行讨论,深入分析"一带一路"的科学内涵、发展背景、我国面临的历史机遇和应对方向等。此外,大量研究集中在"一带一路"建设对国内区域经济影响领域。

二是在国别研究方面对周边国家的发展情况进行解析。现有的国别研究主要集中在我国几个邻国和地区,讨论周边外交关系并探索开展跨境运输通道、境外产业合作、人文合作的方向。

三是对开展"一带一路"建设的重点领域进行研究。例如:对交通基础设施建设与区域经济增长之间关系的讨论,对中国国土开发空间格局的影响的研究,对沿线直接投资空间格局的研究,对我国制造业海外转移的研究,对沿线国家贸易格局及其经济贡献的研究等。在"一带一路"沿线国家的投资安全领域,学者们亦有所涉及,包括对投融资机遇、市场条件、风险分布的研究、对外交风险的研究、对立法的研究等。

总体来说,当前对于"一带一路"的相关研究仍处于起步阶段。一是广泛讨论"一带一路"建设的内涵、方向、机遇和挑战;二是学者在自己擅长的领域,探索"一带一路"在特定领域的建设方向;三是大量的关注点仍在国内,对沿线国家开展深入的国别研究刚刚起步,特别是量化的分析和讨论尚比较少。

(二)对外投资安全研究

对外投资安全是一种"综合"安全考量,既涉及传统的商业安全,也涵盖地缘安全;既要考虑国家自身,也要顾及国际地缘环境。因此,从对外投资安全视角开展国别研究,具有现实的理论和实践价值。

改革开放以来,我国一直以吸引外商投资为主,对外投资的规模直到进入21世纪之后才逐渐扩大。客观来说,中国作为后发国家,在国际投融资竞争中有优势更有劣势。当资本和企业有足够能力"走出去"时,可供选择的世界目标市场已为数不多,成熟的、风险较低的市场对后发者来说已经

没有太大空间，进入门槛也较高；而未开发的、潜力大的市场风险又相对较高，需要开拓者具备面对不确定因素的能力。基于这一现实情况，我国学者对对外投资的研究相对薄弱，尤其是对投资安全的关注力度不够，大多成果集中于2010年之后，除了对投资安全风险的综合表述外，重点关注的行业领域为石油、基础设施，重点关注的政策领域为立法等。学者对于对外投资安全，缺乏系统性的研究，更缺乏对国别的关注。

除了学术领域研究之外，对全球国家信用评级而言，咨询领域应当也是本项目的关注点。国家信用评级可以追溯到第一次世界大战之前的美国。经过近一个世纪的发展，市场上形成了标准普尔（Standard & Poor）、穆迪（Moody's）和惠誉（Fitch）三家美国信用评级机构垄断的局面，其占据全球90%以上的市场份额。与此同时，不同类型、各具特色的评级机构也蓬勃发展，其中比较出名的包括经济学家情报单位（Economist Intelligence Unit，EIU）、国际国别风险评级指南机构（ICRG）以及环球透视（IHS Global Insight）等。标准普尔、穆迪和惠誉三大评级机构从定性和定量的角度，对主权国家政府足额、准时偿还债务的能力和意愿进行综合性评估，针对的是主权债务的综合风险。大公国际和ICRG也遵循着类似的原则，对主权债务风险做出判断。在金融市场上，该风险的具体表现往往是一国国债的违约概率、预期损失和回收率。EIU的评级对象除了主权风险之外还单列出货币风险和银行部门风险。ICRG的评级除了金融市场因素以外，还往往涉及和当地经营直接相关的因素，比如治安环境等。

由此，中国企业"走出去"面临的安全风险具有一定的综合性、复杂性和多变性，既要考虑海外投资过程中资金、经营上的商业安全风险，也要看到因地缘政治、经济环境的变化所引发的国内政治、国际关系变化和各种突发事件所带来的安全风险，以及当地法律、文化、社会等对生产经营的包容性等。

1. 经济金融安全

经济金融安全虽是对外投资所需考量的传统因素，却也是最复杂、最重要的因素，包括经济政策、金融风险、运营风险等。

经济政策主要体现在被投资国对本国经济发展的保护上。随着民粹主义浪潮的兴起，一些国家更加注重本国经济的发展，奉行民族主义的经济政策，使用各种手段削弱外来投资对本国经济的影响，甚至不惜采取激进手段，严格限制外来投资的比例，或者将外来投资国有化。这些经济政策对跨国经营具有重要影响，对投资安全也构成威胁。

金融风险主要是系统风险，比如金融危机发生时，原油价格跳水，收入强烈依赖石油的国家就会陷入严重的财政困境，原来欠的债务就无法偿还而导致呆账产生等。沙特的轻轨、波兰的高速公路，都是折戟于此类投资安全风险。

运营风险主要指企业在做出投资决策的时候，因成本与收益的预估计算失误而造成的获益风险。我国向"一带一路"沿线国家投资了很多基础设施项目，这些项目投入大，回收期长，安全风险很大，许多项目建成后能不能发挥应有的作用，尚需要认真评估，不能仓促推进。如中国（喀什）—吉尔吉斯斯坦—塔吉克斯坦—阿富汗—土库曼斯坦—伊朗铁路，虽然各国对此都很积极，但有多少货物可供运输、线路是否有经济竞争力还需审慎评估。

2. 政治安全

"一带一路"沿线大多为发展中国家，许多国家对外话语权有限，易受大国博弈影响；对内治理能力亦不强，面临诸如领导人更替、民族宗教冲突等多重矛盾。因此，政治安全已经成为中国企业"走出去"的最大风险，对"一带一路"国家的政治安全进行分析与评估十分必要。

被投资国政治的不稳定，对中国企业走出去影响甚大。其一，政府扮演重要角色。墨西哥高铁项目中政府的反复食言、希腊比雷埃夫斯港口项目与斯里兰卡科伦坡港口城项目中领导人的更迭，使得项目一波三折，让中方企业的巨额投资反复陷入困境。其二，维护国家安全也成为海外政治集团阻挠中国企业投资的重要理由。1990年中国航空技术进出口公司收购美国西雅图飞机零件制造商MAMC公司项目，中国海洋石油总公司收购优尼科项目，鞍钢在密西西比州的钢厂项目，无一不被美国政府部门以"危害美国国家安全""有军事背景"等理由否决。中国欧盟商会的《中国对欧盟境外投资报告（2013）》数据显示，近一半的受访企业表示在欧洲遭遇过监管障碍，其中最为主要的障碍就是政府审批和国家安全因素。

3. 社会安全

社会安全主要是指不同国家的宗教信仰、法律制度、社会制度、民族文化等跟国内现实环境都存在很大的差距，而且这种差距很难预估和量化。社会安全更多存在于双方的文化认知差异、匹配程度等方面，因此，对社会安全的评估，目前尚无权威数据指标。

事实上，社会安全风险在中国企业"走出去"的成败中也扮演着重要角色。比如，中国铁建在沙特轻轨项目中，根据当地法律，在"圣地"麦加的建筑工人应是穆斯林，而承建方在短期内从国内招募合格的穆斯林员工则极其困难。在波兰高速公路项目上，依当地法律，修两栖动物过马路的通道（即青蛙通道）是"标配"，不在谈判之列，这亦给中国企业带来诸多困扰。

由上，"一带一路"建设推进中，中国企业"走出去"会面临各种各样的安全风险，需要参照各种权威指数及实际调研进行综合判断。风险尽管存在，但机会同样并行。统揽全局、探清风险、分清主次、积极行动是关键，从综合安全的视角管控风险，就能够有效保障中国企业"走出去"的顺利推进。

二　"一带一路"投资安全理论模型

（一）理论依据

从中国企业面向"一带一路"国家对外投资角度出发，本研究对于其可能面临的安全影响因素，构建了包含投资经济安全、金融安全、政治安全、社会安全四大指标、32个子指标在内的模型，并以"投资安全指数"作为综合衡量中国企业对外投资所面临的安全形势的标准。

该指数体系通过提供安全分析，为企业降低海外投资风险、提高海外投资成功率提供参考；面向"一带一路"沿线国家的对外投资可因势利导、因地制宜，根据国家投资安全水平的不同，适当调整投资决策。

（二）指标选取与数据来源

本模型纳入了经济安全、金融安全、政治安全、社会安全四大指标，定性、定量相结合，将定性分析量化，并根据具体指标采纳相应的国际权威分析机构的打分/评级结果，提升数据来源的准确性、权威性（见图1）。

经济安全指标	金融安全指标	政治安全指标	社会安全指标
·国内生产总值 ·人均GDP ·经济增长率 ·平均GDP增长 ·贸易开放度 ·投资开放度 ·出口结构指数 ·平均进口额 ·通货膨胀指数	·公共债务指数 ·外债指数 ·外债出口指数 ·外债外汇指数 ·财政平衡指数 ·经常账户余额指数 ·银行贷存指数	·外部冲突指数 ·选举周期指数 ·换届平稳指数 ·事件风险指数 ·主权风险指数 ·政府治理指数 ·制度有效性指数 ·腐败指数 ·银行干预指数 ·承诺支付指数	·环境政策指数 ·教育政策指数 ·社会传统指数 ·内部冲突指数 ·法律权利度指数 ·营商便利指数

图1　投资安全影响指标选取

1. 经济安全指标

经济安全主要以一个国家的经济发展水平、投资贸易总环境来衡量。经济安全是一个国家投资的长期基础，也是对外投资安全的根本性保障。对外投资的经济安全指标主要从目标投资国的经济发展、波动、贸易结构等来衡量。具体来说，包括国内生产总值、人均GDP、经济增长率、平均GDP增长、贸易开放度、投资开放度、出口结构指数、平均进口额、通货膨胀指数9个指标，具体指标内容及数据来源如表1所示。

表1　经济安全指标

指标名称	指标内容	数据来源
国内生产总值	反映市场规模	世界银行WDI数据库
人均GDP	反映人均生产能力	世界银行WDI数据库
经济增长率	GDP增速,反映经济活力	根据世界银行WDI数据库数据计算

续表

指标名称	指标内容	数据来源
平均GDP增长	5年平均GDP增长,反映经济稳定性	根据世界银行WDI数据库数据计算
贸易开放度	(进口+出口)/GDP,反映贸易开放程度	根据世界银行WDI数据库数据计算
投资开放度	(外商直接投资+对外直接投资)/GDP,反映投资开放程度	根据世界银行WDI数据库数据计算
出口结构指数	最大的单一商品出口(2位数的SITC代码)/总商品出口,反映出口结构是否过于单一	EIU Countrydata数据库
平均进口额	平均进口额(月),反映进口活动	EIU Countrydata数据库
通货膨胀指数	平均通货膨胀率(48个月),反映货币贬值程度	EIU Countrydata数据库

本模型中经济安全指标数据的来源,以基础统计数据为优先选择。

2. 金融安全指标

金融安全指标用以衡量一国的整体金融稳定程度,主要由国家外债、外汇相关指标衡量。金融安全关联国家整体货币、投资、财政状况,对我国企业对外投资也具有重要影响,一旦爆发债务危机或者金融危机,对外投资和运营都会受到严重影响。具体来说,金融安全包括公共债务指数、外债指数、外债出口指数、外债外汇指数、财政平衡指数、经常账户余额指数、银行贷存指数7个指标,具体指标内容及数据来源如表2所示。

表2 金融安全指标

指标名称	指标内容	数据来源
公共债务指数	公共债务/GDP,用以衡量国内公共部门的债务水平	根据世界银行WDI数据库数据计算
外债指数	总外债/GDP,用以衡量外债规模水平	根据世界银行WDI数据库数据计算
外债出口指数	净外债/出口,用以衡量外债负担	根据世界银行WDI数据库数据计算

续表

指标名称	指标内容	数据来源
外债外汇指数	外汇储备/短期外债,用以衡量外汇充裕程度	根据世界银行 WDI 数据库数据计算
财政平衡指数	(财政收入-财政支出)/GDP,用以衡量国家财政实力	根据世界银行 WDI 数据库数据计算
经常账户余额指数	经常账户余额/GDP,用以衡量国家对出口的依存度	根据世界银行 WDI 数据库数据计算
银行贷存指数	银行贷款存款利差(百分比),用以衡量银行盈利能力	根据世界银行 WDI 数据库数据计算

本模型中经济安全指标数据的来源,以基础统计数据为优先选择。

3. 政治安全指标

政治安全指标衡量的是国家政府的稳定性和权威性,以及制度的有效性、主权风险、腐败程度、政府干预经济程度等。政治安全对经济活动影响非常大,是投资活动需要考量的重要因素。政治安全因素既包括来自国外的威胁(外部冲突指数),也包括领导人选举、换届所产生的影响(选举周期指数、换届平稳指数),还包括非常态的特殊事件对政治环境产生的影响(事件风险指数)、各种势力对国家主权的影响(主权风险指数),以及与政府治理相关的政府治理指数、制度有效性指数、腐败指数、银行干预指数、承诺支付指数。政府的稳定性、权威性越强,治理程度越高,投资安全系数就越高(见表3)。

表3 政治安全指标

指标名称	指标内容	数据来源
外部冲突指数	来自国外的行为对在位政府带来的风险。包括非暴力的外部压力,例如外交压力、中止援助、贸易限制、领土纠纷、制裁等,也包括暴力的外部压力,例如跨境冲突、全面战争等。0~4分,分数越高,外部冲突越严重。	EIU Country Risk Model 数据库
选举周期指数	选举会导致金融市场动荡,提高国家风险,限制融资渠道,有时也会引发金融危机。0~4分,分数越高,选举周期影响越大,没有明确选举周期则为4分	EIU Country Risk Model 数据库

续表

指标名称	指标内容	数据来源
换届平稳指数	衡量政府换届是否平稳。金融危机频繁发生于政府换届时期,投资安全也会受到影响。0~4分,分数越高,换届越不平稳,安全性越低	EIU Country Risk Model 数据库
事件风险指数	非常态的特殊事件带来的潜在风险。0~4分,分数越高,特殊事件风险越大	EIU Country Risk Model 数据库
主权风险指数	国家主权面临的风险,如领土完整、分裂活动、叛乱、恐怖活动、有组织犯罪、联邦与地方政府关系等。主权风险削弱国家生产力及政府支付能力,影响政府承担债务的能力。0~4分,分数越高,主权风险越大,安全性越低	EIU Country Risk Model 数据库
政府治理指数	政府执政能力,较弱的治理能力可能导致政治不稳定、政策变化快、扰乱市场、损害投资者的权益。0~4分,分数越高,政府执政能力越弱	EIU Country Risk Model 数据库
制度有效性指数	国家制定和执行政策的有效性,如果国家缺乏有效实施政策的能力,政策的质量可能就没有多大价值。0~4分,分数越高,制度有效性越弱	EIU Country Risk Model 数据库
腐败指数	公共部门的腐败程度,政府腐败和滥用资源,对公众纳税具有抑制作用。0~4分,分数越高,政府腐败程度越高	EIU Country Risk Model 数据库
银行干预指数	评估腐败的普遍性及国家对银行体系的干预。政府腐败及过分干预银行业会严重削弱企业的盈利能力和资本充足率。大型银行的腐败、欺诈会引发其他银行挤兑,导致系统性危机。0~4分,分数越高,政府对银行干预越强,风险越高	EIU Country Risk Model 数据库
承诺支付指数	政府履行兑现并偿付公共债务的能力。0~4分,分数越高,政府承诺支付兑现能力越弱	EIU Country Risk Model 数据库

对政治安全的评价,需定量、定性相结合,对于专家意见的依赖程度较高,因此,本模型中政治安全指标数据基于已有的权威研究选取,以保障评价的准确性。

4. 社会安全指标

社会安全指标主要针对国家的社会文明发展因素，包括种族、宗教、教育、法律、社会稳定等诸多因素，主要用以衡量社会环境对投资安全的影响。具体包括环境政策指数、教育政策指数、社会传统指数、内部冲突指数、法律权利度指数、营商便利指数等。社会文明程度越高、劳动者综合素质越高、受社会传统约束越少、内部冲突程度越低、法律权利度和营商便利度越高，投资安全程度也就越高（见表4）。

表4 社会安全指标

指标名称	指标内容	数据来源
环境政策指数	对环境议题的重视，1~10分，分数越高，环境政策越严厉	Transformation Index of the Bertelsmann Stiftung 研究结果
教育政策指数	对教育议题的重视，1~10分，分数越高，教育政策越严厉	Transformation Index of the Bertelsmann Stiftung 研究结果
社会传统指数	对社会传统的重视，1~10分，分数越高，社会传统受重视程度越高	Transformation Index of the Bertelsmann Stiftung 研究结果
内部冲突指数	社会、种族、宗教冲突严重性，1~10分，分数越高，内部冲突程度越严重	Transformation Index of the Bertelsmann Stiftung 研究结果
法律权利度指数	法律权利度指数主要衡量的是法律的权威程度，重点考量与商业相关的担保、破产等保护借款人和贷款人权利的法律。指数范围为0~12，数值越高，表明越有利于获得信贷	世界银行，营商环境项目（doingbusiness.org）
营商便利指数	营商便利指数从1到189为经济体排名，第一位为最佳。排名越靠前，表示法规环境越有利于营商。该指数针对世界银行营商环境项目所涉及的10个专题中的国家百分比排名的简单平均值进行排名	世界银行，营商环境项目（doingbusiness.org）

社会安全的评价，需定量、定性相结合，对专家意见的依赖程度较高，因此，本模型中社会安全指标数据基于已有的权威研究选取，以保障评价的准确性。

（三）样本选取

根据数据的可获得性，本次投资安全模型的样本主要选取了"一带一路"沿线的46个国家，具体如表5所示。

表5 "一带一路"投资安全模型样本选取

区域	国家	国家英文名
东北亚	蒙古国	Mongolia
	俄罗斯	Russian Federation
东南亚	印度尼西亚	Indonesia
	泰国	Thailand
	马来西亚	Malaysia
	越南	Vietnam
	新加坡	Singapore
	菲律宾	Philippines
	缅甸	Myanmar
	柬埔寨	Cambodia
南亚	印度	India
	巴基斯坦	Pakistan
	孟加拉国	Bangladesh
	斯里兰卡	Sri Lanka
西亚北非	沙特阿拉伯	Saudi Arabia
	阿联酋	United Arab Emirates
	阿曼	Oman
	伊朗	Iran, Islamic Rep.
	土耳其	Turkey
	埃及	Egypt, Arab Rep.
	科威特	Kuwait
	伊拉克	Iraq
	卡塔尔	Qatar
	约旦	Jordan
	黎巴嫩	Lebanon
	巴林	Bahrain
	也门	Yemen, Rep.

续表

区域	国家	国家英文名
中东欧	波兰	Poland
	罗马尼亚	Romania
	捷克共和国	Czech Republic
	斯洛伐克	Slovak Republic
	保加利亚	Bulgaria
	匈牙利	Hungary
	拉脱维亚	Latvia
	立陶宛	Lithuania
	斯洛文尼亚	Slovenia
	爱沙尼亚	Estonia
	克罗地亚	Croatia
	阿尔巴尼亚	Albania
	塞尔维亚	Serbia
	马其顿	Macedonia
	波黑	Bosnia Herzegovina
中亚	哈萨克斯坦	Kazakhstan
	乌兹别克斯坦	Uzbekistan
独联体其他国家	阿塞拜疆	Azerbaijan
	摩尔多瓦	Moldova

（四）模型构建

1. 数据判断

基于对应的指标，在相应的来源处获得原始数据，虽然已将定性指标定量化，但数字指标仍具有不同类型，主要包括三项。

①统计数据：是指准确的统计数字，比如 GDP、外债指数等，不同统计数据单位不一样，数量级和范围也有差异。

②打分数据：基于专家评分法的得分，如事件风险指数、教育政策指数等，不同数据来源打分标准不一样，分数区间有差异。

③排名数据：营商便利指数是排名数字，只有先后次序，无具体差异标准。

2. 标准化

对于以上不同类型、单位、区间、数量级的量化指标，需进行标准化处理后才能综合衡量。综合以上三类数据，本模型基于 min – max 标准化的方法，进行"修正的 min – max 标准化"。标准化函数如下：

$$x^i = 1 - \left| \frac{x - x_{指向值}}{\max - \min} \right|$$

标准化说明如下。

①x^i 是国家 i 在某子指标中的标准化数值，数值越高，此项安全得分越高，风险越低，安全性越高。

②$x_{指向值}$ 是指标的安全数据趋向。某国数据与指向值越接近，得分越高。因此，各个指标需先进行趋向判断，选出适宜的指向值。对于统计数据/打分/排名高（靠前）的数据，如果其投资安全性高，则指向值选择最大的数据（打分选择区间分数上限），反之指向值选择最小的数据。比如对于人均 GDP，数值越高表明人均生产能力越高，经济发展状况越好，投资安全性越高，则此指标的指向值设为所有国家中人均 GDP 的最高值。再比如对于换届平稳指数，原打分设定区间是 0~4 分，分数越高，换届越不平稳，那么指向值就选择 4（有可能所有样本中都没有得 4 分的）。

③x 为初始数据，x^i 为标准化数据，max 为样本数据的最大值，min 为样本数据的最小值。对于打分指标，max 和 min 为打分区间的上限和下限。

④标准化过程必须遵循几个原则：充分理解原有指标含义，尤其是打分指标的来源过程必须清晰；每个指标都需要进行安全趋向判断以使其符合逻辑；标准化必须适应异常值；标准化后需有区分度，但不强求区分度。

⑤标准化后所有指标均落在 [0, 1] 这一区间，分数越高表明投资安全性越高，投资风险越低。

3. 加权

最终的投资安全指数是基于 32 个子指标的加权，得分越高风险越低，投资安全性越高，计算公式如下：

$$投资安全指数 = x^{i1} y^1 + x^{i2} y^2 + \cdots + x^{in} y^n$$

其中，$x^{i1} \sim x^{in}$ 是 i 国在子指标 1~n 中的标准化后的数值，$y^1 \sim y^n$ 是子指

标 1~n 的权重数。本模型中各指标对投资安全均有重要影响，暂没有进行专家权重打分和实际投资验证，故将所有指标的权重定为相等权重，满分100分，所有指标权重均为100/32。

（五）投资安全指数分析

经以上模型构建，最终计算出投资安全指数，如表6所示。

表6 投资安全指数

区域	国家	国家英文名	2017年投资安全指数
东北亚	蒙古国	Mongolia	62.4
	俄罗斯	Russian Federation	68.8
东南亚	印度尼西亚	Indonesia	78.9
	泰国	Thailand	70.4
	马来西亚	Malaysia	81.6
	越南	Vietnam	59.2
	新加坡	Singapore	90.9
	菲律宾	Philippines	71.7
	缅甸	Myanmar	60.7
	柬埔寨	Cambodia	66.6
南亚	印度	India	80.1
	巴基斯坦	Pakistan	56.8
	孟加拉国	Bangladesh	63.3
	斯里兰卡	Sri Lanka	67.3
西亚北非	沙特阿拉伯	Saudi Arabia	71.3
	阿联酋	United Arab Emirates	72.5
	阿曼	Oman	63.3
	伊朗	Iran, Islamic Rep.	65.8
	土耳其	Turkey	70.0
	埃及	Egypt, Arab Rep.	57.4
	科威特	Kuwait	63.7
	伊拉克	Iraq	42.9
	卡塔尔	Qatar	70.0
	约旦	Jordan	60.7
	黎巴嫩	Lebanon	51.5
	巴林	Bahrain	59.9
	也门	Yemen, Rep.	23.9

续表

区域	国家	国家英文名	2017年投资安全指数
中东欧	波兰	Poland	87.6
	罗马尼亚	Romania	77.3
	捷克共和国	Czech Republic	86.2
	斯洛伐克	Slovak Republic	82.0
	保加利亚	Bulgaria	85.6
	匈牙利	Hungary	65.4
	拉脱维亚	Latvia	79.2
	立陶宛	Lithuania	80.5
	斯洛文尼亚	Slovenia	80.4
	爱沙尼亚	Estonia	76.1
	克罗地亚	Croatia	68.7
	阿尔巴尼亚	Albania	71.2
	塞尔维亚	Serbia	73.0
	马其顿	Macedonia	58.8
	波黑	Bosnia Herzegovina	64.0
中亚	哈萨克斯坦	Kazakhstan	54.6
	乌兹别克斯坦	Uzbekistan	55.8
独联体其他国家	阿塞拜疆	Azerbaijan	58.1
	摩尔多瓦	Moldova	54.0

总体来看,"一带一路"沿线样本国家的投资安全指数参差不齐,新加坡指数相对较高,是唯一一个上90的;波兰、捷克共和国、保加利亚、斯洛伐克、马来西亚、立陶宛、斯洛文尼亚、印度处于中上安全水平,得分在80~90分之间;拉脱维亚、印度尼西亚、罗马尼亚、爱沙尼亚、塞尔维亚、阿联酋、菲律宾、沙特阿拉伯、阿尔巴尼亚、泰国、土耳其、卡塔尔处于中等安全水平,得分在70~80分之间;俄罗斯、克罗地亚、斯里兰卡、柬埔寨、伊朗、匈牙利、波黑、科威特、孟加拉国、阿曼、蒙古国、缅甸、约旦处于中下安全水平,得分在60~70分之间;巴林、越南、马其顿、阿塞拜疆、埃及、巴基斯坦、乌兹别克斯坦、哈萨克斯坦、摩尔多瓦、黎巴嫩处于较低安全水平,得分在50~60分之间;伊拉克、也门处于极低安全水平,安全指数低于50分。

从区域来看,中东欧得分水平相对较高,中亚、西亚北非、独联体其他国家得分水平相对较低,其他区域则呈现参差不齐的状况(见图2)。

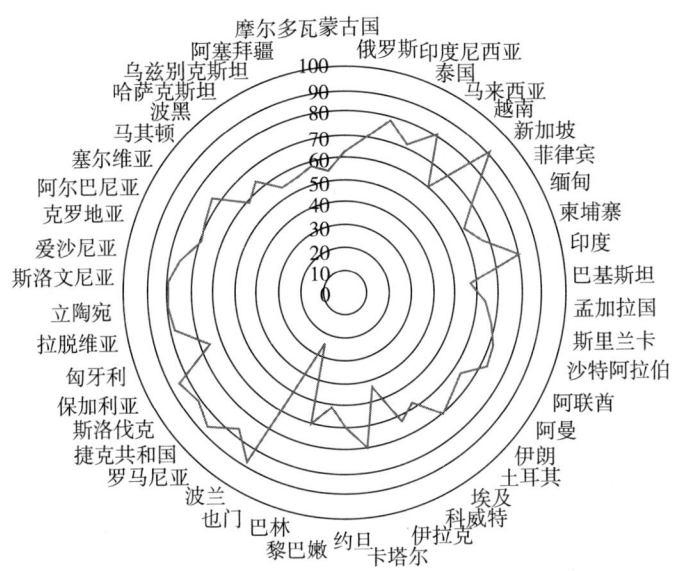

图2 样本国家投资安全指数雷达

(六)模型应用探讨

应用范围:主要应用于中国企业对"一带一路"沿线国家投资决策时所考量的安全问题。此处综合评定了样本范围的46个"一带一路"沿线国家的安全性。因指向值选取均在样本范围之内,所以和样本范围外的国家不具备可比性。

因素权重:以统计数据和权威研究指数作为原始数据,对所有因素权重未进行专家打分或经实际案例验证,这和实际应用需求有一定差异,还需在后续研究中进行修正。

三 "一带一路"各领域投资安全分析与比较

（一）宏观经济稳定性评估

1. GDP 增长率

2016 年，"一带一路"沿线国家的 GDP 增长率如图 3 所示。

2. 通货膨胀率

对各个沿线国家最近 10 年即从 2006 年到 2016 年通胀数据取标准差，可以得到各个国家经济的波动性差异，同时对 2016 年的通货膨胀值进行排序，综合评估得出经济波动与经济热度指标良好的国家。

可以看到，通胀总体相对稳定的国家主要集中在东南亚、中亚、东非、南亚和东欧。而不稳定的国家主要集中在中东、巴尔干和高加索地区（见表 7）。

3. 稳定性评估

对位于标准差值 4 以下的，以及 GDP 增速排名前 45 的国家进行重合比较，可以发现以下 33 个国家的宏观经济相对稳定：老挝、印度尼西亚、孟加拉国、越南、乌兹别克斯坦、塔吉克斯坦、埃塞俄比亚、新西兰、巴基斯坦、以色列、韩国、波兰、菲律宾、印度、埃及、阿尔巴尼亚、斯里兰卡、马其顿、缅甸、约旦、泰国、柬埔寨、马来西亚、塞尔维亚、土库曼斯坦、捷克、吉尔吉斯斯坦、克罗地亚、伊拉克、斯洛文尼亚、斯洛伐克、格鲁吉亚、不丹。

（二）债务风险评估

对比 2012~2015 年政府债务占 GDP 的比重（%）及其变动趋势，结果如表 8 所示。

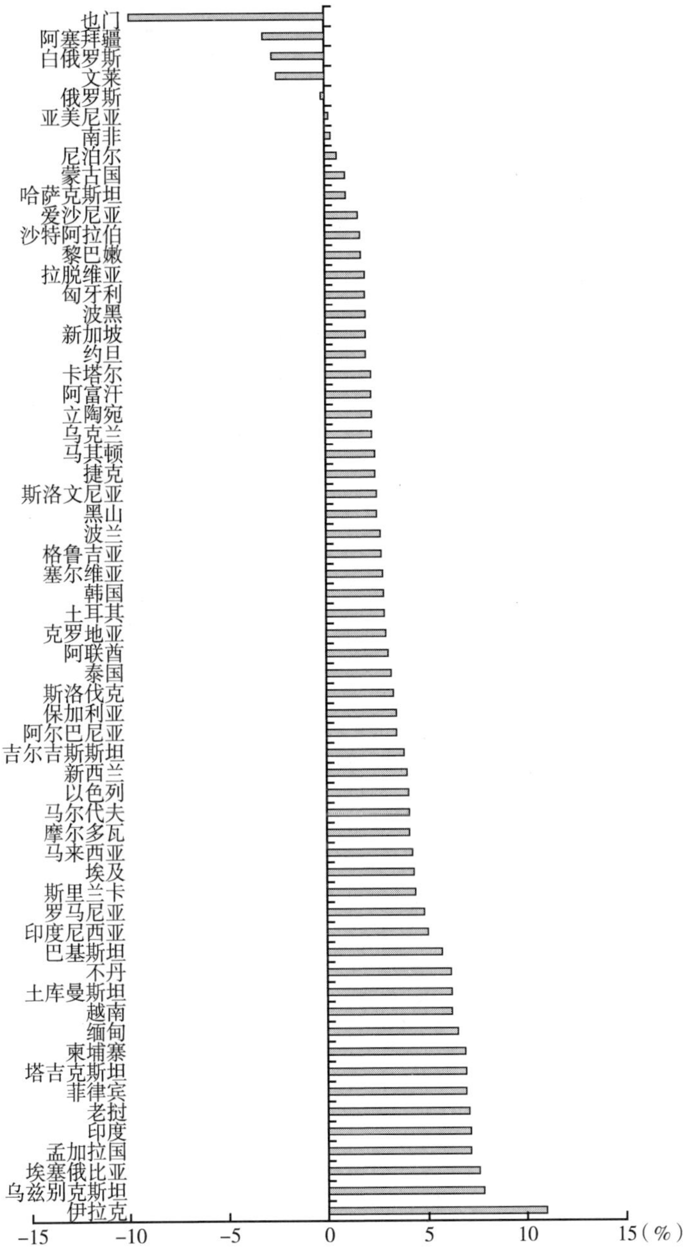

中国"一带一路"投资与安全形势分析与预测（2017～2018）

图3 "一带一路"沿线国家的GDP增长率

数据来源：世界银行WDI数据库。

表7 "一带一路"沿线国家通货膨胀率及标准差

国别	通胀率（2016年）(%)	近10年通胀率的标准差	国别	通胀率（2016年）(%)	近10年通胀率的标准差
叙利亚	—	0.35	捷克	2.43	3.08
老挝	7.02	0.47	哈萨克斯坦	1	3.13
印度尼西亚	5.02	0.59	保加利亚	3.44	3.28
孟加拉国	7.11	0.59	吉尔吉斯斯坦	3.83	3.39
越南	6.21	0.62	克罗地亚	2.93	3.4
乌兹别克斯坦	7.8	0.67	阿联酋	3.04	3.52
塔吉克斯坦	6.9	1.1	黎巴嫩	1.76	3.68
埃塞俄比亚	7.56	1.36	伊拉克	11	3.87
新西兰	3.95	1.44	斯洛文尼亚	2.49	3.88
巴基斯坦	5.74	1.47	斯洛伐克	3.29	3.97
尼泊尔	0.56	1.49	格鲁吉亚	2.74	4
以色列	4.04	1.51	不丹	6.17	4
韩国	2.83	1.56	土耳其	2.88	4.08
波兰	2.68	1.68	罗马尼亚	4.82	4.26
菲律宾	6.92	1.82	新加坡	2	4.28
印度	7.11	1.82	摩尔多瓦	4.1	4.3
巴林	—	1.88	黑山	2.5	4.42
埃及	4.3	1.91	伊朗	—	4.43
阿尔巴尼亚	3.46	1.92	俄罗斯	-0.22	4.58
斯里兰卡	4.38	1.93	科威特	—	4.76
南非	0.28	1.97	白俄罗斯	-2.65	4.77
马其顿	2.41	2.08	蒙古国	0.98	5.17
缅甸	6.5	2.23	东帝汶	—	5.56
约旦	2	2.36	马尔代夫	4.09	6.14
文莱	-2.47	2.42	立陶宛	2.3	6.14
泰国	3.23	2.54	阿富汗	2.23	6.24
柬埔寨	6.88	2.59	爱沙尼亚	1.57	6.56
波黑	1.99	2.6	拉脱维亚	1.95	6.85
阿曼	—	2.74	乌克兰	2.31	6.95
马来西亚	4.24	2.78	亚美尼亚	0.2	7.06
塞尔维亚	2.78	2.84	卡塔尔	2.23	7.79
匈牙利	1.95	2.85	也门	-9.78	10.19
土库曼斯坦	6.2	2.86	阿塞拜疆	-3.1	10.95
沙特阿拉伯	1.74	2.91			

数据来源：世界银行WDI数据库。

表8　政府债务占GDP的比重（%）及其变动趋势

国别	2012年	2013年	2014年	2015年	债务变动趋势
新西兰	67.15	59.37	56.78	56.73	-10.42
土耳其	39.29	32.92	31.56	29.10	-10.19
拉脱维亚	62.44	59.14	63.28	56.86	-5.58
捷克	40.64	40.61	38.21	36.74	-3.90
波兰	56.19	57.85	53.02	53.33	-2.86
新加坡	110.04	101.11	101.78	107.21	-2.83
爱沙尼亚	0.88	0.90	0.92	0.86	-0.02
斯洛伐克	55.98	58.70	58.00	56.59	0.61
立陶宛	13.67	12.74	13.98	14.54	0.87
摩尔多瓦	24.33	23.69	24.81	25.29	0.97
匈牙利	94.34	94.51	98.08	96.52	2.18
罗马尼亚	42.34	43.29	45.82	44.96	2.61
马来西亚	51.65	53.00	52.67	54.49	2.85
俄罗斯	8.70	9.32	11.18	13.52	4.82
印度	25.03	27.78	27.42	30.29	5.26
印度尼西亚	25.03	27.78	27.42	30.29	5.26
韩国	33.88	36.67	38.39	39.74	5.86
保加利亚	21.95	21.99	32.09	30.27	8.32
格鲁吉亚	32.53	33.92	35.38	41.28	8.75
哈萨克斯坦	10.50	10.84	12.65	19.31	8.81
斯里兰卡	68.71	70.82	71.33	77.64	8.93
阿尔巴尼亚	63.67	70.55	73.37	79.84	16.17
乌克兰	33.70	37.03	63.67	70.26	36.56
斯洛文尼亚	57.50	76.31	94.12	94.90	37.40
泰国	28.44	29.21	30.03	1.59	
不丹	72.52	96.14	90.65	18.14	
菲律宾	51.48	49.24	45.39	-6.09	
波黑	49.15	46.00	50.07	0.93	
约旦	66.82	75.61	79.93	13.10	
吉尔吉斯斯坦		42.81	37.87	69.69	26.88
蒙古国		45.89			
阿联酋		1.89			
阿曼	4.61	4.90			
巴林		43.46			

可以看到，2012~2015年，政府债务占GDP的比重总体下降的国家有新西兰、土耳其、拉脱维亚、捷克、波兰、新加坡、爱沙尼亚7国；总体债务所占比重较高的国家分布在东欧，例如匈牙利、斯洛文尼亚等均超过90%，但这些国家大部分是欧元区国家，债务高企有欧洲债务危机的影响；新加坡债务率也很高，超过100%，不过考虑到新加坡产业布局特别是高杠杆的金融业是其主要支柱产业，且债务占比不能简单地看总量，应结合债务结构来看，因此，通过分析债务率，已获得数据的各国并没有明显的主权债务风险问题。

值得关注的是债务率接近或超过70%的几个国家，如阿尔巴尼亚、乌克兰、斯里兰卡、不丹、吉尔吉斯斯坦均属于转型国家，具有相对发达国家而言更多的不稳定因素。更重要的是阿尔巴尼亚、乌克兰、斯洛文尼亚、不丹、约旦、吉尔吉斯斯坦等国过去几年债务率变动超过10个百分点，有些甚至超过30个百分点。

因此，就债务率此一项分析而言，优先投资国为：新西兰、土耳其、拉脱维亚、捷克、波兰、新加坡、爱沙尼亚7国；风险较大的国家为：阿尔巴尼亚、乌克兰、斯洛文尼亚、不丹、约旦、吉尔吉斯斯坦6国；其他国家因数据原因或数据良好，均列为一般主权债务风险国家。

（三）城市化率

表9 "一带一路"沿线国家近5年城市化率

国别	近5年城市化变动率	近5年城镇化增长率	2015年城市化率(%)	国别	近5年城市化变动率	近5年城镇化增长率	2015年城市化率(%)
阿尔巴尼亚	1.1	5.24	57.41	马来西亚	1.05	3.79	74.71
阿富汗	1.08	2.01	26.70	马其顿	1	0.11	57.10
阿联酋	1.02	1.49	85.54	蒙古国	1.07	4.47	72.04
阿曼	1.03	2.48	77.64	孟加拉国	1.13	3.82	34.28
阿塞拜疆	1.02	1.22	54.62	缅甸	1.09	2.69	34.10
埃及	1	0.12	43.14	摩尔多瓦	1	0.11	45.00

续表

国别	近5年城市化变动率	近5年城镇化增长率	2015年城市化率(%)	国别	近5年城市化变动率	近5年城镇化增长率	2015年城市化率(%)
爱沙尼亚	0.99	-0.56	67.54	尼泊尔	1.11	1.79	18.62
巴基斯坦	1.06	2.16	38.76	塞尔维亚	1.01	0.34	55.55
巴林	1	0.24	88.78	沙特阿拉伯	1.01	1.05	83.13
白俄罗斯	1.03	2.05	76.67	斯里兰卡	1	0.04	18.36
保加利亚	1.02	1.65	73.95	斯洛伐克	0.98	-1.09	53.60
波黑	1.01	0.54	39.77	斯洛文尼亚	0.99	-0.39	49.65
波兰	0.99	-0.35	60.54	塔吉克斯坦	1.01	0.27	26.78
不丹	1.11	3.85	38.64	泰国	1.14	6.29	50.37
东帝汶	1.11	3.26	32.77	土耳其	1.04	2.68	73.40
俄罗斯	1	0.32	74.01	土库曼斯坦	1.03	1.64	50.04
菲律宾	0.98	-0.88	44.37	文莱	1.02	1.69	77.20
格鲁吉亚	1.01	0.77	53.64	乌克兰	1.01	1.01	69.70
哈萨克斯坦	0.99	-0.48	53.25	乌兹别克斯坦	1	0.17	36.37
黑山	1.01	0.93	64.03	新加坡	1	0	100.00
吉尔吉斯斯坦	1.01	0.4	35.71	匈牙利	1.03	2.37	71.23
柬埔寨	1.05	0.91	20.72	叙利亚	1.04	1.98	57.66
捷克	1	-0.26	72.99	亚美尼亚	0.99	-0.91	62.67
卡塔尔	1.01	0.59	99.24	也门	1.09	2.87	34.61
科威特	1	0.08	98.34	伊拉克	1.01	0.44	69.47
克罗地亚	1.02	1.43	58.96	伊朗	1.04	2.75	73.38
拉脱维亚	1	-0.31	67.38	以色列	1	0.32	92.14
老挝	1.17	5.49	38.61	印度	1.06	1.82	32.75
黎巴嫩	1.01	0.61	87.79	印度尼西亚	1.08	3.82	53.74
立陶宛	1	-0.25	66.51	约旦	1.01	1.21	83.68
罗马尼亚	1.01	0.73	54.56	越南	1.11	3.2	33.59
马尔代夫	1.14	5.55	45.54				

城市化变动率超过1,为城市化率正增长,意味着基础设施、建筑等行业有着正向需求,超过1.1则意味着过去5年城镇化增长率同比增长超过

10%，说明经济增长显著，这些国家将成为我国优势产能输出的主要目的地。

通过分析发现：过去5年城市化变动率超过（含）1.1的国家有9个，分别是：阿尔巴尼亚、不丹、东帝汶、老挝、马尔代夫、孟加拉国、尼泊尔、泰国和越南，几乎全部分布在亚洲；与此同时，这些国家也与城镇化净增长率超过3%的国家多有重合，净增长率超过3%的包括阿尔巴尼亚、不丹、东帝汶、老挝、马尔代夫、马来西亚、蒙古国、孟加拉国、泰国、印度尼西亚和越南11个国家，这些国家显著的城市化过程意味着更多的合作机遇。

大多数国家城市化变动率分布在1到1.09之间，共47个国家；而城镇化增长率为净增长的国家也达到几十个，这两个指标的差异主要体现在：近5年的城市化变动率体现了该国的城市化速率，存在该国城市化起点低，而导致速率很大，但绝对净增量并不大的情况；相反城镇化率净增量则反映了该国城镇化率的实际增长水平。两者都有重要意义。

城镇化率负增长或零增长的国家有11个，分别是爱沙尼亚、波兰、菲律宾、哈萨克斯坦、捷克、拉脱维亚、立陶宛、斯洛伐克、斯洛文尼亚、新加坡、亚美尼亚。在负增长国家里面应去除菲律宾，该国城市化率不到50%，因此在城镇化经济考量方面该国情况并不乐观。

根据上述分析，优先投资国为：土耳其、拉脱维亚、捷克、波兰、新加坡、爱沙尼亚等7国；大多数为次优投资国家，风险较大的国家为：阿尔巴尼亚、乌克兰、斯洛文尼亚、不丹、约旦、吉尔吉斯斯坦6国。

（四）产能合作

一国的产业结构取决于该国要素禀赋的相对稀缺程度，即该国的比较优势。由于中国与"一带一路"沿线各国的产业合作需要充分考虑不同国家的发展阶段、要素禀赋、比较优势等，因此对各国的产业合作进行细致的划分在双边贸易顺利开展方面有着重要的现实意义。

1. 双边贸易

表10 中国与"一带一路"沿线各国2014～2015年贸易状况

单位：亿美元

国家	2014年				2015年				贸易增减情况排名
	出口	进口	进出口总额	贸易净值	出口	进口	进出口总额	贸易净值	
越南	637.3	199.1	836.4	438.2	660.2	298.3	958.5	361.9	122.1
伊拉克	77.4	207.6	285.0	-130.2	177.7	160.5	338.2	17.2	53.2
巴基斯坦	132.4	27.5	159.9	104.9	164.4	24.7	189.1	139.7	29.2
泰国	342.9	383.3	726.2	-40.4	382.9	371.7	754.6	11.2	28.4
孟加拉国	117.8	7.6	125.4	110.2	139.0	8.2	147.3	130.8	21.7
黎巴嫩	26.0	0.3	26.3	25.7	45.9	1.9	47.8	44.0	21.5
埃及	104.6	11.6	116.2	93.0	119.6	9.2	128.8	110.4	12.6
菲律宾	234.7	209.8	444.5	24.9	266.7	189.6	456.3	77.1	11.8
印度	542.1	163.6	705.7	378.5	582.3	133.7	716.0	448.6	10.3
柬埔寨	32.7	4.8	37.5	27.9	37.6	6.7	44.3	30.9	6.8
以色列	77.4	31.4	108.8	46.0	86.2	28.0	114.2	58.2	5.4
斯里兰卡	37.9	2.5	40.4	35.4	43.0	2.6	45.6	40.4	5.2
埃塞俄比亚	29.2	4.9	34.1	24.3	34.4	3.8	38.2	30.6	4.1
约旦	33.6	2.6	36.2	31.0	34.2	2.9	37.1	31.3	0.9
马尔代夫	1.0	0.0	1.0	1.0	1.7	0.0	1.7	1.7	0.7
马其顿	0.8	0.9	1.7	-0.1	0.9	1.3	2.2	-0.4	0.5
斯洛文尼亚	20.0	3.3	23.3	16.7	20.9	2.9	23.8	18.0	0.5
叙利亚	9.8	0.0	9.8	9.8	10.2	0.0	10.2	10.2	0.4
东帝汶	0.6	0.0	0.6	0.6	1.0	0.0	1.0	1.0	0.4
亚美尼亚	1.2	1.7	2.9	-0.5	1.1	2.1	3.2	-1.0	0.3
捷克	79.9	29.9	109.8	50.0	82.3	27.8	110.1	54.5	0.3
塞尔维亚	4.2	1.1	5.3	3.1	4.1	1.3	5.4	2.8	0.1
不丹	0.1	0.0	0.1	0.1	0.1	0.0	0.1	0.1	0.0
阿尔巴尼亚	3.8	1.9	5.7	1.9	4.3	1.3	5.6	3.0	-0.1
摩尔多瓦	1.2	0.2	1.4	1.0	0.9	0.2	1.1	0.7	-0.3

续表

国家	2014年				2015年				贸易增减情况排名
	出口	进口	进出口总额	贸易净值	出口	进口	进出口总额	贸易净值	
阿富汗	3.9	0.2	4.1	3.7	3.6	0.1	3.7	3.5	-0.4
克罗地亚	10.3	1.0	11.3	9.3	9.8	1.1	10.9	8.7	-0.4
黑山	1.6	0.5	2.1	1.1	1.3	0.2	1.5	1.1	-0.6
白俄罗斯	11.1	7.4	8.5	3.7	7.5	10.1	17.6	-2.6	-0.9
波兰	142.6	29.3	171.9	113.3	143.4	27.4	170.8	116.0	-1.1
格鲁吉亚	9.1	0.5	9.6	8.6	7.7	0.4	8.1	7.3	-1.5
爱沙尼亚	11.5	2.3	13.8	9.2	9.5	2.3	11.8	7.2	-2.0
波黑	2.8	0.4	3.2	2.4	0.6	0.5	1.1	0.1	-2.1
新加坡	489.1	308.3	797.4	180.8	519.4	275.8	795.2	243.6	-2.2
阿塞拜疆	6.5	3.0	9.5	3.5	4.4	2.2	6.6	2.2	-2.9
巴林	12.3	1.8	14.1	10.5	10.1	1.1	11.2	9.0	-2.9
罗马尼亚	32.2	15.2	47.4	17.0	31.6	12.9	44.5	18.7	-2.9
拉脱维亚	13.2	1.5	14.7	11.7	10.2	1.4	11.6	8.8	-3.1
保加利亚	11.8	9.8	21.6	2.0	10.4	7.5	17.9	2.9	-3.7
文莱	17.5	1.9	19.4	15.6	14.1	1.0	15.1	13.1	-4.3
立陶宛	16.6	1.6	18.2	15.0	12.1	1.4	13.5	10.7	-4.7
塔吉克斯坦	24.7	0.5	25.2	24.2	18.0	0.5	18.5	17.5	-6.7
乌兹别克斯坦	26.8	16.0	42.8	10.8	22.3	12.7	35.0	9.6	-7.8
老挝	18.4	17.8	36.2	0.6	12.3	15.5	27.8	-3.2	-8.4
匈牙利	57.6	32.6	90.2	25.0	52.0	28.8	80.8	23.2	-9.4
吉尔吉斯斯坦	52.4	0.5	52.9	51.9	42.8	0.6	43.4	42.2	-9.5
斯洛伐克	28.3	33.8	62.1	-5.5	27.9	22.4	50.3	5.5	11.8
土耳其	193.1	37.1	230.2	156.0	186.1	29.4	215.5	156.7	-14.7
尼泊尔	22.8	0.5	23.3	22.3	8.3	0.3	8.6	8.0	-14.7
乌克兰	51.1	34.8	85.9	16.3	35.2	35.5	70.7	-0.3	-15.2
土库曼斯坦	9.5	95.1	104.6	-85.6	8.2	78.3	86.5	-70.1	-18.1
蒙古国	22.2	51.0	73.2	-28.8	15.7	37.9	53.6	-22.2	19.6
科威特	34.3	100.0	134.3	-65.7	37.7	75.0	112.7	-37.3	21.6
新西兰	47.4	95.0	142.4	-47.6	49.2	65.8	115.0	-16.6	27.4
也门	22.0	29.3	51.3	-7.3	14.3	9.0	23.3	5.3	-28.0

续表

国家	2014 年				2015 年				贸易增减情况排名
	出口	进口	进出口总额	贸易净值	出口	进口	进出口总额	贸易净值	
卡塔尔	22.5	83.4	105.9	-60.9	22.8	46.1	68.9	-23.3	37.0
马来西亚	463.5	556.5	1020.0	-93.0	439.8	532.8	972.6	-93.0	-47.4
阿联酋	390.3	157.6	547.9	232.7	370.2	115.1	485.3	255.1	-62.6
哈萨克斯坦	127.0	97.4	224.4	29.6	84.4	58.5	142.9	25.9	-81.5
阿曼	20.6	238.0	258.6	-217.4	21.2	150.5	171.7	-129.3	-86.9
印度尼西亚	390.6	244.9	635.5	145.7	343.4	198.9	542.3	144.5	-93.2
缅甸	93.7	156.0	249.7	-62.3	96.5	54.5	151.0	42.0	-98.7
南非	157.0	445.7	602.7	-288.7	158.3	301.5	460.1	-142.9	-142.6
韩国	1003.3	1901.1	2904.4	-897.8	1012.8	1745.1	2757.9	-732.3	-146.5
沙特阿拉伯	205.7	485.1	690.8	-279.4	216.1	300.2	516.3	-84.1	-174.5
伊朗	243.1	275.2	518.3	-31.2	177.6	160.5	338.3	17.1	-180.0
俄罗斯	536.8	416.0	952.8	120.8	347.6	332.6	680.2	15.0	-272.6

数据来源：《中国统计年鉴（2016）》。

从表10可以看到，2014~2015年，与中国双边贸易额保持持续增长的相关国家有越南、伊拉克、巴基斯坦、泰国、孟加拉国、黎巴嫩、埃及、菲律宾、印度、柬埔寨、以色列、斯里兰卡、埃塞俄比亚、约旦、马尔代夫、马其顿、斯洛文尼亚、叙利亚、东帝汶、亚美尼亚、捷克、塞尔维亚、不丹等国，与其他大部分国家都有不同程度的下降，其中当然有全球经济外部性影响的问题，但这也说明加强与沿线各国贸易的合作深度与合作力度有着较大的空间。

2. 对外直接投资

根据数据的可获得性，可以发现目前我国投资存量分布较多的国家为新加坡、俄罗斯和印度尼西亚；同时南非、泰国、越南、韩国也拥有较大的投资存量。就投资增速而言，新加坡、俄罗斯、印度尼西亚、韩国都是增速比较快的意向国（见表11）。

表11 我国对"一带一路"沿线国家对外直接投资

单位：亿美元

国家	对外直接投资净额		对外直接投资存量
	2014年	2015年	（截至2015年）
越南	3.3	5.6	33.7
泰国	8.4	4.1	34.4
新加坡	28.1	104.5	319.8
新西兰	2.5	3.5	12.1
印度尼西亚	12.7	14.5	81.3
南非	0.4	2.3	47.2
韩国	5.5	13.2	37
俄罗斯	6.3	29.6	140.2

3. 产业合作方向

（1）海湾发达经济体

表12 海湾发达经济体与中国的双边贸易结构

与中国贸易对象国	中方出口	中方进口
阿曼	机电产品、钢铁及钢铁制品、高新技术产品、纺织品等	原油
卡塔尔	机械设备、电器、电子产品、金属制品等	液化天然气、原油、聚乙烯等
沙特阿拉伯	机电产品、钢材、服装等	原油、石化产品等
阿联酋	机电产品、高新技术、纺织和轻工产品	液化石油气、原油、成品油、铝及铝制品
巴林	机电产品、纺织品、服装、食品等	铁矿砂、铝材和液化石油气等

从表12可以看到，中国与海湾发达经济体之间的进出口结构呈现以下特点：中方对各国的出口从劳动力密集型到资本密集型再到技术密集型，内容是广泛的，中国制造的优势非常明显，主要集中在高新技术产品、机电产品、钢铁及钢铁制品、机械设备、电器、电子产品、金属制品、轻工产品、纺织品、服装、食品11个行业；而中国从各国进口的主要是原油、成品油、

液化天然气、液化石油气、聚乙烯、石化产品、铝及铝制品等。作为一个人均能源相对不足、能源对外依存度较高的国家，与海湾发达经济体的合作无疑具有重要战略意义。同时海湾国家也是中国贸易逆差的主要国家，除阿联酋外，中国对其他海湾国家均保持着较大的贸易逆差。鉴于双边贸易中互补性非常明显，中国应全方位地在各个行业与海湾国家展开合作，因为该地区从纺织、服装到高科技产品明显有着广泛的几乎全产业的对外贸易需求。另外中国应积极发挥高技术产品在对外贸易中新出现的优势，并将此作为出口结构调整的方向，加强与其他海湾国家在高科技产品和装备制造业上的全面合作，并寻求巩固传统贸易优势。

（2）中东欧发达经济体

表13　中东欧发达经济体与中国的双边贸易结构

与中国贸易对象国	中方出口	中方进口
拉脱维亚	机械和电子设备、运输工具、金属制品、化工产品、木材及木材制品等	纺织品、机械设备和电子设备、金属制品等
爱沙尼亚	机电、高技术产品、农产品及机械设备	钢材、电子产品、计算机及通信技术等
波兰	机电、纺织、鞋类、家电、运输设备、钢铁、家具	铜、化工产品、机电、钢铁、运输设备、纸制品、家具等

从表13可以看到，中国与中东欧发达经济体的双边贸易中，产业内贸易比较活跃，例如中国向拉脱维亚出口机械和电子设备以及金属制品，同时也从该国的这两个行业进行进口，这说明两国在相应产业进行着深层次的合作，这种相互交叉的贸易形式多见于经合组织国家之间。根据国际贸易理论，产业内贸易是贸易双方比较优势的深化合作，其往往发生在技术、产业发展水平相近的国家之间，这从侧面说明中国的相关产业和中东欧发达经济体处于同一水平，也暗示双边在其他产业合作的空间有待进一步开拓。与爱沙尼亚的产业合作也非常符合中国进出口结构升级的趋势，在高技术产品领域和计算机及通信技术方面的经贸往来也有利于双方合作潜力的进一步释放；与波

兰在机电产品、钢铁、家具、运输设备等方面存在明显的产业内贸易。

（3）其他发达经济体

表14　其他发达经济体与中国的双边贸易结构

与中国贸易对象国	中方出口	中方进口
文莱	纺织品、建材和塑料制品	原油
新西兰	服装和机电产品	乳制品、纸浆、羊毛等
以色列	集中于创新、研发领域	—

从表14可以看到，中国和文莱的经贸类似中国与海湾发达经济体之间的经贸关系，主要是能源与传统制造业之间的贸易，未来有必要进一步扩大产业合作的空间；中国和新西兰之间则是优势互补的经贸关系，与一般认知不同，中国向新西兰出口机电设备等工业制成品，而从新西兰进口该国具有很大优势的奶制品等，因此中新贸易的互利性是显而易见的。中国和以色列之间则是极为特殊的产业合作关系，以色列也是中国在"一带一路"沿线国家中，基于创新和研发的伙伴国。这体现了中国对以色列特别是犹太人群体在创新、教育、研发以及技术引领方面的肯定与敬佩，这一关系将很好地对接中国国内进行的"大众创新，万众创业"战略，同时长期来看这一关系将对中国的产业结构升级和经济结构调整做出切实的贡献。

（4）中等高收入经济体

表15　中等高收入经济体与中国的双边贸易结构

与中国贸易对象国	中方出口	中方进口
伊朗	机电、纺织、化工、钢铁制品等	原油、矿石、初级塑料、钢材和农副产品等
马来西亚	计算机及其零部件、集成电路、服装、纺织品等	集成电路、计算机及其零部件、棕油和塑料制品
埃及	机电产品、纺织、服装	原油、液化石油气、大理石等
黎巴嫩	机电类产品、纺织品、电子设备、汽车类和家具等	废金属等

续表

与中国贸易对象国	中方出口	中方进口
马尔代夫	服装、家具、通信设备、家电、农产品等	水产品
南非	电器和电子产品、纺织产品和金属制品。中国在南非投资涉及矿业、制药业、金融业、基础设施、媒体等	矿产品。南非在中国投资领域主要为啤酒和冶金
越南	机电产品、机械设备和面料、纺织纤维以及其他原辅料	矿产资源和农产品

可以看到，同样作为中高收入经济体的中国与"一带一路"沿线的中高收入国家之间的经贸往来并非产业内贸易，而是有较强的互补性，这一方面说明双方互通余缺，具有实现设施联通、贸易畅通的必要性，另一方面也折射出中国的产业附加值和产业技术标准是超过大多数同等人均收入水平国家的。当然这要分区域来看，中国和伊朗、马来西亚、南非、越南之间的合作明显要广泛得多，特别是马来西亚与中国在技术密集度比较高的集成电路方面有着良好的产业内贸易，双方的进出口也趋向于高附加值和高技术密度型产品。而中国与黎巴嫩、马尔代夫的经贸合作中，由于对方市场的有限性和政治不稳定等其他因素，双边贸易并没有很好地展开，只集中在某些单一行业。

总体来看，中国与此类国家的合作产业分布非常广泛，并拥有很大的开拓空间，中国出口方面主要涉及机电、纺织、化工、钢铁制品、计算机及其零部件、集成电路、服装、电子设备、汽车、家具、通信设备、家电、农产品、电器和电子产品、金属制品、矿业、制药业、金融业、基础设施、媒体20个行业；中国从此类国家的进口主要涉及原油、矿石、初级塑料、钢材、农副产品、集成电路、计算机及其零部件、棕油、塑料制品、液化石油气、废金属、水产品、啤酒、冶金14个行业。

未来，应进一步发掘与该类国家中经济总体水平较好的，特别是增长较快的亚洲国家如马来西亚、越南之间的产业内贸易合作以及更深层次领域的合作。此外拓宽进出口产业选项也应是优化进出口结构的重要方面。

（5）中等低收入、低收入经济体

由于中等低收入经济体和中国的产业经贸合作与低收入国家非常相似，所以将两者合并讨论（见表16）。

表16 中等低收入、低收入经济体与中国的双边贸易结构

与中国贸易对象国	中方出口	中方进口
埃塞俄比亚	轻工产品、高新技术产品、机器设备、纺织品、医药化工产品等	芝麻、乳香、没药、皮革、棉花、咖啡等
缅甸	成套设备、机电产品、纺织品、摩托车配件、化工产品等	原木、锯材、农产品和矿产品等
斯里兰卡	纺织品、机电产品、建材、小五金、医药等	橡胶及橡胶制品、红茶、宝石和椰油
约旦	机电产品、通信器材、纺织服装等	钾肥
也门	纺织品、机电产品、贱金属、粮油产品等	原油
老挝	汽车、摩托车、纺织品、钢材、电线电缆、通信设备、电器电子产品等	铜、木材、农产品等
尼泊尔	计算机通信技术产品、非针织钩边服装、塑料鞋底、仪器仪表等	皮革、金属制品、小麦粉、小电器等
印度	机电产品、化工产品、纺织品、塑料橡胶、陶瓷及玻璃制器	铁矿砂、铬矿石、宝石及贵重金属、植物油、纺织品等
孟加拉国	纺织品、机电产品、水泥、化肥、轮胎、生丝、玉米等	皮革、棉纺织制品、鱼类食品等

低收入与中低收入国家是中国近40年发展经验与成果的重要受益对象，这些国家今天所缺乏的正是中国过去所缺乏的，也是中国今天所擅长的。在双边经贸中，这些国家的优势产业往往是中国相应产业的上游产业，例如矿石、原材料、动植物以及本地特色产品行业，同时也有符合这类中低收入国家比较优势的轻工产品、纺织品行业等。在推进资金融通、设施联通、贸易畅通过程中，中低收入国家将是接受相关基金、银行等的金融信贷的主要国家，也是我国优势产能输出的主要目的地。

目前中国对中低收入国家的出口涉及轻工产品、高新技术产品、机器设

备、纺织品、医药化工产品、成套设备、机电产品、摩托车配件、建材、小五金、通信器材、服装、贱金属、粮油产品、汽车、摩托车、钢材、电线电缆、通信设备、电器电子产品、计算机通信技术产品、仪器仪表、塑料、橡胶、陶瓷、玻璃制器、水泥、化肥、轮胎、生丝、玉米30多个方面；而中国从中低收入经济体的进口涉及芝麻、乳香、没药、皮革、棉花、咖啡、原木、锯材、农产品、矿产品、橡胶及橡胶制品、红茶、宝石、椰油、钾肥、原油、铜、金属制品、小麦粉、小电器、贵重金属、植物油、纺织品、鱼类食品24个方面。

很明显，在与中低收入国家的进出口中，涉及的产业非常广泛，中国在几乎所有资本密集型和高新技术产业都能为中低收入国家带去技术和资金，推动相关国家的经济腾飞。

由上，在产能合作方面，双边经贸维持增长的对象国主要为中高收入经济体、经济体量较大的中低收入经济体以及少数高收入经济体。中国目前的总体产业技术水平和要素比较优势大致与中东欧发达经济体相似，发生的产业内贸易也更多，但是作为中高收入国家，中国与马来西亚等国也有产业间贸易。

因此，中国在与中东欧发达经济体、海湾发达经济体、新西兰、以色列等广泛分布的其他发达经济体的合作中，需要将区域经济产业需求与国家特色综合考虑，区别对待。大多数中高收入国家、所有的中等收入国家和低收入国家理论上都是中国发挥优势产能、资本投入的目的地，因此在国家甄别的基础上，推进"一带一路"必须始终重视对相关国家的持续关注，例如未来伊拉克重建、阿拉伯之春后的西亚发展、北非相关国家的重建进程以及发展进程。另外最为重要的是中国与此类国家中优先级、次优级合作对象国合作的要深入开展，其中包括越南、老挝、柬埔寨、巴基斯坦、印度尼西亚等。

综合篇
Comprehensive Studies

B.2
中国"一带一路"投资安全风险评估

杨理智 张韧 刘科峰 白成祖 李 明*

摘 要： 本文阐述了2017年中国"一带一路"建设进展，引用较为成熟的投资安全风险评估指标体系，运用DEA模型，对沿线46个国家的投资安全风险进行了对比及量化评估，依据比例改进值、松弛变量，并结合目标值，对风险较高的国家进行了综合分析，对需要重点关注的风险领域给出了建议。

关键词： "一带一路" 投资安全 网络评估

---

* 杨理智，国防科技大学气象海洋学院博士研究生；张韧，国防科技大学气象海洋学院教授，并任职于南京信息工程大学气象灾害预报预警与评估协同创新中心；刘科峰，国防科技大学气象海洋学院讲师；白成祖，国防科技大学气象海洋学院博士研究生；李明，国防科技大学气象海洋学院硕士研究生。

一 2017年中国"一带一路"投资态势总览

2017年,中国"一带一路"建设得到了快速发展,"一带一路"国际合作高峰论坛成为最受关注的热点事件,峰会期间,中国与相关国家签署经贸等多领域合作文件达270多项。国外媒体和网民对"一带一路"关注率达到23.61%,较2016年增长0.2%。截至10月底,中欧班列累计开行数量达6000余列,新增路线57条,到达欧洲12个国家34个城市,成为进出口物流格局中的新生力量。中国民航与43个沿线国家实现直航,截至2017年5月,国外航空公司新开18条"一带一路"沿线国家航线。截至2017年5月,中国已与沿线36个国家及欧盟、东盟分别签订了双边海运协定(河运协定),与全球31个港口实现物流信息互联共享。贸易方面,我国贸易进出口总值达27.79万亿元人民币,较2016年增长14.2%,且呈逐季提升的趋势,一般贸易进出口比重增加,与部分"一带一路"沿线国家进出口进展较好,前三季度对"一带一路"沿线国家进出口增长20.1%;对华投资新设立企业2893家,同比增长34.4%,实际投入额42.4亿美元。金融服务方面,亚投行增加的新成员中,42个为沿线国家,丝路基金已签约17个项目,中资银行在沿线19个国家设立80多家分行、子行、代表处等。文化方面,与沿线53个国家建立了734对友好城市关系,与24个沿线国实现了公民免签或落地签。①

二 "一带一路"投资安全风险评估

(一)评估模型

2016~2017年的投资报告中,梁昊光构建了较为全面的投资安全风险

---

① 《"一带一路"数据观——"一带一路"的2017》,一带一路网,https://www.yidaiyilu.gov.cn/xwzx/gnxw/43662.htm。

评估指标体系，该指标体系对"一带一路"建设中在沿线各国可能面临的经济安全、金融安全、政治安全及社会安全风险四个方面进行了评价，共32个指标，用标准化及加权的方法进行了风险评估①。

分析指标的数据特征是，经济类指标的数据量级相差较大，在进行标准化处理时容易放大某国在经济方面的表现，使某国的某一指标明显优于其他国家，在进行加权平均后，该国经评估得到的经济风险会低于实际风险。

数据包络分析（Data Envelopment Analysis，DEA）方法以相对效率概念为基础，能够处理多输出－多输入的有效性综合评价等问题，无需对数据进行人为处理，保留数据中原始信息。DEA方法的有效性系数依赖输出综合与输入综合的比率，投入越小、产出越大的单元为最优单元。根据有效性系数，DEA方法将各决策单元定级排队，确定有效的决策单元，通过松弛变量、比例变量确定其他决策单元无效的原因和程度，由此进一步分析各决策单元的改进方向和力度，从而为决策者提供重要的管理决策信息。

设有 n 个 DMU_j（$1 \leq j \leq n$），DMU_j 对应的输入、输出向量分别为：

$$x_j = (x_{1j}, x_{2j}, \cdots, x_{mj})^T > 0 \quad j = 1, 2, \cdots, n$$
$$y_j = (y_{1j}, y_{2j}, \cdots, y_{sj})^T > 0 \quad j = 1, 2, \cdots, n$$

且 $x_{ij} > 0$，$y_{rj} > 0$，$i = 1, 2, \cdots, m$；$r = 1, 2, \cdots, s$，即每个决策单元有 m 种类型的"输入"以及 s 种类型的"输出"。x_{ij} 和 y_{ij} 为已知的数据，可以根据历史资料得到，即实际观测到的数据。

决策单元的输入和输出需要进行"综合"，即把它们看作只有一个总体输入和一个总体输出的生产过程，设 $v = (v_1, v_2, \cdots, v_m)^T$ 为输入权向量，$u = (u_1, u_2, \cdots, u_m)^T$ 为输出权向量，则每个决策单元 DMU_j 相应的效率评价指数为：

$$h_j = \frac{u^T y_j}{v^T x_j} = \frac{\sum_{r=1}^{s} u_r y_{rj}}{\sum_{i=1}^{m} v_i x_{ij}} \quad j = 1, 2, \cdots, n$$

---

① 参见邹统钎、梁昊光主编《中国"一带一路"投资与安全研究报告（2016~2017）》，社会科学文献出版社，2017。

第 j_0 个决策单元的效率评价指数为 h_{j0}，h_{j0} 越大，表明 DMU_{j0} 能够用相对较少的输入得到相对较多的输出，以第 j_0 个决策单元的效率评价指数为目标，以所有决策单元的效率指数为约束，就构造出如下的 CCR 线性规划模型：

$$(P)\begin{cases} \max h_{j0} = \mu^T y_0 \\ s.t.\ \omega^T x_j - \mu^T y_j \geq 0\ j = 1, 2, \cdots, n \\ \omega^T x_0 = 1 \\ \omega \geq 0, \mu \geq 0 \end{cases}$$

其中，$\omega = \dfrac{1}{v^T x_0} v$，$\mu = \dfrac{1}{v^T x_0} u$。

在 CCR 对偶模型基础上增加约束条件 $\sum_{j=1}^{n} \lambda_j = 1 (\lambda \geq 0)$ 即可构成 BCC 模型，使投影点的生产规模与被评价决策单元的生产规模处于同一水平。进一步引入松弛变量 s^+ 和剩余变量 s^-，得到 BCC 模型线性规划的对偶规划：

$$(D)\begin{cases} \min \theta \\ s.t.\ \sum_{j=1}^{n} \lambda_j x_j + s^+ = \theta x_0 \\ \sum_{j=1}^{n} \lambda_j y_j - s^- = y_0 \\ \sum_{j=1}^{n} \lambda_j = 1 \\ \lambda_j \geq 0\ j = 1, 2, \cdots, n \\ \theta\ 无约束\ s^+ \geq 0, s^- \geq 0 \end{cases}$$

当 $\theta^* = 1$，且 $s^{*-} = 0$，$s^{*+} = 0$ 时，决策单元 j_0 为 DEA 有效。

当 $\theta^* = 1$，但至少有某个输入或输出松弛变量大于零时，此时决策单元 j_0 为弱 DEA 有效。

当 $\theta^* < 1$，则决策单元 j_0 不是 DEA 有效。

本研究目标为综合多项指标选出沿线投资安全风险最小的国家，并能够分析风险影响的主要因素。因此，可以将风险正相关指标作为投入指标，风险负相关指标作为产出指标，当一国风险正相关指标低、风险负相关指标高时，该国效率值为1。此外，本研究问题为一个多输入多输出的多目标决策问题,在多目标决策的过程中,尽量避免人为主观因素,实现多目标决策的客观化是当前学科的发展方向。DEA 方法通过多变量的输入和输出值直接求出指标的权重,无需任何权重假设,同时也不必确定输入输出关系的显示表达式,避免了人为的主观性,提高了评价结果的客观性,是处理多目标决策问题的好方法。

(二)评估指标及数据处理

由于指标过多,特别是指标数大于决策单元的1/3,或投入产出指标数的乘积大于决策单元数,会模糊掉决策单元的效率,导致 DEA 失去对决策单元效率的区分能力,因此本文选择原指标体系中 13 个主要的指标,如表1所示。

表1 "一带一路"投资安全风险评估指标体系

	指标名称	指标属性	资料来源
经济安全	人均 GDP	风险负相关	世界银行 WDI 数据库
	经济增长率	风险负相关	世界银行 WDI 数据库
	投资开放度	风险负相关	根据世界银行 WDI 数据库
	通货膨胀指数	风险正相关	EIU Countrydata 数据库
金融安全	外债出口指数	风险正相关	世界银行 WDI 数据库
	财政平衡指数	风险负相关	世界银行 WDI 数据库
政治安全	外部冲突指数	风险正相关	EIU Country Risk Model 数据库
	换届平稳指数	风险负相关	EIU Country Risk Model 数据库
	主权风险指数	风险正相关	EIU Country Risk Model 数据库
	承诺支付指数	风险正相关	EIU Country Risk Model 数据库
社会安全	内部冲突指数	风险正相关	Transformation Index of the Bertelsmann Stiftung 研究结果
	法律权利指数	风险负相关	世界银行,营商环境项目
	营商便利度指数	风险负相关	世界银行,营商环境项目

对于 BCC 模型,若每个决策单元的第 i 个输入指标均变化 α_i,第 r 个产出指标均变化 β_r,则有如下两个推论。

定理 1. 假设 $\hat{\theta}^*$,$\hat{s_i}^{-*}$,$\hat{s_r}^{+*}$ 是(BCC_{IC})模型的最优解,若

$(\alpha_1, \alpha_2, \cdots, \alpha_m) = (0, 0, \cdots, 0)$，则 θ^*，s_i^{-*}，s_i^{+*} 是 (BCC_I) 模型的最优解当且仅当 θ^*，s_i^{-*}，s_i^{+*} 是 (BCC_{IC}) 模型的最优解。

定理2. 假设 $\hat{\theta}^*$，$\hat{s_i}^{-*}$，$\hat{s_r}^{+*}$ 是 (BCC_{OC}) 模型的最优解，若 $(\beta_1, \beta_2, \cdots, \beta_m) = (0, 0, \cdots, 0)$，则 θ^*，s_i^{-*}，s_i^{+*} 是 (BCC_O) 模型的最优解当且仅当 θ^*，s_i^{-*}，s_i^{+*} 是 (BCC_{OC}) 模型的最优解。

由于 BCC 模型对应的效率值完全由 s_i^{-*}，s_i^{+*} 决定，因此定理1、2表明：对面向输入的 BCC 模型，对决策单元输出数据的整体平移不影响决策单元的效率值度量以及决策单元的投影大小；对面向输出的 BCC 模型，对决策单元输入数据的整体平移不影响决策单元的效率值度量以及决策单元的投影大小。

本研究中指标数据中会出现负值，DEA 基本模型不能处理含有负值的数据，因此，根据 BCC 模型的基本定理，对数据做如下处理：

（1）对于输入指标中的负值，用无穷小正数进行替换；

（2）将输出指标中的经济增长率数值整体平移30、财政平衡指数整体平移20。

（三）评估结果

运用 DEA 模型对各决策单元效率值进行计算，得到效率值及各指标的比例改进值、松弛变量及目标值，如表2所示。

表2 决策单元 DEA 模型评估结果

	效率值	通货膨胀指数			外债出口指数			外部冲突指数		
		比例改进值	松弛变量	目标值	比例改进值	松弛变量	目标值	比例改进值	松弛变量	目标值
阿尔巴尼亚	0.46	-5.01	-3.92	0.37	-16.10	-4.89	8.91	-1.62	0.00	1.38
阿联酋	1.00	0.00	0.00	2.50	0.00	0.00	0.00	0.00	0.00	2.00
阿曼	0.75	-2.08	-5.81	0.41	-75.98	-213.45	14.48	-0.25	0.00	0.75
阿塞拜疆	1.00	0.00	0.00	2.70	0.00	0.00	0.00	0.00	0.00	2.00
埃及	1.00	0.00	0.00	0.60	0.00	0.00	29.80	0.00	0.00	2.00

续表

	效率值	通货膨胀指数			外债出口指数			外部冲突指数		
		比例改进值	松弛变量	目标值	比例改进值	松弛变量	目标值	比例改进值	松弛变量	目标值
爱沙尼亚	1.00	0.00	0.00	2.70	0.00	0.00	141.60	0.00	0.00	2.00
巴基斯坦	0.59	-1.24	-1.38	0.38	-7.21	0.00	10.29	-1.24	-1.50	0.27
巴林	0.97	0.00	0.00	0.10	-3.34	-55.27	57.89	-0.06	0.00	1.94
保加利亚	1.00	0.00	0.00	0.30	0.00	0.00	0.00	0.00	0.00	3.00
波黑	1.00	0.00	0.00	0.40	0.00	0.00	0.00	0.00	0.00	4.00
波兰	1.00	0.00	0.00	0.30	0.00	0.00	0.00	0.00	0.00	3.00
俄罗斯	1.00	0.00	0.00	4.50	0.00	0.00	0.00	0.00	0.00	2.00
菲律宾	1.00	0.00	0.00	2.30	0.00	0.00	37.30	0.00	0.00	2.00
哈萨克斯坦	1.00	0.00	0.00	1.10	0.00	0.00	10.60	0.00	0.00	2.00
柬埔寨	0.56	-1.79	-1.88	0.43	-10.91	0.00	14.09	-1.31	0.00	1.69
捷克共和国	0.46	-5.85	-3.15	1.80	-40.91	-26.35	8.24	-1.63	0.00	1.37
卡塔尔	1.00	0.00	0.00	0.80	0.00	0.00	0.00	0.00	0.00	2.00
科威特	0.39	-3.41	0.00	2.19	-57.41	0.00	36.89	-2.44	0.00	1.56
克罗地亚	0.40	-1.67	-0.62	0.51	-57.60	-23.97	14.83	-1.79	0.00	1.21
拉脱维亚	1.00	0.00	0.00	0.00	0.00	0.00	51.20	0.00	0.00	0.00
黎巴嫩	1.00	0.00	0.00	0.00	0.00	0.00	67.10	0.00	0.00	2.00
立陶宛	1.00	0.00	0.00	0.00	0.00	0.00	91.90	0.00	0.00	2.00
罗马尼亚	0.89	-0.08	0.00	0.62	-8.30	-44.67	21.43	-0.11	0.00	0.89
马来西亚	1.00	0.00	0.00	2.30	0.00	0.00	44.90	0.00	0.00	1.00
马其顿	0.96	-0.04	0.00	0.76	-4.46	-32.10	64.84	-0.13	-1.41	1.46
蒙古国	0.69	-2.16	-4.45	0.29	-111.74	-243.89	1.58	0.00	0.00	0.00
孟加拉国	1.00	0.00	0.00	6.60	0.00	0.00	11.10	0.00	0.00	2.00
缅甸	1.00	0.00	0.00	7.20	0.00	0.00	20.90	0.00	0.00	1.00
摩尔多瓦	0.38	-4.06	-2.14	0.30	-73.31	-43.99	0.00	-2.50	0.00	1.50
塞尔维亚	0.75	-0.85	-2.14	0.41	-22.08	-51.75	14.48	-0.25	0.00	0.75
沙特阿拉伯	1.00	0.00	0.00	3.10	0.00	0.00	0.00	0.00	0.00	2.00
斯里兰卡	0.78	-0.82	-0.45	2.43	-36.99	-88.11	42.70	-0.22	0.00	0.78
斯洛伐克	1.00	0.00	0.00	0.40	0.00	0.00	0.00	0.00	0.00	2.00

续表

	效率值	通货膨胀指数			外债出口指数			外部冲突指数		
		比例改进值	松弛变量	目标值	比例改进值	松弛变量	目标值	比例改进值	松弛变量	目标值
斯洛文尼亚	1.00	0.00	0.00	0.30	0.00	0.00	0.00	0.00	0.00	0.00
泰国	0.50	-0.50	-0.15	0.35	0.00	0.00	0.00	-1.00	0.00	1.00
土耳其	0.76	-1.89	-4.56	1.46	-38.52	-59.40	63.48	-0.95	-1.37	1.68
乌兹别克斯坦	1.00	0.00	0.00	11.20	0.00	0.00	2.60	0.00	0.00	2.00
新加坡	1.00	0.00	0.00	0.60	0.00	0.00	38.60	0.00	0.00	1.00
匈牙利	0.57	-0.22	0.00	0.28	-35.00	-15.89	30.01	-1.30	0.00	1.70
也门	0.29	-13.86	-5.03	0.51	-221.14	-60.89	27.57	-2.86	0.00	1.14
伊拉克	0.33	-0.67	0.00	0.33	-29.47	0.00	14.23	-2.70	0.00	1.30
伊朗	0.85	-2.93	-14.90	1.17	0.00	0.00	0.00	-0.46	-0.41	2.13
印度	1.00	0.00	0.00	7.00	0.00	0.00	29.90	0.00	0.00	2.00
印度尼西亚	0.85	-0.85	-2.66	2.19	-18.47	-59.40	45.74	-0.15	0.00	0.85
约旦	0.43	-0.86	-0.30	0.34	-33.37	-24.86	0.17	-2.29	0.00	1.71
越南	1.00	0.00	0.00	3.50	0.00	0.00	23.10	0.00	0.00	2.00

	效率值	换届平稳指数			主权风险指数			承诺支付指数		
		比例改进值	松弛变量	目标值	比例改进值	松弛变量	目标值	比例改进值	松弛变量	目标值
阿尔巴尼亚	0.46	-1.62	-0.23	1.15	-1.62	0.00	1.38	-0.54	-0.08	0.38
阿联酋	1.00	0.00	0.00	1.00	0.00	0.00	3.00	0.00	0.00	1.00
阿曼	0.75	-1.00	-2.63	0.38	-0.50	0.00	1.50	-0.50	-1.38	0.13
阿塞拜疆	1.00	0.00	0.00	4.00	0.00	0.00	3.00	0.00	0.00	4.00
埃及	1.00	0.00	0.00	2.00	0.00	0.00	2.00	0.00	0.00	1.00
爱沙尼亚	1.00	0.00	0.00	4.00	0.00	0.00	2.00	0.00	0.00	1.00
巴基斯坦	0.59	-0.82	-1.18	0.00	-1.24	-0.03	1.73	0.00	0.00	0.00
巴林	0.97	-0.09	-2.11	0.80	-0.06	-0.21	1.73	-0.03	-0.13	0.84
保加利亚	1.00	0.00	0.00	1.00	0.00	0.00	1.00	0.00	0.00	1.00
波黑	1.00	0.00	0.00	2.00	0.00	0.00	4.00	0.00	0.00	2.00
波兰	1.00	0.00	0.00	3.00	0.00	0.00	1.00	0.00	0.00	1.00
俄罗斯	1.00	0.00	0.00	2.00	0.00	0.00	3.00	0.00	0.00	2.00
菲律宾	1.00	0.00	0.00	4.00	0.00	0.00	3.00	0.00	0.00	1.00
哈萨克斯坦	1.00	0.00	0.00	4.00	0.00	0.00	3.00	0.00	0.00	0.00
柬埔寨	0.56	-1.75	-1.33	0.93	-0.87	0.00	1.13	-0.44	-0.25	0.31

续表

	效率值	换届平稳指数			主权风险指数			承诺支付指数		
		比例改进值	松弛变量	目标值	比例改进值	松弛变量	目标值	比例改进值	松弛变量	目标值
捷克共和国	0.46	-2.17	-1.71	0.12	-1.63	0.00	1.37	-0.54	-0.40	0.06
卡塔尔	1.00	0.00	0.00	0.00	0.00	0.00	2.00	0.00	0.00	2.00
科威特	0.39	0.00	0.00	0.00	-2.44	-0.08	1.49	-1.22	-0.51	0.27
克罗地亚	0.40	-2.39	-1.61	0.00	-1.79	0.00	1.21	-0.60	-0.40	0.00
拉脱维亚	1.00	0.00	0.00	0.00	0.00	0.00	2.00	0.00	0.00	0.00
黎巴嫩	1.00	0.00	0.00	0.00	0.00	0.00	4.00	0.00	0.00	2.00
立陶宛	1.00	0.00	0.00	0.00	0.00	0.00	2.00	0.00	0.00	1.00
罗马尼亚	0.89	-0.45	-3.11	0.44	-0.22	0.00	1.78	-0.11	-0.67	0.22
马来西亚	1.00	0.00	0.00	1.00	0.00	0.00	2.00	0.00	0.00	1.00
马其顿	0.96	-0.13	-2.61	0.26	-0.18	-2.10	1.72	-0.04	-0.23	0.72
蒙古国	0.69	-0.31	-0.69	0.00	-0.94	-0.06	2.00	-0.63	-1.37	0.00
孟加拉国	1.00	0.00	0.00	0.00	0.00	0.00	2.00	0.00	0.00	2.00
缅甸	1.00	0.00	0.00	0.00	0.00	0.00	3.00	0.00	0.00	2.00
摩尔多瓦	0.38	-2.50	0.00	1.50	-2.50	0.00	1.50	-1.25	-0.25	0.50
塞尔维亚	0.75	-0.25	-0.38	0.38	-0.50	0.00	1.50	-0.25	-0.63	0.13
沙特阿拉伯	1.00	0.00	0.00	4.00	0.00	0.00	2.00	0.00	0.00	0.00
斯里兰卡	0.78	0.00	0.00	0.00	-0.44	0.00	1.56	-0.44	-1.56	0.00
斯洛伐克	1.00	0.00	0.00	0.00	0.00	0.00	1.00	0.00	0.00	0.00
斯洛文尼亚	1.00	0.00	0.00	0.00	0.00	0.00	2.00	0.00	0.00	0.00
泰国	0.50	-0.50	-0.50	0.00	-1.50	0.00	1.50	-0.50	-0.50	0.00
土耳其	0.76	0.00	0.00	0.00	-0.72	-0.79	1.50	-0.24	-0.27	0.50
乌兹别克斯坦	1.00	0.00	0.00	4.00	0.00	0.00	2.00	0.00	0.00	3.00
新加坡	1.00	0.00	0.00	0.00	0.00	0.00	0.00	0.00	0.00	0.00
匈牙利	0.57	-1.73	-1.28	0.98	-1.30	0.00	1.70	-1.30	-1.05	0.66
也门	0.29	-2.86	-0.71	0.43	-2.86	0.00	1.14	-2.86	-1.00	0.14
伊拉克	0.33	-0.67	-0.33	0.00	-2.70	0.00	1.30	-2.02	-0.98	0.00
伊朗	0.85	-0.31	0.00	1.69	-0.46	-0.79	1.75	-0.31	-0.06	1.63
印度	1.00	0.00	0.00	0.00	0.00	0.00	1.00	0.00	0.00	0.00
印度尼西亚	0.85	0.00	0.00	0.00	-0.30	-0.01	1.69	-0.30	-1.59	0.11
约旦	0.43	-1.14	0.00	0.86	-1.71	0.00	1.29	-0.57	-0.14	0.29
越南	1.00	0.00	0.00	4.00	0.00	0.00	2.00	0.00	0.00	2.00

续表

	效率值	内部冲突指数			人均GDP			经济增长率		
		比例改进值	松弛变量	目标值	比例改进值	松弛变量	目标值	比例改进值	松弛变量	目标值
阿尔巴尼亚	0.46	-2.15	0.00	1.85	0.00	16525.43	25648.01	0.00	5.71	31.98
阿联酋	1.00	0.00	0.00	6.00	0.00	0.00	2934.20	0.00	0.00	35.90
阿曼	0.75	-0.75	0.00	2.25	0.00	21454.95	31994.93	0.00	0.92	32.12
阿塞拜疆	1.00	0.00	0.00	5.00	0.00	0.00	1188.69	0.00	0.00	37.04
埃及	1.00	0.00	0.00	1.00	0.00	0.00	17578.34	0.00	0.00	34.53
爱沙尼亚	1.00	0.00	0.00	2.00	0.00	0.00	73683.39	0.00	0.00	33.55
巴基斯坦	0.59	-1.65	-0.09	2.27	0.00	29330.58	0.00	0.39	32.24
巴林	0.97	-0.06	0.00	1.94	0.00	1330.64	12896.47	0.00	1.56	33.20
保加利亚	1.00	0.00	0.00	4.00	0.00	0.00	13678.55	0.00	0.00	32.74
波黑	1.00	0.00	0.00	7.00	0.00	0.00	8077.65	0.00	0.00	31.30
波兰	1.00	0.00	0.00	1.00	0.00	0.00	14177.05	0.00	0.00	31.62
俄罗斯	1.00	0.00	0.00	3.00	0.00	0.00	3975.22	0.00	0.00	32.80
菲律宾	1.00	0.00	0.00	1.00	0.00	0.00	40468.76	0.00	0.00	33.76
哈萨克斯坦	1.00	0.00	0.00	1.00	0.00	0.00	15580.68	0.00	0.00	35.65
柬埔寨	0.56	-1.75	0.00	2.25	0.00	24011.06	29537.41	0.00	1.19	32.29
捷克共和国	0.46	-3.79	0.00	3.21	0.00	10909.47	14554.21	0.00	0.00	34.20
卡塔尔	1.00	0.00	0.00	3.00	0.00	0.00	17148.50	0.00	0.00	31.44
科威特	0.39	-5.48	0.00	3.52	0.00	9576.13	11040.83	0.00	0.00	34.71
克罗地亚	0.40	-4.18	0.00	2.82	0.00	8232.60	30862.81	0.00	0.00	32.86
拉脱维亚	1.00	0.00	0.00	4.00	0.00	0.00	7023.48	0.00	0.00	33.62
黎巴嫩	1.00	0.00	0.00	5.00	0.00	0.00	4279.33	0.00	0.00	33.03
立陶宛	1.00	0.00	0.00	2.00	0.00	0.00	12584.55	0.00	0.00	33.94
罗马尼亚	0.89	-0.33	0.00	2.67	0.00	5787.52	14790.44	0.00	0.00	33.66
马来西亚	1.00	0.00	0.00	5.00	0.00	0.00	9798.33	0.00	0.00	34.97
马其顿	0.96	-0.22	-1.72	3.06	0.00	18213.78	23096.44	0.00	0.00	33.67
蒙古国	0.69	-0.94	0.00	2.06	0.00	16336.16	20333.98	0.00	0.00	32.36
孟加拉国	1.00	0.00	0.00	8.00	0.00	0.00	1241.70	0.00	0.00	36.55
缅甸	1.00	0.00	0.00	8.00	0.00	0.00	1191.49	0.00	0.00	37.29

续表

	效率值	内部冲突指数			人均GDP			经济增长率		
		比例改进值	松弛变量	目标值	比例改进值	松弛变量	目标值	比例改进值	松弛变量	目标值
摩尔多瓦	0.38	-2.50	0.00	1.50	0.00	15588.73	17466.80	0.00	2.47	31.97
塞尔维亚	0.75	-0.75	0.00	2.25	0.00	26729.79	31994.93	0.00	1.36	32.12
沙特阿拉伯	1.00	0.00	0.00	4.00	0.00	0.00	20511.75	0.00	0.00	33.48
斯里兰卡	0.78	-1.54	-0.88	4.58	0.00	5928.78	9884.95	0.00	0.00	34.79
斯洛伐克	1.00	0.00	0.00	3.00	0.00	0.00	16118.28	0.00	0.00	33.83
斯洛文尼亚	1.00	0.00	0.00	2.00	0.00	0.00	20756.54	0.00	0.00	32.32
泰国	0.50	-3.50	-1.00	2.50	0.00	12592.64	18437.41	0.00	0.25	33.08
土耳其	0.76	-0.95	0.00	3.05	0.00	14483.47	23639.16	0.00	0.00	33.97
乌兹别克斯坦	1.00	0.00	0.00	5.00	0.00	0.00	2162.07	0.00	0.00	38.00
新加坡	1.00	0.00	0.00	3.00	0.00	0.00	52918.74	0.00	0.00	32.01
匈牙利	0.57	-1.30	0.00	1.70	0.00	3815.24	16208.78	0.00	0.00	33.15
也门	0.29	-6.43	0.00	2.57	0.00	41353.32	42789.61	0.00	30.10	32.00
伊拉克	0.33	-6.74	-0.14	3.11	0.00	13078.66	18052.42	0.00	0.46	33.48
伊朗	0.85	-0.62	0.00	3.38	0.00	5654.03	11126.90	0.00	0.00	34.34
印度	1.00	0.00	0.00	6.00	0.00	0.00	1628.26	0.00	0.00	37.56
印度尼西亚	0.85	-0.75	0.00	4.25	0.00	3558.22	6934.71	0.00	0.00	34.79
约旦	0.43	-2.86	0.00	2.14	0.00	12079.38	17049.42	0.00	0.38	32.76
越南	1.00	0.00	0.00	4.00	0.00	0.00	2141.14	0.00	0.00	36.68

	效率值	投资开放度			财政平衡指数			营商便利指数		
		比例改进值	松弛变量	目标值	比例改进值	松弛变量	目标值	比例改进值	松弛变量	目标值
阿尔巴尼亚	0.75	0.00	8.65	40.80	0.00	3.05	29.35	0.00	8.59	109.58
阿联酋	1.00	0.00	0.00	33.94	0.00	0.00	29.00	0.00	0.00	90.07
阿曼	1.00	0.00	10.28	45.58	0.00	1.08	29.18	0.00	7.74	110.42
阿塞拜疆	1.00	0.00	0.00	39.69	0.00	0.00	29.10	0.00	0.00	85.22
埃及	0.59	0.00	0.00	33.26	0.00	0.00	30.00	0.00	0.00	103.95
爱沙尼亚	0.97	0.00	0.00	33.09	0.00	0.00	23.70	0.00	0.00	95.97
巴基斯坦	1.00	0.00	7.56	42.58	0.00	13.27	28.57	0.00	18.57	108.74
巴林	1.00	0.00	3.31	33.60	0.00	0.00	28.20	0.00	4.05	106.76

续表

	效率值	投资开放度			财政平衡指数			营商便利指数		
		比例改进值	松弛变量	目标值	比例改进值	松弛变量	目标值	比例改进值	松弛变量	目标值
保加利亚	1.00	0.00	0.00	33.30	0.00	0.00	28.70	0.00	0.00	108.06
波黑	1.00	0.00	0.00	36.29	0.00	0.00	20.50	0.00	0.00	86.39
波兰	1.00	0.00	0.00	32.79	0.00	0.00	30.10	0.00	0.00	108.88
俄罗斯	1.00	0.00	0.00	39.39	0.00	0.00	14.90	0.00	0.00	90.50
菲律宾	0.56	0.00	0.00	35.46	0.00	0.00	26.30	0.00	0.00	105.10
哈萨克斯坦	0.46	0.00	0.00	26.57	0.00	0.00	10.10	0.00	0.00	95.40
柬埔寨	1.00	0.00	0.86	44.54	0.00	2.45	29.55	0.00	13.11	110.91
捷克共和国	0.39	0.00	1.13	33.27	0.00	9.95	27.55	0.00	16.60	101.03
卡塔尔	0.40	0.00	0.00	26.66	0.00	0.00	30.00	0.00	0.00	109.49
科威特	1.00	0.00	2.93	33.30	0.00	1.92	27.22	0.00	17.88	99.57
克罗地亚	1.00	0.00	18.16	45.06	0.00	11.94	28.84	0.00	13.06	109.87
拉脱维亚	1.00	0.00	0.00	33.81	0.00	0.00	28.50	0.00	0.00	103.72
黎巴嫩	0.89	0.00	0.00	32.11	0.00	0.00	29.20	0.00	0.00	93.71
立陶宛	1.00	0.00	0.00	33.84	0.00	0.00	27.30	0.00	0.00	106.45
罗马尼亚	0.96	0.00	0.70	33.70	0.00	1.18	28.38	0.00	0.00	103.78
马来西亚	0.69	0.00	0.00	37.04	0.00	0.00	26.60	0.00	0.00	109.13
马其顿	1.00	0.00	9.59	43.19	0.00	1.77	28.07	0.00	0.00	110.18
蒙古国	1.00	0.00	3.71	34.62	0.00	9.92	27.82	0.00	6.73	105.56
孟加拉国	0.38	0.00	0.00	31.76	0.00	0.00	25.00	0.00	0.00	73.10
缅甸	0.75	0.00	0.00	36.52	0.00	0.00	27.10	0.00	0.00	75.27
摩尔多瓦	1.00	0.00	0.05	33.72	0.00	1.35	28.95	0.00	6.28	107.25
塞尔维亚	0.78	0.00	8.34	45.58	0.00	1.58	29.18	0.00	12.01	110.42
沙特阿拉伯	1.00	0.00	0.00	32.11	0.00	0.00	18.40	0.00	0.00	93.17
斯里兰卡	1.00	0.00	5.59	36.48	0.00	3.35	27.95	0.00	9.70	98.66
斯洛伐克	0.50	0.00	0.00	32.65	0.00	0.00	27.70	0.00	0.00	105.62

续表

	效率值	投资开放度			财政平衡指数			营商便利指数		
		比例改进值	松弛变量	目标值	比例改进值	松弛变量	目标值	比例改进值	松弛变量	目标值
斯洛文尼亚	0.76	0.00	0.00	34.65	0.00	0.00	27.80	0.00	0.00	105.62
泰国	1.00	0.00	0.11	33.65	0.00	0.05	27.75	0.00	4.20	105.62
土耳其	1.00	0.00	10.40	43.47	0.00	0.00	28.20	0.00	6.88	106.04
乌兹别克斯坦	0.57	0.00	0.00	31.60	0.00	0.00	29.00	0.00	0.00	92.60
新加坡	0.29	0.00	0.00	64.41	0.00	0.00	30.70	0.00	0.00	117.34
匈牙利	0.33	0.00	9.50	33.61	0.00	0.43	28.53	0.00	3.64	106.21
也门	0.85	0.00	25.66	55.64	0.00	11.60	30.20	0.00	39.92	114.46
伊拉克	1.00	0.00	4.00	36.01	0.00	12.05	28.15	0.00	30.24	106.30
伊朗	0.85	0.00	3.83	34.35	0.00	0.00	28.70	0.00	12.39	99.83
印度	0.43	0.00	0.00	32.46	0.00	0.00	26.20	0.00	0.00	84.68
印度尼西亚	1.00	0.00	0.03	33.45	0.00	0.00	27.60	0.00	10.14	98.26
约旦	0.46	0.00	0.00	33.40	0.00	5.03	28.43	0.00	18.76	106.60
越南	1.00	0.00	0.00	36.66	0.00	0.00	25.50	0.00	0.00	92.10

三 "一带一路"投资安全风险评估结果分析

观察效率值，阿尔巴尼亚、阿联酋、阿曼、爱沙尼亚、保加利亚、波黑、波兰、马来西亚、孟加拉国、缅甸、沙特阿拉伯、斯洛伐克、斯洛文尼亚、乌兹别克斯坦、新加坡、印度、越南、菲律宾、柬埔寨、捷克共和国、卡塔尔、拉脱维亚、黎巴嫩、立陶宛等国整体投资安全风险较小，在可控范围内。其中，斯洛文尼亚作为参考标准18次，新加坡14次，斯洛伐克、立陶宛10次，保加利亚、印度7次，波兰6次，捷克共和国3次，柬埔寨、爱沙尼亚、马来西亚、乌兹别克斯坦各1次。

分析无效国家的比例改进值、松弛变量、目标值，可得到各国各指标需要改进的值及目标值，如图1所示。

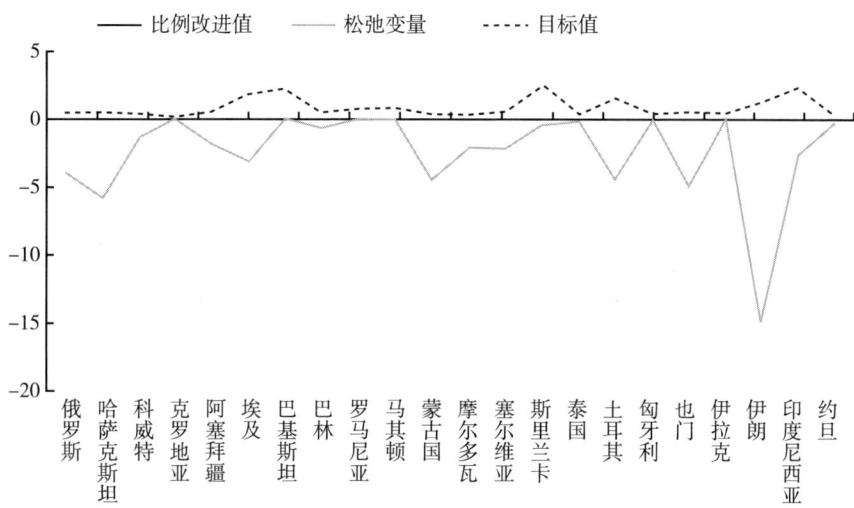

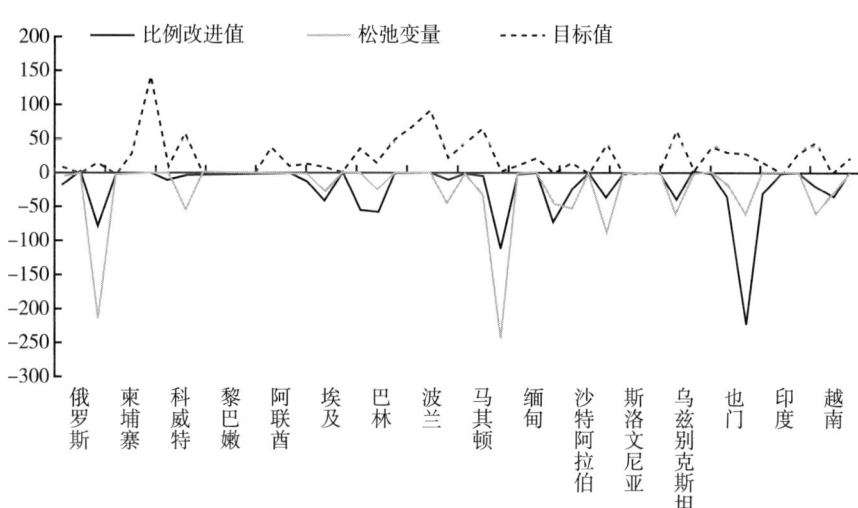

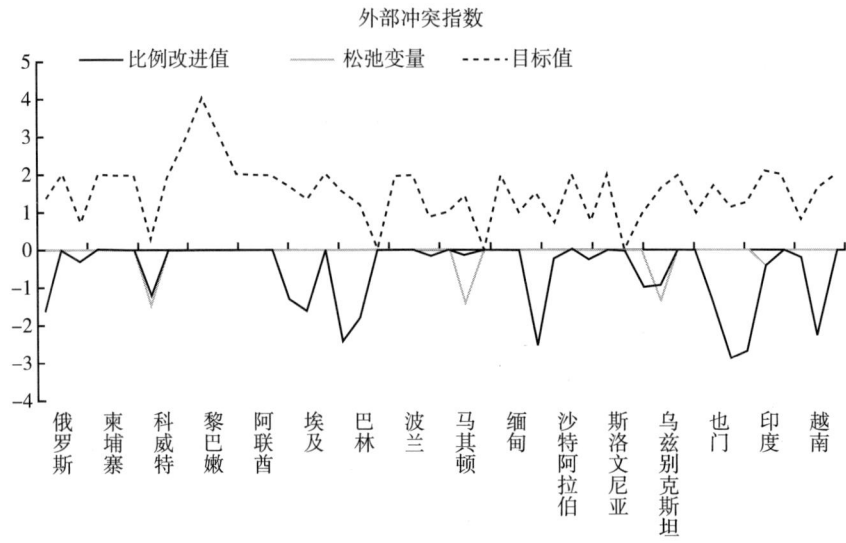

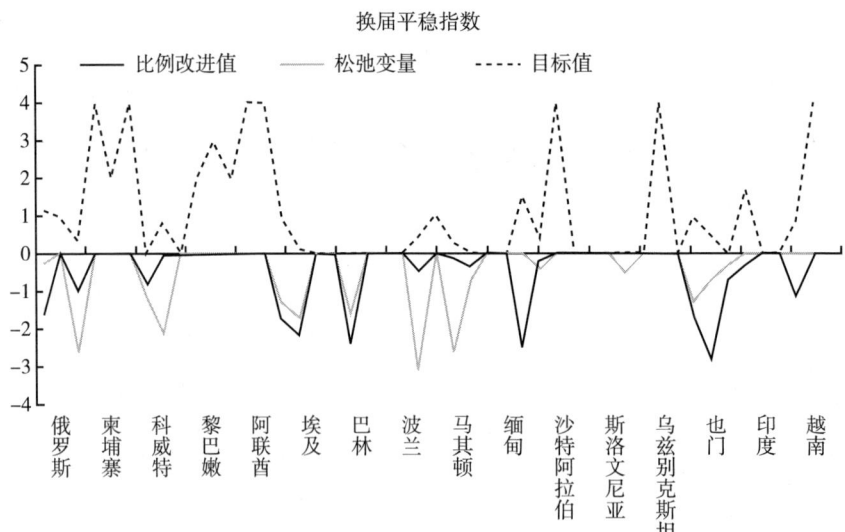

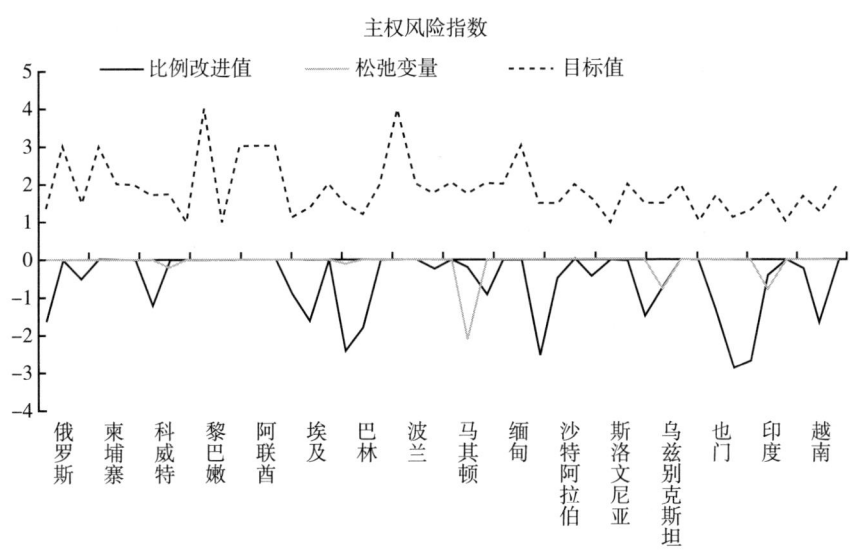

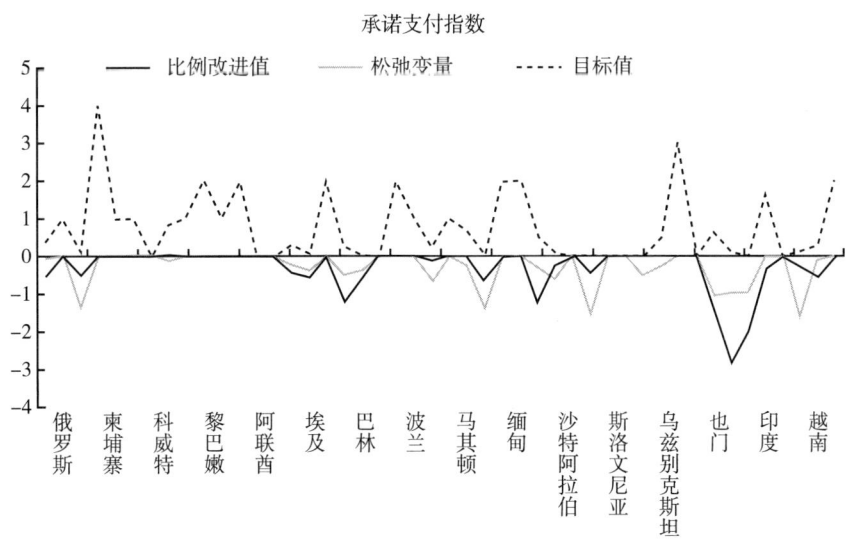

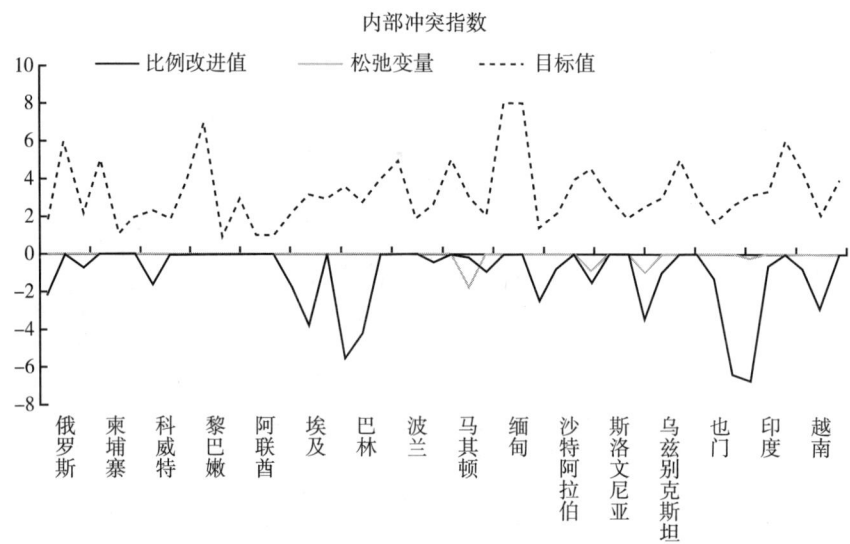

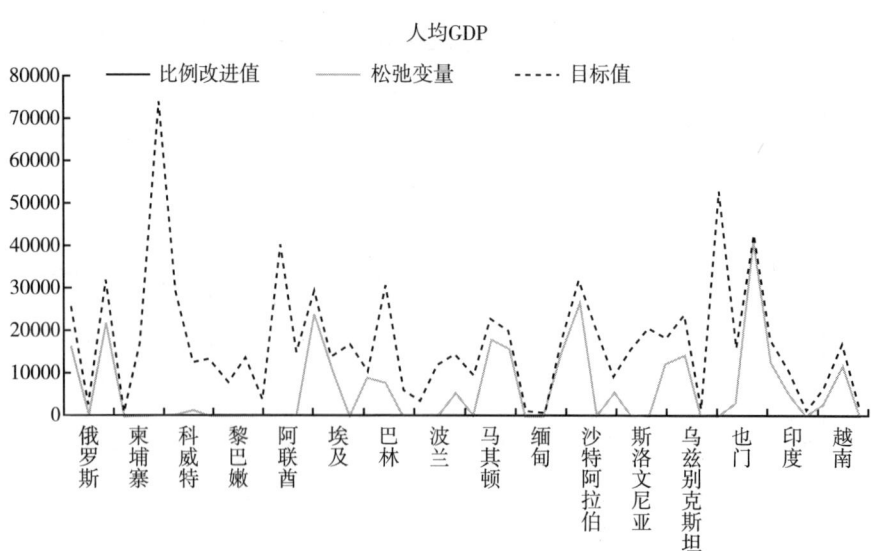

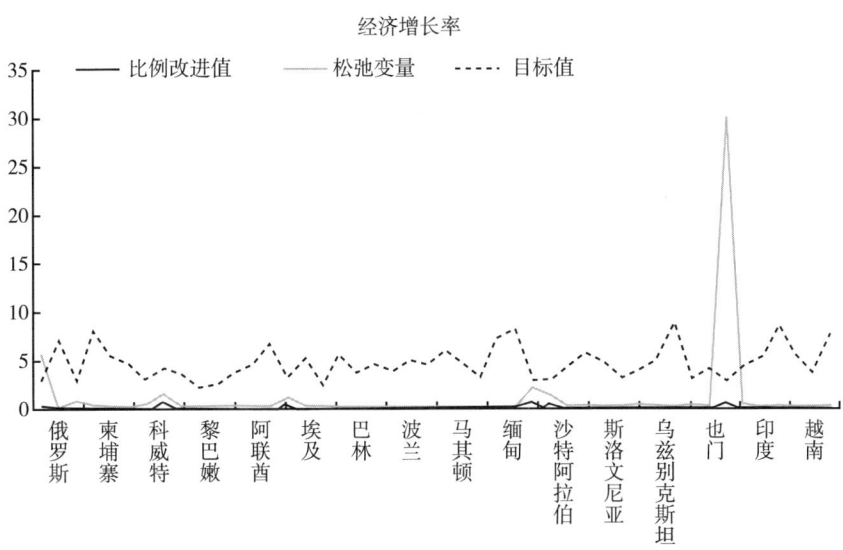

经济增长率

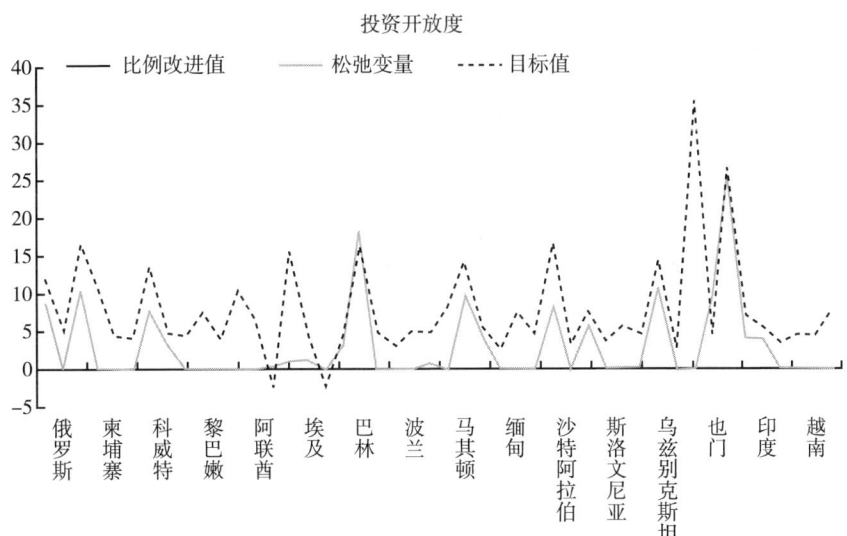

投资开放度

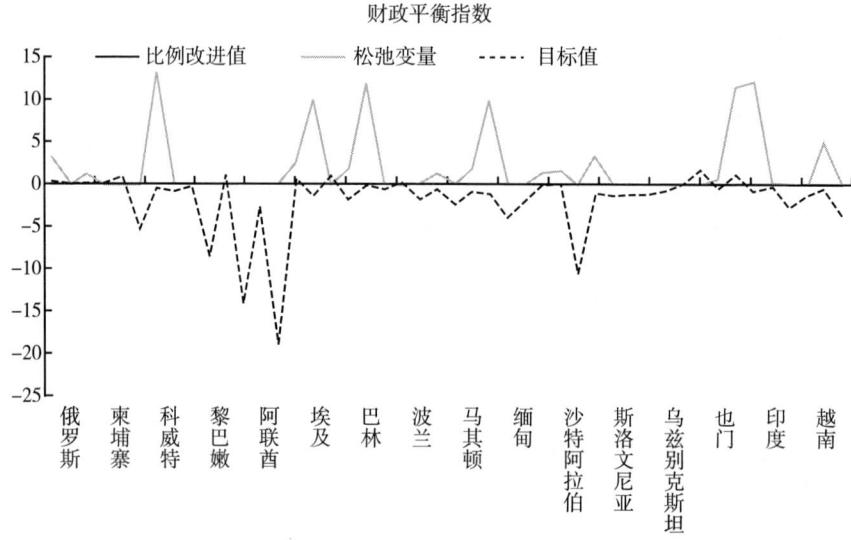

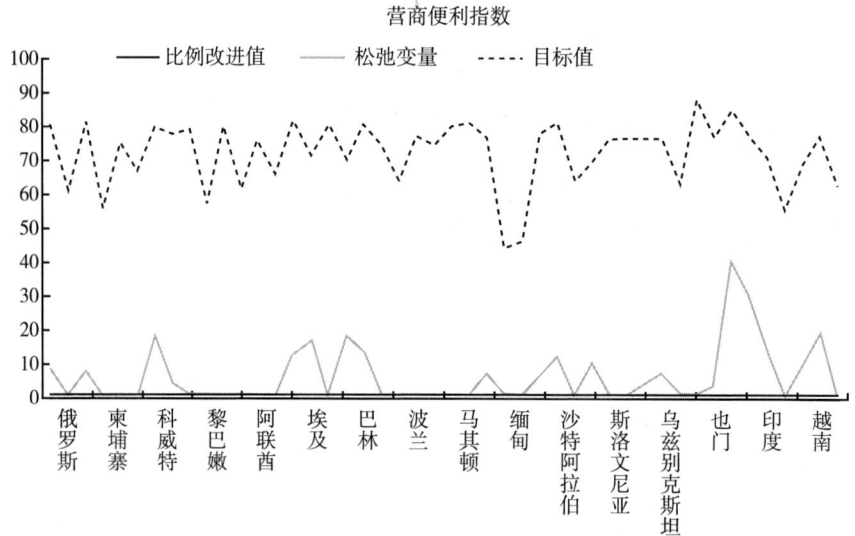

图1 "一带一路"沿线国家投资安全指标比例改进值、松弛变量、目标值

分析改进值相对于该指标总体数据的大小，可得到各国需要重点关注的风险指数。

克罗地亚通货膨胀指数、财政平衡指数表现较优，外部冲突指数、内部冲突指数按比例稍降低后可达有效，表现较差的指标包括外债出口指数、换届平稳指数。

马其顿经济增长率、营商便利指数表现较优，通货膨胀指数也只需要稍经过比例改进即可达强有效，但外债出口指数、外部冲突指数、换届平稳指数、主权风险指数、内部冲突指数、人均GDP、投资开放度风险需要进一步降低。

罗马尼亚经济增长率、营商便利指数表现较优，通货膨胀指数、外部冲突指数、主权风险指数、内部冲突指数仅需要经过比例改进即可达强有效，表现较差的指标主要是外债出口指数。

伊朗外债出口指数、经济增长率、财政平衡指数表现较优，换届平稳指数、内部冲突指数仅需要经过比例改进即可达强有效，需要重点关注的风险来自通货膨胀、外部冲突、主权风险。

印度尼西亚换届平稳指数、经济增长率、财政平衡指数表现较优，外部冲突指数、内部冲突指数按比例稍降低后可达强有效，需要重点关注的风险来自承诺支付。

斯里兰卡换届平稳指数、经济增长率指数表现较优，外部冲突指数、主权风险指数只需经过轻微比例改进即可达到强有效，需要重点关注的风险来自外债出口指数、承诺支付指数、内部冲突指数、投资开放度、财政平衡指数等方面。

土耳其换届平稳指数、经济增长率、财政平衡指数表现较优，内部冲突指数经比例改进可达强有效，需要重点关注的指标包括通货膨胀指数、外债出口指数、外部冲突指数、主权风险指数、内部冲突指数、人均GDP、投资开放度。

哈萨克斯坦无强有效指标，外部冲突指数、主权风险指数、内部冲突指数可通过比例改进达到强有效，通货膨胀指数、外债出口指数、换届平稳指数、人均 GDP 指标风险较高，另外，承诺支付指数、投资开放度也需要重点关注。

塞尔维亚无强有效指标，外部冲突指数、主权风险可通过比例改进达到强有效，内部冲突指数虽然也可通过比例改进达到强有效，但改进值不小。需要重点关注通货膨胀指数、外债出口指数、承诺支付指数、人均 GDP、投资开放度方面的风险。

蒙古国外部冲突指数和经济增长率指数表现较优，但通货膨胀率、外债出口指数、承诺支付指数风险很高，换届平稳指数、主权风险指数、人均 GDP、财政平衡指数的风险需要重点关注。

科威特承诺支付指数和人均 GDP 表现较优，外债出口指数稍微通过比例改进能够达到强有效，需要重点关注的包括外部冲突指数、换届平稳指数、主权风险指数、内部冲突指数、财政平衡指数及营商便利指数。

匈牙利经济增长率指数表现较优，通货膨胀指数通过比例调整能达到强有效，外部冲突指数、主权风险指数、内部冲突指数虽然可以通过比例调整达到强有效，但调整幅度较大，风险依然较大，另外需要重点关注的风险来自换届平稳指数、承诺支付指数、投资开放度。

阿塞拜疆无有效指标，外债出口指数、主权风险指数通过比例改进能够达到强有效，外部冲突指数、内部冲突指数虽然可以通过比例调整达到强有效，但调整幅度较大，风险依然较大，另外需要重点关注的风险来自换届平稳指数、人均 GDP、营商便利指数等方面。

泰国外债出口指数表现较优，外部冲突指数、主权风险指数通过比例改进能达到强有效，内部冲突指数极大，人均 GDP、换届平稳指数、承诺支付指数风险需要重点关注。

俄罗斯无强有效指标，通货膨胀指数、外部冲突指数、换届平稳指数、主权风险指数、内部冲突指数、人均 GDP 等方面风险较高，需重点关注。

埃及经济增长率指数表现较优，换届平稳指数、内部冲突指数方面风险极高，另外，通货膨胀指数、外债出口指数、外部冲突指数、主权风险指数、人均 GDP、营商便利指数等方面需重点关注。

约旦投资开放度指数表现较优，但外部冲突指数、换届平稳指数、主权风险指数、内部冲突指数等均需进行大幅度的比例改进达到强有效，而外债出口指数、人均 GDP、营商便利指数等方面也需要重点关注。

巴林经济增长率指标表现较优，内部冲突指数风险极高，外部冲突指数、内部冲突指数进行较大幅度的比例改进可达到强有效，另外，外债出口指数、投资开放度、财政平衡指数、营商便利指数等方面的风险也需要重点关注。

巴基斯坦换届平稳指数、经济增长率表现较优，内部冲突风险极高，另外，投资安全风险主要来源于外部冲突、主权风险、承诺支付、营商便利度等方面。

摩尔多瓦无有效指标，外债出口、外部冲突、换届平稳度、主权风险、承诺支付、人均 GDP 等方面风险较高。

伊拉克无有效指标，其中，内部冲突指数、财政平衡指数、营商便利指数风险极高，此外，外部冲突、主权风险、承诺支付方面的风险也较高。

也门无有效指标，各指标风险均较大，特别是外债出口指数、外部冲突指数、换届平稳指数、主权风险指数、承诺支付指数、内部冲突指数、人均 GDP、经济增长率、营商便利指标。

B.3
中国对"一带一路"投资现状、风险与对策研究

桑瑞聪*

摘　要： "一带一路"倡议为中国企业对外直接投资提供了重要的机遇，但同时"一带一路"沿线国家在经济基础、政治体制、文化环境等诸多方面差异较大，存在较大的风险。本文首先就中国对"一带一路"沿线国家的对外投资现状进行了阐述，其次分析了中国企业"走出去"过程中面临的风险和机遇，最后在此基础上提出了相应的政策建议。

关键词： "一带一路"　对外直接投资　"走出去"

一　引言

"十三五"规划明确将"一带一路"建设作为重要的内需增长点，并希望以此"拓展发展新空间，用发展新空间培育发展新动力"。为了配合"一带一路"的建设，在2014年北京召开的APEC峰会上，中国倡导成立了亚洲基础设施投资银行和丝绸之路基金，这一举措引起了国际社会的广泛关注。2015年3月，《推动共建丝绸之路经济带和21世纪海上丝绸之路的愿景与行动》的发布，标志着中国开始全面推进"一带一路"的建设。参与

---

* 桑瑞聪，上海立信会计金融学院国际经贸学院讲师。

"一带一路"建设,是我国"十三五"时期发展的重大契机,是我国实现更高水平的对外开放和推动企业"走出去"的重要途径。"一带一路"建设是一个系统工程,包括政策、基础设施、贸易、资金、民心五个方面的互通融合。而在"一带一路"建设中,对外投资无疑是最为重要的内容,随着"一带一路"建设的推进,如何更好地促进对"一带一路"国家的投资建设,不仅关系到中国的经济发展,还关系到"一带一路"沿线国家的产业升级问题。

二 中国对"一带一路"沿线国家投资现状

(一)中国对"一带一路"沿线国家投资的总体情况

2016年中国对外直接投资1961.5亿美元,再次超过所吸引外资额——1340亿美元,连续两年实现双向直接投资项下的资本净输出。2002~2016年中国对外直接投资流量情况如图1所示。其中,2016年中国企业对"一带一路"沿线国家并购项目115起,并购金额66.4亿美元,占并购总额的4.9%。其中,马来西亚、柬埔寨、捷克等国家吸引中国企业并购投资超过5亿美元。

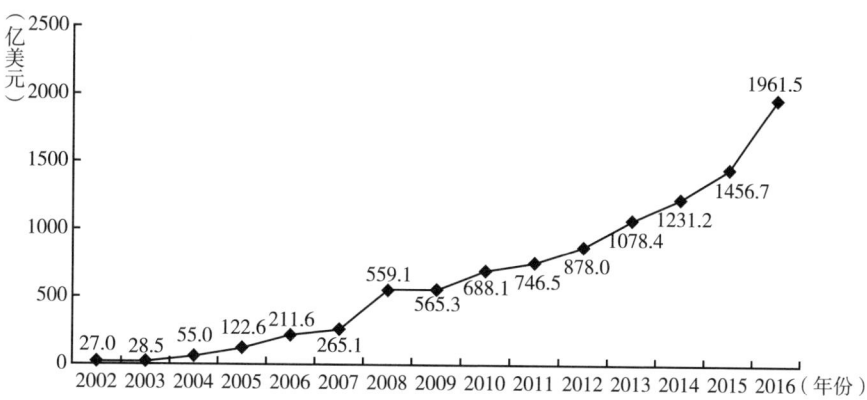

图1 2002~2016年中国对外直接投资流量情况

数据来源:《中国对外直接投资统计公报》。

"一带一路"是中国在面临严重的产能与外汇过剩状况、油气和矿产资源缺乏、工业基础设施分布不平衡、邻国合作意愿增强的背景下提出的。伴随"走出去"战略的全面落实和经济全球化的深入发展，中国企业的投资步伐明显加快，沿线国家成为中国重要的投资目的地。2015年，中国企业共对沿线49个国家进行了直接投资，投资合计148.2亿美元，同比增长18.2%，投资主要流向新加坡、哈萨克斯坦、老挝、印度尼西亚、俄罗斯、泰国和马来西亚。2014~2016年中国对"一带一路"沿线国家直接投资存量数据见表1。

表1　2014~2016中国对"一带一路"沿线国家直接投资存量

单位：万美元，%

年度	年底投资存量	同比增长
2014	9246048	—
2015	11567891	25.1
2016	13020891	12.6

数据来源：中华人民共和国商务部网站。

（二）中国对"一带一路"沿线国家对外投资的地区分布情况

根据"一带一路"沿线国家所处区域，将其分为六个地区，分别是东亚10国、西亚18国、南亚8国、中亚5国、独联体7国、中东欧16国。2007~2015年中国对各地区的对外投资情况如表2所示。由表2可知，首先，整体来看，中国对东亚的投资最多，2015年大约占到77%的比重。而在东亚10国中，中国对外投资最多的又是新加坡，2015年达到100多亿美元，占到东亚投资金额的74%。特别是在2013年"一带一路"倡议提出以后，中国对其投资额大幅度增长（见图2）。

其次，从表2可知中国对中东欧地区的投资相对较少，本报告又进一步比较了中东欧地区内部的投资情况（见表3），从2007年到2015年中国对

表2 2007~2015年中国对"一带一路"沿线国家各区域投资情况

单位：万美元

地区	2007年	2008年	2009年	2010年	2011年	2012年	2013年	2014年	2015年
东亚	89167	243888	264833	370477	567513	562184	651199	696981	1419707
南亚	93586	49471	7879	41718	90903	44078	46258	151525	115027
西亚	24699	20799	73099	109955	142615	144950	222606	212098	226747
中亚	37725	65615	34500	57983	45398	337705	109895	55070	-232609
独联体	49032	40908	35986	62938	74373	89927	116476	94318	305965
中东欧	3161	3762	3904	41881	12955	15196	10261	20422	16306

数据来源：《2015年中国对外直接投资公报》。

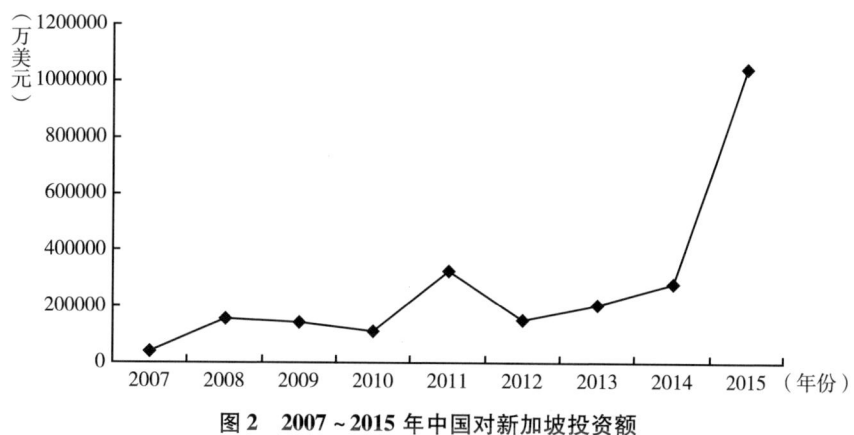

图2 2007~2015年中国对新加坡投资额

波兰、捷克、罗马尼亚和匈牙利保持了持续的投资。近年来，随着"一带一路"倡议的实施，中国也逐渐加大了对保加利亚和塞尔维亚等地区的投资。

表3 2007~2015年中国对中东欧国家的投资

单位：万美元

地区/国别	2007年	2008年	2009年	2010年	2011年	2012年	2013年	2014年	2015年
中东欧	3161	3762	3904	41881	12955	15196	10261	20422	16306
阿尔巴尼亚	—	—	—	—	8	—	—	56	—
波黑	—	—	151	6	4	6	—	—	162
波兰	1175	1070	1037	1674	4866	750	1834	4417	251
捷克	497	1279	1560	211	884	1802	1784	246	-1741
克罗地亚	120	—	26	3	5	5	—	355	—
拉脱维亚	-174	—	-3	—	—	—	—	—	45

续表

地区/国别	2007年	2008年	2009年	2010年	2011年	2012年	2013年	2014年	2015年
立陶宛	—	—	—	—	—	100	551	—	—
罗马尼亚	680	1198	529	1084	30	2541	217	4225	6332
马其顿	—	—	—	—	—	6	—	—	-1
塞尔维亚	—	—	—	210	21	210	1150	1169	763
斯洛伐克	—	—	26	46	594	219	33	4566	—
匈牙利	863	215	821	37010	1161	4140	2567	3402	2320
保加利亚	—	—	-243	1629	5390	5417	2069	2042	5916

数据来源：《2015年中国对外直接投资公报》。

（三）中国对"一带一路"沿线国家投资的行业分布情况

Thomson Reuters 的数据显示，在行业分布方面，金融、能源、原材料和工业等领域是跨境并购的主要行业，并且不同地区存在差异（见图 3）。在 2000～2016 年，金融行业是"一带一路"地区跨境并购交易数量最多的行业，其次为原材料和工业。跨境并购获得资金最多的行业为能源行业，其次为金融和电信服务行业，此外高新科技、日常消费品等也是"一带一路"地区接受跨境并购较多的行业。

然而，不同地区的行业分布也存在一定差异。金融行业是"一路"地区跨境并购金额和数量最多的行业，另外能源和电信服务行业的并购金额，以及工业和原材料行业的并购数量均占有较大份额。"一带"地区跨境并购数量最多的行业也为金融行业，并购金额则以能源行业为首，另外电信服务和原材料也是重要的投资行业。

"一带"地区能源行业吸收的跨境并购资金显著高于"一路"地区，而"一路"地区工业、原材料和高新科技行业的跨境并购交易数量则领先于"一带"地区。单位项目并购金额可以反映不同行业的并购资金密度特征，可以发现，电信服务、能源行业单位并购项目的资金密集度普遍高于其他行业。另外"一带"地区的单位项目并购金额又普遍领先于"一路"地区，并以电信服务、能源、金融行业为最。

在"一带一路"地区我国对东盟地区的直接投资最多，主要集中于马来西亚、越南、菲律宾、印度尼西亚和新加坡等地，投资的主要方向是制造业、金属和能源开采、基础设施如电力和建筑业，还有橡胶制品。投资增长最快的则是南亚地区的印度和巴基斯坦，主要投资到基础设施建设、信息通信技术、软件设计开发、金属开采和制造等行业。

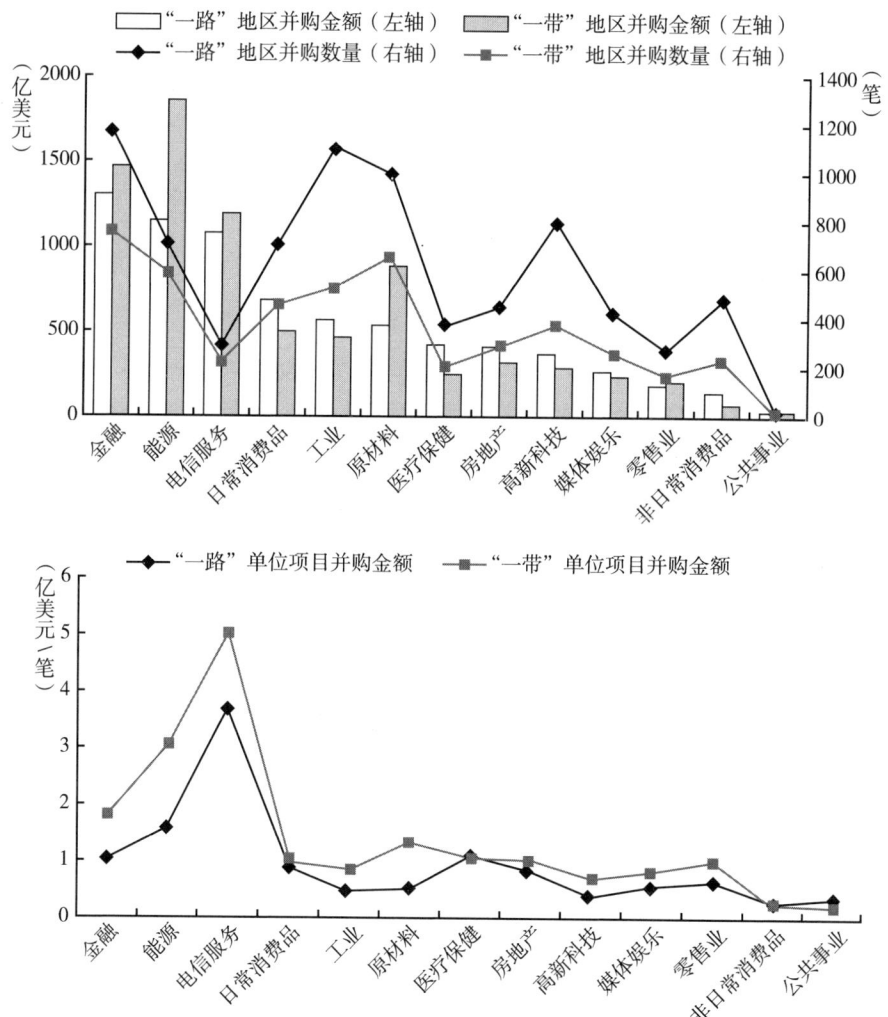

图3 "一带一路"地区跨境并购的目标行业分布

(四)中国在"一带一路"沿线国家工业园区的合作情况

近年来,中国与"一带一路"沿线国家的经贸合作区建设速度不断加快。据商务部统计,2015年共建立75个工业区,建区企业累计投资70.5亿美元,入驻企业1209家,带动了我国纺织、服装、轻工、家电等传统产业部分产能转移到"一带一路"沿线国家。目前已初步取得合作成效的有13家,具体如表4所示。数据显示,泰中罗勇工业园已经形成年产光纤250万千米、摩托车4万辆、空调配件2300万件、轮胎500万套的生产能力;伊朗奇瑞汽车工业园已形成年产汽车6万台的生产能力;埃塞俄比亚东方工业园已形成年产176万吨水泥、30万吨螺纹钢、60万个汽车配件的生产能力。

表4 中国在"一带一路"沿线共建工业园区

序号	工业区名称	投资企业名称
1	柬埔寨西哈努克港经济特区	江苏太湖柬埔寨国际经济合作区投资有限公司
2	泰中罗勇工业园	华立产业集团有限公司
3	越南龙江工业园	前江投资管理有限责任公司
4	巴基斯坦海尔-鲁巴经济区	海尔集团电器产业有限公司
5	埃及苏伊士经贸合作区	中非泰达投资股份有限公司
6	赞比亚中国经济贸易合作区	中国有色矿业集团有限公司
7	尼日利亚莱基自由贸易区	中非莱基投资有限公司
8	俄罗斯乌苏里斯克经贸合作区	康吉国际投资有限公司
9	俄罗斯中俄托木斯克木材工贸合作区	中航林业有限公司
10	埃塞俄比亚东方工业园	江苏永远投资有限公司
11	中俄(滨海边疆区)农业产业合作区	黑龙江东宁华信经济贸易有限责任公司
12	俄罗斯龙跃林业经贸合作区	黑龙江牡丹江龙跃经贸有限公司
13	匈牙利中欧商贸物流园	山东帝豪国际投资有限公司

数据来源:商务部合作司。

(五)中国与"一带一路"沿线国家的国际产能合作

中国在与"一带一路"沿线国家投资合作中推动了国际产能合作的快

速增加，形成了一批大型战略性项目，对拉动外贸出口、促进产业转型升级起到了重要的支撑作用。在铁路、钢铁、电力、通信、化工、电解铝、装备制造等领域，一批重大项目顺利实施，如中铁二局集团的埃塞俄比亚国家项目、三峡集团收购巴西朱比亚水电站和伊利亚水电站30年经营权100%股权的项目、哈尔滨电气集团的迪拜哈翔清洁煤电项目、河北钢铁集团收购塞尔维亚斯梅代雷沃钢厂项目、潍柴动力收购德国凯傲集团股权项目等。在对外投资中，带动了我国大型成套设备出口额大幅度增长。

三 中国对"一带一路"沿线国家投资面临的风险和机遇

随着中国经济的转型升级、企业海外竞争力的逐渐增强、"一带一路"建设稳步推进，中国也将释放更多投资活力。然而，近年来，中国企业海外投资多次因东道国的政治、社会和经济风险因素而遭遇挫折。根据历年中国海外投资国家风险评级报告（CROIC-IWEP）提供的原始数据，本文对中国向"一带一路"沿线国家投资所面临的经济类与非经济类两大风险进行分析。同时，我国不断推出的贸易和投资自由化便利化的政策也给我国企业对外投资合作发展创造了机遇。

（一）中国对"一带一路"沿线国家投资面临的风险

1. 经济风险

（1）经济基础风险

一个国家面临的经济风险主要是指经济基础与偿债能力。经济基础方面，2014年，中亚五国中，除哈萨克斯坦以外，其余几国GDP增长率虽均在8%以上，但人均GDP普遍较低（如图4、5所示）。其中吉尔吉斯斯坦的财政赤字高出国际警戒线（3%）。根据《国家主权评级报告》，中国对"一带一路"沿线国家基建类投资中约50%位于风险警戒区，超过20%位于低风险区，危险区占比为5%。

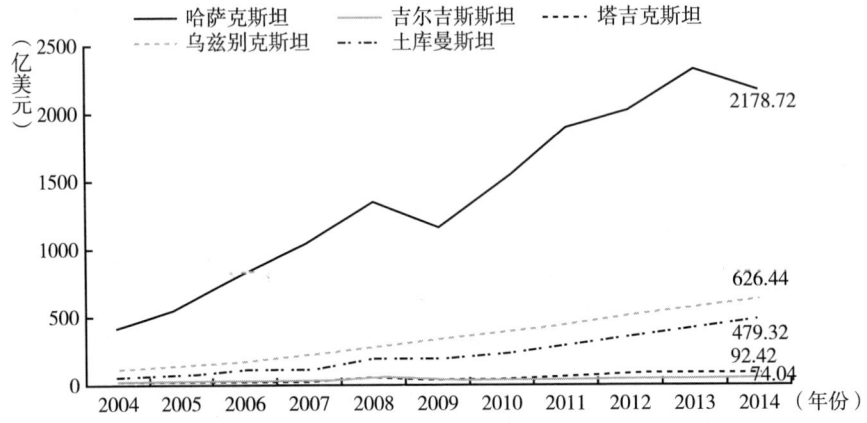

图 4　2004～2014 年中亚五国 GDP 走势

数据来源：国研网统计数据库，国研网宏观研究部整理。

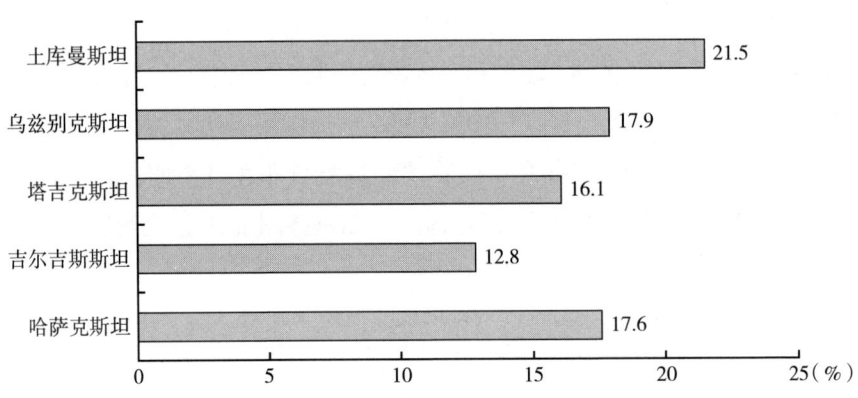

图 5　2004～2014 中亚五国 GDP 平均增长率

数据来源：国研网统计数据库，国研网宏观研究部整理。

（2）债务违约风险

企业在"一带一路"国家开展投资活动的过程中，东道国经济发展出现波动，经济增速放缓以及由此导致的债务违约、项目泡沫化等风险可能使企业蒙受损失。"一带一路"沿线国家存在着巨额经常项目赤字，一些新兴市场国家长期以来对外部资金的依赖程度较高，但抵御资本外流的能力较弱,不可避免成为高风险债务人。在这种情况下,我国向这些国家提供资本和融资项目,将会面临较大的债务违约风险。总体来看,"一带一路"沿线国家的投资环境与欧美发达国家差距明显,投资回报率存在变数,项目风险不容低估。但是,在当前中国经济下行压力加大以及"一带一路"倡议强势推进下,中国地方政府和企业具有较高的投资热情,推出了若干大型投资项目,使得"一带一路"遭遇项目化、泡沫化的风险大幅提高。

2. 非经济风险

(1) 政治和社会风险

"一带一路"沿线有些国家在独立后选择了总统制政体。以中亚五国为例,其总统制与美国等西方国家的总统制是有区别的,总统权力过大,对议会和政党有较强的控制力和影响力。党派斗争、民族和宗教势力斗争、恐怖主义活动等政治风险在中亚五国普遍存在,因此,在对"一带一路"沿线国家直接投资中仍面临着较高的政治风险。根据CROIC-IWEP评级系统,中国对新加坡、马来西亚、哈萨克斯坦和蒙古国基础设施投资面临的非经济风险较低,但老挝与柬埔寨的非经济风险较高。中国企业在基础设施投资上普遍面临着较大的种族宗教冲突、环境规制、资本、人员与劳动力管制及政府稳定等方面的风险。因此,大型基建类项目多位于对华关系良好的地区。其中柬埔寨和老挝政治风险突出,致使在其国的投资较少。宗教极端主义、民族分裂、边境冲突、恐怖主义等安全问题,影响地区稳定。此外,我国还与一些东盟国家存在领土争议。

(2) 法律风险

"一带一路"沿线国家在法律法规体系的健全程度以及执法环境方面存在着很大差异,沿线大多数发展中国家与国际接轨的程度较低,我国企业开展直接投资将在办理签证、审查审批、注册企业等方面面临较为陌生的法律制度环境;对投资目标国家的税收缴纳、劳资关系、安全环保、招标程序、并购审批等方面不熟悉。这些都会给对外投资企业带来不可预期的法律风险。

据统计,从2017年中国海外投资国家风险评级报告的总评级结果来看,低风险级别的仅有新加坡一个国家；中等风险级别的包括26个国家；高风险级别的包括8个国家。2017年"一带一路"沿线国家在经济基础、政治风险、社会弹性、偿债能力、对华关系上的排名如表4所示。"一带一路"国家中多为新兴经济体，仅有新加坡、以色列、捷克、匈牙利和希腊五个发达经济体，整体的经济基础较为薄弱，经济结构单一，经济稳定性较差，部分国家地缘政治复杂，政权更迭频繁，政治风险较高，而且内部偿债能力也较低。值得一提的是，"一带一路"沿线国家对华的政治和经济关系分化较大，其中既有与中国政治关系密切、经济依存度高的巴基斯坦、老挝等国家，也有对中国存有警惕心理、投资阻力较大、经济依存度较低的国家，例如印度，还存在由于国内稳定性和开放度原因，投资阻力较大、双方经贸往来难度较高的国家，如伊拉克；此外，一些国家虽然与中国政治关系友好，但是经济依存度较低，如沙特和捷克等国。

表4 2017年"一带一路"国家分指标排名

排名	经济基础	政治风险	社会弹性	偿债能力	对华关系
1	以色列	阿联酋	新加坡	以色列	巴基斯坦
2	新加坡	新加坡	阿联酋	捷克	老挝
3	捷克	捷克	捷克	匈牙利	塔吉克斯坦
4	罗马尼亚	匈牙利	匈牙利	伊朗	伊朗
5	阿联酋	马来西亚	马来西亚	阿联酋	新加坡
6	沙特阿拉伯	罗马尼亚	沙特阿拉伯	乌兹别克斯坦	蒙古
7	波兰	波兰	保加利亚	土库曼斯坦	土库曼斯坦
8	俄罗斯	沙特阿拉伯	罗马尼亚	菲律宾	缅甸
9	印度尼西亚	以色列	波兰	俄罗斯	柬埔寨
10	菲律宾	印度	哈萨克斯坦	泰国	哈萨克斯坦

资料来源：2017年中国海外投资国家风险评级报告。

发达经济体评级结果普遍好于新兴经济体，政治风险较低，经济基础较好，偿债能力也高于发展中国家，整体投资风险较低。希腊虽然是发达经济体，但受债务危机影响，偿债能力甚至低于新兴经济体，因此评定级别较低，投资风险较大。评级最高的新加坡，经济发展水平、政治稳定性、对华关系都位于很高的水平，对中国的投资依存度较高。总之，"一带一路"地区投资风险较高，其中政治风险是最大的潜在风险，而经济基础薄弱则是最大的阻碍因素。"一带一路"沿线国家的经济结构相对单一，经济发展缺乏内在动力，基础设施供给尤其是电力设施严重不足，但矿产资源存量丰富，市场潜力较大，这些都是"一带一路"倡议实施的基础。

（二）中国对"一带一路"沿线国家对外投资中面临的机遇

1. 日益改善的国际投资环境

G20集团杭州峰会达成了一项共识，提出了二十国集团全球投资指导原则，明确提出了扩大开放，反对保护主义，促进全球贸易和投资，加强多边贸易体制。这对中国与"一带一路"国家进一步开展投资合作创造了良好的外部机遇。例如，在投资指导原则中，投资政策应为投资者和投资提供有形、无形的法律确定性和强有力的保护，可使用有效的预防机制、争端解决机制和实施程序等。投资促进政策应使经济效益最大化、具备效用和效率，以吸引、维持投资为目标，同时与促进透明的便利化举措相配合。

2. 企业"走出去"意愿强烈

受国内生产要素成本上升和产业结构转型升级的影响，国内企业加大进行国际产业链条布局，将国内过剩的产能转移至"一带一路"沿线的欠发达国家。例如，通过共建工业园区、股权合作等多种形式展开合作，整合国内外资源。企业对外投资已经从传统方式转向了全球资源配置，由之前的低端融入全球价值链转向融入全球创新网络体系。除了在境外设立加工基地，还会建立研发中心或者通过并购等方式开展高技术和先进制造业投资；对外承包工程项目已从最初的土建施工向工程总承包、项目融资、咨询设计、维护运行等全产业链的"建设－营运一体化"发展，逐渐向价值链高端攀升。通过拓展BOT、PPP等投资开发模式，进一步提升产业链和价值链地位，构成中国企业在"一带一路"沿线国家进行对外投资合作发展新的动力机制。

3. 营商环境持续改进

为了持续推进境外投资便利化，我国陆续出台了《关于加快培育外贸竞争新优势的若干意见》《关于推进国际产能和装备制造合作的指导意见》等重要文件，有利促进了中国对外投资合作的发展。此外，商务部还积极搭建对外投资合作平台；积极与有关国家开展工业合作、基础设施互联互通建设；完善"走出去"公共服务平台，为企业提供全方位服务。加强国别风险评估和安全预警、发布安全预警信息，维护我国企业对外投资的海外权益。

四 对策建议

我国需要在严格监控不同地区投资风险基础上，优化在"一带一路"沿线国家的投资布局。为此，提出以下相关对策建议。

（一）因地制宜，区别对待

中国对"一带一路"沿线国家的投资可因地制宜，根据国家风险水平和区位优势的不同适当区别对待。中国应根据地区比较优势的不同，将投资配置到不同国家，如印度的通信和软件业、西亚的能源、东亚和南亚的基础设施建设、俄罗斯和中东欧的加工制造业等。尤其是对经济依存度高、市场需求量大、政治和经济稳定性较高的地区，通过修改和签订双边投资协定，减少投资阻力和风险。

（二）加强在"一带一路"沿线国家的境外经贸合作区建设

建设境外经贸合作区是中国政府为支持企业"走出去"开展对外直接投资，在东道国建设的合作园区。充分发挥境外经贸合作区的载体作用，为园区企业提供与东道国有关的经济政策、产业基础、文化环境和法律法规等服务；与东道国政府签署双边合作区协定，保护园区企业的投资权益，避免双重征税，为园区企业提供风险预警。此外，要促进"一带一路"国家不同经贸合作区之间的合作，充分利用东道国比较优势，使分布在各地的境外经贸合作区成为我国与"一带一路"沿线国家构建区域生产网络的承接平台。

（三）通过多种手段创新融资方式和扩大跨国企业融资渠道

就目前对外投资的经济主体来看，国有企业占有较大比重。而中小民营企业一直面临着融资方式有限以及融资渠道不足问题。因此，政府可以通过对外担保、丝路债券、混合贷款等方式，通过金融创新拓宽融资渠道。充分发挥丝路基金、亚洲基础设施投资银行、金砖国家新开发银行、中国－东盟海上合作基金、上海合作组织银联体等金融机构和平台的作用，强化对"一带一路"沿线重点地区投资合作的战略设计，为对外投资企业特别是高质量项目提供资金支持。

参考文献

苏杭：《"一带一路"战略下我国制造业海外转移问题研究》，《国际贸易》2015年第5期。

余莹：《我国对外基础设施投资模式与政治风险管控——基于"一带一路"地缘政治的视角》，《经济问题》2015年第12期。

黄河：《中国企业海外投资的政治风险及其管控——以"一带一路"沿线国家为例》，《深圳大学学报（人文社会科学版）》2016年第1期。

李晓：《"一带一路"战略实施中的"印度困局"——中国企业投资印度的困境与对策》，《国际经济评论》2015年第5期。

丁志帆、孙根紧：《"一带一路"背景下中国对外直接投资空间格局重塑》，《四川师范大学学报（社会科学版）》2016年第3期。

叶建木、潘肖瑶：《"一带一路"背景下中国企业海外投资风险传导及控制——以中国铁建沙特轻轨项目为例》，《财会月刊》2017年第33期。

B.4
文化差异环境下中国对"一带一路"国家投资安全研究

谭 娜*

摘 要： 本文基于文化距离概念，在测量中国与"一带一路"沿线国家文化距离的基础上，根据2005年至2016年中国对外投资追踪数据，分析了文化差异与中国对"一带一路"沿线国家投资安全的关系。研究发现，文化差异与地理距离存在较明显的相关性，文化差异与投资量呈现一定的负相关性，国别文化差异一定程度上会影响投资安全，推进"一带一路"民心相通有利于增强投资安全。

关键词： 文化距离 "一带一路" 问题投资

2013年中国政府提出"一带一路"倡议，2015年发布的《推动共建丝绸之路经济带和21世纪海上丝绸之路的愿景与行动》提出了"政策沟通、设施联通、贸易畅通、资金融通、民心相通"的合作重点，旨在进一步扩大开放力度，构建中国与伙伴国之间开放包容的新型政治、经济与文化发展关系。"一带一路"倡议自提出以来取得了初步成果，已有40多个国家和国际组织同中国签署合作协议，中国企业对沿线国家投资达到500多亿美元。同时也面临投资安全风险、项目合作推进困难、国

---
* 谭娜，经济学博士，上海立信会计金融学院国际经贸学院讲师。

际社会对中国"一带一路"倡议存疑等方面的问题。未来中国如何更好地实现"一带一路"倡议"五通"的合作目的，如何更好地应对面临的挑战并扩大目前的成果？本文认为，"文化软实力"的渗透和提升是保障"一带一路"建设目标顺利实现的重要途径，文化是贯通"五通"目标的纽带，有效的文化交流是进一步提升各个领域的合作水平的重要保障。基于此，加强文化差异研究对保障中国向"一带一路"国家投资的安全显得至关重要。

一 相关文献回顾

梳理文献发现，从文化因素角度对"一带一路"投资作用进行的相关研究主要从理论与实证两个方面展开。

（一）从理论视角分析文化因素在"一带一路"倡议实施中的定位和作用

对于文化因素在"一带一路"倡议实施中的定位，有学者提出"丝绸之路与海上丝绸之路"本身便是东西方交流形成的文化符号，其背后凝聚的文化底蕴是"一带一路"的魂，是民心相通的基础，故推动"一带一路"倡议实施需要文化先行；对于文化因素在"一带一路"建设中的作用，David Shambaugh 曾指出，文化已经成为中国确保其国际战略影响力的重要支柱；Tim Winter 认为，除了中国，其他"一带一路"沿线国家也想利用"一带一路"平台，寻求对自身文化的认可，并利用这种历史感创造政治和经济忠诚。可以说，文化交流是"一带一路"倡议推进的润滑剂和助力剂，也是推动各国交往与资源共享的重要渠道。

（二）从实证视角研究文化因素对"一带一路"投资效率的影响

目前从文化经济学角度探讨文化因素对国家经济合作效率影响的研究较多。其中最主要的一部分研究集中于文化差异对国际投资效率的影响分析上，但研究结论不一，主要有三类观点。一，促进论。持该观点的学者认为跨国间的文化多样性产生的互补是国际贸易产生的主要动因。二，阻碍论。持该观点的学者认为宗教信仰、行为模式、文化风格等方面的文化多样性会降低进口国消费者的效用水平，对商品的总需求具有负面影响，会存在不利于出口贸易的发展等"文化折扣"现象。三，关系不确定论。持此观点的学者认为文化多样性对国际合作风险的影响存在双重性。除此之外，还有一些文化因素对劳动力流动效率、政治合作与参与效率以及工作绩效、婚姻等个体微观行为效率的影响的研究。

基于此类一般性研究，学界运用相似的研究思想和方法展开了文化要素对"一带一路"沿线国家经济合作效率影响的研究。刘洪铎等研究认为中国与沿线国家的文化交融度与双边贸易流量均呈倒 U 形的非线性关系；谢孟军认为文化要素促进了中国向"一带一路"沿线国家的出口；孙朋军、于鹏认为文化距离对不同类型企业在"一带一路"沿线国家的投资行为有不同的影响。

通过以上综述发现，目前的研究除了文化因素对"一带一路"沿线国家间的经济合作效率影响有部分实证研究外，其他研究多为理论性和概念性探讨。在实证研究中主要集中于对贸易和投资效率影响的研究，对其他就业以及微观个体合作效率影响等还未有很好涉及。基于此，本文分别从宏观对比分析和微观实证分析角度，探讨国别文化差异对"一带一路"国家投资安全的影响。

二　中国与"一带一路"国家文化差异性比较

目前，"一带一路"涉及国家达到 64 个，主要包括哈萨克斯坦等中亚 5 国，越南、老挝等东南亚 11 国，印度、巴基斯坦等南亚 8 国，波兰、捷克等中东欧 19 国，土耳其、伊朗等西亚、中东 19 国，以及蒙古国和俄罗斯这 6 大板块国家。可以看出，"一带一路"跨越东西方多个文明交汇地区，很多沿线国家处在全球最为严重的争端地带，国家间的政治互信程度不高，导致投资安全度降低。可以说，文化冲突是根本原因之一。故认识"一带一路"国家间的文化差异，促使不同文化间的有效交流，是增进投资安全的重要前提。

本文采用霍夫斯泰德文化维度理论（Hofstede's cultural dimensions theory）相关调查数据衡量中国与"一带一路"沿线国家间的文化差异。首先我们收集了中国与"一带一路"沿线国家在权力距离（Power Distance）、个人主义与集体主义（Individualism versus Collectivism）、男性化与女性化（Masculinity versus Femininity）、不确定性的规避（Uncertainty versus Avoidance）、长期取向与短期取向（Long-term versus Short-term）、自身放纵与约束（Indulgence versus Restraint）六个维度的数据。剔除不包含在 Hofstede 数据中的 28 个国家、6 个文化维度数据不全的国家，本文列举了中国与 30 个"一带一路"沿线国家的文化差异数据（如表1所示）。

表1　中国与30个"一带一路"沿线国家文化差异

国家	权力距离	个人主义与集体主义	男性化与女性化	不确定性的规避	长期取向与短期取向	自身放纵与约束
中国	80	20	66	30	87	24
俄罗斯	93	39	36	95	81	20
越南	70	20	40	30	57	35
泰国	64	20	34	64	32	45
马来西亚	100	26	50	36	41	57
新加坡	74	20	48	8	72	46
印度尼西亚	78	14	46	48	62	38
菲律宾	94	32	64	44	27	42
印度	77	48	56	40	51	26
塞尔维亚	86	25	43	92	52	28
孟加拉国	80	20	55	60	47	20
波兰	68	60	64	93	38	29
捷克	57	58	57	57	70	29
斯洛伐克	100	52	100	51	77	28

续表

国家	权力距离	个人主义与集体主义	男性化与女性化	不确定性的规避	长期取向与短期取向	自身放纵与约束
匈牙利	46	80	88	82	58	31
斯洛文尼亚	71	27	19	88	49	48
克罗地亚	73	33	40	80	58	33
罗马尼亚	90	30	42	90	52	20
保加利亚	70	30	40	85	69	16
阿尔巴尼亚	90	20	80	70	61	15
爱沙尼亚	40	60	30	60	82	16
立陶宛	42	60	19	65	82	16
拉脱维亚	44	70	9	63	69	13
乌克兰	92	25	27	95	55	18
土耳其	66	37	45	85	46	49
伊朗	58	41	43	59	14	40
伊拉克	95	30	70	85	25	17
沙特阿拉伯	95	25	60	80	36	52
黎巴嫩	75	40	65	50	14	25
约旦	70	30	45	65	16	43
埃及	70	25	45	80	7	4

数据来源：霍夫斯泰德的网站。

为了更直观地衡量中国与"一带一路"沿线国家间的文化差异情况，我们遵从考古特（Kogut）和辛格（Singh）在霍夫斯泰德文化维度理论基础上提出的文化距离 CD 的计算方法，即：

$$CD_{jCH} = \sum_{i=1}^{6} \frac{(I_{ij} - I_{iCH})^2}{V_i} \frac{1}{6}$$

其中，CD_{jCH} 指沿线国家 j 与中国的文化距离值，I_{ij} 指沿线国家 j 在 i 维度的文化要素得分，I_{iCH} 指中国在 i 维度的文化要素得分，V_i 指中国与沿线国家在 i 维度文化指数差值的方差。按照最终文化距离值，我们将 $CD_{jCH} \leq 1$ 的国家划分为近距离国家，$1 < CD_{jCH} \leq 2$ 的国家划分为中距离国家，2 <

$CD_{jCH} \leq 3$ 的国家划分为中远距离国家，$3 < CD_{jCH}$ 的国家划分为远距离国家，具体如图1所示。

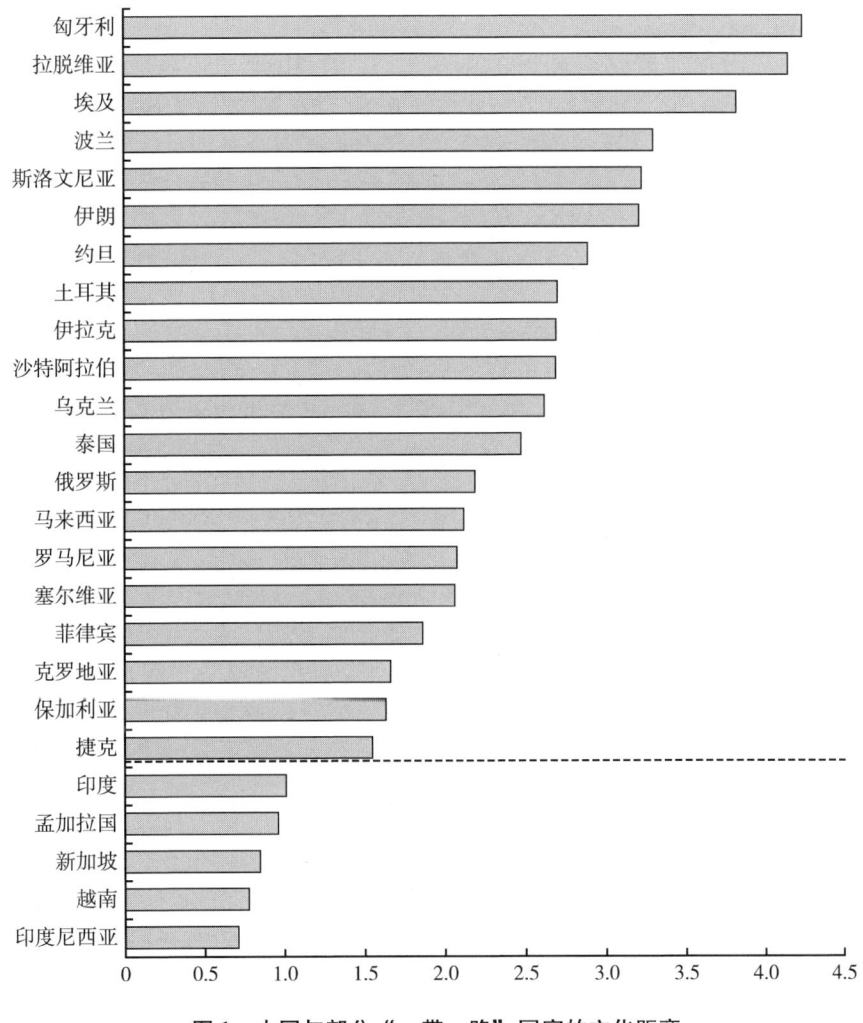

图1 中国与部分"一带一路"国家的文化距离

进一步，我们将这些国家按照文化距离类别在地图上标注出来后，直观观察可知，与中国文化差异较小的主要为东南亚和南亚的中国邻近国家，中距离组包括南亚国家和部分中东欧国家，中远距离和远距离国家主要是西亚和中东欧国家。

三 文化差异与投资量关系分析

根据美国企业研究所和传统基金会（The American Enterprise Institute and The Heritage Foundation）发布的"中国对外投资追踪数据"（China Global Investment Tracker），我们分别对文化中距离国家、中远距离国家以及远距离国家2010~2016年的投资额进行了汇总分析。中国对这三类国家的对外投资量及趋势比较如图2所示。可以看出，中国对文化远距离国家的投资量相对较少，且增加趋势不明显；而中国对文化中距离国家和中远距离国家的投资量相对较大，且增长趋势明显。特别是中国对文化中距离国家的投资在2013年"一带一路"政策提出后有显著增长。这说明文化差异在中国对"一带一路"投资中具有一定影响。文化差异越大，投资额相对越小。

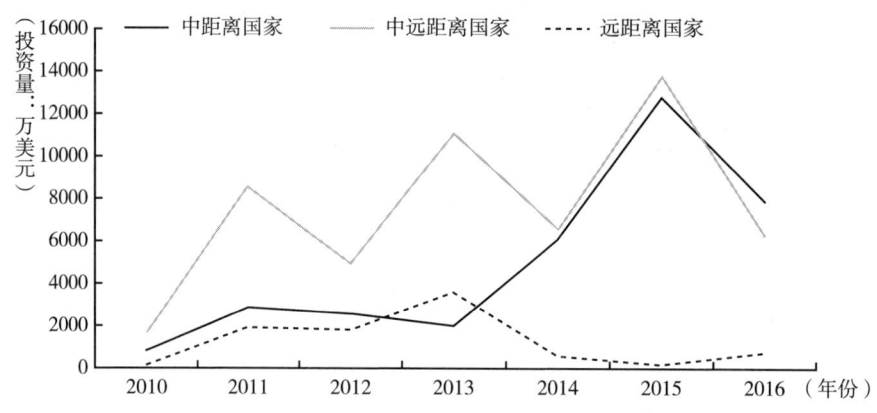

图2 2010~2016年中国对不同文化距离的"一带一路"国家投资量变化

为了进一步考察文化差异与投资量之间的关系，我们绘制了2005~2016年中国对"一带一路"国家累计投资额与其文化距离散点图（见图3）。限于霍夫斯泰德文化维度值和中国对外投资追踪数据的可得性，我们分析了25个"一带一路"沿线国家有关数据。如果将散点分布位置划分为四个象限,可以发现,基本没有国家位于"文化差异大、投资额高"的第一象限,而"文化差异大、投资额低"的第二象限集中了8个国家,进一步说明文化差异大可能会降低投资量;几个投资额较大的国家均位于文化差异较小的位置,如新加坡、马来西亚和俄罗斯。另外,一些文化差异小的国家投资额却也不高,如越南、孟加拉国等,其主要原因可能是这些国家本身体量较小。

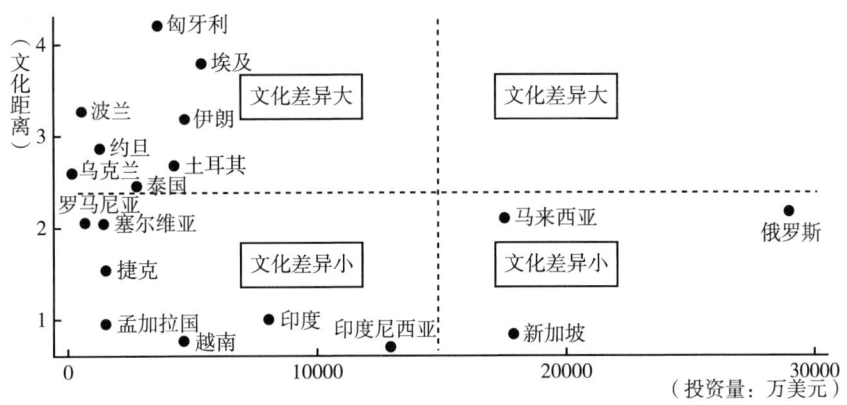

图3　2005~2016年累计投资量与文化距离的关系

四　文化差异与投资安全关系分析

依据"中国对外投资追踪数据"中"问题投资交易"(Troubled Transactions)数据,本文进一步分析了文化差异环境下中国对"一带一路"沿线国家投资安全的影响。对比中国对"一带一路"沿线国家中文化中距离、中远距离以及远距离国家投资出现问题的项目及投资额度,可以看出:在2009年及以前,出现问题的投资项目额度较大,其中以远距离国家出现的问题投资居多;其次,从总体上看,中文化距离国家出现问题投资的额度总体较小,而中远和远文化距离国家的问题投资额较大。这些趋势均说明,文化差异大可能会影响投资安全;最后,我们可以看出,自

2013年"一带一路"政策提出后,近几年"一带一路"沿线国家的各类问题投资额都稳步下降。

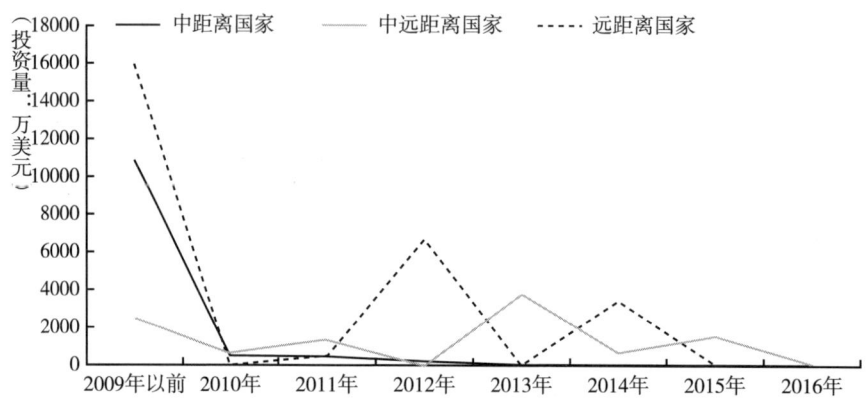

图4 近几年中国在不同文化距离的"一带一路"沿线国家的问题投资变化

进一步,统计2005~2016年中国对"一带一路"沿线国家所有问题投资总额,并将之与其对应的文化距离进行散点图绘制,得到图5(a)。可以看出,随着文化差异性增强,问题投资额有上升的趋势。其中伊朗为文化差异大环境下投资安全性严重不足的代表,近十年内其问题投资额达到上亿美元,但随着"一带一路"政策的展开,有逐渐下降的趋势。去除问题投资异常国伊朗后,得到图5(b)。从中可以更加明显地看到文化差异与问题投资有一定的相关性。

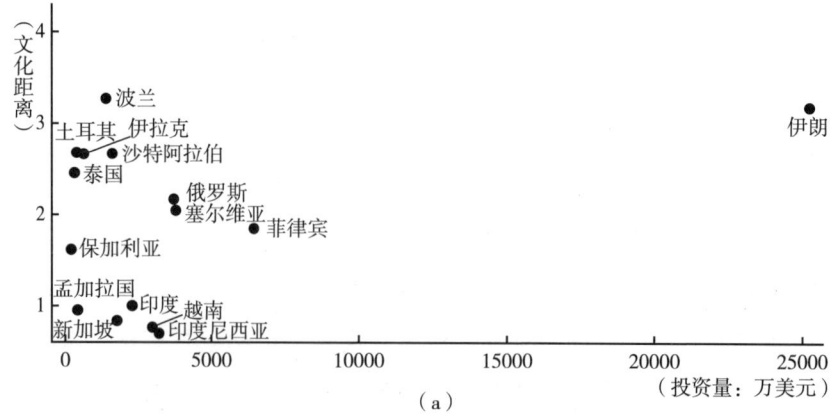

(a)

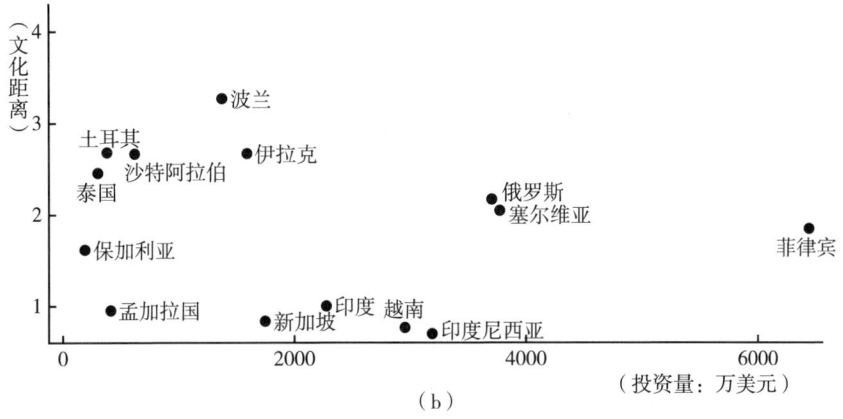

图 5　2005～2016 年累计问题投资额与文化差异的关系

我们对问题投资按行业进行划分，发现主要的投资安全问题集中于能源领域，问题投资额达到 398 亿美元，问题项目数量最多，涉及的"一带一路"国家也最广泛，有一部分文化差异较小，一部分文化差异较大。接着是金属和运输行业，问题投资额约 50 亿美元。但就发生问题投资的国家来看，大部分国家为文化差异较小的国家（见表 2）。

表 2　按行业来看中国对"一带一路"沿线国家的问题投资

行业	问题投资额（亿美元）	问题项目数量（个）	发生年度	主要发生国家
能源	398	20	2006、2007、2012～2015	印度尼西亚、越南、新加坡、孟加拉国、印度、保加利亚、塞尔维亚俄罗斯、伊拉克、土耳其、伊朗、波兰
金属	50.4	6	2006、2009、2010、2014	印度、印度尼西亚、菲律宾、越南
运输	48.7	8	2007、2010～2016	孟加拉国、印度、印度尼西亚、菲律宾、波兰、沙特阿拉伯、泰国、越南
高科技	3	1	2008	菲律宾
农业	3	1	2008	菲律宾

五 结论及展望

本文主要在测量中国与"一带一路"沿线国家文化距离的基础上，利用2005~2016年中国对外投资追踪数据，研究了文化差异与中国对"一带一路"沿线国家投资及其安全的关系。我们发现：第一，文化差异与地理距离存在较明显的相关性。即与中国文化差异较小的主要为东南亚和南亚的中国邻近国家，中距离组包括南亚国家和部分中东欧国家，中远距离和远距离国家主要是西亚和中东欧国家。第二，文化差异与投资量呈现一定的负相关性：中国对文化远距离国家的投资量相对较少，且增加趋势不明显；而中国对文化中距离国家和中远距离国家的投资量相对较大，且增长趋势明显。总之，文化差异越大，投资额相对越小。第三，文化差异大可能会影响投资安全。即中文化距离国家出现问题投资的额度总体较小，而中远和远文化距离国家的问题投资额较大。第四，"一带一路"政策有利于投资及其安全性的改进。即在"一带一路"政策提出后，中国对"一带一路"沿线国家的投资额，特别是对文化中距离国家的投资有所增长。而各类"一带一路"沿线国家的问题投资额都稳步下降。

基于以上发现，我们认为在未来中国对"一带一路"沿线国家的投资活动中，应更多地切实考虑中国与投资国之间的文化距离的影响，注重文化差异对投资可能造成的影响。众所周知，经济、政治和文化是社会生活的三个基本领域，其中经济是基础，政治是经济的集中表现，文化是对经济和政治的反映，可谓"经济是血肉、政治是骨骼、文化是灵魂"。三者层层递进的关系决定了要提升国际经济合作效率，最根本的是文化和谐交融。欲使具有不同信仰、价值观和习俗的两国人民愿意交往、沟通甚至相互认同，文化距离、自信以及宽容度的改进、两国间的文化交流与合作是最根本有效的手段。

参考文献

Alesina, A. & P. Giuliano, "Family Ties and Political Participation ," *Journal of European Economic Association* 9 (5), 2011.

Cyrus, T. L., "Cultural Distance and Bilateral Trade," *Global Economy Journal* 12 (4), 2012.

Ichino, A. & G. Maggi, "Work Environment and Individual Background: Explaining Regional Shirking Differentials in a Large Italian Firm," *Quarterly Journal of Economics* 115 (3), 2000.

Korneliussen T., Blasius J., "The Effects of Cultural Distance, Free Trade Agreements, and Protectionism on Perceived Export Barriers," *Journal of Global Marketing* 21 (3), 2008: 217 – 230.

Linders, Gert – Jan M., Slangen, Arjen, de Groot, Henri, L. F., Beugelsdijk, Sjoerd., "Cultural and Institutional Determinants of Bilateral Trade Flows," Tinbergen Institute Discussion Paper, No. 05 – 074/3, 2005.

Lankhuizen, M. B. M., de Groot, H. L. F., "Cultural Distance and International Trade: A Non-linear Relationship," *Letters in Spatial and Resource Sciences*, 2014: 1 – 7.

Overholt, W. H., "One Belt, One Road," on pivot. Global Asia Summer, 2015: 8 – 12, 51 – 52.

Kogut, B., Singh, H., "The Effect of National Culture on the Choice of Entry Mode," *Journal of International Business Studies* 3, 1998: 411 – 432.

蔡武:《建设"一带一路"坚持文化先行》,《求是》2014年第9期。

赵立庆:《"一带一路"战略下文化交流的实现路径研究》,《学术论坛》2016年第5期。

陈昊、陈小明:《文化距离对出口贸易的影响——基于修正引力模型的实证检验》,《中国经济问题》2011年第6期。

范玉刚:《"一带一路"战略的文化维度及其区域文化空间塑造》,《人文杂志》2016年第3期。

刘洪铎、李文宇、陈和:《文化交融如何影响中国与"一带一路"沿线国家的双边贸易往来——基于1995～2013年微观贸易数据的实证检验》,《国际贸易问题》2016年第2期。

钱争鸣、邓明:《文化距离、制度距离与自然人流动政策的溢出》,《国际贸易问题》2009年第10期。

孙朋军、于鹏:《文化距离对中国企业落实"一带一路"投资战略的影响》,《中国流通经济》2016 年第 2 期。

田晖、蒋辰春：《国家文化距离对中国对外贸易的影响——基于 31 个国家和地区贸易数据的引力模型分析》，《国际贸易问题》2012 年第 3 期。

隗斌贤：《"一带一路"背景下文化传播与交流合作战略及其对策》，《浙江学刊》2016 年第 2 期。

谢孟军：《文化能否引致出口："一带一路"的经验数据》，《国际贸易问题》2016 年第 1 期。

张川川、李涛：《文化经济学研究的国际动态》，《经济学动态》2015 年第 11 期。

B.5 "一带一路"国家应对全球气候变化新机制研究

龙英锋*

摘　要： 在"一带一路"国家应对全球气候变化合作的进程中，需要在审视我国目前应对气候变化现状的基础上，建立我国应对气候变化市场化减排更可行、更有效、更合理的新机制。本文在借鉴发达国家碳排放权交易市场建设经验的基础上，提出我国应对气候变化市场化减排的复合新机制。为实现"一带一路"可持续发展，建议中国号召"一带一路"国家首脑进行定期会晤，建立和完善"一带一路"合作机制，将中国应对气候变化市场化减排复合新机制推广到广大"一带一路"沿线发展中国家。

关键词： "一带一路"　气候变化　碳税　边境调整

"一带一路"作为中国首倡、高层推动的重大国际合作设想，为我国现代化建设和实施新的对外开放具有深远的战略意义。它是对不平等的国际分工秩序的否定，是对不公正的国际贸易秩序的否定，是对不合理的国际金融秩序的否定。它虽然在现行国际经济秩序下运行，但作为一种正能量的补充，可以大大降低国际经济旧秩序对"一带一路"沿线国家的消极影响；

---

* 龙英锋，上海立信会计金融学院法学院教授，法学院院长，上海浦江学者。

作为一种创新机制，则孕育着国际经济新秩序的因素，并促使区域经济新秩序走向国际经济新秩序。

"一带一路"的建设重点可以概括为五个方面，即政策沟通、设施联通、贸易畅通、资金融通、民心相通。应当说，"一带一路"国家在应对全球气候变化领域的合作是我国"一带一路"倡议的应有之意。本文认为，在我国推动和引导"一带一路"国家全球气候变化合作的进程中，需要在审视我国目前应对气候变化现状、缺陷的基础上，建立我国应对气候变化市场化减排更可行、更有效、更合理的新机制，然后再通过"一带一路"国家合作机制将我国应对气候变化市场化减排更可行、更有效、更合理的新机制推广到其他国家，形成"一带一路"国家应对全球气候变化的统一行动。

一 我国碳排放权交易的现状与主要缺陷

在两大市场化减排措施（即碳排放权交易与碳税）中，我国选择了碳排放权交易以构筑我国的碳减排体系[①]。在碳交易市场建设的关键问题即碳排放配额分配上，我国碳排放配额分配办法"将以基准线法为主，单位产品的排放量在基准线以上，生产的产品越多，获得的配额就越大；处于基准线以下的企业就需要加大投资，让单位产品的排放量高于基准线，否则每生产一个产品，都要向市场购买碳排放权，或者只能退出市场"。国家发改委应对气候变化司副司长蒋兆理于12月2日在英大传媒主办的"2016中国碳市场高峰论坛"上表示："只有在一些特殊的行业，比如热电联产，在碳排放配额分配过程中，仍将阶段性的实施碳强度法，但最终目标还是要统一实行基准线法。"[②] 在2016年底召开的第三届中国煤炭消费总量控制与能源转型国际研讨会上，国家发改委应对气候变化司副司长蒋兆理在题为《碳市

---

① 上海环境能源交易所主编《碳市场快讯》，2016年12月，总第146期。
② 上海环境能源交易所主编《碳市场快讯》，2016年12月，总第146期。

场建设现状与展望》的演讲中指出,自 2011 年碳市场启动 7 家试点以来,碳市场建设对能源转型发挥了积极作用,也极大地推进了碳排放权交易机制建设。2017 年中国在全国范围内实施碳排放权交易机制,更广泛地发挥这种机制对于控制温室气体排放、推动能源转型所发挥的积极作用。同时,蒋司长对全国碳市场进行了清晰的解读,从宏观政策、分配方案、交易机构、交易制度、第三方核查机构及管理、市场规模预期等方面呈现国家对全国碳市场寄予的厚望。

截至目前,全国统一碳市场建设的重要信息可以归纳为如下十二点。一,全国碳排放权交易配额分配方案已上报国务院。二,正研究行业的履约顺序,将企业的履约按行业分批均匀地分配在一年中,这样市场相对平稳。如此,地方的监管将要常态化、机制化。三,中央正积极筹备配额注册登记系统,这一系统将由地方代管。七个碳交易试点几乎都在积极争取成为该系统的管理方。四,除 7 个碳交易试点地区的交易平台外,国家发改委还批准福建和四川两省建设碳交易机构。五,全国碳排放配额在分配方法上采取基准法和强度下降法,以基准法为主。同一个行业,无论在何地区,均采用同一标准。六,中央为地方预留部分配额支配权,除此之外不允许各地采取地方化规则分配配额,如地方不按中央方法采取配额分配,企业有权进行投诉和抗权。七,全国碳市场初期以现货市场为主,交易规模约为 12 亿~80 亿元/年;未来逐步由现货交易向期货交易过渡,碳期货市场规模为 600 亿~4000 亿元/年。八,未来全国将保留 7~8 家国家级交易机构,承担全国统一市场的交易服务任务。各交易机构在交易规则、交易模式、管理要求等方面完全一致,企业可选择任何一家交易机构。九,目前第三方核查机构由各省独立招标,未来全国碳市场启动后,须由国家碳排放交易主管部门对第三方核查机构加以严格规范并进行备案,确保核查工作透明、准确、可信。预计有一部分核查机构将被淘汰,以确保全国碳市场启动时,全国的第三方核查机构都是符合条件且有能力的。十,控排企业须根据要求配合第三方机构核查,按照当地行业最高标准计算排放值。十一,2016 年是全国碳市场建设的筹备期,未来将与财政部、环保部、国家税务总局协商,计划到 2020

年推出碳税。碳税主要针对不参与碳排放权交易、不好控制的中小企业。十二，未来部分符合要求的"核证自愿减排量"（CCER）可以作为补充，与碳排放配额共同构成碳市场。抵消机制将在一定程度上影响配额主导的市场。① 在此基础上，通过气候变化南南合作基金，通过推广本国绿色技术和产品，中国在发展中国家低碳发展道路的进程中可以起到示范作用。

综上所述，我国统一碳排放权交易市场建设正在有序快速推进中。然而，应当看到，无论是国内还是国际上的碳排放权交易市场的现状都不尽如人意。统计显示，目前国内碳交易市场活跃度较低，碳价呈现走低趋势。欧盟作为目前全球第一大碳排放权交易市场，近几年碳价也呈现急剧下跌之势。这就表明欧盟的碳交易减排机制没能发挥其应有的作用。②

碳市场的低迷以及碳市场作用的缺失，与碳市场配额发放的不合理有关，与碳排放认证、核查、定价乃至交易规则等的人为因素太多有关，更与碳排放权交易的缺陷有关。我们认为，中国碳排放权交易目前存在以下主要缺陷。一，公平性缺陷。目前，纳入7个碳交易平台的排放企业和单位只有2000多家，大量的其他企业没有碳排放权配额，也不参与碳排放权交易。这意味着，试点企业生产的产品负担碳排放费用，其他企业生产的产品没有内化碳排放成本，这在公平竞争的市场中，对试点企业不公平。二，有效性缺陷。碳排放权交易制度对有效实现碳减排目标作用不大。主要原因之一是其覆盖的碳排放源太少，绝大部分碳排放源没有被涵盖。有研究报告指出，造成温室效应的碳排放源，将近70%甚至80%是中小企业，即中小企业生产碳排放，农林、畜牧、养殖以及家居生活中个人交通、消费等的碳排放是造成温室效应的主因。三，交易制度固有缺陷。碳排放权交易试点企业生产的产品在出口时负担的碳排放权交易费用不能在边境被退回，否则将构成被禁止的出口补贴，这使得这些企业产品的国际竞争力下降。这种缺陷是交易制度固有的。四，碳排放权交易收益的私营化缺陷。二氧化碳排放权额度具

---

① 上海环境能源交易所主编《碳市场快讯》，2016年11月，总第143期。
② 上海环境能源交易所主编《碳市场快讯》，2016年12月，总第146期。

有真正的市场价值，对于持有配额的单位来说这相当于库存现金。但目前的碳排放权交易试点办法中，配额被免费发放，同时，多余配额的交易收益也归交易者私人所有。碳排放权交易市场的建设，需要政府投入大量的财力、物力及人力，但政府从碳排放权交易中取得的收入几乎没有。可以说，政府本来可以取得的治理环境的税收收入通过碳排放权交易被私营化了。[①] 五，碳市场建设滞后。我国的碳市场建设落后于发达国家，更多的是学习借鉴发达国家的市场建设经验。碳排放的认证、核查、定价乃至交易规则都受制于发达国家，缺乏国际碳交易市场规则制定的话语权，也缺乏国际碳交易市场的定价能力。日益严重的雾霾，使得这种需求愈加迫切。虽然，二氧化碳本非污染物，也非雾霾形成的直接原因，但是二氧化碳的排放一定伴随着二氧化硫、二氧化氮、金属颗粒物等的排放，因此，二氧化碳的减排将有效减少雾霾的产生。

二　我国碳税和排放权交易综合运用复合新机制的总体设想

对于前述我国碳排放权交易的明显缺陷，国内学术界给予的关注不多，也未见有研究系统地对这些缺陷进行深入探讨，并在此基础上提出完善的意见或建议。学术界有较多的成果从经济理论上比较碳排放权交易和碳税的优缺点，抑或分析碳税或碳排放权交易对我国经济、贸易的影响，或者介绍国外碳税或碳排放权交易对我国的启示。但是，绝大多数的学者是将碳排放权交易与碳税对立，要么选择前者，要么选择后者。迄今，国内也没有学者研究在一个国家范围内同时实施碳排放权交易与碳税的情况下，如何协调两者的关系。我们认为我国更可行、更有效、更合理的二氧化碳减排新机制，是在深入研究如何弥补碳排放权交易与碳税两者的不足或发挥两者的长处的基础上建立一个以价格为基础的碳税和以数量为基础的排放权交易同时实施的

[①] 耿泽洲、杨大鹏：《碳税和碳交易研究动态》，《安徽农学通报》2012年第18卷第13期。

复合机制。将大额排放单位纳入配额管理范围，参与碳排放权交易。对于小额排放单位以及农林、畜牧、养殖、家居生活以及个人交通、消费，根据其实际或固定碳排放量征收碳税。建立碳排放权交易费与碳税进行换算的模型，使得碳税可以按一定比例转换成碳交易费用，碳交易费用也可以按一定比例转换成碳税。允许大额排放单位以及小额排放单位和个人根据自身实际情况选择碳排放权交易或碳税。在这种复合机制下，推出碳税边境调整措施。碳税边境调整意味着进口产品在进口时被征碳税，出口产品在出口时可以退回出口国已征碳税。碳税边境调整是解决因碳减排导致产业竞争力下降和碳泄漏最好的办法，此外，其也具有一种杠杆功能，能促使其他国家采取相应的减排措施。

　　碳税与碳排放权交易同时实施这一复合机制的优点是不言而喻的。其一，复合机制涵盖了个人、中小企业、大型企业等各种碳排放主体，弥补了目前碳排放交易只适用于纳入配额管理的企业这一不公平缺陷。在所有碳排放主体都承担减排责任的情形下，企业或个人参与碳排放权交易的积极性将大大提高，碳市场交易量及活跃度会因此提高。此外，复合机制涵盖了农林、畜牧、养殖、家居生活以及个人交通消费等中小排放源，弥补了目前碳排放交易实现减排目标的有效性缺陷。二，在复合机制下，政府可以通过碳税取得财政收入增强应对气候变化的财政能力，以弥补目前碳排放权交易收益私营化的缺陷。在碳税增收的同时，减免企业与个人的所得税，减少现有税制对资本、劳动产生的扭曲，实现更多的社会就业、国民生产总值持续增长，实现改善环境质量和推动经济发展的双重红利。三，在复合机制下，依赖税收主权特征，可以克服缺乏国际碳交易市场规则制定话语权及定价权的不足，摆脱碳排放认证、核查、定价乃至交易规则都受制于发达国家的窘境，弥补我国碳市场建设的后发缺陷。四，在复合机制下，借助碳税边境调整，碳排放企业产品出口时负担的碳排放权交易费用或碳税可以在边境被退回，产品在国际市场的竞争力不受影响，弥补了交易制度本身固有的缺陷。此外，通过碳税边境调整防止碳泄漏及其杠杆功能，能促使其他国家采取相应的减排措施，有力促进全球行动一致以应对气候变化。

特别值得一提的是，这种复合机制在国际社会是有先例的。欧盟在2005年推出的碳排放权交易机制（EU ETS），如今已成为世界上最成功的碳交易机制。但是，应当看到，在欧盟的碳交易机制推出之前，欧盟内的很多国家如芬兰、瑞典、丹麦、英国、荷兰、意大利、挪威、瑞士、奥地利、爱沙尼亚、斯洛文尼亚等早在1992年就开始实施碳税，应当说，欧盟是在先成功实施碳税后再推出 EU ETS。如今，不少欧盟国家同时存在碳税与碳交易，两种政策之间存在一种协调机制，碳排放主体为使成本最小化可以考虑在什么范围内采取哪种政策工具或者同时采取两种政策工具。例如，英国在2011年推出的气候变化方案中，碳税和排放权交易的综合运用成为气候变化战略框架的核心政策，6000多家参与《气候变化协议》的企业在实现相对减排目标后，可以获得80%的碳税减免，以此激励更多的企业加入碳减排交易体系并支持企业尤其是能源密集型企业增加低碳投资，实现成本最小化。①

三 复合新机制下碳税边境调整的理论与实践

在复合机制下，我国必须推出碳税边境调整措施，这是解决因碳减排导致产品竞争力下降和碳泄漏最好的办法，此外，其也具有一种杠杆功能，能促使其他国家采取相应的减排措施从而推动国际社会应对气候变化的统一行动。但是，碳税边境调整措施在我国的实施会遇到较大的阻力。我国主流观点认为碳税边境调整措施将违反世界贸易组织的规则，同时也与《京都议定书》的精神相悖。也有观点认为，其他国家实施的碳税边境调整措施将对中国的出口产业产生实质性打击。更有甚者认为碳税边境调整措施是针对发展中国家的生态帝国主义。

我们此前的研究指出，碳税是对产品生产非物理性投入物能源所征收的一种税，不仅适用于出口边境调整，也适用于进口边境调整。对共

---

① 朱苏荣：《碳税和碳交易的国际经验和比较分析》，《金融发展评论》2012年第12期。

同但有区别责任原则必须站在《京都议定书》出台的大背景下来理解，《京都议定书》的目的是实现《联合国气候变化框架公约》第2条阐明的终极目标，即将大气中的温室气体浓度控制在一定水平，防止对气候环境造成危险的人类活动干扰，而碳税边境调整正是一项旨在控制温室气体排放的措施，其与《京都议定书》的终极目标一致。① 碳减排诱因下的碳税边境调整措施正如增值税背景下的边境调整措施，对贸易、生产和消费没有实质影响。

本文认为，即使碳税边境调整的实施可能对经济产生一些负面影响，但在气候变化日益加剧的今天，人类更应强调对地球环境的保护和地球环境的安全。在这样的背景下，需要充分发挥碳税边境调整在推动气候立法和环境保护上的积极作用并淡化其消极的贸易效果。当环境目标与贸易效果相冲突时，贸易效果应当让位于环境目标。贸易实现参与者的私人效益，而气候环境目标则追求人类的共同幸福。

当然，在复合机制下，碳税边境调整方案的设计是非常重要的。应当说，有很多的因素会影响到碳税边境调整方案的设计，比如碳税边境调整在WTO体制下的合法性问题、碳税边境调整中的产品分类问题、产品生产中采用的技术手段问题、产品生产使用的能源问题，等等。考虑到这种复杂性，有一些观点认为实施碳税边境调整在管理上、操作上不具备实际可行性。② 但在笔者看来，这未必有些夸大了问题的复杂性，也许是主观上为否定碳税边境调整而寻找的一些借口。

第一，关于碳税边境调整在WTO体制下的合法性问题。我们此前的研究已经提到过无论是出口还是进口，碳税都适用于边境调整，此外，在难以寻找到WTO基本规则支持的情况下，也许可以通过相应的例外条款获得合法性。

---

① 参见龙英锋《论碳税边境调整的合法性及与CBDR原则的一致性》，中国法学会"第十届中国法学家论坛征文"三等奖作品，2015年7月。
② M. Benjamin Eichenberg, "Greenhouse Gas Regulation and Border Tax Adjustments. The Carrot and The Stick," *Golden Gate University Environmental Law Journal*, Spring 2010, part III. A.

第二，产品分类、技术手段及生产能源等问题。应当说它们不是边境调整措施所引发的问题，而是一个国家国内碳税设计所应解决的问题。当一个国家的碳税方案设计好后，边境调整只是按照国内的碳税设计应用于进出口的产品之上。在国内碳税方案的设计上，碳税的多少无疑是根据产品或产品生产过程中包含的二氧化碳量来确定，排放二氧化碳多则碳税重，排放二氧化碳少则碳税少。设计出碳税的税目与税率，对于碳立法部门来讲不是一个很困难的事情。碳税的税目对应于产品的分类，而不同类型的产品及其生产过程中排放的二氧化碳是不同的，但确定产品的分类并不难，可以借鉴一些海关已有的关于产品的分类。此外，同类产品中产品生产采用的技术不同也会导致二氧化碳排放量有所区别。通常有三种方法确定生产中的二氧化碳排放量，一为实际二氧化碳含量（Actual Carbon Content），二为主导技术下的二氧化碳含量（Carbon content under the predominant method of production, PMP carbon content），三为最优技术下的二氧化碳含量（Carbon content under best available technology）。[1] 在国外，影响比较广泛的是 Ismer 和 Neuhoff 所主张的对最优技术下的二氧化碳含量进行边境调整。[2] 他们的理由是：这种方法选择以二氧化碳含量最少的产品为标准进行边境调整，因而没有人有理由怀疑边境调整措施的目的是在歧视外国产品。这种主张也得到了很多学者的反对，这些学者认为，这种做法无力应对严重的二氧化碳排放情形，对二氧化碳减排没有产生任何激励作用。[3] 在我们看来，这种做法与边境调整措施的初衷不一致，甚至是一种把简单问题复杂化的糊涂做法。非常简单的做法应当是根据生产者的实际二氧化碳含量来确定相应的碳税，当生

---

[1] Charles E. Mclure, Jr., The GATT-Legality of Border Adjustment for Carbon Taxes and the Cost of Emission Permits: A Riddle, Wrapped in a Mystery, Inside an Enigma. II Fla. Tax Rev. 221. At Part I. At Part 111. A. 1. C., pp. 25 – 27.

[2] Roland lsmer and Rarslen Neauhoff, Border Tax Adjustment: A Feasible Way to Support Stringent Emission Trading, 24EUR. J. L. &Econ. 137, 2007.

[3] Charles E. Mclure, Jr., The GATT-Legality of Border Adjustment for Carbon Taxes and the Cost of Emission Permits: A Riddle, Wrapped in a Mystery, Inside an Enigma. II Fla. Tax Rev. 221. At Part I. At Part 111. A. 1. C., p. 26.

产者无法或不愿提供实际技术情况及实际二氧化碳数量时，由征税部门按照PMP二氧化碳含量标准进行核定。这实际上就是在税收征管上，在纳税人无法提供会计报表的情况下，由税务机关核定其应纳税额的做法。在这里，需要关注的一种现象是，生产者采用落后技术排放较多二氧化碳的情况下，生产者故意拒绝提供真实数据转而使用更有利的税务机关核定标准。此时，税务机关有责任及时了解、掌握纳税人真实生产情况，并按了解、掌握的真实情况征收碳税，并对故意隐瞒、弄虚作假的纳税人进行惩处；此外，还需讨论的一种情况是，当生产者或进口者无法或不愿提供实际数据转而将税务机关核定其税额的做法应用于边境税调整措施中时，是否会违反相应贸易规则？答案是否定的，因为这纯属中性的税收征收手段，不存在任何歧视外国相同产品的因素。

第三，产品生产中相同技术条件下，使用的生产能源不同也会导致二氧化碳含量有别。通常的生产能源有煤炭、石油、燃气（包括天然气）、核能、风能、太阳能、水能、地热能及电。每一种能源的碳含量都不同，碳含量最高的是煤炭、石油，清洁能源如核能、风能、水能、太阳能等几乎没有碳含量。而电能是一种比较复杂的能源，它能够通过煤炭、石油、天然气及其他清洁能源单独转化而成，也可以通过多种能源的混合使用转化而成。学者们认为，在进行碳税边境调整时需要对电能源进行特别的处理。在笔者看来，看似十分复杂的能源使用情况，在进行碳税及其他边境调整的设计时，也可以简单明了地妥善处理。首先，由生产者或进口者提供其实际使用的生产能源情况，据此计算碳税数量。其次，当生产者或进口者无法提供实际使用的生产能源情况时，由税务机关按照通常情况下使用的生产能源核定其碳税数量。同样，需要注意的一种情况是，当生产者或进口者使用碳含量高的能源并故意拒绝提供真实情况转而使用有利的税务机关核定标准时，税务机关有责任及时了解、掌握生产能源的真实使用情况，并按真实使用情况征税。对故意隐瞒、弄虚作假的纳税人进行惩处。最后，当生产能源是电力时，由纳税人提供电力转化的能源构成，如果无法提供，根据税务机关掌握的情况或者根据特定电网能源构成比例，核定出单位电量的碳含量予以征税。①

碳税边境调整设计的另一个重要问题是所谓的混合体系问题。不少学者都提到，碳税边境调整措施并非对所有国家的贸易都适用，而是只适用于缺少可比碳减排措施的国家，主要是那些《京都议定书》豁免碳减排承诺的国家。首先，这种所谓"混合体系"，在 WTO 体制下确定无疑地违反了 GATT 第 1 条规定的最惠国待遇。② 混合体系使边境调整措施根据产品的不同来源国做区别处理，有利于来自采取严格气候政策国家的产品而惩罚了那些来自仅有很弱甚至没有气候政策国家的产品，这显然违反了最惠国待遇原则。然而，这正是美国气候安全方案（Climate Security Act）③ 的做法，它区分了采取可比措施的国家和没有采取可比措施的国家。④ 本文认为，碳税边境调整最早被欧盟提出用以追求较高环境保护水平，其初衷可能并非如混合体系所针对的《京都议定书》豁免减排承诺的国家，而是指向那些不负责任的富裕国家。⑤ 其次，类似混合体系中的碳税边境调整措施的实施毫无问题将违反 WTO 规则，也难以寻找到 WTO 规则例外条款下的合法性支持。

---

① 例如，某区域电网电力转化的能源构成为 30% 来自煤炭，20% 来自石油，50% 来自清洁能源，据此比例可以计算出单位电量的二氧化碳含量。

② Charles E. Mclure, Jr., The GATT-Legality of Border Adjustment for Carbon Taxes and the Cost of Emission Permits: A Riddle, Wrapped in a Mystery, Inside an Enigma. II Fla. Tax Rev. 221. At Part I. At Part 111. A. 1. C., p. 28.

③ The America's Climate Security Act of 2007 was a global warming bill that was Considered by The United States to reduce the amount of greenhouse gases emitted in the United States. Also Known as the Lieberman—Warner bill, bill number S. 2191, the legislation was introduced by Sens. Joseph Liberman and John Warner on October 18, 2007. On June 6th, 2008, the bill was killed by Senate Republicans over worries that it would damage the economy. Available at http://www.thefullwiki.org/America 27s_Climate_Security_Act_of_2007.

④ Harro Van Asset, Thomas Brewer & Michael Mehling, "Addressing Leakage and Competitiveness in U.S. Climate Policy: Issues Concerning Border Adjustment Measures," Climate Strategies Working Paper 52, 2009, p. 51.

⑤ Commission of European Communities, Communication from the Commission to the Council and the European Parliament, Bring our Needs and Responsibilities Together—Integrating Environmental Issues with Economic Policy, COM (2000) 576 Final, pp. 9 – 10.

最后，在碳税边境调整措施下的混合体系做法，不是碳税边境调整措施本身所固有的，它是人为添加的与碳税边境调整本身无关的额外措施。混合体系做法违反 WTO 规则，但碳税边境调整并不违反 WTO 规则，因为正当的碳税边境调整措施对来自所有国家的产品实施，包括来自有严格气候政策国家的产品和来自根本没有气候政策的国家的产品。对于进口国而言，这两种产品在进口边境税调整的待遇上完全相同，有严格气候政策的国家的产品，其承担的碳税在出口时可能被完全退税，因而进入进口国时，与无气候政策国家的产品一样是无碳税裸产品。即使其出口时碳税未退回或只部分退回，也只是导致进口国碳税边境调整的数量相应减少，最终与来自无气候政策国家的产品一样只负担进口国的碳税。当然，对于经 WTO 成员大会认可的最不发达国家，其产品可以被免于碳税边境调整。使这类最不发达国家的产品免于碳税边境调整的做法当然不会违反 WTO 规则。

综上，建立一个以价格为基础的碳税和以数量为基础的排放权交易同时实施的复合机制可以有效完善我国目前碳排放权交易的缺陷和不足。在复合机制下，所有碳排放主体都承担减排责任，企业或个人参与碳排放权交易的积极性将大大提高，碳市场交易量及活跃度会因此提高，碳交易市场的功能将得以充分实现，我国应对气候变化国家自主贡献文件中确定的减排目标也将有充分可靠的保障。在复合机制下，碳税边境调整措施是一项关键的有机配套措施，其实施不违反多边贸易规则，与《京都议定书》共同但有区别的责任原则精神相一致，对贸易、生产和消费的影响呈现中性，在管理及操作上具有可行性。

四　复合新机制在"一带一路"沿线国家的推进设想

一个更重要的问题是，复合新机制应该以什么样的方式在"一带一路"沿线国家间推进。"一带一路"沿线国家之间并没有一个稳定的对话机制，尤其是政策之间缺乏有效的多边协调体系。这对于"一带一路"计划的长远发展无疑是一个很大的阻碍。而我国如果希望真正发挥"一带一路"倡议的作用，在

"一带一路"沿线国家之间实现互利互惠共同发展，就必须着手建立一个健全有效的多边政策沟通体系，为"一带一路"计划提供全面的政策支持。

众所周知，欧盟和G20在多边税收体系的建设上成绩斐然，通过分析这两种不同的模式，不难发现一个成功的多边体系的建立有两个必不可少的因素，即强大的政治影响力和完善的法律制度框架。换言之，中国想要建立自己的政策协调机制也离不开这两大因素。

欧盟是世界上一体化程度最高的国际组织之一。它通过成员国让渡部分国家主权实现了货物、人员、服务及资金的高度自由流动。欧盟国家因此在利益上相互交织，政治上也有了相对一致的目标。在此基础上，欧共体法为欧盟达成税收协调提供了法律基础和保障，有诸如欧盟理事会、欧盟委员会以及欧洲法院等组织作为欧盟的立法、执法和司法的机构，同时拥有欧盟条例、指令作为有约束力的法律渊源以保证欧盟总体上达成一致决策，其在欧盟各国国内转化适用后可得到一致的执行和遵守。因此在进行区域协调时，欧盟通过欧盟法所创设的法律机制，在各个领域能够达成一致，形成协调的法律和规范，并且在各国境内能够得到遵守和执行。

在G20框架下就税收问题展开的税收协调，是当今社会最有影响力、囊括国家最多的、最具有包容性的多边税收协调成功的典范。《多边税收征管互助公约》、CRS（共同报告标准）、BEPS（税基侵蚀与利润转移）行动计划、《实施税收协定相关措施以防止税基侵蚀和利润转移的多边公约》都是在G20平台上凝聚共识达成一致的文件，尽管这些文件最初是由OECD提出，但是由于OECD的包容性和有效性都受到国际社会质疑，这些关于税收协调的决策只有通过G20这个国家首脑定期会晤的对话机构，才能在全世界推行，不仅包括G20成员国还包括非G20成员国。同时通过同行评议和多边公约的形式，使OECD制定的倡议、范本、报告和行动计划这些软法规范向硬法规范转化，使它们具有法律约束力和执行力。

本文认为，欧盟一体化措施以及欧盟在G20框架下就税收问题成功推进的税收协调可以为我国应对气候变化新机制在"一带一路"沿线国家之间的推进提供参考。中国应该牵头、组织"一带一路"沿线国家首脑进行定期会晤，借由"一带一路"合作机制，包括双边合作机制、签署合作备忘录或合作规划；发挥金砖国家合作机制、上海合作组织（SCO）、中国—东盟"10＋1"、亚太经合组织（APEC）、亚欧会议（ASEM）、亚洲合作对话（ACD）、亚信会议（CICA）、中阿合作论坛、中国－海合会战略对话、大湄公河次区域（GMS）经济合作、中亚区域经济合作（CAREC）等现有多边合作机制作用；通过发挥"一带一路"沿线各国区域、次区域相关国际论坛，展会以及博鳌亚洲论坛，中国—东盟博览会，中国—亚欧博览会，欧亚经济论坛，以及"一带一路"国际高峰论坛作用等多种途径，将我国应对气候变化减排复合新机制推广到广大"一带一路"沿线发展中国家，促进"一带一路"沿线国家应对气候变化统一行动，树立中国负责任大国形象，确立中国在应对国际共同事务以及制定国际规则中的话语权和主导权。

国别区域篇

Regional and International Studies

B.6 中国与中东欧国家贸易关系及其发展趋势研究

郑 义*

摘　要： 本文基于中国与中东欧国家双边贸易数据，研究中国与中东欧国家的贸易竞争力指数及其发展趋势。计量结果表明：中国与中东欧国家贸易在波动中上扬，这与中东欧国家同中国空间相距较远有一定关系；中国与中东欧国家之间的贸易关联度波动起伏较大，但是没有上升的趋向；中国与中东欧国家之间的行业内贸易指数在起伏中上升，国家间差异较大，未来中国和中东欧国家在林业、农业及乳业等领域可以挖掘出很大的合作潜力；中国与中东欧国家之间的贸易互补性较强，在资本和技术密集型产品方面，中国和东欧8国具有不

---

* 郑义，副教授，上海立信会计金融学院"一带一路"研究院副院长。

同的竞争力和互补性。

关键词： 显性比较优势　贸易互补　产业内贸易

一　引言

随着全球经济一体化以及区域经济同盟程度的加强，中国与欧、美、日以及东南亚等经济体的经贸关联度快速提升。中欧关系也发展较快，但中国与中东欧国家的经贸关系受到的关注相对较少。事实上，改革开放以后中国主要同欧洲大国以及欧盟主要的机构来往较多，"边缘化"了与中东欧国家间的经贸往来。自2001年中国加入WTO以后，尤其是全球范围内的金融危机、美国次贷危机以及欧盟的债务危机接连爆发之后，双方寻求合作的意愿增强。继2013年中国提出"一带一路"倡议之后，中东欧经贸关系进入快速通道。

发展同中东欧国家关系是中国全面外交的崭新篇章，中国重新定义和尝试开发这一区域所包含的国家，即爱沙尼亚、拉脱维亚、立陶宛、保加利亚、罗马尼亚、塞尔维亚、黑山、克罗地亚、马其顿、波斯尼亚和黑塞哥维那、阿尔巴尼亚、波兰、匈牙利、捷克、斯洛伐克、斯洛文尼亚。近年来中国与这些经济体的双边贸易、多边贸易均呈现急剧增长势头。

这表明，中国提出的"一带一路"倡议有了现实的实践基础，国内外部分学者运用HHI、TII等指数对此也展开了系列研究和探讨，本文则在现有研究基础上运用产业内贸易、贸易强度、显性比较优势及贸易互补四个指数来分析中国和中东欧国家贸易关系及中国与这些"一带一路"沿线经济体深化合作的必要性，为加强中国与这些经济体的经济一体化、深化双边或者多边经贸关系往来提供理论以及实践层面的支持。

二 经贸依存关系的研究述评

1. 产业内贸易概述

随着科技不断发展，特别是运输成本的急剧下降以及通信水平的大幅度提升，国际分工对象从产品维度深入到工序维度，分散到不同的国家与地区进行，也就是所谓的碎片化生产。经济理论总是一个特定历史阶段的科学，当经典的 H-O 要素禀赋学说不能解释国际分工由产业间贸易演进到产业内贸易这一现象时，新的贸易理论随之诞生。经典的产业内贸易理论主要包括以下几个模型：Paul R. Krugman 的"规模经济理论"、Lancaster 的"核心特性模型"、Falvey 的"新 H-O 理论"等。Lancaster 认为消费者偏好某一产品实际上是偏好该产品拥有的特性或特性组合，差异性产品的贸易通过可得品种数目的增加以及消费者剩余分布的变化而对消费者福利效应产生影响，Falvey 认为生产中的资本 - 劳动比率直接制约着产品的质量。

在实证研究方面，Balassa 指出产业内贸易与产品差异化正相关，而与规模经济、外商直接投资负相关，Flam 和 Helpman 将供求结合起来，认为垂直分工产业内贸易主要发生在具有相似的人均国民收入和要素禀赋的经济体之间。周戈和任若恩计算了中国 1979～1995 年六个行业（ICOP 分类）的 G&L 指数，研究得出中国产业内贸易总体呈上升的趋势。李维、王珍的研究发现产品异质、规模经济、市场结构对产业内贸易均有正向作用，而 FDI 的影响却为负。但是以上研究都没有把产业内贸易细分为水平产业内贸易和垂直产业内贸易，存在信息缺损，研究结论有失偏颇。

2. 全球价值链与国际分工述评

Flam 和 Helpman 将供求结合起来，认为 VIIT（垂直分工产业内贸易）主要发生在具有相似经济发展水平的国家之间。Grossman 和 Helpman 研究认为中间产品专业化生产商和一体化生产商的生产效率差异、契约合同的完备程度、产业规模以及两个国家相对工资的比较是企业进行生产组织选择的主要决策动因。国内学者主要围绕着中国的出口贸易技术结构去研究相关影响因素。杨小凯等认为，分工和贸易促进了专业化水平的提升，前者恰恰是贸易发生和决定贸易结构的基础和动力。

3. 比较优势指数、互补指数述评

张建红运用赫芬达-西什曼指数（HHI）、产业内贸易指数进行了分析。研究表明，中欧双边商品贸易存在着较强的互补性。王国安等认为中欧双边贸易存在较强的互补关系，产业内贸易在中欧双边贸易中的重要性正在不断增强，中欧之间的国际分工正逐步朝水平方向发展。综上，自由贸易环境下各国生产分工的主要推动因素并非是绝对优势，而是相对优势。当下及未来的一段时间内，中国应积极参与国际贸易，健全国内市场经济运行机制，减少差别化企业待遇，降低资源配置效率，充分利用国内国际两个市场。

三 中国与中东欧国家的贸易现状

中国与中东欧国家之间的贸易往来呈现出3个明显阶段：1995~2001年稳中有升，2002~2012年迅速攀升，2013~2015年波动前行（见图1）。中国对中东欧地区的直接投资份额一直较小，且较为稳定。具体情况如下。

1995~2001年：相互尊重为基础，彼此关系逐渐转暖，由相互敌视、猜忌转向信任和合作。这也是双边"重新认识和接触"的几年。尽管中国经历了2001年加入WTO之后的对外贸易高速发展期，但由于中东欧国家政治、经济以及外交等方面的原因，中国与这些经济体的经贸往来明显弱于其他国家。

2002~2012年：中国与这些国家的贸易额迅速攀升，进入21世纪特别是2002年中共十六大明确提出"大国是关键、周边是首要、发展中国家是基础、多边是舞台的总体外交战略"后，中东欧国家与中国关系进入良好的稳步发展状态。

随着中东欧国家陆续加入欧盟，中国逐渐开始推行务实外交，同中东欧国家构建了双重框架。2004年中国时任国家领导人提出的"布加勒斯特原则"拓宽了中国同中东欧国家合作与交流的领域、层次，大大提升了双边关系的水平；分别与罗马尼亚等国家建立了"全面合作伙伴关系"，用温总理的话说，中国与中东欧国家关系步入了全新的发展阶段。

2013~2015年：2013年以来中国同中东欧国家搭建起了一个多层级（国家领导人会晤、部长级会议、协调员会议、地方领导人会议）、宽领域（经贸、农业、工业、旅游、教育、文化等）、全方位（政府、企业、智库学界等）的网状交流与合作平台。

2012年以后虽然中国与这些国家之间的政治、外交关系进入蜜月期，但是由于2008年之后的美国次贷危机、欧盟内部滋生的债务危机的相继冲击，中国与中东欧之间的经贸关系迅速降温，波动前行，经贸往来在动荡中持续低迷。

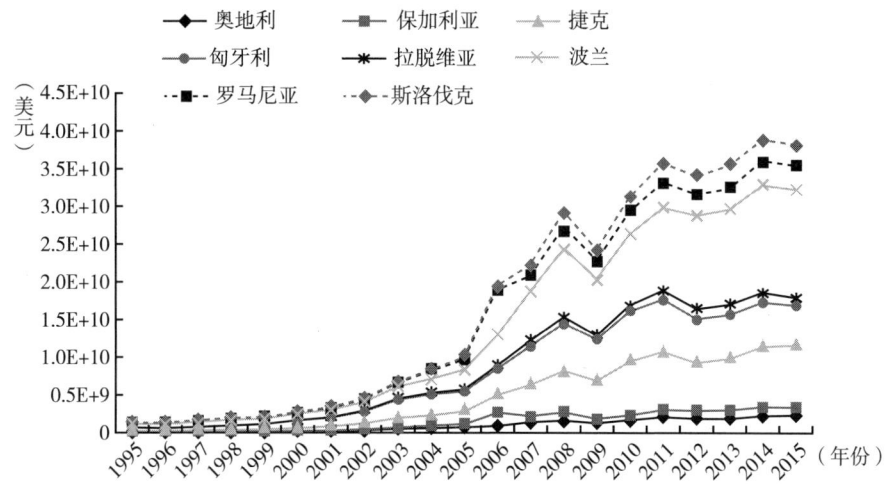

图1　中国与中东欧国家贸易走势（1995~2015年）

四 中国与中东欧国家的贸易强度指数分析

从地缘以及通勤成本的角度来看，中东欧国家地处"21世纪海上丝绸之路"与"丝绸之路经济带"的拓展区域。"一带一路"倡议施惠于中东欧国家，在中东欧及整个欧洲引起巨大的反响。2015年中国向中东欧国家出口贸易额约为380亿美元，而1995年中国仅向中东欧国家出口13亿美元。2005年之后中东欧国家与中国的贸易结构发生很大的变化，高新技术产品贸易所占比重走高，初级产品在贸易中的占比趋低。根据欧盟统计局数据，目前中国对中东欧投资不仅规模扩大，而且投资结构也发生了很大的变化。每个领域都有明显的改进。其中，制造业投资主要集中在匈牙利、波兰等国家。

由图2能够看出，中东欧国家与中国之间的贸易关联度动荡起伏，没有展现出明显的抬升或者下降趋势。具体到国家来说，拉脱维亚与中国之间的贸易强度进步最大，从1995年的0点迅速提升到2010年的近0.7。捷克、斯洛伐克紧跟拉脱维亚，其与中国之间的经贸关系快速增强，20年间贸易强度实现翻一番的目标。令人费解的是，罗马尼亚、匈牙利与中国之间的贸易强度不升反降，但是匈牙利与中国之间的贸易强度曾是8国之中最高的。奥地利与中国之间的贸易强度一直保持在相对稳定的低水平上。

贸易强度指数（Trade Intensity Index，TII）是对两个国家双边贸易额和期望值的衡量，常用的TII表示如下：

$$TII_{ij} = (x_{ij}/X_{it})/(x_{wj}/X_{wt}) \tag{1}$$

其中，x_{ij}表示国家i出口到国家j的贸易额；X_{it}表示国家i出口总额；x_{wj}表示世界上所有国家出口到国家j的贸易额；X_{wt}表示世界上所有国家出口总额。因此，如果贸易强度指数大于1，说明双方的贸易流量比预期的大一些。如果贸易强度指数小于1，说明双方的贸易流量比预期的小一些。

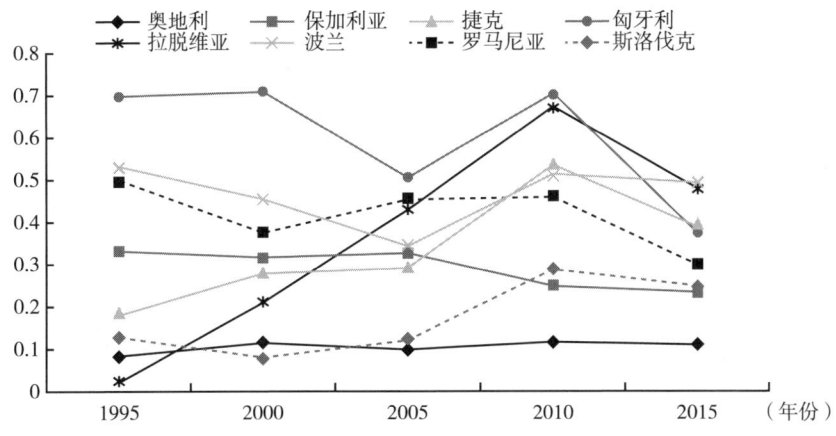

图 2　中国与中东欧国家贸易强度变化（1995～2015 年）

五　中国与中东欧国家的行业内贸易指数分析

行业内贸易（IIT）是指一个国家同时进口和出口同一种产品目录中的物品，影响行业内贸易的因素是：运输成本、产品差异、产品加总程度、动态规模经济、各国不同的收入分配等。关注一个国家行业内贸易指数的绝对值意义重大，该指数展现了随着时间而发生的行业内贸易变化情况，能够使我们在连续的时点层面对不同国家的贸易趋势进行比较。

$$IITI_{jk} = 1 - [sum_j | X_{jk} - M_{jk} | / (X_{jk} - M_{jk})] \tag{2}$$

其中，X_{jk} 表示国家 j 中的行业 i 向国家 k 的出口，M_{jk} 表示国家 j 中的行业 i 从国家 k 的进口。行业内贸易指数（IITI）的值应该介于 0～1 之间，如果 IITI = 0.5，表示该国具有中等的行业内贸易指数值；如果 IITI = 1，表示该国的每一类商品的出口等于进口，该国的行业内贸易非常活跃。如果 IITI = 0，表示该国的每一类商品只有单一的进口或仅有出口。

表1 中东欧国家行业内贸易指数（1995~2015年）

年份	行业	奥地利	保加利亚	捷克	匈牙利	拉脱维亚	波兰	罗马尼亚	斯洛伐克
1995	0	0.061973	0.029471	0.010316	0.21505	0	0.422163	0	0
	1	0.174195	0	0.929156	0.633063	—	0.03475	0	—
	2	0.720362	0.077635	0	0.537676	—	0.21928	0.26991	0
	3	0	0.065734	—	—	—	0.395512	—	—
	4	0	0	0	0	0	0	0	0
	5	0.412697	0.419654	0.892917	0.964948	0.026149	0.819077	0.176523	0.014407
	6	0.31482	0.850121	0.499035	0.798596	0.024892	0.919721	0.404964	0.814138
	7	0.217048	0.564659	0.11174	0.774769	0.010819	0.619975	0.223948	0.010075
	8	0.343818	0.000205	0.00522	0.001701	0	0.001177	0.000951	0
2000	0	0.427459	0.108317	0.087547	0.569443	0.10924	0.399931	0	0
	1	0.883971	0.053309	0.709957	0.860904	0	0.277616	0.091557	—
	2	0.190942	0.316055	0.900444	0.521906	0.125253	0.152463	0.041224	0
	3	0.002412	0	—	0.04248	0	0	0	0
	4	0.742749	—	0.108651	0	—	0	0	0
	5	0.642958	0.779893	0.701392	0.628628	0.584449	0.680631	0.863069	0.692824
	6	0.682178	0.114	0.255846	0.110021	0.031116	0.564645	0.495897	0.567056
	7	0.625342	0.143697	0.906585	0.309135	0.047869	0.313759	0.977875	0.659104
	8	0.401023	0.013731	0.02624	0.015171	0.000971	0.018029	0.011433	0.031134

续表

年份	行业	奥地利	保加利亚	捷克	匈牙利	拉脱维亚	波兰	罗马尼亚	斯洛伐克
2005	0	0.747125	0.051685	0.074338	0.136947	0.080707	0.153003	0.313051	0.006192
	1	0.258343	0.977138	0.440252	0.955432	0	0.701741	0.223346	0.38091
	2	0.287221	0.37859	0.698953	0.194387	0.787508	0.415841	0.439257	0.178524
	3	0.011771	0.424575	0.060044	0.052881	0.537706	0.002038	0.019343	—
	4	0	0	0	0	0	0.010663	0	—
	5	0.269451	0.220678	0.89039	0.795068	0.015653	0.796766	0.546899	0.948209
	6	0.576861	0.923437	0.63547	0.194983	0.072244	0.590853	0.567319	0.725433
	7	0.600886	0.119563	0.367001	0.269451	0.03137	0.208036	0.61508	0.859709
	8	0.582889	0.051885	0.149136	0.099657	0.015767	0.08971	0.03471	0.216663
2010	0	0.713652	0.201665	0.31157	0.272452	0.455206	0.194483	0.070214	0.018125
	1	0.326523	0.844228	0.65953	0.009265	0	0.11167	0.775053	0.399315
	2	0.376238	0.333308	0.220016	0.363578	0.380224	0.922058	0.452545	0.579336
	3	0.321342	0.721952	0.30211	0.411171	0.309081	0.569606	0	0
	4	0.879265	0	0	0.03874	—	0.022911	0	0
	5	0.512656	0.290699	0.825243	0.98882	0.246633	0.914095	0.973483	0.564271
	6	0.596097	0.918967	0.821255	0.597919	0.028202	0.699198	0.194209	0.249624
	7	0.522774	0.229301	0.332384	0.544152	0.042801	0.196005	0.311365	0.745474
	8	0.883482	0.334622	0.218632	0.250091	0.023952	0.092439	0.322009	0.116688

续表

年份	行业	奥地利	保加利亚	捷克	匈牙利	拉脱维亚	波兰	罗马尼亚	斯洛伐克
2015	0	0.202861	0.610147	0.512977	0.450578	0.414707	0.904698	0.305196	0.304838
	1	0.555372	0.398445	0.328438	0.011547	0.857638	0.201454	0.848573	0.482566
	2	0.102682	0.180315	0.175111	0.288614	0.054448	0.775341	0.507617	0.311731
	3	0.146006	0.747185	0.302626	0.337438	0.002438	0.345203	0.68109	0
	4	0.348805	0.480857	0.003007	0.2594	0	0.000587	0.70112	0
	5	0.224439	0.250762	0.926891	0.959957	0.203032	0.474411	0.748426	0.405393
	6	0.494356	0.764901	0.863961	0.759254	0.094924	0.589683	0.294934	0.461647
	7	0.71603	0.297762	0.449394	0.72372	0.047518	0.28874	0.51818	0.81221
	8	0.842262	0.462338	0.507266	0.547094	0.045757	0.110014	0.670013	0.187573

注：0+1 为食品、烟酒、饮料；2+4 为原材料；3 为燃料；5 为化工产品；7 为机器和运输设备；6+8 为其他制成品。

由图3、图4、图5和表1发现,在1995~2015年,中国与中东欧国家之间的行业内贸易指数在起伏中上升,国家间差异较大,且一个国家内部不同行业的行业内贸易指数也表现出较大的离散型和异质性。例如,在中国与奥地利的行业内贸易趋势上能够看出,在原材料、农产品等领域,两国行业内贸易指数较低。但是在资本密集型、技术密集型等行业两国之间的行业内贸易指数却较高。

中东欧国家的农、林、渔业基础都非常深厚,做得非常扎实规范。现在有很多中东欧国家加入了欧盟,欧洲有一个国际可持续发展标识联盟,这个标识联盟对很多农产品都进行了非常严格的规范,所以它们的市场信誉度非常好。本文认为未来中国和中东欧国家在林业、农业及乳业等领域可以挖掘出很大的合作潜力。

按照SITC(第三版)的1位数商品分类,国际贸易商品可被划分为10个大类。其中,0~4类视为资源密集型产品,第6类、第8类为劳动密集型产品,第5类、第7类为资本和技术密集型产品。基于此,本文分类如下:0+1(食品等);2+4(原材料);3(燃料);5(化工产品);7(机器和运输设备);6+8(其他制成品)。为了进一步研究中国与中东欧国家的产业内贸易情况,本文选择奥地利、保加利亚和捷克3个国家与中国的行业、产业内贸易情况来阐述。

图3表明中奥两国的行业内贸易指数在震荡中小幅上扬,其中在劳动密集型行业,行业内贸易指数提升较快,技术密集型行业中的机器和运输设备行业内贸易指数稳中有升,而在原材料以及矿产行业,行业内贸易指数有升有降。

图4表明中保两国的行业内贸易指数稳步上扬,其中在劳动密集型行业,行业内贸易指数大幅度提升,技术密集型行业中,机器和运输设备行业内贸易指数缓慢上升,而在原材料以及矿产行业,行业内贸易指数上升较快。

图5表明中捷两国的行业内贸易指数平稳运行,其中在劳动密集型行业,行业内贸易指数大幅度提升,技术密集型行业中的机器和运输设备行业

内贸易指数一直在高位平稳运行，而在原材料以及矿产行业，行业内贸易指数渐趋下降。

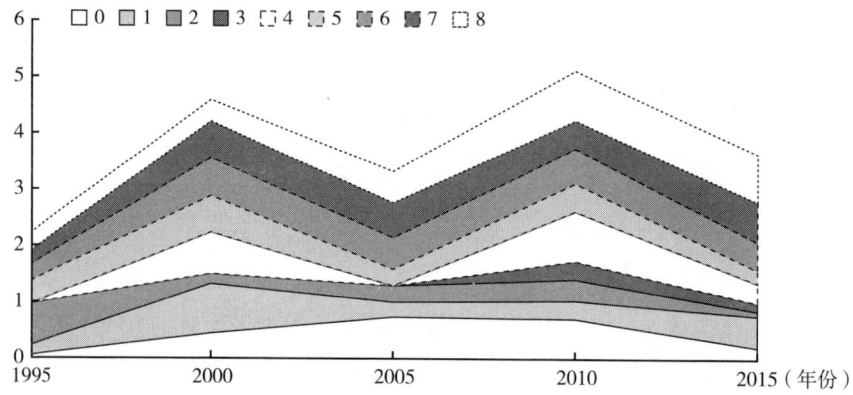

图 3　奥地利与中国 9 个行业、产业内贸易趋势（1995～2015 年）

注：0 + 1 为食品、烟酒、饮料；2 + 4 为原材料；3 为燃料；5 为化工产品；7 为机器和运输设备；6 + 8 为其他制成品。

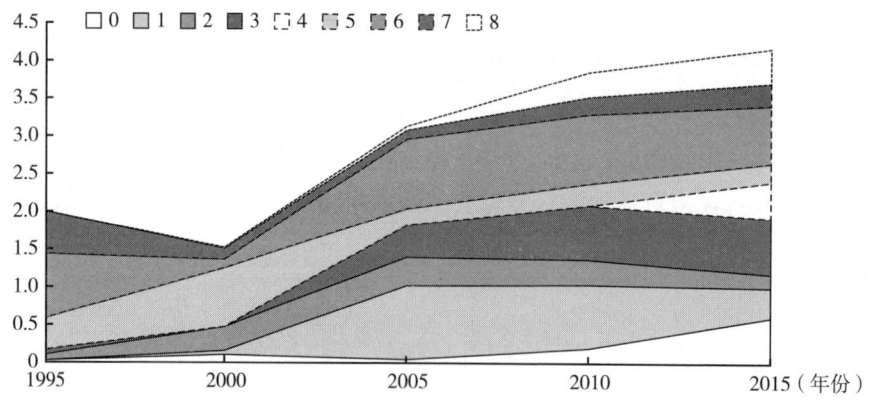

图 4　保加利亚与中国 9 个行业、产业内贸易趋势（1995～2015 年）

注：0 + 1 为食品、烟酒、饮料；2 + 4 为原材料；3 为燃料；5 为化工产品；7 为机器和运输设备；6 + 8 为其他制成品。

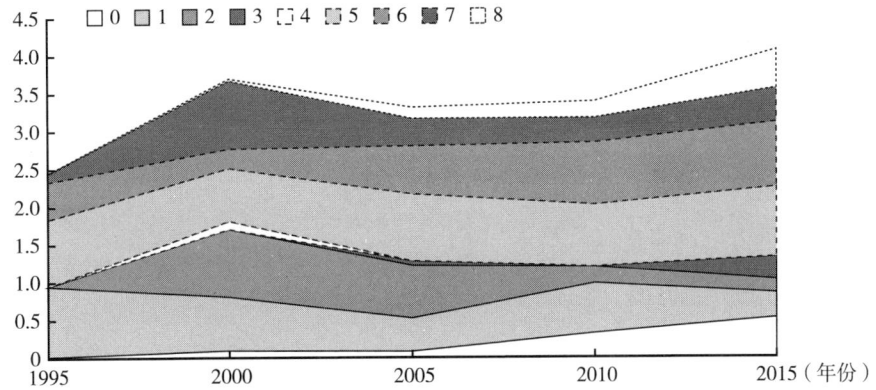

图5 捷克与中国9个行业、产业内贸易趋势（1995～2015年）

注：0+1为食品、烟酒、饮料；2+4为原材料；3为燃料；5为化工产品；7为机器和运输设备；6+8为其他制成品。

六 中国与中东欧国家的显性比较优势指数分析

BALASSA提出了显性比较优势指数（RCA）分析的方法，即利用一国某种产业出口占本国出口的比重与相应的占世界贸易比重的比较结果，测算一国在该产业内是否具有比较优势和竞争力。常用的RCA计算公式为：

$$RCAx_{ij} = (x_{ij}/x_i)/(X_{wj}/X_w) \quad (3)$$

其中，x_{ij}表示国家i出口的j类产品，X_{wj}表示全球出口的j类产品，x_i为国家i出口总额，X_w表示全球所有国家出口总额。若$RCA>1$，说明j类产品在国家i的出口份额超过了该产品在世界上的出口份额，表明该国在j类产品上具有优势，若$RCA<1$，则情况与之相反。

中国企业在国内由于市场规模很快发展壮大，积累了大量的经验，自身技术和管理经验与国际顶尖企业的差距越来越小。随着走出去的步伐加快，中国企业在基础设施建设方面的经验越来越丰富，技术越来越强。与此同时中东欧国家在港口、铁路、公路、电站、通信等基础设施方面具有较大的发展需求。

随着波、捷、匈等国陆续加入欧盟和各国经济迅速发展，这些国家的汽车制造业、发电设备、采煤技术和设备、飞机制造技术、船舶制造技术、生物技术、制药、农产品生产和加工、葡萄酒酿造等许多行业得到了较快发展，其竞争力也逐步提高，具体如下。

1. 在初级产品方面，中东欧在葡萄种植以及葡萄酒生产上的优势比较突出

如表2所示，保加利亚、匈牙利、捷克、罗马尼亚等国家在行业1、行业2等农副、矿产行业层面的优势比较突出。中东欧地区许多国家为地中海气候，盛产葡萄，葡萄酒酿造工艺历史悠久。中东欧等国均为葡萄酒胜地。

2. 中国和中东欧在资本和技术密集型产品方面各自具有不同的竞争力

表2显示，中国在行业6、行业8等制造业层面的优势比较突出，而匈牙利、斯洛伐克在行业7（机器和运输设备），波兰、拉脱维亚在行业6上的优势较为明显。中国具有完备成熟的工业体系和装备制造能力，拥有大量优势产业和优质产能，工程设计、建设及管理等方面经验丰富。除此以外，中国劳动力成本相对较低，劳动监督等管理成本也比较低。制成品产业的规模优势、成本优势、市场红利优势普遍高于中东欧国家。与此同时中东欧国家正处于基础设施建设改造和工业体系完善的关键时期，对建材和机械装备需求很大。

七 中国与中东欧国家的贸易互补指数分析

互补贸易指数用来衡量两国或者地区在产业层面各自的优势与劣势，并据此度量互补程度，如下所示：

$$C_{ij} = \sum \left[(RCA_{xik} \cdot RCA_{mjk}) \right] \cdot [W_k/W] \tag{4}$$

表2 中国与中东欧国家分行业 RCA 比较（1995~2015 年）

年份	行业	奥地利	保加利亚	捷克	匈牙利	拉脱维亚	波兰	罗马尼亚	斯洛伐克	中国
1995	0	0.4232872	—	0.6803526	2.5595511	1.7584291	1.2909731	0.714658	0.7129195	0.9448461
	1	0.6047455	—	0.71038	1.8381238	1.6220763	0.6316055	0.3482486	0.7820251	0.8140344
	2	1.0348921	—	1.2887511	1.1943416	5.9328853	1.12	0.9322281	1.2210425	0.7321101
	3	0.1819847	—	0.7747872	0.5597596	0.3174124	1.4850357	1.4423393	0.7712272	0.6508593
	4	0.1571974	—	0.2876654	0.7735738	0.1595565	0.2764598	1.9170319	0.1978411	0.5632757
	5	0.9514467	—	0.9540406	1.1940107	0.7129824	0.8007878	1.1141847	1.3048231	0.6336985
	6	1.7840733	—	1.9758961	1.0587233	1.4065535	1.6871768	1.585054	2.5034406	1.3285923
	7	0.9779642	—	0.7346734	0.6531145	0.4090232	0.5275619	0.3284478	0.4747094	0.5286185
	8	1.0280429	—	0.964763	1.2941734	0.9500649	1.6222479	2.4711553	0.9689401	2.8387987
	9	0.1615038	—	0.545546	0.0098892	0.5861096	0.064485	0.1299533	0.0024685	0.0768309
2000	0	0.6671644	1.1463496	0.5627005	1.2263639	0.8794174	1.4172682	0.4512464	0.4836867	0.9421408
	1	1.261381	3.6281534	0.8483242	0.415287	1.0267068	0.4227488	0.2557691	0.4897748	0.338566
	2	0.9849146	1.9381295	1.1627382	0.6591684	11.058937	0.9283415	2.9683863	1.0703489	0.589457
	3	0.1267462	1.1747989	0.3070786	0.1621917	0.2482087	0.5214641	0.7203866	0.7036059	0.3169044
	4	0.2454446	0.7806356	0.3683232	0.5957985	0.1822155	0.2261027	0.6319867	0.3995648	0.1534845
	5	0.7536963	1.1250851	0.7926929	0.679289	0.7114786	0.7528117	0.6507847	0.8861507	0.5420345
	6	1.5566478	1.8662902	1.8565336	0.7653219	1.9126518	1.8046059	1.4090941	1.9517937	1.246222
	7	0.9857707	0.2311025	1.0717186	1.4381236	0.1702012	0.8282621	0.4530852	0.953224	0.7989759
	8	1.0049457	1.746199	1.0220244	0.9418656	1.50432	1.4919853	2.9742672	1.0142555	2.8140989
	9	2.3295983	1.5133274	0.0205892	0.3918991	0.0764468	0.0047391	0.1543283	0.0028531	0.0490945

 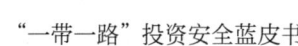

续表

年份	行业	奥地利	保加利亚	捷克	匈牙利	拉脱维亚	波兰	罗马尼亚	斯洛伐克	中国
2005	0	0.8101045	1.3242561	0.6183704	1.0470564	1.5906791	1.6791211	0.4252542	0.7782965	0.5750263
	1	2.3171643	2.3737074	0.6948176	0.302113	2.9303049	0.745955	0.1738915	0.3225794	0.1934578
	2	0.8055263	2.0000395	0.7562194	0.5393796	6.1704365	0.6749695	1.513881	0.9316185	0.3082948
	3	0.3745931	0.8444511	0.2404	0.2131832	0.7237383	0.4165431	0.868926	0.478017	0.1881963
	4	0.2137968	0.815305	0.246546	0.5601116	0.4201273	0.3714778	0.7604712	0.4422938	0.0946816
	5	0.8167888	0.7127886	0.5771003	0.7412465	0.5667677	0.629608	0.539647	0.5162354	0.4416921
	6	1.5181478	1.8903387	1.5376021	0.7133893	1.8506008	1.5886182	1.4956174	1.7634327	1.2167275
	7	1.0730924	0.3713354	1.3101525	1.5591013	0.3232513	1.007083	0.6624674	1.1543675	1.2070416
	8	1.0156732	1.9241469	0.9715299	0.7537714	1.1115	1.2008079	2.5353292	0.9146473	2.2035913
	9	1.0695565	1.0181833	0.4875254	0.9462324	0.9851411	0.553611	0.1672625	0.5013471	0.0554613
2010	0	0.9023006	1.8332188	0.5153931	1.1158596	2.0893761	1.613386	0.8750471	0.6300685	0.4593936
	1	1.9225411	2.8793118	0.8334604	0.4125841	4.8620536	1.7238049	1.5640161	0.1967492	0.1573722
	2	0.6866239	2.1318927	0.7157627	0.4977935	4.1495605	0.5571449	1.5772726	0.6777837	0.1816255
	3	0.2236279	0.9261427	0.2563885	0.1849922	0.3696053	0.2894302	0.3692322	0.3360654	0.1177695
	4	0.3032471	1.2377481	0.3214277	0.5894305	0.5329675	0.3889914	0.7062325	0.2999188	0.0466395
	5	1.0409074	0.7062573	0.5629406	0.775525	0.7469208	0.7728065	0.5173629	0.4217049	0.5011123
	6	1.691439	1.7709563	1.2982367	0.7186365	1.7233854	1.5484008	1.3026607	1.4713021	1.2180082
	7	1.099123	0.4787438	1.553413	1.672013	0.5350016	1.210422	1.2190719	1.5889546	1.4395327
	8	1.0292889	1.3109024	0.9723867	0.7245957	0.8730391	1.1439185	1.3938191	0.8992754	2.1720019
	9	0.9006796	0.604297	0.4825026	0.9605204	0.655263	0.0129491	0.3662046	0.0519164	0.0178906

续表

年份	行业	奥地利	保加利亚	捷克	匈牙利	拉脱维亚	波兰	罗马尼亚	斯洛伐克	中国
2015	0	0.8595055	1.6113804	0.5613703	1.0202262	1.9009519	1.6515725	1.0332504	0.5029278	0.3934553
	1	1.7531923	2.1129392	0.9948593	0.4089459	4.6218209	1.905311	2.1856026	0.180978	0.1674291
	2	0.6916312	1.8347675	0.6233527	0.4659802	3.7976255	0.6142192	1.1279257	0.5087188	0.1727278
	3	0.2047273	1.1081593	0.3099283	0.2426895	0.6452718	0.3453952	0.4657408	0.3885455	0.1278362
	4	0.3124262	2.4330484	0.7446256	1.2143464	0.5089803	0.6456882	0.8092374	0.4646444	0.0707284
	5	1.0763519	0.8402633	0.5188921	0.9330163	0.6768805	0.7656609	0.4003924	0.4025952	0.4918843
	6	1.6683041	1.725216	1.2251958	0.8130282	1.4358557	1.4784482	1.2758277	1.3136382	1.3580417
	7	1.0749526	0.5501068	1.5006173	1.5157615	0.6190643	1.0525129	1.1794874	1.6071488	1.2601383
	8	0.8816763	1.063707	0.9486979	0.6878953	0.7642667	1.1757182	1.1511052	0.7510333	2.0068419
	9	0.7230481	0.7958469	0.0516867	0.4821344	1.0172551	0.0353676	0.6642573	0.0579404	0.0179386

注：0+1 为食品，烟酒，饮料；2+4 为原材料；3 为燃料；5 为化工产品；7 为机器和运输设备；6+8 为其他制成品。

其中，RCA_{xik}表示用出口来衡量的国家i在产品k上的比较优势，RCA_{mjk}表示用进口来衡量的国家i在产品k上的比较优势，W_k表示k类产品的全球贸易额，W表示全球贸易额。如果RCA_{xik}的数值较大，说明国家i在产品k上出口较多，因此，国家i在产品k上具有比较优势。如果RCA_{mjk}数值较大，说明国家i在产品k上进口较多，因此，国家i在产品k上具有明显劣势。这样两个国家的产品就具有一定的互补性。因此根据公式可以推测，当一国出口的主要产品与另一国家进口的主要产品一致性较好时，则两国的贸易互补指数就大，反之则小。

冷战结束后，中东欧国家历经短暂的波动，很快恢复了经济秩序，实现政治稳定，集体转向欧洲。源自固化的意识形态、信仰的改变以及价值观和政治体制的差异，中国与中东欧国家出现了"政冷经热"的趋势。这说明政治还是没有阻断正常的经济贸易来往和文化交流。及至21世纪，国际关系也出现了务实的外交作风，不再片面地将政治制度的不同过度放大，中国理性地面对国际国内矛盾，一心一意谋发展。自2012年中国与中东欧国家合作机制开启以来，双边经贸关系发展步入快车道。中东欧地区具有独特的地缘优势，是连接中国西部与西欧的中间地带，是联通亚欧大市场的桥梁和重要门户。

如表3所示，中国与中东欧国家的贸易互补指数没有明显的趋势性变化，这表明中国与中东欧国家有潜在的贸易空间，除了与奥地利、捷克以外，中国与其他国家的贸易互补指数偏小，基本上小于1，但是贸易互补指数均小幅上扬。

表3 中国与中东欧国家的贸易互补指数（1995~2015年）

年份	奥地利	保加利亚	捷克	匈牙利	拉脱维亚	波兰	罗马尼亚	斯洛伐克
1995	1.13	—	1.01	1.02	1	0.99	0.97	0.95
2000	1.12	0.8	1.01	0.99	1.03	0.96	1.03	0.94
2005	1.05	0.9	1.05	1	0.93	0.97	1.01	1.03
2010	1.09	0.8	1.12	1.03	0.85	1.05	1.05	1.12
2015	1.06	0.81	1.12	1.02	0.88	1.04	1.02	1.13

八　中国与中东欧国家贸易发展趋势

（一）中国与中东欧国家贸易在波动中上扬

中国与中东欧国家之间的贸易往来可划分为三个明显阶段：1995~2001年稳中有升，2002~2012年迅速攀升，2013年至今波动前行。事实上，中国对中东欧地区的直接投资份额也一直较小，且较为稳定，没有出现较大幅度的变化，这与中东欧国家同中国空间相距较远以及中东欧国家集体回归欧洲有一定关系。

（二）中国与中东欧国家之间的贸易关联度动荡起伏，没有呈现明显的抬升趋势

具体到国家来说，拉脱维亚与中国之间的贸易强度进步最大，从1995年的0点迅速提升到2010年的近0.7。捷克、斯洛伐克紧跟拉脱维亚，其与中国之间的经贸关系快速改善，20年间贸易强度实现翻一番的目标。令人费解的是，罗马尼亚、匈牙利与中国之间的贸易强度不升反降，但是匈牙利与中国之间的贸易强度曾是8国之中最高的。奥地利与中国之间的贸易强度一直保持在相对稳定的低水平上。

（三）中国与中东欧国家之间的行业内贸易指数在起伏中上升，国家间差异较大

中国与中东欧国家之间的行业内贸易指数在起伏中上升，国家间差异较大，且一个国家内部不同产业的行业内贸易指数也表现出较大的离散型和异质性。例如，在中国与奥地利的行业内贸易趋势图上能够看出，在原材料、农产品等领域，两国行业内贸易指数较低。但是在资本密集型、技术密集型等行业，两国之间的行业内贸易指数却较高。

中东欧国家的农、林、渔业基础都非常深厚，做得非常扎实规范。现在

有很多中东欧国家加入了欧盟，欧洲有一个国际可持续发展标识联盟，这个标识联盟对很多农产品都进行了非常严格的规范，所以它们的市场信誉度非常好。本文认为未来中国和中东欧国家在林业、农业及乳业等领域可以挖掘出很大的合作潜力。

（四）中国与中东欧国家之间的贸易互补性较强

在初级产品方面，中东欧在葡萄种植以及葡萄酒生产上的优势比较突出，保加利亚、匈牙利、捷克、罗马尼亚等国家在行业1、行业2等农副、矿产行业层面的优势比较突出。在资本和技术密集型产品层面，中国和中东欧各自具有不同的竞争力和互补性，中国在行业6、行业8等制造业层面的优势比较突出，而匈牙利、斯洛伐克在行业7（机器和运输设备），波兰、拉脱维亚在行业6上的优势较为明显。由于中国具有完备成熟的工业体系和装备制造能力，拥有大量优势产业和优质产能，与此同时中东欧国家正处于基础设施建设改造和工业体系完善的关键时期，对建材和机械装备需求很大。

展望未来，中国与中东欧国家间的贸易前景将会越来越乐观，双边及多边贸易结构也会发生深层次变化。

B.7 中国与塔吉克斯坦共建丝绸之路经济带的进展与前景

张维维*

摘　要： 丝绸之路经济带是促进中国与世界共同发展的合作倡议。塔吉克斯坦是丝绸之路经济带沿线的重要节点。丝绸之路经济带倡议为塔吉克斯坦的发展提供了新的机遇，塔吉克斯坦积极支持共建工作。此外，高水平的政治互信、机制化和法制化的合作、良好的经贸关系和悠久的历史文化联系为两国共同建设丝绸之路经济带提供了良好基础。中塔共建丝绸之路经济带已取得重要成果。但塔国局势不够稳定、经济环境不佳、周边形势复杂、地区争端及"中国威胁论"等因素也为共建工作带来挑战。加强战略对接，积极应对风险挑战，可以为丝绸之路经济带建设和两国全面战略伙伴关系做出贡献。

关键词： 中国　塔吉克斯坦　丝绸之路经济带　战略对接

本文以丝绸之路经济带倡议提出以来中塔战略伙伴关系的发展为基础，分析两国在共建丝绸之路经济带进程中所面临的挑战，并提出相关对策建议，以期丝绸之路经济带建设助推中塔全面战略伙伴关系的建设。

---

* 张维维，中国社会科学院研究生院博士研究生。

一 塔吉克斯坦在丝绸之路经济带沿线中的地位

塔吉克斯坦是丝绸之路经济带建设重要的节点。塔吉克斯坦对丝绸之路经济带倡议表现出强烈的合作意愿。

"一带一路"是中国为促进中国与世界共同发展而提出的行动倡议。2013年9月,习近平主席在哈萨克斯坦纳扎尔巴耶夫大学发表题为《弘扬人民友谊 共创美好未来》的著名演讲,首次提出要创新合作模式、共同建设丝绸之路经济带的倡议。2013年11月,建设丝绸之路经济带被正式写入党的十八届三中全会公报。丝绸之路经济带倡议的实质就是以古丝绸之路文化传统为纽带,通过加强"五通"(政策沟通、道路联通、贸易畅通、货币流通、民心相通)形成互利共赢、优势互补的欧亚经济发展带,① 最终构建为"利益共同体"和"命运共同体"②。丝绸之路经济带倡议展示了中国政府坚持对外开放、互利共赢、包容互鉴和共同繁荣发展的理念;践行了中国坚持睦邻、安邻、富邻,秉持亲、诚、惠、容的周边外交理念;体现了中国与沿线国家构建"利益共同体"和"命运共同体"的战略构想。

丝绸之路经济带涵盖泛欧亚大陆各国,中国是起点国家,俄罗斯和中亚地区是核心地带和枢纽,欧洲是终点,非洲北部是延伸线。③ 中亚地区位于欧亚大陆腹地,是连接欧亚地区各大版块和市场的必经之地,在丝绸之路经济带建设中具有重要的战略地位。塔吉克斯坦位于中亚东南部,西部和北部与乌兹别克斯坦、吉尔吉斯斯坦接壤;南临阿富汗,处于中亚和南亚相衔接的区域,是地区经济合作不可或缺的国家;东邻中国新疆。

---

① 惠宁、杨世迪:《丝绸之路经济带的内涵界定、合作内容及实现路径》,《延安大学学报》2014年第8期。
② 王海运:《建设"丝绸之路经济带"促进地区各国共同发展》,《俄罗斯学刊》2014年第1期。
③ 邢广程:《丝绸之路经济带与欧亚地缘格局》,《光明日报》2014年6月29日。

塔吉克斯坦是丝绸之路经济带建设重要的节点。塔吉克斯坦也曾是古丝绸之路的必经之地，位于其北部的第二大城市苦盏曾是古丝绸之路上的重镇。

内战结束后，塔吉克斯坦民心思稳，渴望社会稳定和经济发展。因本国经济规模相对较小、贫困问题较突出，塔吉克斯坦经济对国际社会的依赖性较大。2002~2014年，塔国共接受了27亿美元的外国援助，其中约38%的外援来自中国。① 对塔吉克斯坦而言，中国是一个有着重要国际和地区影响力的友好邻国，中国的投资、援助和工业制成品的输入对塔吉克斯坦的经济转型和经济社会发展意义重大。丝绸之路经济带倡议提出后，塔吉克斯坦官方很快就意识到其对本国发展的重要意义，对丝绸之路经济带构想表现出强烈的合作意愿。塔吉克斯坦是全球首个与中国签订《关于共同推进"丝绸之路经济带"建设谅解备忘录》的国家。2014年9月，塔吉克斯坦总统拉赫蒙表达了积极参与丝绸之路经济带建设的意愿，强调要发挥两国互补优势，推动各领域务实合作。

建设丝绸之路经济带的伟大倡议为塔国的发展提供了新的历史机遇，这是塔态度积极的原因所在。丝绸之路经济带倡议契合塔国加强对外经济联系、密切中亚和南亚往来以及获取更多资金和技术的需求。塔经贸部经济学研究所宏观经济系主任乌马罗夫对丝绸之路经济带的看法体现了这种认识。他认为，丝绸之路经济带倡议涉及经济收入相对低和相对高的国家，丝绸之路经济带国家之间应该是一种经济互补的关系，经济带的发展首先应该涵盖中国同中亚国家的发展互通，以及南亚之间的互通。他希望塔吉克斯坦可以通过丝绸之路经济带的建设获得一些更先进的科学技术，获得一个走向世界市场的通道。②

---

① "Tajikistan Received ＄2,7 Billion of an External Assistance for the Last 13 Years," Asia-Plus Media Group, August 12, 2015, http://www.news.tj/en/news/tajikistan-received-27-billion-external-assistance-last-13-years.

② 王艺璇：《十二国智库专家谈丝绸之路——"丝绸之路经济带的建设与未来：12国智库论坛"综述》，《中国经济报告》2014年第9期。

二 两国关系发展为共建丝绸之路经济带提供良好基础

塔吉克斯坦获得独立后,中国是第三个与其建交的国家。中塔两国关系始终保持着平稳发展。2013年5月20日,两国建立战略伙伴关系。中塔关系的发展为中塔共建丝绸之路经济带提供了良好的基础。两国政治互信水平很高,建立了机制化和法制化的合作关系,两国贸易关系基础良好,历史联系悠久。

(一)两国政治互信水平高

经过20余年的发展,中塔关系成为具有较高政治互信基础的稳定的双边关系。这一基础主要来自四个方面。第一,两国都重视与邻国关系的发展。中国重视同周边国家发展睦邻友好关系,坚持与邻为善、以邻为伴,坚持睦邻、安邻、富邻,秉持亲、诚、惠、容的理念,与中亚国家深化友好合作是中国既定的外交政策和基本外交目标。塔吉克斯坦奉行独立的多方位外交政策(multi-vector foreign policy)[1],旨在完全尊重国际法的基础上与其他国家建立友好和互利关系。在双边层面,中国是塔国亚洲方向外交最重要的层面之一。第二,两国没有历史积怨,没有边界领土争端,这为夯实双边政治互信基础提供了重要前提。通过多年多轮谈判,2010年4月27日,两国签署《中塔关于中塔国界线的勘界议定书》。2011年1月,塔议会下院批准了这一议定书。这标志着两国历史遗留的边界问题得到彻底解决。第三,双方在涉及彼此核心利益的问题上相互坚定支持。中国支持塔吉克斯坦选择的发展道路,反对外部势力对其内政的干涉。塔吉克斯坦坚定奉行一个中国政策,反对任何形式的"台独"。两国都不允许任何势力在本国领土上从事损

---

[1] "Concept of the Foreign Policy of the Republic of Tajikistan," Ministry of Foreign Affairs of the Republic of Tajikistan, January 27, 2015, http://www.mfa.tj/en/?l=en&art=1072.

害对方国家主权、安全和领土完整的活动。第四，两国积极推进地区合作。两国在中亚事务上保持密切协调；积极推动发挥上海合作组织的作用，在上海合作组织框架内积极配合和合作。

（二）法制化和机制化的合作关系

两国合作关系具有坚实的法律基础。2000年7月4日，两国签署《中塔关于发展两国面向二十一世纪的睦邻友好合作关系的联合声明》，这为进入21世纪两国之间进一步深化睦邻友好合作提供了法律框架和基础。2014年9月，两国发表《关于进一步深化战略伙伴关系的联合宣言》。这些协议构成了中塔合作的法律基础，夯实了两国关系稳定发展的基础。

自双方建交以来，两国政府已经签署涉及多个领域的双边合作协议。两国政府及对应部门间建立起对话合作机制。与此同时，作为上海合作组织的创始国，中国与塔吉克斯坦在上合组织框架下的合作与两国双边合作机制一起构成了一种更加稳固的合作架构。两国之间的双边和多边合作机制的构建和日趋成熟，为双边关系的发展提供了制度化的保障。以安全合作为例，中塔两国安全合作建立在两国签署的合作文件基础上。具体而言，上海合作组织和"阿中巴塔"四国军队反恐合作协调机制是两国共同参与的多边合作机制。2003年9月签订的《中塔关于打击恐怖主义、分裂主义和极端主义的合作协定》是两国的双边安全合作机制。

（三）两国经贸合作基础良好

推进中塔丝绸之路经济带建设具备良好的经贸合作基础。首先，两国的前期合作积累了经验。自中塔建交以来，两国经贸合作取得快速发展，双边贸易额从1993年的890万美元[①]增加到2012年的18.6亿美元[②]，中国成为

[①] 〔塔〕拉希德·阿利莫夫：《塔中关系：历史、现状、发展潜力》，《俄罗斯中亚东欧研究》2010年第2期。

[②] 《中国同塔吉克斯坦年度贸易额》，国家统计局，http://data.stats.gov.cn/easyquery.htm?cn=C01。

塔吉克斯坦第三大贸易伙伴。中塔经济合作推进较快，中国在塔吉克斯坦贸易中的重要地位日益显现。其次，塔吉克斯坦实行对外开放的经济政策。为发展经济，塔国积极寻求国际援助，开展对外经贸合作，努力改善贸易投资环境。塔吉克斯坦社会经济发展现状为中国企业进入塔国市场开展商业活动创造了条件。中国一些有实力的大型企业已逐步进入塔吉克斯坦市场，中国企业积累了在塔经营的经验。中塔两国都是世贸组织成员国，统一的国际规则为两国经贸合作提供便利。

中国与塔吉克斯坦具有经贸合作的良好基础，意味着双方加强经济联系既有必要性也有可行性，而丝绸之路经济带建设的推进为两国经贸合作提供了更加便利的条件。

（四）历史文化联系悠久

从历史文化层面看，中国新疆与塔吉克斯坦同属大中亚文化圈。中国与塔吉克斯坦存在着血脉和文化联系并共享部分历史记忆。塔吉克斯坦是古丝绸之路的必经之路和重要通道，自汉朝时期中国就与塔吉克斯坦有着密切往来，共同创造了古丝绸之路文明。

建交后，随着两国经济关系更加密切，两国之间的文化交流和民间往来更加频繁。为了解中国文化、学习中国发展的成功经验，学习汉语和到中国留学的塔吉克斯坦学生人数大幅增加。1993年，中国国家留学基金委向塔吉克斯坦提供5个奖学金名额。到2009~2010学年，已有近200名塔吉克斯坦学生在中国23所高校中学习。①

三 中塔共建丝绸之路经济带取得的成就

从2013年以来，共建丝绸之路经济带成为中塔合作的亮点和主线，推

---

① 〔塔〕拉希德·阿利莫夫：《塔中关系：历史、现状、发展潜力》，《俄罗斯中亚东欧研究》2010年第2期。

动两国战略伙伴关系全面深化,双边务实合作取得新进展。中塔丝绸之路经济带建设已经取得重要的成果。

(一)政策沟通顺畅

政策沟通是共建丝绸之路经济带的基础、前提和保障。2013年以来,中塔两国加强了在不同层次、不同领域以及不同方式的政策沟通。自丝绸之路经济带建设开启以来,两国元首已先后举行过8次会晤,推动丝绸之路经济带共建工作从起步到取得早期收获,又从取得重要成果到深度合作。

两国首脑对共建工作和深度合作进行顶层设计。2014年9月,塔吉克斯坦总统拉赫蒙表达积极参与丝绸之路经济带建设的愿望,强调要发挥两国互补优势,推动电力、矿产、交通基础设施、跨境运输等领域务实合作。2015年9月,两国元首确认共建丝绸之路经济带合作已取得早期收获并将继续积极加强各领域的合作。[1] 2017年6月9日,两国元首强调要在共建合作取得重要成果的基础上推动合作向高端、创新、多元发展,要加强经济政策协调和发展战略对接。塔吉克斯坦愿将自身发展同"一带一路"建设对接。[2] 2017年8月31日,两国元首同意推进"一带一路"建设同塔2030年前国家发展战略的深度对接,在落实中塔合作规划纲要、加强基础设施建设合作和构建全方位互联互通格局等方面达成共识。

中塔政府已建立多个政府间的合作平台,包括中塔政府间经贸合作委员会、中塔农业领域合作委员会、中塔科技合作委员会。两国还建立了形式多样的互动和沟通平台。"论坛"主要有丝绸之路市长论坛、兰州论坛、欧亚经济论坛(在西安建立永久会址)、亚太贸易便利论坛、丝绸之路经济带沿线城市市长圆桌会议、丝绸之路(敦煌)司法合作国际论坛。"博览会"或"洽谈会"主要有兰州贸易洽谈会、欧亚各国投资贸易博览会以及中国西部

---

[1] 《习近平会见塔吉克斯坦总统拉赫蒙》,中国外交部,http://www.fmprc.gov.cn/web/gjhdq_676201/gj_676203/yz_676205/1206_676908/xgxw_676914/t1293285.shtml。

[2] 《习近平会见塔吉克斯坦总统拉赫蒙》,中国外交部,http://www.fmprc.gov.cn/web/gjhdq_676201/gj_676203/yz_676205/1206_676908/xgxw_676914/t1469019.shtml。

国际博览会、"塔吉克斯坦-2017"国际展销会和"中国制造"商品展洽会等。①

中国新疆与塔吉克斯坦建立起顺畅和不断强化的合作关系,推动两国毗邻地区合作和互联互通。中国新疆与塔国建立的互动和沟通平台包括中塔政府间经贸合作委员会、新疆-塔吉克斯坦经贸合作分委会、中国-亚欧博览会、新疆·兵团绿洲产业博览会等。

(二)设施联通取得积极成果

受自然条件及经济发展水平等多种因素制约,塔国现有的铁路网发展程度极低,从首都杜尚别乘火车到南部的库尔干秋别市,必须经邻国乌兹别克斯坦中转。这种情况导致线路延长且产生高额运费及烦琐的过境手续。丝绸之路经济带倡议回应了塔吉克斯坦对交通基础设施建设的迫切需求。2016年8月24日,中国铁建十九局集团承建的瓦亚(瓦赫达特-亚湾)铁路正式通车。该铁路不仅促进了塔中部地区、南部地区和东部地区的融合与发展,解决了塔吉克斯坦国内铁路转运的问题,而且该铁路还将成为连接中国-塔吉克斯坦-阿富汗-伊朗国际铁路交通的枢纽,是塔吉克斯坦通往国际市场的又一通道,有助于中国与周边地区的互联互通。作为中国施工企业进入中亚市场的第一个铁路项目,瓦亚铁路项目具有十分巨大的示范意义。2014年1月14日正式开工的沃谢至霍瓦林公路(VK87)是库利亚布市沃谢区至霍瓦林区的重要交通要道,2016年9月4日,沥青混凝土路面全线贯通。2017年1月8日,由中国援建的塔国哈特隆州库尔干秋别和库利亚布两城市的道路修复项目二期竣工。交通设施的改善将加强塔国国内不同地区的互联互通,促进塔国内经济社会发展。

中国-中亚天然气管道D线塔吉克斯坦境内段是符合双方国家发展利益的战略性项目。2013年9月,中塔两国签署"D"线塔国段项目协议。塔吉克斯坦境内长度近400公里的管道将是D线建设成败的关键。2014年9

---

① 韩璐:《丝绸之路经济带在中亚的推进:成就与前景》,《国际问题研究》2017年第3期。

月13日,该项工程正式开工。

中塔铁路运输联系发展突飞猛进。中国西安、重庆、乌鲁木齐、厦门、兰州、包头、太原、深圳、日照、赣州、东莞、南通、淄博、青岛、连云港、义乌等城市均已开通通往中亚的国际铁路货运班列。塔吉克斯坦是中亚班列的目的地之一。此外,中国新疆和赣州港还开通至塔吉克斯坦的国际铁路货运班列。铁路班列的开通拓展了中塔之间的物流新通道,使货物运行时限大幅压缩,物流成本显著降低,提高了运输效率,密切了中塔两国的经贸往来。中亚班列已经成为丝绸之路经济带建设的重要抓手。

(三)经贸合作扎实推进

中塔双边经贸关系不断发展。2014年中国成为塔吉克斯坦第二大进口国。2014年10月,塔吉克斯坦外债总额为21.22亿美元,其中,欠中国的债务占塔外债总额的42%,中国成为塔吉克斯坦第一大债权国。2015年,中国成为塔国第二大贸易伙伴。2016年起,中国超越俄罗斯成为塔吉克斯坦第一大贸易伙伴。[1] 自2012年至2016年,中国对塔直接投资年均增长55%,中国投资总额占同期外国对塔投资总额的32%。[2] 2017年上半年,中国的直接投资占塔国吸引外资总额的47.3%。[3] 中塔沿边合作继续推进。新疆对塔吉克斯坦贸易持续增长,成为中塔贸易的主要承担者,释放出巨大的合作潜力。2013年,新疆与塔贸易额为15.85亿美元,约占中塔贸易总额的81%;2014年,新疆与塔贸易额达20.12亿美元,同比增长27%,占

---

[1] 《2016年1~2月中国首次超越俄罗斯,成为塔吉克斯坦第一大贸易伙伴》,中国驻塔大使馆经济商务参赞处,http://tj.mofcom.gov.cn/article/jmxw/201603/20160301278422.shtml。

[2] "Average Annual Growth of China's Direct Investment in Tajikistan Rate for the Last 5 Years Amounts to 55%," December 13, 2017, http://www.news.tj/en/news/tajikistan/economic/20171213/average-annual-growth-of-chinas-direct-investment-in-tajikistan-rate-for-the-last-5-years-amounts-to-55。

[3] "Tajikistan: Heightened Vulnerabilities, Despite Sustained Growth," December 28, 2017, The World Bank Group, http://pubdocs.worldbank.org/en/255561514558133917/Tajikistan-CEU-Fall-2017-eng.pdf。

两国贸易总额的80%。① 中国农业"走出去"推动塔国农业发展。2014年河南省东部的黄泛区农场在塔吉克斯坦正式租种1600公顷田地。小麦、玉米"一年两熟"种植试验获得成功,改变了该国"一年一熟"种植模式。河南种业公司培育的棉花种子产量超当地平均水平一倍多,受到拉赫蒙总统的称赞并将其命名为"友谊1号",还号召塔全国学习推广。在塔吉克斯坦,河南棉花种子种植的面积达5.7万公顷,占该国棉花种植面积的30%。②

产能合作取得积极成果。随着城市化的推进,塔政府致力于提高包括水泥在内的建筑材料的产能水平,计划实现水泥自给和对外出口。中国企业积极投资,成为塔吉克斯坦水泥生产市场的主力军。2015年,塔年产水泥140多万吨,其中77%为中国投资企业华新水泥公司生产,并实现首次向阿富汗出口水泥500吨。随着一批新水泥厂项目的投产,塔国水泥产量和出口量均呈现增长态势,进口量降至最低点。2016年,塔水泥总产量200万吨,其中出口30万吨。③ 中国企业也是塔自由经济区建设中最积极的投资者,已入驻"丹加拉"和"喷赤"等自由经济区,投资建设一系列工业企业,涉及石油冶炼、棉花加工、建材生产、皮革加工等领域。

2017年9月,塔中双方联合将在建的"中塔工业园"占地面积进行扩大,范围覆盖塔国北部地区,功能更为全面,可以进行资源综合开发。2017年11月16日,塔中矿业冶炼厂项目投产、中塔工业园正式启动,这对促进塔工业发展以及解决就业问题起到积极作用。

两国能源和资源合作富有成效。中国石油勘探开发公司参与了开发克能石油(Tethys Petroleum)在塔吉克斯坦 Bokhtar 地区的油气项目。④ 2016年

---

① 《新疆维吾尔自治区2015年统计年鉴》,新疆统计局,http://www.xjtj.gov.cn/sjcx/tjnj_3415/2015xjtjnj/dwjj_2015/201603/t20160316_492579.html。
② 《交流交往谱写友谊新篇章"一带一路"上的开放河南》,人民网,http://henan.people.com.cn/n2/2017/0513/c351638-30176238.html。
③ 《一季度塔出口水泥13.3万吨》,中国驻塔大使馆经济商务参赞处,http://tj.mofcom.gov.cn/article/jmxw/201705/20170502567680.shtml。
④ "China's Company Registers its Branch in Tajikistan," Asia - Plus Media Group, April 12, 2014, http://news.tj/en/news/china-s-company-registers-its-branch-tajikistan。

12月8日，由中国公司承建的杜尚别2号火电站二期项目竣工。该火电站能有效缓解杜尚别市冬季电暖供应紧张情况，提高当地工业和农业生产能力，也为当地提供大量就业岗位。作为塔吉克斯坦规模最大的黄金开采公司，中塔合资"扎拉夫尚"公司进一步扩大在塔业务范围，建立了两个采金合作社并利用新技术生产铜尘产品。新疆塔城国际资源有限公司依托在塔国矿业投资的经验，投资建设中塔工业园。

（四）资金融通进一步密切

实现资金融通是丝绸之路经济带建设顺利进行的资金支持。塔吉克斯坦积极寻求来自中国的融资支持。2014年底正式启动的丝路基金，截至2017年3月已宣布15单项目投资。① 中国将加大资金支持力度，对丝路基金新增资金1000亿美元。塔吉克斯坦央行积极寻求与丝路基金的合作。2015年1月，塔吉克斯坦正式成为亚洲基础设施投资银行（以下简称亚投行）意向创始成员国。亚投行成立后，塔吉克斯坦总统助理阿舒尔波（Solehzoda Ashurboy）担任理事会成员。截至目前，亚投行已经批准对塔吉克斯坦国内基础设施建设的两项优惠贷款，即杜尚别－乌兹别克斯坦边境道路改进项目（贷款额为2750万美元）和塔国努列克水电站修复第一阶段项目（贷款额为6000万美元）。② 中国国家开发银行、进出口银行将分别提供共计2500亿元（3年内）和1300亿元（2019年峰会前）等值人民币专项贷款，用于支持"一带一路"基础设施建设、产能、金融合作。2017年9月1日，中国进出口银行与塔财政部签署向塔直属中央区500千伏输变电项目提供援外优惠贷款的协议。亚投行、丝路基金和中国－欧亚经济合作基金以及中国金融机构为中塔共建丝绸之路经济带提供了融资平台，为双边重大项目实施提供有力支持。

深化中国与周边国家的金融合作对于扩大中国地缘政治、经济、安全利

---

① 《投资领域》，丝路基金，http：//www.silkroadfund.com.cn/cnweb/19906/19922/index.html。
② "Approved Projects," AIIB, https：//www.aiib.org/en/projects/approved/index.html。

益,加速推进中国与周边国家的深度战略整合具有重要作用。2015年9月7日,中国人民银行与塔国央行签署规模为30亿元人民币/30亿索莫尼、为期3年的双边本币互换协议。同年12月,人民币兑索莫尼汇率挂牌交易在乌鲁木齐启动。两国企业、个人及银行可以使用本币和对方国家货币开展金融结算。推进双边本币互换业务,对加强金融合作,不仅具有高效、安全、节约成本等优势,同时也更有利于塔吉克斯坦缓解汇率大幅波动所带来的不利影响,减轻其他国家"负外部性"货币政策的干扰和影响。

(五)民心相通取得进展

国之交在于民相亲,民相亲在于心相通。"民心相通"是丝绸之路经济带建设的人文和社会基础。随着丝绸之路经济带建设的推进,中塔两国的人文交流更为频繁,合作领域不断扩展,增进了相互了解,加深了彼此间友谊,并推广了"命运共同体"的理念。中国与塔国在完善人文交流机制、促进文化交往和合作等方面都取得了重要进展。两国人文合作日趋活跃,人员往来不断密切。两国文化交流的形式包括:学生夏令营活动、迎新春晚会和音乐会、摄影展、国际民族舞蹈节、文化日活动、绘画作品展等。

两国地方交往合作不断深化。中塔两国地方和城市开展友好交流与合作,厚植两国民间交往。2017年,中国陕西省与塔吉克斯坦哈特隆州建立了友好省级关系,中国山西省太原市与塔吉克斯坦索格特州胡占德市建立了国际友城关系。人文交流与地方合作的日益加强为夯实双方友好的民意基础发挥了重要作用。

两国文教合作加强,中国帮助塔方培养各领域专业人才。中塔两国考古学家就古代丝绸之路遗址的考古发掘开展合作。中国警务、教育和金融机构已经开办面向塔吉克斯坦相关部门的内务部高级干部研修班、新亚欧大陆桥安全走廊执法合作研修班、禁毒培训班、税收管理研修班、丝绸之路旅游研修交流班、新媒体研修考察团和金融业高管研修班等。中塔校企合作人才培养项目"百人计划"为塔吉克斯坦培养油气管道运输等专业本土化技术人才,服务中亚天然气管道D线建设,并为未来的运营和维护储备人才。

"中国热""汉语热"持续升温,塔开设汉语课程的学校和汉语学生数量以及赴华留学人数大幅增加。2015年8月,中国石油大学在塔修建的孔子学院正式启动。中国已在塔吉克斯坦建立两座孔子学院和一座孔子课堂,多所院校开设了汉学系或汉语教学。"孔子学院日"活动向塔社会各界开放,通过中华文化表演和体验活动,向塔民众传播中华文化的精深和魅力。

四 共建丝绸之路经济带面临的挑战

丝绸之路经济带建设取得不少成绩,但鉴于塔国政局的变动、经济环境不佳、周边安全形势复杂、地区边界和水资源争端,加之两国关系的非均衡性,丝绸之路经济带在塔国的建设也遇到一些困难。

(一)局势受不稳定性因素影响

2013年11月,塔吉克斯坦总统拉赫蒙顺利连任。政权平稳延续有利于塔国社会稳定和经济发展以及对外经济合作的连续性。由于贫困人口较多、贫富差距较大、政府治理绩效低等因素,塔吉克斯坦政局存在不稳定性。近15年,塔人口增长了26.3%,达870万人,是独联体内人口增速最快的国家之一。[①] 人口的快速增加迫使塔国努力发展经济,建设公共设施,确保就业和粮食安全,回应民众的需求。

因地处费尔干纳谷地并与阿富汗接壤,塔吉克斯坦长期受恐怖主义和极端势力威胁,是中亚地区安全的薄弱环节。作为阿富汗毒品主要的流通渠道,塔吉克斯坦面临的毒品犯罪问题非常严峻。毒品走私及衍生的社会经济问题长期困扰塔吉克斯坦,吸毒者和艾滋病患者增多,根据联合国艾滋病规划署2015年的统计,塔国有1.6万名艾滋病病毒携带者。[②] 此外,塔吉克斯

[①]《塔吉克斯坦是人口增长速度最快的独联体国家之一》,中国驻塔大使馆经济商务参赞处,http://tj.mofcom.gov.cn/article/jmxw/201704/20170402553992.shtml。

[②] "Unaids Data 2017," Unaids, July 20, 2017, http://www.unaids.org/sites/default/files/media_asset/20170720_Data_book_2017_en.pdf.

坦国内存在治安风险。在塔吉克斯坦，针对中国公民或机构的盗窃和抢劫案件时有发生。

（二）投资环境待改善

根据世界银行发布的《2016年营商环境报告》，塔吉克斯坦在全球189个经济体中排名第132位①，投资环境不佳。具体来说，塔吉克斯坦交通、电力基础设施落后，而与邻国关系不睦又使该问题进一步凸显。交通受气候和人为原因影响大，导致货物运输成本高，运输周期较长。塔吉克斯坦官僚机构存在严重腐败和任人唯亲问题。塔吉克斯坦在"透明国际"《2016年全球腐败指数报告》中排第151位，属"极端腐败国家"②。此外，塔国银行系统薄弱，信贷成本很高。对外依赖较强也增加了塔吉克斯坦经济发展的脆弱性。一方面，塔吉克斯坦经济发展严重依赖国际援助和外国贷款，持续性对外借贷使塔吉克斯坦的债务负担加重。截至2017年4月，塔国外债总额为22.843亿美元，占（2016年）GDP的30.5%③，超过20%的警戒线。另一方面，经济对侨汇收入依赖大。2016年，从俄罗斯汇往塔国的侨汇为19亿美元，较2015年减少3亿美元。④ 侨汇收入下降使塔吉克斯坦的民生状况恶化，严重影响居民的消费能力。

（三）大国利益交汇塔吉克斯坦

自中亚国家独立以来，中亚成为大国博弈的新场所。全球和地区大国迅速关注中亚，谋求填补战略真空。"9·11"事件尤其是阿富汗战争爆发后，

---

① "Doing Business 2016 Measuring Regulatory Quality and Efficiency," Doing Business, October 27, 2015, http://www.doingbusiness.org/~/media/WBG/DoingBusiness/Documents/Annual-Reports/English/DB16-Full-Report.pdf.

② "Corruption Perceptions Index 2016," Transparency International, January 25, 2017, http://cpi.transparency.org/.

③ "Tajikistan's Foreign Debt Nears 2.3 billion U.S. Dollars," Asia-Plus Media Group, May 24, 2017, http://www.news.tj/en/news/tajikistan/economic/20170524/240186.

④ "Cross-border Remittances via Money Transfer Operators in Breakdown by Countries," Central Bank of Russia, March 15, 2017, http://www.cbr.ru/eng/statistics/?PrtId=svs.

中亚成为地缘政治的焦点。阿富汗战争以来,中亚地缘政治格局出现新的动向。美国在该地区的战略存在从高峰滑向低谷,而中国和俄罗斯的战略存在不断上升。① 中亚五国多元平衡外交政策逐渐形成了经济发展指望中国、安全保卫主要依托俄罗斯主导的独联体集体安全条约组织的格局,美国成为重要的域外平衡力量;与亚洲邻国的合作日益密切。② 随着中塔两国经贸关系的密切,塔吉克斯坦在经济上对中国的依赖增加。塔吉克斯坦与俄罗斯的安全合作维持高水平,但经济合作未取得重大进展。塔吉克斯坦对加入俄罗斯主导的欧亚经济联盟持观望态度。一方面,入盟最大的困难在于塔国必须完全解决与吉国的边界问题。另一方面,塔国政府也担心入盟后必须"考虑"欧亚经济委员会的建议,担忧失去部分政治经济主权,对俄罗斯的依赖进一步加深。③ 俄罗斯国内的经济危机也降低了欧亚经济联盟的吸引力。④ 有俄罗斯专家建议,俄罗斯公司应密切与塔国的经济联系,为其加入欧亚经济联盟创造条件,防止塔吉克斯坦在经济上倒向中国,"和谐地"分割中俄两国在塔影响力。⑤ 客观而言,中俄两国在中亚开展的区域合作存在一定的对冲。中国与中亚国家经济合作的深化客观上降低了中亚国家对俄经济合作的预期。

(四)边界与水资源问题阻碍互联互通

独立以来,边界和水资源问题一直严重制约中亚国家间关系的发展。由

---

① 赵华胜:《中俄美在中亚的存在:上升和下降》,《国际展望》2015年第6期。
② 韩隽:《伊朗的"回归"与中亚地缘政治格局的调整》,《新疆社会科学》2016年第6期。
③ "Expert: EAEU will Get More Problems if Tajikistan Joins it," *Eurasia Daily*, April 12, 2017, https://eadaily.com/en/news/2017/04/12/expert-eaeu-will-get-more-problems-if-tajikistan-joins-it.
④ "It's All About the Ruble: How to Resolve the Looming Regional Economic Crisis in Central Asia?" The Jamestown Foundation, July 6, 2015, http://www.jamestown.org/regions/centralasia/single/?tx_ttnews%5Btt_news%5D=44124&tx_ttnews%5BbackPid%5D=53&cHash=ea27ab2f95c64a01eba46e291501331b#.VZ6oBLEs87M.
⑤ "Russia's Moves on 'The Grand Chessboard': The Eurasian Economic Union Flexes its Muscles," *Signs of The Times*, May 12, 2017, https://www.sott.net/article/350840-Russias-moves-on-The-Grand-Chessboard-The-Eurasian-Economic-Union-flexes-its-muscles.

于边界尚未得到完全划定,塔与乌、吉两国在费尔干纳谷地争议地区的边境冲突事件时有发生。防止和管控冲突以维持边界稳定是相关方的共同利益。2016年,塔国与乌吉两国边境地区冲突事件较少,总体处于良好管控之下。但是,边界问题的彻底解决仍受到国家利益与现实诉求的挑战。为保障农业水源,乌国一直坚决反对塔吉克斯坦在跨界河流及其支流上修建大型水电站,两国在水资源争端中存在尖锐的矛盾。为服务于国内政权平稳过渡和获得国际支持,乌国新总统米尔济约耶夫上台以来改善对塔关系,在水资源争端上保持克制。由于攸关国家利益,米尔济约耶夫在水资源争端问题上的"低调"立场不可持续。塔国修建罗贡水电站将影响塔乌关系的发展,甚至会影响地区形势稳定。边界领土和水资源争端不仅阻碍塔国和中亚邻国间深化政治安全互信,也成为妨碍区域合作的"拦路虎",阻碍地区互联互通。

(五)"中国威胁论"的社会心理

由于两国在综合国力和国际影响力等多方面的巨大差距,中塔合作是一种非对称、非均衡的双边合作。根据《2016~2017年全球竞争报告》的统计,中国的全球竞争力排名为第28位,而塔吉克斯坦共和国的排名是第77位。① 中塔两国经贸领域的非均衡性十分显著。中国对塔吉克斯坦的重要性,远高于塔国对中国的重要性。中塔两国关系的非均衡性客观上为塔吉克斯坦的多边平衡外交奠定了一定基础。此外,作为相对弱势的一方,塔吉克斯坦会对双边合作的进一步深化有所顾虑,担心沦为中国的经济和政治附庸。

塔吉克斯坦部分精英对中国与本国巨大的经济体量差距有所担忧,这种社会心理或忧虑突出地表现为"中国威胁论"。其一,担忧随着中国投资进入,中国企业更愿意雇用中国人员,大量中国移民进入会导致当地就业机会减少。有塔国居民表示:"我们没有足够的土地,许多人必须去俄罗斯找工

---

① "The Global Competitiveness Report 2016 - 2017," World Economic Forum, September 28, 2016, http://www3.weforum.org/docs/GCR2016 - 2017/05FullReport/TheGlobalCompetitivenessReport2016 -2017_ FINAL.pdf.

作。但是我国允许许多外国人来工作，这毫无价值。"① 其二，担心中国影响力增大引起中国化的风险，忧虑对中国的政治依附等。例如，塔吉克斯坦反对党认为中塔划界协议缺少透明度，对中国的批评有所增加，造成不利而较持久的舆论氛围。

总体上，塔国政府对中塔经济合作评价正面而积极。塔经贸部部长拉希姆佐达就表示："事实上，中国对塔基础设施建设领域的投资旨在推动塔国家经济发展。几千年以来，中塔互为友好邻邦，中方从未尝试'吞噬'我们。"② 尽管"中国威胁论"在塔国社会的影响力较为有限，但随着中塔双边关系中的非均衡性进一步发展，中塔两国民间经济互动更为频繁，"中国威胁论"恐会成为阻碍两国经贸合作的社会政治思想。

五 共建丝绸之路经济带的前景

2013年5月两国建立战略伙伴关系以后，丝绸之路经济带建设取得的重要成果为推动中塔战略伙伴关系的发展提供了重要支撑。2017年8月31日，中塔两国建立全面战略伙伴关系。中塔两国将进一步加强战略对接，在丝绸之路经济带建设框架下，推进中塔关系向深度发展。

（一）加强战略对接

2016年9月，塔国政府通过《2030年塔吉克斯坦国家发展战略》。该战略的三个优先目标是：确保能源独立、走出交通困境、保障粮食安全。为实现国家发展目标，拉赫蒙总统表示愿意将塔国发展同"一带一路"建设进行对接。推进"一带一路"建设同《2030年塔吉克斯坦国家发展战略》对接为深度推进丝绸之路经济带建设提供了战略指导。中国国家发改委与塔

---

① "Central Asia's Lukewarm Pivot to China," The Diplomat, August 16, 2016, http://thediplomat.com/2016/08/central-asias-lukewarm-pivot-to-china/.
② 《塔经贸部：中国投资未对塔国家和经济安全造成威胁》，中国驻塔大使馆经济商务参赞处，http://tj.mofcom.gov.cn/article/jmxw/201608/20160801371153.shtml。

经济发展和贸易部签署的《中塔合作规划纲要》为推动中塔在丝绸之路经济带框架下的全面务实合作提供了具体指导。

继续推进互联互通。闭塞的环境决定了保障塔吉克斯坦国内各区域间及与周边国家的交通畅通是塔吉克斯坦经济发展的重要支点。这不仅可以促进沿线区域发展，还可以带动塔全国经济发展，加强地区互联互通。目前在塔吉克斯坦1200多公里道路改造与建设中，有多家中国企业参与。在道路建设、口岸升级、增开航线、实现签证便利化、基建项目融资等方面两国要加强合作，努力打造更高层次和更全面的互联互通。中塔互联互通合作也将对周边国家产生巨大的正外部效应的溢出。

加强经贸和产能合作。2017年5月，塔吉克斯坦下院议长舒库尔忠表示，将营造良好投资环境，吸引中国企业来塔投资，力争于2020年前使双边贸易额达到30亿美元。① 中塔经贸合作，包括中国新疆与塔吉克斯坦的沿边合作存在进一步发展的巨大前景。产能合作方面，塔吉克斯坦轻工业、日用消费品等产业薄弱，中国的轻工业、建材等生产设备和技术完全可以满足塔吉克斯坦产业结构升级的需要。此外，塔吉克斯坦具备劳动力资源优势，可利用其丰富的建筑原材料加上丰裕的劳动力建立建材加工企业。塔吉克斯坦矿产和碳氢能源型资源储量丰富，存在很大开发潜力。随着中国经济的发展，对资源的需求程度增加，开展资源合作能为塔国经济带来实惠，也能拓宽我国海外能源供给渠道。通过加快化工、冶金、建材等产能合作，为塔国工业化进程提供支持。农业是塔国国民经济的基础，农林业占2016年塔国GDP的20.7%。② 塔境内多高海拔冰川，春季融水充足，有利于灌溉农业的发展。近年来，塔吉克斯坦农业和渔业产量呈增加趋势。中塔可探索扩大农产品加工和贸易合作，促进农业产业化发展；加强先进技术支撑的现代农业合作，保障农业可持续发展。

---

① 《2020年中塔贸易额将达30亿美元》，中国商务部，http：//www.mofcom.gov.cn/article/i/jyjl/e/201705/20170502577572.shtml。
② "Agriculture still Prevails in Tajikistan's GDP Structure," Asia Plus Media Group, January 24, 2017, http：//www.news.tj/en/news/tajikistan/economic/20170124/235873。

（二）加强民心相通

促进中塔两国的民心相通，能加深了解和信任，消解对中国的误解并逐步提升中国的软实力。首先，两国需要继续推动人文交流。依托古丝绸之路上双方交流与合作的历史，拓展人文领域的合作空间，加强在教育、旅游、文化领域的合作。其次，加强民间往来。通过加强民间交往，熟悉民情民意，充分借助跨境民族的桥梁作用，打牢双边关系的民间基础。最后，重视中资企业的作用。督促企业诚信经营，不搞违法操作，以高质量及满足当地需求的商品和项目开拓市场；鼓励企业承担社会责任，提供公共服务，树立良好形象。例如，在无偿援助的资金基础上，中国新疆特变电工集团在塔国境内修建了5所学校。依托工程修建和抢险专长，中铁五局塔吉克斯坦分公司曾多次对塔进行人道主义救援援助。加强国家形象尤其是对丝绸之路经济带的宣传，提升外宣力度和水平，构建对外话语体系，遏制、挤压和消除阻碍两国合作的"中国威胁论"，讲好中国故事。

（三）中俄利益共存与战略对接

中亚是中俄战略利益共存的地区，中亚是中俄两国安全上的"软腹部"。中俄在中亚的安全合作不仅在于打击"三股势力"，也在于长期性地限制美国影响力的增长。中俄两国应在中亚发展非对抗关系，避免对战略资源进行不必要的投射。①

中塔共建丝绸之路经济带过程中，要尊重俄罗斯的利益，尊重俄塔经济、安全合作的历史和现实。正如，俄罗斯－塔吉克斯坦大学地缘政治研究中心主任古萨勒·玛耶蒂诺娃所言，丝绸之路经济带对和中亚相关的其他一些项目有相互的交叉渗透作用，中亚地区的一些项目发展需要俄罗斯和中国

---

① Pourcelot Thomas, "Central Asia at the Heart of Russia Issues," *International Area Review* 3（3），2010：229–241。

发挥作用。① 2015年5月中俄签署并发表《中俄关于丝绸之路经济带建设和欧亚经济联盟建设对接合作的联合声明》，体现双方在推动地区合作上达成了原则性共识。中俄要采取包容性合作方式，积极开展战略对接，开展中俄在塔国和中亚地区的合作，并在实际合作中多寻找利益共同点，采取灵活策略妥善处理利益分歧，避免不必要的摩擦。

（四）建设性参与中亚水资源问题

随着中塔关系的逐渐发展，塔国对中国的期望增加。期望中国帮助解决其能源问题，参与罗贡水电站建设。由于牵涉多方利益，中亚水资源问题较复杂。中亚国家倾向以零和思维看待水资源分配问题，水资源利益的冲突性较强，中国需谨慎回应塔方的期望，审慎考虑对罗贡水电站的投资，避免触动下游用水国的利益，影响中国与地区国家的关系和在地区的形象。当然，随着中国在中亚的利益和影响范围增强，水资源问题对中亚国家发展和区域合作的影响日益凸显，中国可以依托节水、火力发电和清洁能源发电等技术，为中亚水资源问题的好转和最终解决提供建设性的方案。

塔水力资源非常丰富，居世界第八位，人均第一位。但由于资金和技术问题，水能开发不足。依托丰富的水力资源，塔政府提出"水电兴国"战略，并确定了一些投资项目，涉及水电站维护和建设、电网改造和升级以及可再生能源工程等。水能资源开发具有重大的社会经济和政治战略意义，塔吉克斯坦通过水资源开发来解决电力短缺和提升国家地位的预期不可能改变。对中国而言，有选择性地提供支持或参与建设是切合实际的。

（五）深化中塔安全合作

中塔都面临"三股势力"的威胁，在维持塔阿边界安全和中亚地区稳定方面存在共同利益。塔阿边界是中亚国家中与阿富汗最长的边界，是阿富

---

① 王艺璇：《十二国智库专家谈丝绸之路——"丝绸之路经济带的建设与未来：12国智库论坛"综述》，《中国经济报告》2014年第9期。

汗进入中亚的门户。阿富汗动荡的外溢效应主要由此向中亚传导。塔阿边界局势对中亚的安全和稳定有重要影响。塔阿边境局势恶化恐为中南亚地区极端势力的勾连和扩散创造条件。如果南亚极端势力向中亚的渗透加剧，将有可能促使"三股势力"在中亚坐大，中国西部边疆的外部安全环境将严重恶化。加强中塔安全合作，尤其是加强塔国边境防卫能力和反恐能力符合两国共同利益。"阿中巴塔"四国军队反恐合作协调机制、中国资助塔国在塔阿边境建设边防哨所和军事设施、两国在塔阿边境地区举行联合反恐演习和两国边防部队加大联合巡边和管边力度并在边境地区设置传感器是中塔两国围绕边境安全加强安全合作的最新体现。这表明必须推进现有框架下的中塔安全合作，并依据地区形势变化不断调整和推进两国安全合作的特点。维持塔阿边境稳定是中塔安全合作的关键。两国需要加强安全合作，防范阿富汗局势的外溢效应，加强塔阿边境塔国一侧的防卫能力。

此外，为应对塔吉克斯坦的治安风险，在依靠塔方安全保卫的基础上，在塔中资企业和中国公民也应提高安全防范意识，加强安全保护措施。

B.8 "一带一路"背景下中国与沙特阿拉伯双边经济合作关系存在的问题和对策探析

王在亮*

摘　要： 中国和沙特阿拉伯王国（简称沙特）都是世界上重要的国家，对世界经济发展有着重要影响力。随着中国"一带一路"倡议的提出，沙特作为中国"一带一路"建设在西亚地区关键节点国家的重要性日益显现，这为中国和沙特两国双边经济合作的进一步发展提供了更大的机遇。因此，正确而理性地分析中国和沙特两国双边经济合作的现状，对其中存在的问题有针对性地进行处理和解决，积极推动中国和沙特在双边经济合作关系上实现互利共赢，具有重要的理论和现实意义。

关键词： "一带一路"　中国与沙特　经济合作关系

中国和沙特都是世界上重要的国家，对世界经济发展有着重要影响力。进入21世纪以来，中国与沙特在政治、经贸、能源、文化、教育、旅游、科技等方面的合作取得了丰硕的成果。随着中国与沙特双边关系的不断深化和拓展，以及两国在地区和国际层面就相关热点问题始终保持深度合作，两国关系不断发展，呈现不断提升的趋势，先后成为战略友好关系和全面战略

---

* 王在亮，法学博士，山东理工大学马克思主义学院讲师，主要研究方向为亚洲区域治理。

"一带一路"背景下中国与沙特阿拉伯双边经济合作关系存在的问题和对策探析

伙伴关系。中国提出"一带一路"的倡议后,沙特作为"一带一路"建设在西亚地区关键节点国家的重要性日益显现,这为中国和沙特两国双边经济合作的进一步发展提供了更大的机遇,因此,正确而理性地分析中国和沙特两国双边经济合作的现状,对其中存在的问题有针对性地进行处理和解决,积极推动中国和沙特在双边经济合作关系上实现互利共赢,具有重要的理论和现实意义。

一 中国与沙特双边经济合作关系现状

早在20世纪70年代,随着冷战局势的不断缓和,以及中国的世界影响力不断增强,中沙之间已经有了一定程度的经济贸易往来,当时以间接贸易为主。1981年沙特取消从华进口禁令后,中沙贸易有了一定幅度的提高,20世纪七八十年代中沙贸易总额达到23.61亿美元。自1990年正式建交后,中国与沙特的经济合作关系进入新阶段,经过近30多年的发展,[①] 两国经济合作关系从小到大,当前,双方都是彼此重要的经济合作伙伴,2016年,中沙两国正式建立全面战略伙伴关系。

通过对中国与沙特双边经济合作关系成长历程的分析,可以将其分为以下四个阶段。

1. 经济合作关系起步阶段:1990~1999年

1990年中沙正式建交,双方签订了一系列涉及经济、贸易、投资、科技等领域的双边协定,中沙经济合作进入新的历史性阶段,尤其是两国进出口贸易总额,从建交伊始的2.96亿美元增加到1999年的18.55亿美元,增长了5倍,期间,中国从沙特进口额从0.57亿美元增加到9.12亿美元,增长了15倍,而中国对沙特出口额从2.39亿美元增加到9.44亿美元,增长了近3倍。从这一时期中沙两国贸易的种类看,中国对沙特出口的商品主要

---

① 〔阿联酋〕穆哈迈德·本·胡崴丁:《中国与阿拉伯半岛和海湾国家关系(1949~1999)》,姚继德等译,线装书局,2008,第222~223页。

是服装鞋帽制品，大约占到40%左右，中国从沙特进口的主要是石油及其相关制品，占到60%左右，其次是化肥、化工产品和塑料制品，占到30%左右。这一时期的中沙经济合作关系以双边进出口直接贸易为主，有了较大的进步，但贸易结构比较单一，而且两国间的相互投资水平仍然比较低，未来有很大的发展潜力。

2. 经济合作关系腾飞阶段：2000~2008年

从2000年开始，中国和沙特经济对外开放程度不断扩大，特别是中国和沙特分别于2001年和2005年加入世界贸易组织，中沙两国经济合作进入发展快车道。在贸易方面，2004年，中沙两国进出口贸易总额达到103亿美元，首次突破百亿美元大关，2008年更是达到418亿美元，是建交时的140多倍。从贸易结构来看，中国向沙特出口最多的商品是电机、电器、机械制品，大约占30%，其次是钢铁制品和针织衣帽鞋靴制品，分别占20%。中国从沙特进口最多的仍然是石油及其产品，占85%。在投资方面，2006~2007年中国对沙特直接投资流量连续突破1亿美元，2008年也接近0.9亿美元，截至2008年底，中国对沙特直接投资存量达到6.2亿美元。①而沙特对中国直接投资在2007年也突破1亿美元，2008年更是达到2.75亿美元，截至2008年底，沙特对中国直接投资存量接近5亿美元。与此同时，中国对沙特承包工程也开始在沙特国内市场有所突破，工程完成总额从2000年的0.16亿美元，到2004年首次突破1亿美元，再到2008年飙升到24.54亿美元，累计达到53亿美元。在这一阶段，中沙两国在经济领域构建起来的良好合作关系，成功"外溢"到两国政治领域，推动了两国政治关系的进展，2008年，两国宣布建立战略友好关系。

3. 经济合作关系波动调整阶段：2009~2016年

这一时期，尽管中沙两国已经确立起战略友好合作关系，但由于接连受到2008年世界经济危机和2013年世界石油价格暴跌的负面影响，

---

① 商务部、国家统计局、国家外汇管理局联合发布：《2008年度中国对外直接投资统计公报》，2009，第14页。

中沙两国经济合作出现了一定幅度的波动，处于深度调整阶段。在贸易方面，2009年，中沙两国进出口贸易总额出现断崖式下滑，但在2010～2012年，又出现爆发式增长，并在2012年达到733亿美元，是建交时的248倍；但从2013年开始一直到2016年，中沙两国进出口贸易总额又出现持续性的缩减，目前已经下降到了2008年的贸易水平（见表1）。在贸易结构上，中国向沙特出口最多的商品仍然是机械、车辆、电机、电器等制品，占30%，其次是针织服装、帽、鞋靴制品和钢铁制品，各占10%左右，所占比重略微下降。中国从沙特进口最多的仍然是石油及其制品，占70%～80%，其次是有机化学品和塑料制品，共占15%～20%（见表2、表3）。

表1 2009～2016年中国与沙特进出口贸易情况

单位：亿美元

年份	2009	2010	2011	2012	2013	2014	2015	2016
进出口	325.5	431.9	643.2	733.1	721.9	690.8	516.3	423.7
出口	89.8	103.6	148.5	184.5	187.4	205.7	216.1	236.2
进口	235.7	328.3	494.7	548.6	534.5	485.1	300.2	186.5

资料来源：国家统计局，http://data.stats.gov.cn/index.htm。

表2 2010～2015年中国出口沙特的主要产品结构（HS2002）

单位：%

类别/年份	2009	2010	2011	2012	2013	2014	2015
蔬菜、水果、谷物及其他植物制品	1.4	1.4	1.1	0.8	0.8	0.6	0.7
茶、咖啡、香料、糖、食糖	0.4	0.5	0.3	0.3	0.3	0.4	0.4
针织服装、鞋靴、帽及各种附件	19.3	16.8	14.7	11.1	13.4	14	11.3
钢铁及制品	8.3	9.8	9.8	9.6	8.9	11.2	9.6
核反应堆、锅炉、机械器具及零附件	16.4	13.9	15.4	13.1	13.5	14.5	14.5
电机、电器、音响设备及零附件	13.5	11.7	13.4	12.4	12.1	11.3	11
各种车辆及零附件	3.2	5.7	4.3	4.6	4.3	5.3	5.7

资料来源：联合国统计署贸易数据库（COMTRADE），https://comtrade.un.org/data/。

表3 2009～2015年中国进口沙特的主要产品结构（HS2002）

单位：%

类别/年份	2009	2010	2011	2012	2013	2014	2015
矿产品	0.7	1.0	0.9	0.8	0.5	0.7	1.3
矿物燃料、矿物油及其产品	82.1	78.8	79.8	81.9	81	78.8	70.5
有机化学品	11.5	12.5	12.9	10.7	10.8	12	16.3
塑料及制品	5.7	7.2	6	6.2	7	8.3	11

资料来源：联合国统计署贸易数据库（COMTRADE），https://comtrade.un.org/data/。

从投资方面看，2009年以来中国对沙特的直接投资流量总体上是增长的，2015年达到4.05亿美元，截至2015年底，中国对沙特的直接投资流量达到24.34亿美元，[①] 自2003年商务部建立《对外直接投资统计制度》以来，中国对沙特的直接投资存量已经实现连续12年增长。而沙特对中国的直接投资流量近年来也不断增加，2015年达到2.8亿美元，截至2015年底，沙特对中国的直接投资存量达到15.17亿美元。[②] 由此可见，中沙两国间的双边投资关系仍然保持着比较良好的发展势头。此外，中国对沙特的承包工程在沙特市场的参与程度和竞争能力也在不断提升，从2009年到2015年底，中国对沙特的承包工程总额已经累计346亿美元，2015年一年的承包工程总额达到70多亿美元，比第二阶段9年（2000～2008年）的总和还要多。总体说来，这个时期中沙两国的经济合作经受了较大的冲击，在贸易发展速度上出现了罕见的持续性下降，但是在投资领域和中国对沙特的承包工程领域，双方仍然表现出了不错的发展势头，这为中沙两国在对经济合作进行结构性深度调整后实现再度飞跃，奠定了良好的基础。

4. 经济合作关系正式进入全面战略伙伴阶段：2017年迄今

中沙两国在2016年签订了《关于建立全面战略伙伴关系的联合声

[①] 商务部、国家统计局、国家外汇管理局：《2015年度中国对外直接投资统计公报》，商务部对外投资和经济合作司，http://hzs.mofcom.gov.cn/article/Nocategory/201512/20151201223578.shtml。

[②] 商务部新闻办公室：《商务部召开例行新闻发布会》，http://www.mofcom.gov.cn/article/ae/ah/diaocd/201601/20160101238681.shtml。

明》，但是，2016年中沙两国的进出口贸易总额出现较大幅度下降，自从中沙建交以来，这种现象只在2009年出现过一次，为此，中沙两国认为应尽早地开展行动，落实相关文件以推动两国经济合作实现再飞跃。2017年，沙特国王访华，双方签订了高达650亿美元的合作协议，一共涉及14份文件，35个具体项目，除了覆盖石油、石化、矿业等中沙传统优势合作领域外，还涉及核能、交通、航空航天、无人飞行器、可再生能源、广播电视等诸多新领域，无论在深度上，还是在广度上，在两国外交领域都是前所未有的。可以说，中沙全面战略伙伴关系的确立，以及这次中沙超级合作协定的签订，将会引领中沙经济合作关系的未来，实现中沙经济关系的战略性发展和全局性进步。

通过以上分析表明，中国与沙特之间的经济合作关系主要有以下三个特点。一是双边贸易起步晚，发展快。沙特是最晚与中国建交的阿拉伯国家，却是与中国建立全面战略伙伴关系的三个阿拉伯国家之一，另外两个国家是埃及和阿尔及利亚。尽管近10年来沙特接连遭受经济危机和石油危机的负面影响，但是，与建交时相比，当前中沙两国的双边贸易水平仍然保持在比较高的水平，而且，沙特已经成为中国在西亚北非最大的贸易伙伴，中国成为沙特最重要的贸易伙伴。二是双边直接投资水平有了较大幅度的提升。两国都属于发展中国家，经济实力有限，在1990~1999年的经济合作起步阶段，两国在投资领域主要以吸引西方国家来本国投资为主。进入21世纪以后，两国之间的相互投资才有了较大幅度的提升，当前中国是沙特对外直接投资最大目的地国。三是两国经济合作领域从石油、石化等传统领域逐渐拓宽到核能、交通、航空航天、无人飞行器、可再生能源等新兴领域，开始朝着全方位、多领域的双边经济合作关系发展。

二 中国与沙特双边经济合作发展中存在的主要问题

与中国和其他阿拉伯国家经济合作相比较，无论是在贸易规模上，还是在投资水平上，中沙经济合作都取得了巨大的成就。也应当看到，还存在着很多问题，这些问题既可能存在于两国之间，也有可能存在于两国之外，既有一直没有得到彻底解决的老问题，也有随着国际形势不断发展而产生的新问题，而且这些问题也有不同程度的交互影响和制约，十分复杂。理性认识和分析这些问题，对于更好地发展中沙双边经济合作，具有重要的现实意义。接下来，将从四个方面具体分析中国与沙特双边经济合作发展中存在的主要问题。

1. 两国的经济体制存在较大的异质性

沙特和中国都坚持市场经济发展导向，但在具体转轨过程中采用了不同的改革路径和步骤，这就使得两国分别产生了不同类型的经济体制。沙特王室和中央政府对国内经济体制高度干预，对资源配置起支配性作用，凭借着丰富的石油储备，形成了以石油产业为支柱的高度单一的依附性经济结构。对外国投资者的投资行业和领域有很多限制，比如不允许外国投资者独资投资基础设施建设，关于具体投资程序和方法的法律法规比较笼统，国内市场比较复杂，在一些领域透明度不高，商业风险较高等。与沙特相比，中国经济体制的市场化导向更强，经济结构更为合理，但也在关于外资的法律法规上存在一定的滞后性或规定不明确、不合理的地方。党的十八大以来，通过全面深化改革，进一步简政放权，市场在资源配置中开始发挥决定性作用，对外资的准入限制减少，吸引投资的政策法规和营商环境更加公平、透明、稳定。两国在向市场经济转型过程中的改革路径不同，导致两国经济体制存在差别，也使得两国在具体经济政策和法规上存在较大差异，进而导致两国市场产生较大的不一致性和明显的非对接性。这对两国发展贸易、彼此进行投资和开展其他经济活动产生了较多的不良影响。

2. 两国经济合作的相互依赖程度不均衡

进入 21 世纪以来，中沙两国的贸易总额和相互投资水平不断攀升，经济合作领域不断扩大。但是，在当前经济全球化出现一定程度的波动、起伏甚至后退，尤其是国际石油价格持续低迷的情况下，两国经济合作的相互依赖程度越来越不均衡，这是影响中沙经济合作关系进一步提升的主要障碍性因素。具体来说,沙特对中国的经济合作依赖程度不断增大,中沙两国的进出口贸易总额占沙特进出口贸易总额的比重从 2000 年的 3% 增长到 2015 年的近 15%,目前中国成为沙特最大的贸易伙伴之一,既是沙特最大的进口产品来源国,也是沙特最大的出口目的地国。与此同时,中国对沙特的经济依赖程度呈现不断减小的趋势,中沙两国的进出口贸易总额占中国进出口贸易总额的比重从 2000 年的 0.7% 连续增长到 2012 年的 2%,达到最高峰值,从 2013 年以来又持续下降,2016 年保持在 1.1%(见图1)。即使在中国对外依存度最高的石油领域,中国对沙特的依赖程度也在下降,中国对沙特石油的进口依赖程度在 2008 年达到 25% 的最高值,目前逐渐下降到 2016 年的 14%,而且,2016 年,俄罗斯第一次超越沙特成为中国最大的石油供应国。在这个意义上,中沙两国贸易关系的相互依赖程度不均衡,导致了两国经济合作上的波动,不利于两国经济合作的健康发展。

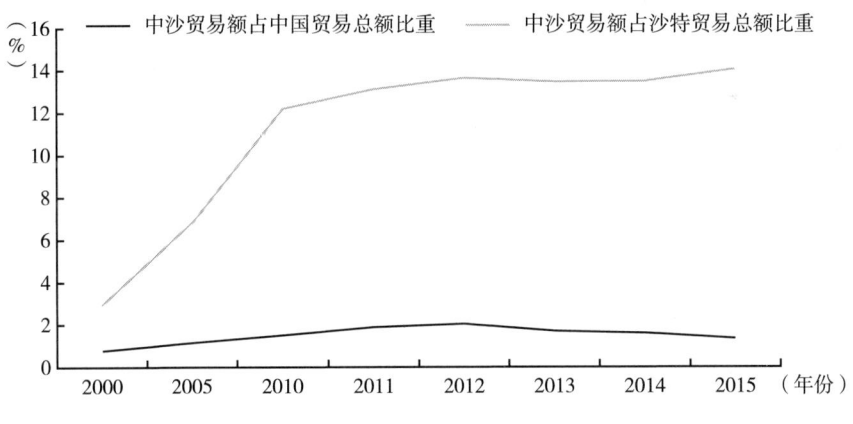

图 1　中沙两国贸易的相互依赖程度

资料来源:联合国统计署贸易数据库(COMTRADE),https://comtrade.un.org/data/。

3. 两国经济发展战略的对接仍然缺少具体规划设计

很长一段时间以来,中国和沙特共同作为发展中国家,都将经济发展战略的优先方向瞄向发达国家和周边邻国,两国在经济发展战略的对接上缺少足够的利益支撑和动力驱动。2010 年以来，沙特进口额排在前 10 位的国家有 7 个是发达国家，占沙特进口总额的 60%，沙特出口目的地国排在前 10 位的国家以阿拉伯国家为主。在投资方面，沙特吸收外资对象国以发达国家为主，对外投资对象国以阿拉伯国家为主，据沙特《经济报》报道，自 2003 年 1 月初至 2015 年 6 月底，沙特对外直接投资超过 414 亿美元，其中有 139 亿美元投向土耳其、阿联酋、约旦、埃及等阿拉伯国家，占 33.6%。① 而中国的对外贸易主要对象国家也是以美国、欧盟等西方发达国家和东盟、日韩等周边邻国为主，它们累计占中国贸易总额的 50% 以上。在投资方面，无论是中国吸收外资来源国，还是对外投资对象国，都以美国、欧盟等发达国家和东盟等周边邻国为主。但是，2008 年源自发达国家的世界经济危机的爆发，使中国和沙特都意识到，在对外贸易和投资上过于依赖西方发达国家，不利于本国经济的持续健康发展，为此，中国提出了"一带一路"倡议，沙特提出了"2030 愿景"。2016 年中沙全面战略伙伴关系的确立，为"一带一路"倡议和"2030 愿景"的对接创造了现实可能性和重要前提，而且，从过去中沙经济合作关系的发展路程来看，实现"一带一路"倡议和"2030 愿景"的对接是必然趋势。但是，截至目前，在中沙两国经济合作关系仍然处于相对低谷的情势下，两国政府仍然没有就如何实现"一带一路"倡议和"2030 愿景"对接共同提出具体的规划设计和路线方案，这说明两国还在就如何在合作宗旨、合作领域、合作原则、资金来源、实施机制等方面实现成功对接进行战略探讨和协商。具体规划设计的提出，将会成为"一带一路"倡议的重要早期收获，将会为"2030 愿景"的实现在亚洲方面迈出坚实的一步，并将中沙两国领导人的共识成功转化成具体制度落地生根。没有具体规划设计的提出，中沙两国在经济发展战略的对接上就会有更多的不确定性和外在风险，不利于中沙两国在战略高度和长远角度发展经济合作关系。

---

① 《中国成为沙特近十多年对外直接投资的最大目的国》，中国驻沙特阿拉伯使馆经商参处，http://sa.mofcom.gov.cn/article/jmxw/201509/20150901119584.shtml

4. 中东区域复杂的矛盾不断的宗教争端和地缘政治问题，甚至局部冲突，对中沙两国经济合作的顺利开展有不利影响

国际贸易环境系统论认为，各种社会因素及其相互作用所形成的社会环境系统，对国际贸易的产生和发展具有全局性和总体性的重要影响，其中，国际政治和安全因素是"决定国际贸易发生和发展最基本的前提条件"①，和平的、稳定的国际政治安全形势，是国际贸易产生和发展的最有利条件，一旦出现不稳定的、非和平的国际政治安全形势，国际贸易会受到严重冲击，甚至发生贸易衰退的严重后果。在经济全球化和区域化日益加深和不断拓展的今天，这种影响效应显得更为突出。因此，在深入推进中沙两国经济合作向前发展的过程中，必须充分重视可能影响两国贸易的国际政治和安全因素。当前，中东区域内大国博弈激烈，冲突不断，尤其是叙利亚危机、也门危机已经持续数年之久，恐怖主义势力重新抬头，难民数量增加等，以上这些不稳定的区域政治安全形势，对中沙两国双边贸易和相互投资的开展和提升产生了不好的影响，近年来，中国逐渐减少从沙特等中东国家的石油进口，而不断增加从俄罗斯、安哥拉等非中东国家的石油进口，在一定程度上说，就是为了最大限度地规避这种风险，减少其对中国经济的冲击。以沙特和伊朗之间所代表的逊尼派－什叶派矛盾为例，它仍然是影响中国与沙特经济合作关系的一个敏感政治议题。在过去很长一段时间内，中国在这个问题上一直保持相对中立的政治态度和立场，但是，目前中国在中东区域有大量的不可忽视的经济利益存在，特别是在推进"一带一路"倡议进程中，沙特和伊朗都是非常重要的战略支点国家，它们之间的关系好坏直接影响着"一带一路"建设能否顺利推进，为此，中国应当充分发挥自己的大国影响力，与相关国家开展密切的磋商和协调，适度地、公正地、创造性地介入，为重新构建和平的、稳定的、发展的中东区域秩序做出更多的政治性努力，这将会对推动中沙两国的经济合作顺利发展，进而成功建立中国与以沙特为代表的海合会之间的次区域贸易和投资合作关系，奠定坚实的地缘政治安全环境基础。

---

① 唐海燕：《国际贸易环境系统论》，《世界经济》1997年第4期。

三 推进中国与沙特双边经济合作关系发展的对策

当前,中沙两国领导人已经就共同建立全面战略伙伴关系达成高度共识,因此,抓紧采取措施,有效解决上文中提到的横亘在中沙经济合作发展面前的现实问题,落实和实现中沙两国高层领导人关于建立全面战略伙伴关系的政治共识,推动中沙双边经济合作关系朝着更好方向发展,是当务之急。

1. **尽快实现"一带一路"建设与"2030愿景"的战略对接,共同编制、签订《"一带一路"建设与"2030愿景"对接合作规划》**

设计清晰的顶层规划、制定完善的制度框架、确立中沙经济合作的具体路线图,是推动双边经济合作关系进入更广领域、更高水平、更深层次的关键。① 当前,尽快实现"一带一路"建设与"2030愿景"在国家层面上的战略对接,共同编制、签订《"一带一路"建设与"2030愿景"对接合作规划》(以下简称《规划》),是全面贯彻和落实中沙建立全面战略伙伴关系共识的首要之举。从中国角度来看,随着"一带一路"倡议的提出和推进,中国已经在东北亚、中东欧区域取得了不错的进展,比如,《建设中蒙俄经济走廊规划纲要》是"一带一路"倡议提出以来的第一个多边合作规划,《中华人民共和国与捷克共和国合作规划》是中国与欧洲国家签订的第一个双边合作规划,但是在阿拉伯国家范围内,目前还没有关于"一带一路"倡议的双边或多边合作规划出台,因此,与作为阿拉伯国家核心的沙特签订双边合作规划,对于"一带一路"倡议在西亚北非区域的推进具有重要的示范性带动意义。从沙特角度看,自2013年世界石油价格暴跌以来,对石油产业和收入高度依赖的沙特面临巨大的经济转型压力,提出了"2030愿景",旨在成为一个充满活力、经济多元繁荣、投资强劲、连接亚欧非三大

---

① 辜胜阻、吴沁沁、庄芹芹:《推动"一带一路"建设与企业"走出去"的对策思考》,《经济纵横》2017年第2期。

洲枢纽的国家,"2030愿景"的提出,与中国正在主动适应和引领经济发展新常态、加快经济发展方式转变、推动供给侧结构改革,具有很高的契合和共通之处。因此,将"2030愿景"与"一带一路"倡议进行深度战略对接和良性互动,是沙特的务实选择。鉴于中沙两国的以上共同利益,应重点采取以下两项措施。第一,在战略对接方法上,以中沙高级别联合委员会①为核心,组织两国主管部门和相关智库,组建编制规划团队,分别在各自国家内全面开展前期研究工作,从总体上深入了解中沙两国合作现状、存在问题及其未来潜力,并广泛征求各省、各部门以及各主要企业对中沙开展合作的具体建议。在此基础之上,正式建立隶属于中沙高级别联合委员会领导的编制规划联合工作小组,两国工作小组分别由各自国家相关部门人员参加,在协商基础上共同提出《规划》大纲和工作任务计划安排,形成符合两国共同利益和体现两国共同诉求的《规划》文本,并交由两国有关部门签署。第二,在《规划》内容上,应具体包含对接合作宗旨、对接合作原则、对接合作重点领域、对接合作资金来源、对接合作实施保障机制等方面。在对接合作宗旨上,充分发挥中沙两国比较优势,实现两国共同繁荣;在对接合作原则上,平等、互利、共赢;在对接合作重点领域上,以能源、基础设施、贸易投资、核电、新能源为主,重点推动和落实若干具体项目,争取尽早产生早期收获,从而形成示范带动效应;在对接合作资金来源上,包括国家投资、私营部门投资、公私合营,也可以成立共同投资基金,还可以向丝路基金、亚洲基础设施投资银行等国际金融机构申请资金支持;在对接合作实施保障机制上,以中沙高级别联合委员会及其下属的各分委会作为授权执行机构。

2. 以加快推动谈判并签署《中国－海合会自贸区协定》作为具体突破口,推动中沙经济合作整体转型升级

由上文可知,当前影响中沙经济合作的障碍性因素很多,如果逐一解决这些问题,不仅会耗费时间和精力,也不一定能够产生让中沙两国都满意和

---

① 《张高丽和沙特王储继承人兼第二副首相、国防大臣穆罕默德主持中沙高级别联合委员会首次会议》,新华社,http://news.xinhuanet.com/2016－08/30/c_1119480612.htm。

认可的结果，还可能会陷入僵局，因此，针对这一系列问题，加快推动谈判并签署《中国－海合会自贸区协定》，进而成功建立中国－海合会自贸区，是充分体现一揽子解决思维方式的最佳突破口。中国－海合会自贸区谈判始于 2004 年，2009 年暂停，2016 年重新恢复谈判，截至 2016 年底，已经进行了九轮谈判，计划在 2017 年进行第十轮谈判。迄今为止，双方已经完成了 9 个议题谈判，3 个议题谈判接近达成共识，仅剩 2 个议题还有待于进一步深入谈判。① 推动中国－海合会自贸区建设，是深入贯彻党的十八大以来我国加快构建开放型经济新体制的重要举措。作为海合会成员国中综合实力最强的国家，沙特认为当前应尽早建成中国－海合会自贸区，与中国的全方位合作有助于帮助海合会国家摆脱能源依赖困局，实现经济多元化转型。具体来说，加快推动谈判并签署《中国－海合会自贸区协定》，对中沙经济合作关系的意义主要体现在以下三个方面。一是有助于加快中沙两国各自的国内经济体制和具体经济政策的更新和完善，逐渐构建起与 WTO 规则等世界经济通行规则相互衔接、协调一致的基本市场经济制度框架，从而为两国经济合作关系的自由化和便利化提供公平、透明、可预期的经商环境。二是《中国－海合会自贸区协定》生效后，中沙两国之间的绝大部分进出口产品的关税都将降低或取消，中国出口到沙特的商品无论是在数量上还是种类上，都将大幅度增加，而沙特的优势产品——石化产品进入中国市场的税率可能会显著降低，市场占有率将得到提升，从而使得中沙两国的进出口贸易规模出现大幅度增长，双边贸易结构也将得到优化和平衡。有学者利用全球贸易分析模型，测算了建立中国－海合会自贸区的可能影响，认为影响在总体上是正面的，而且"贸易自由化程度越高，双方进出口数量和金额的增长幅度就会越大"②。三是中国－海合会自贸区建立后，中国和沙特之间的投资限制将会大大减少，投资便利化水平将进一步提升，将有力推动双向投

---

① 《中国－海合会自贸区第九轮谈判在沙特利雅得闭幕》，商务部新闻办公室，http://fta. mofcom. gov. cn/article/chinahaihehui/haihehuinews/201612/33882_ 1. html。
② 佘莉、杨立强：《中国－海合会 FTA 对双边贸易影响的 GTAP 模拟分析》，《亚太经济》2012 年第 6 期。

资规模的增长。一方面,支持沙特进一步扩大对中国投资规模,从石化、金融等传统投资领域扩展到核电、水电供应、交通和通信等新投资领域,这对沙特实现"投资强国"的"2030愿景"有巨大助推力;另一方面,沙特对中国的投资限制将会进一步减少,比如,在对沙特比较敏感的、对外资完全禁止进入的石油勘探和生产领域对中国有限度开放,鼓励中国投资者对核能领域、新能源领域、矿业领域、基础设施建设领域、电力、机电设备领域、医疗卫生领域、信息技术领域进行投资,全面放开零售与批发领域、工程设计与咨询领域等。①

3. 构建长期稳定的、高水平的中沙能源合作共同体

在未来很长一段时间内,能源合作仍然将会是中沙经济合作的核心。一方面,当前沙特是世界上最主要的石油生产国,无论是在石油的总储量和石油产量上,还是在石油出口量上,都一直处于世界领先位置;另一方面,中国是目前世界上仅次于美国的第二大石油消费国,世界上最大的石油进口国;再一方面,进入21世纪以来,沙特在中国石油进口市场份额中的比重一直居高不下,最高的时候达到25%,2016年仍然保持在14%左右,正如习近平主席所说:"中国每进口6桶原油就有1桶来自沙特。"中国在沙特石油出口市场份额中的比重也不低,2014年达到16%。以上数据充分说明,中国与沙特在能源领域互有需要,存在特别高的相互依赖性,这为未来两国进一步的合作奠定了良好基础。2016年,习近平访问沙特,明确提出"中沙能源合作共同体"这一命题,对中沙能源合作提出了更高的目标追求。对于这一目标追求,可以从以下两个维度来实现。第一,物质利益的维度。能够获取物质利益,满足各自的需要,是中沙能源合作得以建立的理性基础,而持续不断地获取物质利益,让双方产生比较稳定的、积极的合作预期,从而减少合作成本,提高双方的合作信任程度,为"中沙能源合作共同体"的构建奠定坚实的物质基础。具体来说,沙特可以对中国采取更加

---

① 刘杰、李志鹏:《中国与海合会自贸区发展前景及经贸合作趋势》,《国际石油经济》2016年第12期。

优惠的石油出口价格,以换取中国对沙特石油更大规模的采购;中国允许沙特石化产品以零关税或较低的关税进入中国市场,以换取沙特开放其国内石油勘探和生产等上游领域;中沙两国可以进一步加大对彼此国内炼油、石化行业等下游产业的相互投资力度和规模;通过双边协商谈判,与沙特签订长期的供油合同,在条件成熟的时候,尝试使用人民币进行石油贸易结算。① 当然,中沙两国能源合作不会一帆风顺,必然会在发展过程中产生一定的双边利益分歧或面对共同的挑战,因此,中沙两国应通过直接地、频繁地协商和沟通,不断提出一些具有创造性的制度安排和方案,成功解决中沙能源合作过程中出现的新问题,最大化地维护双方利益。第二,情感的维度。中沙能源合作不仅是物质利益范畴,还是一个情感范畴,也就是说,通过持续不断地共同分享能源合作物质利益和不断提升能源合作能力,处于不同社会制度、信仰体系、语言文化下的中沙两国可以形成一种诸如守望相助、共同承担、和睦团结等"共同的精神特质"②,尤其是在利益结构并不是特别稳定、能力水平不是很高的情况下发挥类似防波堤的作用,从而避免中沙两国间的能源合作因为少数几个问题上的利益分歧而暂停或瓦解。③ 2016年,习近平主席访问沙特,提出中沙要做"四个伙伴"。事实上,"伙伴"这个词语本身就带有非常强烈的情感色彩,其中,"相互支持、真诚互信""同舟共济"等词语实际上可以成为"中沙能源合作共同体"在情感维度上的具体语言表达。当然,要真正实现构建长期稳定的、高水平的"中沙能源合作共同体",不可能一蹴而就,而是需要持续的、长时间的努力和积累。

4. 加强中沙在重要的全球性和区域性多边机制上的立场沟通和行动协调

随着全球化和区域化的深度发展,中国和沙特作为世界上具有重要影响力的国家,共同建立和参与了越来越多的国际多边机制,有些是全球性的,

---

① 刘佳骏、汪川:《中国与沙特阿拉伯能源合作现状、障碍与对策》,《全球化》2013年第12期。
② 张志旻:《共同体的界定、内涵及其生成》,《科学学与科学技术管理》2010年第10期。
③ 周方银:《共同体与东亚合作》,《世界经济与政治》2009年第1期。

"一带一路"背景下中国与沙特阿拉伯双边经济合作关系存在的问题和对策探析

如联合国、世界贸易组织、二十国集团、世界银行、国际货币基金组织等，有些是区域性的，如中阿合作论坛、亚洲基础设施投资银行等。加强中沙两国在这些国际多边机制上的沟通协调与合作，有助于共同解决存在的问题、风险和挑战，有效调节中国与沙特双边经济合作关系，扩大双边共同利益。在联合国层面，中沙在解决巴以问题、结束叙利亚危机和也门危机、打击恐怖主义势力、防止核扩散、建立中东无核区、增加人道主义援助等国际政治和安全热点问题上，在承担和落实《联合国2030可持续发展议程》等国际经济热点议题上，加强沟通和协调，在诸多问题上形成了基本共识，这对中沙两国经济合作的发展创造了良好的政治和安全氛围。在世界贸易组织层面，中沙都是世界贸易组织成员，在贸易、投资领域已经建立起比较完善、透明、符合世界贸易组织规则的、能够充分履行世界贸易组织义务的贸易和投资法律法规体系，为两国之间开展贸易和投资创造了良好的、趋于一致性的制度和政策条件。如果出现贸易和投资纠纷，可以向世界贸易组织相关部门提出申诉，在世界贸易组织框架范围内解决。鉴于世界贸易组织目前贸易保护主义盛行、发达国家与发展中国家差距扩大、协商一致决策机制的效率低下等诸多问题，中沙同是发展中国家，在这些议题上进行充分沟通，有助于维护双方在世界贸易组织框架下共同利益的增大。在二十国集团层面，中国和沙特作为发展中国家成员国，通过参与二十国集团及其框架下的充分互动，能够有效提升各自在全球经济治理体系中的地位和作用，增加参与全球经济治理的经验，在国际金融制度监管和透明、国际石油价格稳定、国际粮食安全等共同关注议题上[1]有着相对一致的基本利益诉求。沙特支持中国举办了2016年二十国集团领导人峰会，中国支持沙特举办2020年二十国集团领导人峰会。另外，中沙两国还将充分发挥在世界银行、国际货币基金组织、亚洲基础设施投资银行等国际多边金融机构中的协商作用。2010年以来，中国和沙特等发展中国家在世界银行和国际货币基金组织中的资金规模

---

[1] 徐凡：《阿拉伯世界与G20机制化建设——沙特阿拉伯视阈下的国际关系基础》，《社会科学战线》2015年第3期。

持续增加，投票权重不断增加，这也客观反映了发展中国家对后经济危机时代世界经济增长的推动作用显著增加。亚洲基础设施投资银行是第一个由中国主导下建立起来的区域性多边金融机制，对改革和完善现有的国际金融制度具有重要意义，沙特作为创始成员国，在此框架下，应当与中国深入探讨并有步骤落实两国货币互换事宜，参与亚洲债券市场的建设，加强对金融机构的监管，为深入推进"一带一路"倡议提供金融支持，共同推动亚洲新金融秩序的构建和塑造。

B.9
泰国经贸环境及中泰贸易关系分析

裴 瑱　郑 义*

摘　要： 本文主要描述了泰国宏观经济概况、经济发展各阶段及其相应政策、双边经贸关系等。研究表明：泰国经济发展历经曲折但转型成功；泰国对中国的贸易强度越来越高；两国商品贸易之间的互补性较强，中国在 SITC7 和 SITC8 这两类商品出口上的比较优势较为明显；泰国的营商环境指数较高，但是风险犹存。

关键词： 贸易互补　经贸环境　比较优势

一　泰国宏观经济概况

泰国地理位置优越，濒临海洋。东南遥望太平洋，西南对接印度洋。泰国自从实行经济自由政策以后，国力提升，经济提振、政治稳定。尤其在20世纪90年代经济发展较快，一跃跻身成为"亚洲四小虎"之一，但是在此后的亚洲金融危机中严重受挫，经济发展陷入衰退和停滞。进入21世纪以来，泰国及时调整产业政策，实行比较务实的经济调整措施，很快走出低迷状态。及至目前，泰国汽车业已成为东南亚汽车制造中心和东盟最大的汽车市场。

---

* 裴瑱，教授，上海立信会计金融学院国际经贸学院；郑义，副教授，上海立信会计金融学院"一带一路"研究院副院长。

截至2014年末，泰国人口约有6722万，全国共有30多个民族，泰族为主要民族，占人口总数的40%，94%的居民信仰佛教。泰国实行君主立宪制，国会是国家最高立法机构，实行上、下两院制。司法体系由宪法法院、行政法院、军事法院和司法法院组成，属大陆法系，以成文法作为法院判决的主要依据。泰国实行多党制，目前共有60多个政党，民主党和为泰党是影响力最大的政党。

从20世纪80年代开始，泰国经济持续上扬，泰政府也抓住了全球经济繁荣的绝好窗口期，及时调整国内经济政策和外交策略，逐渐由以农产品出口为主的农业国变为现代化国家。此后由于发达国家转移国内危机、全球化的负面影响以及泰国自身发展政策的失误等，亚洲金融危机终于在1997年全面爆发，起源国就是泰国。显而易见，泰国在这一场全球财富洗牌过程中，明显处于弱者地位，本国货币迅速贬值，外资仓皇逃脱，整个国家的金融体系瞬间土崩瓦解，经济陷入全面瘫痪状态。此后泰国政府几经更迭，军人政变频频发生，又给这个脆弱的国家造成重创。及至21世纪，泰国政局趋于稳定，政府内外兼顾，一改过去全面依靠外部市场的西化思维，不再选边站，越来越强调务实的外交战略和稳定的经济发展策略，泰国经济逐年恢复。泰国政府果断抓住了中国大陆崛起以及亚太地区其他新兴工业经济体迅速发展的千载难逢的窗口期，率先从东南亚国家中崛起，成为东南亚经济的重要引擎。经济一路高歌，旅游业更是逐年高涨，很快成为亚太投资热点和旅游胜地。近年来，由于美国次贷危机、欧洲债务危机以及全球化的市场低迷，泰国经济再次陷入衰落继而引发国内政治动乱愈演愈烈，基础设施、消费、旅游业等受到严重拖累而出现下滑，至此，泰国经济面临全面衰退，如图1所示，2014年泰国GDP增长率仅有0.9%。

泰国的产业结构布局较为合理，其中第二产业和第三产业近年来占国民生产总值的比重不断上升。第一产业主要以种植业和渔业为主，其中种植业方面主要是热带作物，诸如油棕、椰子、腰果等油料作物，以及胡椒、香茅、香根等香料作物。渔业方面因其有漫长的海岸线，凭借泰国湾和安达曼海的地理位置优势，成为亚洲仅次于中、日的第三大海洋渔业国家。第二产

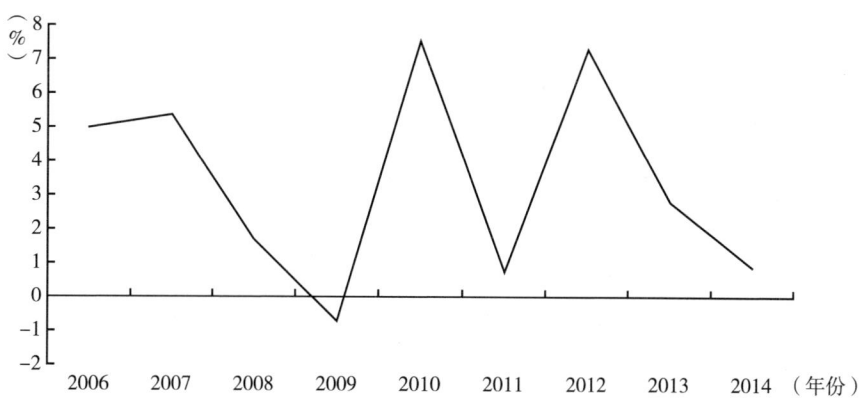

图1 泰国GDP增长率波动轨迹

资料来源：世界银行数据库。

业以出口导向型工业为主，涵盖汽车制造、汽车零配件装配、石油化工等。第三产业方面，主要以旅游业为主，带动整个服务产业的发展。

泰国公路交通运输业较发达，公路网覆盖全国城乡各地。铁路系统相对较落后，航空业比较发达，全境拥有近40个大小机场。泰国的水运包括海运和河运，目前已有122个港口码头，其中，首都曼谷是最繁忙的港口，几乎承载了全国近95%的进出口吞吐总量。电力方面，自身发电能力基本能满足国内需求，但伴随经济发展，电力供需矛盾日益突出。目前泰国开展的2013~2020年基础设施投资将会覆盖公路、铁路、水路、航空四大交通基础设施建设领域，基础设施状况将会大为改善。

泰国业已成为中等收入偏上的发展中国家，实行市场经济，对外开放，比较依赖海外市场，注重对外贸易。对外贸易在泰国的国民经济中占据重要比重，无论是种植业、渔业，还是工业、旅游业，几乎都以对外出口为主，外向型经济是其国民经济的主要特征，出口占国内生产总值的70%，对国际市场依赖较大，中国、日本、东盟等国家是泰国主要贸易伙伴。出口商品主要是工业制成品、农产品、农业加工品和矿产品。泰国是WTO的正式成员，与澳大利亚、新西兰、日本、印度、秘鲁等国家有双边优惠贸易安排，并通过东盟与中国、韩国、日本、印度、澳大利亚和新西兰等国签订了自贸

区协议。

泰国经济外向型程度较高，允许外商持大股或全部股份。对边远地区或低收入地区和设施未完备地区提供特别优惠待遇，这些地区获得税务优惠待遇最高。泰国的主要外资来自日本、东盟、欧盟及美国，多集中在制造业。近年来，伴随中国－东盟自贸区的全面建成及2015年东盟经济共同体的建成，泰国吸收外资重新进入快速增长期。世界经济论坛《2014～2015年全球竞争力报告》显示，泰国在148个国家和地区中排名第31位。

二 泰国经济发展各阶段及政策

第二次世界大战后，泰国的经济发展比较曲折，大致可分为七个阶段。

（一）战后经济恢复时期（1946～1954年）

二战后，美国取代英国成为泰国的主要盟友，对泰国进行了大量援助，依赖其丰富的自然资源和其重要的港口贸易，泰国很快就从经济困难中走了出来，成为经济较早复苏的发展中国家之一。此时的工业主要为初级产品加工工业，在主要出口产品——稻米、柚木、锡以及橡胶的带动下，采矿、伐木、碾米、制糖、木材加工等部门较为发达，但整体工业水平还十分落后，第一产业在国民经济中仍占主导地位。

（二）进口替代工业发展时期（1954～1971年）

20世纪50年代，泰国政府颁布了《鼓励工业发展法案》，给投资者以适当的补贴和优惠，鼓励有发展前景的工业发展，以此实行泰国的工业化，泰国进入了进口替代工业发展时期。这一时期主要是国家资本主义的发展，对国外私人资本严格限制，在大型工业产品上实行国家垄断。1962年政府更换后，确立了以私人资本为主的自由经济体制，由此掀起了经济建设的又一轮高潮。同时，修改了《鼓励工业投资法案》，为外国投资者提供更为优惠的投资条件。这些条件吸引大批美国跨国公司的涌入。20世纪60年代后期,政府制订了第二个经济发展计划,确保内需消费品工业顺利成长,这反过来推动了国内资本密集型产业的发展,使泰国走上了经济高速发展的道路。

(三)出口导向型工业发展时期(1971~1981年)

20世纪70年代中后期,内需消费型工业出现过剩,政府对现有政策做出变革,在第三个经济发展计划和第四个经济发展计划时期,开始实施以消费产业为主体、以利用国内原材料为主的出口导向型工业战略。1972年,政府颁布了新的《投资奖励法案》,给予劳动密集型产业优惠政策。1977年,政府又进一步修改了《投资奖励法案》。这一时期,泰国经济进入了高速增长时期。

(四)工业调整及高速发展时期(1981~1991年)

这个时期是石油危机后发达国家的第二轮产业转型时期,欧美各国纷纷将劳动密集型产业转移到新兴亚洲国家,泰国经济进入一个迅速攀升阶段。产业结构日渐趋于优化,服务业也得到了长足发展,旅游业的地位逐年凸显,成长为地区性旅游大国。

(五)稳步增长时期(1992~1998年)

这个时期,泰国政府开始实施协调发展战略,实施了第七个经济发展计划。1993年,颁布了新的投资法规,有步骤地控制经济的增长,将经济增长控制在良性发展的范围中。出口企业、制造业稳步发展,旅游业蒸蒸日上。进入"双轮"驱动时期。但是问题也不少,比如,对外依存度上升,贸易逆差严重,产业升级滞后,金融体系面临危机。

(六)亚洲金融危机后的经济复苏时期(1999~2007年)

进入21世纪之后,泰国政府推行国际、国内市场共同拉动经济增长的"双引擎"发展战略,推出新的外国企业法及11条促进经济复苏的法令,经济恢复增长,但制约经济发展的结构性问题仍未从根本上得到解决。

(七) 2008年后的经济 (2008~2015年)

2008年后,受全球金融危机、世界经济低迷以及国内局势不稳的影响,国内外市场需求下降。政府于2012年开始实施第十一个经济发展计划,推出了刺激经济的政策:一是重视节约生产成本;二是加大出口力度;三是加大政府在重要项目中的投资力度。在政策的刺激下,经济有一定复苏,2015年全年经济增长了2.8%。

三 中泰贸易竞争力关系

泰国是东南亚地区最大的商品集贸市场,也是东盟-中国自由贸易区重要组成部分,因此中泰两国贸易关联度和经济依存度逐年增加。2012年4月,中国和泰国共同发表了《中泰关系发展远景规划》。2014年,双方签署了《中泰农产品贸易合作谅解备忘录》。泰国是中国不可或缺的贸易伙伴,两国贸易互补性较强。2014年中泰贸易总额726.7亿美元,同比增长2.5%,其中,中国从泰国进口382.1亿美元,同比下降0.3%,中方贸易逆差37.5亿美元。

近年来泰国凭借其优越的地理位置、良好的外商投资环境和经商优惠政策吸引了大批中国企业来泰投资兴业。中国在泰国直接投资总量不断上升,投资规模日益扩大,投资金额出现指数级增长。2005~2014年,中国对泰国投资年均增长40%。据中国商务部统计,2014年当年中国对泰国直接投资流量3.65亿美元。中泰之间的双边关系不断增强,两国经贸合作正处于加速发展的关键期,双方建立了全面战略合作伙伴关系。截至2017年2月,中国企业在泰直接投资得到批准的项目共有607个,投资金额达66.37亿美元。

(一) 双边贸易主要商品

泰国对中国出口比重较大的商品类别主要是植物产品、矿产品、化工产品、塑料橡胶产品和机电产品(见图2)。

泰国经贸环境及中泰贸易关系分析

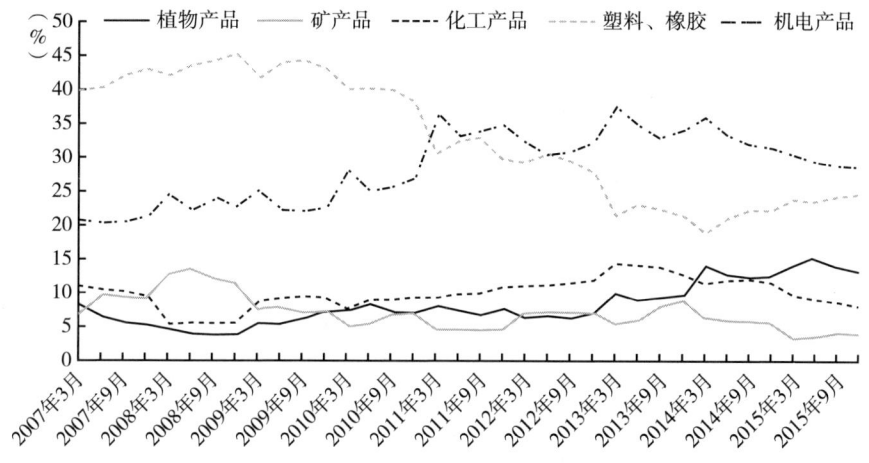

图2 泰国对中国出口变化趋势

数据来源：WIND。

由图2可以看出，塑料、橡胶和机电产品是泰国对中国出口的主要商品类别，合计占到泰国对中国出口商品总额的50%以上。但是相比较其他几类主要商品，这两类商品在泰国对中国出口总额中的比重发生了显著的变化。2007~2014年，泰国向中国出口的机电产品比重持续下降，比重由最高时的45%下降到约20%，但是近两年这一比重又有所回升。而塑料、橡胶产品对中国出口比重则发生了完全相反的变化趋势，2007~2013年，泰国对中国出口的塑料、橡胶产品比重由20%上升到接近36%的水平，但是近3年呈现下降趋势。泰国植物产品对中国出口比重略有增加，但是化工产品和矿产品对中国出口比重呈下降趋势。

图3显示，泰国自中国进口的主要商品类别是化工产品、塑料橡胶、纺织品及原料、贱金属及制品以及机电产品。其中，机电产品占比约为50%。近年来，泰国自中国进口的贱金属及制品比重也有所上升，其他主要商品类别的比重变化不显著。由此可以看出，中泰两国在机电产品、化工产品的生产上存在较为紧密的合作关系，泰国利用其地理位置优势向中国出口的植物产品、橡胶塑料产品比重较大，而自中国进口的纺织品及原料、贱金属及制品的比重较大，两国商品贸易之间的互补性应该是比较强的。

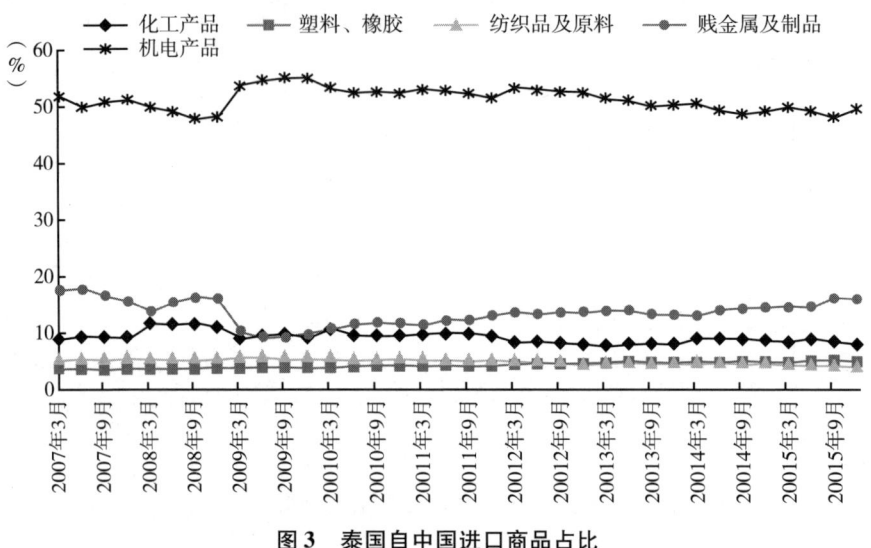

图3　泰国自中国进口商品占比

数据来源：WIND。

（二）相互贸易依赖度评价

图4显示了中国与泰国对对方出口市场的依赖度变化情况。在1995～2015年，泰国对中国市场的出口依赖度显著上升。主要分为两个阶段：1995～2009年为迅速攀升阶段；2010～2015年为相对稳定阶段。

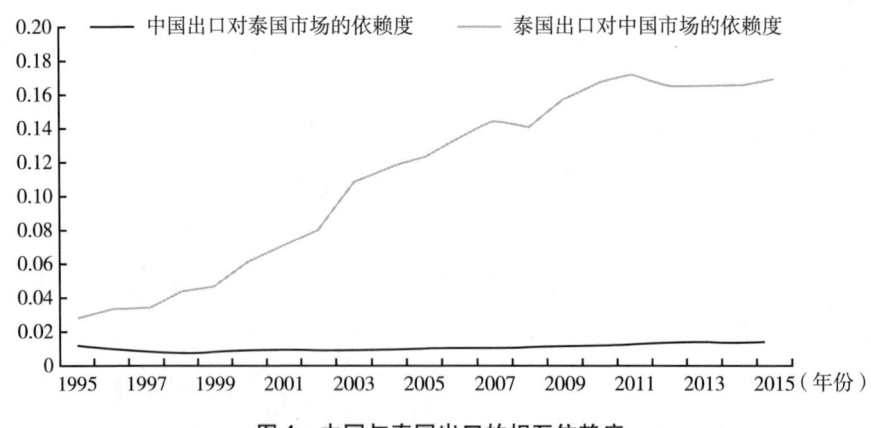

图4　中国与泰国出口的相互依赖度

数据来源：WIND。

在 1995 年至 2010 年，泰国对中国市场的出口依赖度从 0.03 左右迅速上升到接近 0.17 的水平，随后保持平稳发展的态势。在 2010 年到 2015 年，中国对泰国出口市场的依赖度始终保持在 0.16 左右，而且变化幅度比较小。显然，目前泰国对中国出口市场的依赖度已经超过了中国对泰国市场的出口依赖度，双方贸易关系越来越密切。

（三）显性比较优势指数分析

从表 1 的计算结果可以看到，泰国几乎在所有分类商品的出口上都不具有强竞争优势。在 SITC0 类商品的出口上具有中等较强程度的竞争优势，在 SITC2，SITC6，SITC7 这三类商品的出口上具有中等程度的竞争优势。SITC8 类商品的 RCA 指数不断下降，基本已经由中等程度的竞争优势下降到无竞争优势的状态。SITC1，SITC3，SITC4，SITC5 类商品基本不具有出口竞争优势。

表1 泰国分类商品出口的 RCA 指数

年份	SITC0	SITC1	SITC2	SITC3	SITC4	SITC5	SITC6	SITC7	SITC8	SITC9
1999	2.746	0.263	1.189	0.264	0.325	0.525	0.801	0.984	1.199	1.217
2000	2.685	0.283	1.297	0.322	0.366	0.662	0.851	1.051	1.179	0.670
2001	2.648	0.284	1.248	0.297	0.539	0.593	0.856	1.033	1.211	0.820
2002	2.511	0.273	1.483	0.298	0.400	0.594	0.871	1.050	1.158	0.812
2003	2.435	0.270	1.744	0.280	0.496	0.619	0.857	1.104	1.069	0.637
2004	2.355	0.280	1.731	0.346	0.564	0.675	0.873	1.133	1.056	0.410
2005	2.190	0.287	1.603	0.352	0.421	0.762	0.889	1.167	1.048	0.436
2006	2.229	0.298	1.760	0.359	0.438	0.777	0.893	1.189	0.991	0.447
2007	2.172	0.314	1.546	0.349	0.590	0.747	0.942	1.207	0.955	0.401
2008	2.393	0.379	1.504	0.391	0.676	0.751	0.914	1.228	1.007	0.431
2009	2.273	0.391	1.247	0.388	0.353	0.711	1.022	1.184	0.920	0.640
2010	2.159	0.446	1.411	0.344	0.364	0.783	0.940	1.227	0.925	0.641
2011	2.264	0.516	1.755	0.353	0.550	0.918	0.961	1.145	0.964	0.504
2012	2.192	0.620	1.374	0.392	0.495	0.952	1.016	1.234	0.777	0.528
2013	2.014	0.707	1.361	0.382	0.679	1.011	1.063	1.271	0.787	0.253
2014	2.025	0.774	1.178	0.398	0.492	1.006	0.990	1.237	0.748	0.246
2015	1.892	0.771	0.974	0.574	0.345	0.781	1.096	1.168	0.856	0.241

数据来源：UNCTAD。

（四）贸易强度分析

从图 5 中国与泰国贸易强度变化趋势可以看到，中国对泰国的出口贸易强度指标处于较低水平，大约在 2009 年才超出 1，这其中部分原因可能是泰国的市场体量相对还是比较小。相比较而言，泰国对中国的出口贸易强度还是比较高的，其指标值基本都在 1.5 以上。但是近年来该强度指标有所下降，特别是在 2008 年以后下降较为明显。自 2013 年以来，泰国对中国的出口贸易强度又开始呈现回升趋势。这也表明中国与东盟各国的贸易联系越来越密切了。

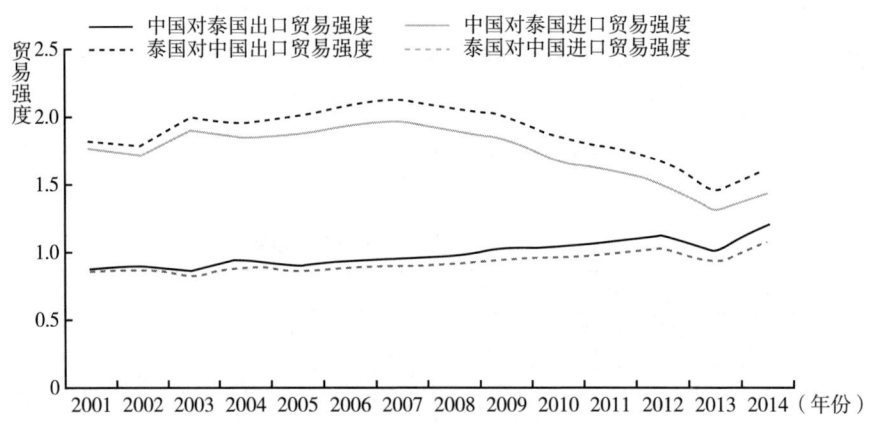

图 5　中国与泰国的贸易强度变化

数据来源：WIND。

（五）贸易互补指数分析

贸易互补指数分析见表 2、表 3。

表 2　中国与泰国之间的贸易互补指数（中国为出口国）

年份	SITC0	SITC1	SITC2	SITC3	SITC4	SITC5	SITC6	SITC7	SITC8	SITC9
1999	1.335	1.020	0.494	0.248	0.506	0.471	0.882	0.699	6.515	0.002
2000	1.464	0.818	0.434	0.258	0.449	0.441	1.022	0.736	6.368	0.053
2001	1.200	0.938	0.384	0.262	0.386	0.467	1.029	0.789	6.149	0.104

续表

年份	SITC0	SITC1	SITC2	SITC3	SITC4	SITC5	SITC6	SITC7	SITC8	SITC9
2002	1.126	0.885	0.339	0.222	0.266	0.422	0.954	0.884	5.543	0.098
2003	1.041	0.745	0.284	0.213	0.206	0.400	0.910	0.986	4.984	0.107
2004	0.916	0.701	0.247	0.174	0.169	0.396	0.907	1.111	4.954	0.086
2005	0.919	0.624	0.290	0.130	0.337	0.462	0.916	1.215	4.399	0.075
2006	0.825	0.504	0.273	0.092	0.398	0.448	0.987	1.294	3.981	0.100
2007	0.740	0.544	0.231	0.091	0.241	0.464	0.869	1.343	3.787	0.097
2008	0.598	0.516	0.215	0.106	0.281	0.506	0.972	1.483	3.733	0.035
2009	0.615	0.593	0.219	0.091	0.219	0.481	0.928	1.348	3.576	0.048
2010	0.670	0.599	0.238	0.097	0.164	0.509	0.869	1.403	3.587	0.022
2011	0.693	0.614	0.244	0.089	0.144	0.581	0.982	1.454	3.977	0.017
2012	0.607	0.639	0.242	0.078	0.160	0.575	0.996	1.284	4.192	0.016
2013	0.582	0.540	0.272	0.073	0.212	0.575	1.005	1.364	4.394	0.013
2014	0.546	0.501	0.249	0.070	0.162	0.558	1.033	1.307	4.102	0.033
2015	0.487	0.557	0.224	0.082	0.175	0.531	1.005	1.233	3.460	0.030

数据来源：UNCTAD。

表3　中国与泰国之间的贸易互补指数（泰国为出口国）

年份	SITC0	SITC1	SITC2	SITC3	SITC4	SITC5	SITC6	SITC7	SITC8	SITC9
1999	7.621	2.178	0.473	0.338	0.171	0.352	0.562	1.001	2.670	3.902
2000	6.645	1.546	0.443	0.350	0.256	0.442	0.628	1.067	2.553	3.830
2001	7.336	1.563	0.408	0.388	0.532	0.434	0.679	0.957	2.457	4.986
2002	7.987	1.970	0.565	0.409	0.277	0.463	0.729	0.914	2.161	6.348
2003	9.438	2.102	0.632	0.374	0.281	0.552	0.755	0.938	1.653	8.954
2004	7.603	2.445	0.548	0.415	0.307	0.613	0.930	0.988	1.400	6.496
2005	7.902	1.942	0.480	0.447	0.306	0.687	1.007	1.015	1.315	5.453
2006	8.572	1.721	0.559	0.443	0.325	0.727	1.145	0.991	1.218	6.610
2007	9.159	1.670	0.443	0.406	0.340	0.704	1.266	1.038	1.151	6.487
2008	10.14	1.663	0.358	0.430	0.407	0.745	1.328	1.084	1.214	5.000
2009	9.483	1.766	0.305	0.414	0.242	0.731	1.204	1.001	1.266	11.33
2010	7.927	1.967	0.377	0.365	0.309	0.808	1.296	1.071	1.250	2.523
2011	7.889	1.833	0.466	0.356	0.532	0.958	1.462	1.038	1.412	0.912
2012	6.491	1.987	0.375	0.378	0.427	1.022	1.567	1.127	1.134	0.770
2013	5.576	2.425	0.364	0.388	0.674	1.093	1.703	1.146	1.226	0.272
2014	5.296	2.379	0.326	0.326	0.598	1.101	1.433	1.164	1.259	0.293
2015	4.215	2.058	0.341	0.333	0.362	0.952	1.589	1.104	1.166	0.351

数据来源：UNCTAD。

显然，与泰国相比，中国在 SITC7 和 SITC8 这两类商品出口上的比较优势较为明显，SITC7 属于机械和运输设备，SITC8 属于杂项制成品，这两个行业均属于技术密集型和资本密集型产业，在我国出口产品价值占比中居于高位。而泰国在 SITC0，SITC1 这两类商品的出口上具有较强的比较优势。SITC0 表示粮食及活动物，SITC1 表示饮料及茶叶，泰国在这两个层面上具有较强的竞争力，表明其农产品及加工业相对发达，附加值高。而在其他商品类别上两国的贸易互补程度都不高。

四 对泰国投资风险

世界银行发布的《2015 年营商环境报告》显示，在全球 189 个国家和地区中，泰国的营商环境指数居第 26 位，这表明泰国国际化程度较高，政治民主走强，经济自由化、贸易便利化、投资便利化等有较大的提升，外资企业进入门槛逐渐降低。营商环境与前沿水平的距离（DFT 分数，0 表示最差，100 代表前沿水平）为 75.27。但是泰国投资的风险不容小觑，这主要表现在以下几个层面。

（一）泰国政权更迭频繁，政策不具有连续性

泰国历来都有军人政变的怪象，军商勾结、政商合污、政军分离。彼此之间不信任，要么相互勾结，结党营私，排除异己；要么搞军事政变或者宫廷政变，给百姓和外商带来极大的风险和不安，投资风险较高。

（二）中泰关系容易受美泰同盟的影响

美国自重返亚太，推行其"亚太再平衡"策略后，开始重新重视美泰关系，双边关系迅速回升。美国拉拢泰国加入其主导的区域经济合作体制，软硬兼施，运用经济外交、军事同盟、外交结盟等手段离间中泰友谊，打破了原有亚太地缘政治均衡，重新洗牌经济秩序和产业布局分工，削弱中国在

亚太区域的经济影响力和商品渗透力,千方百计矮化中国形象,压缩中国政府和中国企业的影响力。

(三)全球性恐怖主义蔓延到泰国

随着泰国经济的崛起和旅游业的兴盛,泰国的游客来源地逐渐扩大,欧美游客纷至沓来。所以近年来曼谷、普吉岛等地也成了恐怖主义袭击的高发地区。由于泰国自身安全意识薄、安保措施不得力、安保力量不足以及获得泰国签证的便利性,泰国成了国际恐怖主义活动的理想之地,虽然恐怖主义对泰国的影响还不及对印度、巴基斯坦、马来西亚等国严重,但是随着其他国家和地区碾压恐怖主义的程度走强,恐怖主义自然会更多地流入旅游意识过头、安保意识相对薄弱的泰国。

(四)地区间以及社会阶层贫富差距拉大致使社会动荡

泰国南部在历史上种族纠纷就没有停止过,长期的动乱导致社会精英纷纷逃离南部,这更加不利于南部发展。南北差距进一步拉大。地区间贫富差距拉大,社会动荡自是难免。这就需要强有力的政府推行产业政策、区域平衡政策和国家开发区战略等来加以矫正。

五 结论与建议

本文主要描述了泰国宏观经济概况、经济发展各阶段及其相应政策、双边经贸关系等。研究表明:泰国经济发展历经曲折但转型成功;泰国对中国的贸易强度越来越高;两国商品贸易之间的互补性较强,泰国的营商环境指数较高。

(一)两国贸易互补较强

中泰两国在机电产品、化工产品的生产上存在较为紧密的合作关系,泰国利用其地理位置优势向中国出口的植物产品、橡胶塑料产品比重较大,而

自中国进口的纺织品及原料、贱金属及制品的比重较大,两国商品贸易之间的互补性应该是比较强的。

(二)泰国对中国的贸易依赖程度逐年提升

在1995~2010年,泰国对中国市场的出口依赖度从0.03左右迅速上升到接近0.17的水平,随后保持平稳发展的态势。在2010~2015年,中国对泰国出口市场的依赖度始终保持在0.16左右,而且变化幅度比较小。

(三)泰国农产品优势明显,中国技术密集型行业占优

与泰国相比,中国在SITC7和SITC8这两类商品出口上的比较优势较为明显,SITC7属于机械和运输设备,SITC8属于杂项制成品,这两个行业均是技术密集型和资本密集型产业,而泰国在SITC0、SITC1这两类商品的出口上具有较强的比较优势,而SITC0、SITC1均属于农林产业。

(四)泰国的营商环境指数较高,但是风险犹存

泰国的营商环境指数位居第26位,其国际化程度高,政治民主走强,经济自由化、贸易便利化、投资便利化等有较大的提升,外资企业进入门槛逐渐降低。但是泰国投资的风险也不容小觑,诸如,泰国政权更迭频繁,政策不具有连续性。全球性恐怖主义蔓延到泰国,地区间以及社会阶层贫富差距拉大致使社会动荡等。

B.10
"一带一路"中白工业园投资环境分析

王 超[*]

摘　要： 中白工业园是丝绸之路经济带上的一颗明珠。本文从四个方面来分析园区的投资环境，重点分析了园区周边10国（含白俄罗斯，以下同）的整体发展水平，包括欧亚经济联盟其他4国，周边4个欧盟成员国和白俄罗斯邻国乌克兰。这10个国家最具有代表性，分为三个阵营，欧亚经济联盟、欧盟和夹在当中的乌克兰，了解园区周边10国的发展水平，能帮助整体上把握园区投资环境和未来发展前景。

关键词： "一带一路"　中白工业园　投资环境

如何定位中白工业园是一个重要课题，中国－白俄罗斯工业园的实质是欧亚经济圈，是丝绸之路经济带上的核心支点，是欧亚经济联盟和欧盟中间的一个经济腹地，是一个内陆物流港。明白了这几点，就不难理解中白工业园的定位。正是基于这样的定位，我们的视觉没有只聚焦在白俄罗斯，而是分析整个欧亚大陆经济圈，分析欧亚经济联盟和欧盟，分析园区周边国家的发展现状和经济水平。

一　中白工业园概况及发展现状

中国－白俄罗斯工业园——"巨石"（China-Belarus Industrial Park

---

[*] 王超，经济学博士，北京师范大学新兴市场研究院研究员，中白"一带一路"联合研究中心主任，主要从事区域经济、自贸区、"一带一路"和俄罗斯、中东欧研究。

"Great stone", Китайско－Белорусский индустриальный парк "Великий камень"），坐落于独联体总部——白俄罗斯共和国首都明斯克市附近。白俄罗斯是中国"一带一路"倡议的重要支持者，是丝绸之路经济带沿线的重要支点和枢纽，是推进和落实"丝绸之路经济带与欧亚经济联盟对接"的重要战略伙伴。中白工业园致力于建设生态、宜居、兴业、活力、创新五位一体的国际新城，被誉为"丝绸之路经济带上的明珠"。两国政府考虑在这里建立"巨石"可谓意义深远。

（一）中白工业园概况

中白工业园规划面积91.5平方公里。园区选址于白俄罗斯共和国明斯克州莫列维奇区，距离白俄罗斯首都明斯克市25公里，毗邻国际机场、铁路、柏林－莫斯科高速公路（E30欧洲高速公路，E28欧洲高速公路），园区定位是以机械制造、电子信息、精细化工、生物医药、新材料，仓储物流为主的高新技术产业园区。园区内规划有生产和居住区、办公和商贸娱乐综合体、金融和科研中心。

中白工业园是拥有特殊法律制度的区域，在中白国际合作的框架下推进，签署了一系列的政府间文件。白俄罗斯共和国为园区入驻者创造了良好的投资环境，并以国家立法、专项国际协定和义务来保障，为其提供前所未有的优惠和特惠条件，设立了独立的国家管理机构，以实现"一站式"的综合行政服务

2015年5月10日，国家主席习近平在明斯克同白俄罗斯总统卢卡申科举行会谈。习近平主席建议，推动两国发展战略对接，共建丝绸之路经济带。要把中白工业园建设作为合作重点，发挥政府间协调机制作用，谋划好园区未来发展，将园区（中白工业园）项目打造成丝绸之路经济带上的明珠和双方互利合作的典范。

（二）中白工业园发展现状及优惠政策

以中国速度走向海外，这在中白工业园建设中展现得淋漓尽致。2016

年 3 月全面启动园区首发区 3.5 平方公里配套建设工程，到 2017 年底完成 8.5 平方公里具备招商引资基本条件的配套建设，其中工业用地 7560 亩，商业用地 900 亩，配套用地 1650 亩，累计入园企业 20 家，动工建设项目 10 个，投入运营企业 5 家。已形成园区基础规模，为发展成为以高新科技为主，建设绿色、健康、可持续发展的国际化园区奠定了坚实基础。

在基础设施建设方面，园区主干道 1 号路明斯克大街、2 号路北京大街、3 号路连接欧洲高速公路 E30（M1）和与明斯克国际机场主通道连接的 4 号路已经全部建成。园区的供水系统、110 千伏电站电力系统、12500 平方米的园区综合办公楼、首座 8000 平方米的标志厂房等基础设施也已经建成。招商局商贸物流园第一期工程已经建成，10 万平方米的物流设施，71000 平方米的仓储设施、21000 平方米的物流交易展示中心，6300 平方米的商务中心等基建工程已开始全方位地提供全供应链物流服务。

在入驻企业方面，2015 年 12 月 11 日，香港招商局主导的中白商贸物流园（园中园）正式动工，目前已经投入使用，这是该园区首个正式动工项目，是现代化国际全供应链物流服务系统，其业务范围涵盖整个欧亚大陆。2016 年 5 月 8 日，四川省成都企业投资的新筑奥威超级电容器研发生产中心正式动工，目前第一辆超级电容汽车已由白俄罗斯总理亲自试车成功。除此之外，中联重科投资的生产专用工程机械设备项目，浙江弘福散热器项目，白俄纳米果胶项目，奥地利 Kronospan 纸制和塑料家具材料项目，LED 灯具、超频三光电项目，创意照明产品、亚一光电项目，沣葳液态金属 LED 光电项目，宝莲地热机组新能源项目，美国工业和医疗用途的激光设备项目，白鹅医疗设备项目，潍柴动力马兹集团发动机合作生产项目，中航工业无人机研发生产项目，中国旅游集团商旅一体化开发项目，广东省光电科技产业园（园中园）项目，以及华为公司、中兴通讯、中电科三十八所、一拖等企业入驻园区综合办公大楼等项目也在建设中。

在管理结构方面，实行"一企两会"："一企"指的是中白工业园区开发股份有限公司；"两会"指的是中白政府间协调委员会和中白工业园区管委会。"一企两会"从国家层面进行宏观设计，从政府合作层面协调推进，最终以企业为主体运营单位，负责开发与经营、基础设施建设、物业管理、招商引资和提供相关的咨询服务。

在优惠政策方面，可以肯定地说，中白工业园的优惠政策在白俄罗斯是史无前例的，也是绝无仅有的。第三次总统法令再次以立法形式，赋予园区各方面的优惠政策，并规定园区享受最惠国待遇，将来白俄罗斯若对境内其他经济特区规定更为优惠条件的法律，同样适用于中白工业园。只要企业符合园区产业定位，投资金额不少于500万美金，或者研发项目投资不少于50万美金，或3年内投资不少于50万美金即可成为入园企业，享受其相应的园区优惠政策。当然，最令人兴奋的是园区的税收优惠情况，园区实现"50年税收优惠"，比如，利润税按白俄标准税率为18%，园区自利润产生的首个税务年算起，10年免税，10年后减半征收；不动产税白俄标准税率为1%，入园则免除；进口环节的增值税按白俄标准税率为20%，使用保税区商品则免征；个人所得税按白俄罗斯标准税率为13%，入园则按9%计算；红利税按白俄标准税率为12%，入园自分配红利首年开始五年内免除；等等，都是白俄就中白工业园专门出台的相应减免税收优惠。在土地政策上优惠力度也非常大，租地按一次性出租，租期长达99年，同时也可以购买土地，获得土地的所有权。其生产要素和人工成本在全球范围内来看，同样比较优惠。比如：工业用水6.9元人民币/立方米，生产用电0.83元人民币/千瓦时，天然气2.28元人民币/立方米，白俄全国受过高等教育或职业教育的员工达到70%，人工月平均工资相当于2864元人民币。另外，白俄罗斯金融管制宽松，注册资本可以外币表示，企业投资资金不强制结汇，投资获利可以自由汇出，免缴离岸税，5年内免征红利税，外币形态的资产和负债按白卢布计价时产生的汇率差不计入非营业收入和支出范围。

二　白俄罗斯经济发展分析

白俄罗斯经济基础较好，是苏联军工技术的核心地区之一。白俄罗斯继承了苏联很多高价值的技术和经营管理理念，苏联解体后其综合发展水平名列前茅,尤其在重工、石化工业、农业科技、电子工业、无线电技术和IT业等领域发展迅速,诸多成果领先全球。

(一)白俄罗斯主要经济指标

白俄罗斯经济现代化发展水平可以通过以下基本参数反映出来:白俄罗斯国土面积207600平方公里,人口949.96万人(2016年),GDP增长率为-2.6%,国内生产总值为474.33亿美元,人均GDP为6218.74美元(2017年1月),失业率0.7%,平均工资428USD/月,最低工资135USD/月(2017年8月);人类发展指数排名第52位(2016年);世界货物贸易出口总值排名第66位(2016年);全球繁荣指数排名第50位,提升4位(2016年);截至2017年10月1日,白俄罗斯卢布兑美元汇率为1 USD = 1.967BYR。白俄罗斯贸易参数见表1。

表1 白俄罗斯贸易主要参数

名称	参数	单位
通货膨胀率	4.9	%
贸易差额	-270.30	USD、M
出口	2461.00	USD、M
进口	2731.30	USD、M
外债	38975.40	USD、M
黄金储备	43.21	t
入境旅游人数	217398.00	人
外国直接投资	812.20	USD、M
原油产量	32.00	BBL/D/1K

数据来源:白俄罗斯经济部网,统计时间:2017年8月。

通过以上基本数据可以看出,白俄罗斯营商环境便利,外贸依存度较高,其进出口值是GDP的120%以上,国内能源资源除了钾肥以外,其他能源资源短缺,国内市场相对狭小,其生产总值的60%以上需要依靠出口实现,主要贸易伙伴是以俄罗斯为主的独联体国家、欧盟和中国,截至2016年1月1日,白俄商品出口额占国内生产总值的85%以上。显然,白俄罗斯是中国天然的经济硅谷，交通四通八达，政局稳定，对中国支持度极高，中白工业园不仅是中国和白俄罗斯两国发展的经济体，而且将被打造成以白俄罗斯为桥头堡、以中白工业园为核心区辐射整个独联体和欧洲地区的欧亚大陆上最大经济圈。

三 中白工业园周边国家发展分析

看待"巨石"的经济效益，要放眼整个欧亚大陆，最东边到吉尔吉斯斯坦，最西边到波罗的海3国中的立陶宛，最南边到地中海的意大利，最北边到俄罗斯，这一大块区域都和白俄罗斯有着千丝万缕的联系。我们分析中白工业园，除了着眼白俄罗斯本国的政治环境和营商环境外，还应该对其周边国家做重点研究。根据北京师范大学新兴市场研究院、"一带一路"研究院对"一带一路"沿线国家分项及综合发展水平测算结果与排序来看，欧亚大陆地区国家发展水平较高，在排名前20个国家之中，该地区国家占14个，白俄罗斯在各项测试数据中均居中位，国家发展平衡，社会稳定。这项测算结果表明中国在白俄罗斯建立中白工业园区的决策是正确的，中白工业园未来发展潜力是巨大的。这里我们选择10个国家来分析周边国家环境（见表2）。

表2 中白工业园周边国家在"一带一路"沿线国家中的综合发展水平测算结果与排序

周边国家排序	国家	分项发展排序							综合发展得分（满分100）
		经济	治理	资源	环境	社会	营商环境	结构	规模	
1	爱沙尼亚	25	2	12	29	3	6	24	55	48.9
2	立陶宛	31	5	6	18	11	5	13	46	48.8
3	拉脱维亚	42	8	8	7	13	4	32	48	48.3
4	俄罗斯（欧亚联盟）	26	46	4	24	12	27	23	3	47.5
5	波兰	22	4	31	32	8	10	25	22	45.8

续表

周边国家排序	国家	分项发展排序							综合发展得分（满分100）
		经济	治理	资源	环境	社会	营商环境	结构	规模	
6	白俄罗斯（欧亚联盟）	53	44	11	17	6	23	3	30	41.4
7	哈萨克斯坦（欧亚联盟）	21	41	1	59	7	32	46	6	37.0
8	亚美尼亚（欧亚联盟）	47	37	48	36	29	15	34	52	36.1
9	乌克兰	65	49	7	40	17	49	29	17	31.7
10	吉尔吉斯斯坦（欧亚联盟）	46	54	28	48	28	28	48	33	30.7

资料来源：北京师范大学新兴市场研究院、"一带一路"研究院测算结果。

（一）中白工业园周边国家经济与营商环境

中白工业园辐射区首先是欧亚经济联盟，该联盟拥有1.8亿人口的统一市场，商品、服务、税收、资本和劳动力自由流动，这是中白工业园的最大机遇。通过分析GDP、人均GPD和增长率我们可以看出周边这些国家的经济发展情况（见表3）。

表3 中白工业园周边国家GDP综合排序

区域	周边综合排序	国家	经济发展排序（沿线65个国家范围）	GDP（百万美元）	人均GDP（美元）	GDP增长率
欧亚经济联盟	1	哈萨克斯坦	21	133657.08	7510.1	1.0%
	4	俄罗斯	26	1283162.35	8748.4	-0.2%
	9	白俄罗斯	53	47433.44	6218.7	1.5%
	7	吉尔吉斯斯坦	46	6551.29	1077.0	3.8%
	8	亚美尼亚	47	10547.33	3606.2	0.2%
周边其他国家	2	波兰	22	469508.68	12372.4	2.7%
	3	爱沙尼亚	25	23136.74	17574.7	1.6%
	5	立陶宛	31	42738.88	14879.7	2.3%
	6	拉脱维亚	42	27677.39	14118.1	2.0%
	10	乌克兰	65	93270.48	2185.7	2.3%

资料来源：世界银行数据库。

欧亚经济联盟五国经济发展不平衡，人均 GDP 的平均值为 5432.08 美元。周边其他国家中爱沙尼亚人均 GDP 最高。在欧亚经济联盟及周边国家之中，哈萨克斯坦的经济发展最好，乌克兰经济发展相对滞后。欧亚经济联盟其他四国中俄罗斯和哈萨克斯坦的经济发展前景最好，亚美尼亚最次，但综合地理位置来看，吉尔吉斯斯坦、哈萨克斯坦离中国最近，离中白工业园最远，所以俄罗斯、亚美尼亚是中白工业园首要开发的市场国家。其次是白俄罗斯周边国家——波兰、爱沙尼亚、立陶宛、拉脱维亚和乌克兰。

根据世界银行营商环境指标体系来看，中白工业园所在的白俄罗斯的营商环境在"一带一路"沿线 65 个国家中排名第 23 位，白俄罗斯本身的营商环境并不理想，开办企业、办理施工许可、登记财产、缴纳税款、保护投资者等方面的手续是比较烦琐的，但这里需要阐明的是，中白工业园在白俄罗斯是一个特区，园区内的营商环境和园区外的大不一样，在园内投资企业的创办流程得到极大简化，只要投资企业符合高新科技的要求，符合投资额度的要求，提交项目商业书经管委会审批后即可完成公司注册，整个过程大大完善了中白工业园的营商环境，为投资入园企业减少了很多阻力，争取了更多的时间。园区周边国家中拉脱维亚、立陶宛、爱沙尼亚和波兰的营商环境非常好，而乌克兰、哈萨克斯坦的营商环境相对较差。

（二）中白工业园周边国家治理发展水平

根据表 2 我们可以看出，欧亚经济联盟五国的国家治理水平相对落后，依次排名是亚美尼亚第 37 位、哈萨克斯坦第 41 位、白俄罗斯第 44 位、俄罗斯第 46 位、吉尔吉斯斯坦第 54 位，在"一带一路"沿线国家中处于中下水平，由于受苏联体制影响，独联体国家普遍面临国家治理问题，中亚地区、中东欧地区的政治稳定指数偏低，因大规模抗议活动和激进要求并造成冲突的国家达到 25 个，比如阿富汗、乌克兰、巴基斯坦等国。有显著抗议而无冲突的国家达到 21 个，比如俄罗斯、波兰、哈萨克斯坦等国。白俄罗斯政局稳定，很少有抗议活动，也无冲突。白俄罗斯没有执政党，政府职能被弱化，总统领导力极强且受人们拥护。自 2010 年 10 月中白两国决定建立"巨石"园区以来，已取得丰硕的成果，这与总统的极力推进和支持是密不可分的。白俄罗斯由于其特殊的地理优势，通过中白工业园的试点作用，逐渐改善国家治理水平。园区周边的一些国家在国家治理方面成绩明显，比如爱沙尼亚排名第2位、波兰排名第4位、立陶宛排名第5位、拉脱维亚排名第8位。国家治理水平高的国家自由度高，市场体系完善，经济发达。国家治理发展水平低的国家行政执行力强，经济多为公有制，以集体经济为主体，在行政执行力强的国家搞生产和建设，在国家治理水平高的地区开发市场，两者有机结合，更适用于该区域园区的合理设计。

（三）中白工业园周边国家资源禀赋

中白工业园周边国家资源禀赋以哈萨克斯坦为排名第1位、俄罗斯排名第4位、立陶宛排名第6位、乌克兰排名第7位、拉脱维亚排名第8位，白俄罗斯排名第11位，爱沙尼亚排名第12位，波兰、吉尔吉斯斯坦、亚美尼亚排名相对落后。这里以能源净进口和粮食进口依赖度来分析其周边国家的资源禀赋。截至2014年，中白工业园周边国家，除了俄罗斯和哈萨克斯坦外，其他国家均依靠能源进口，尤其是白俄罗斯能源净进口达到87%，立陶宛达到75%，亚美尼亚达到71%，吉尔吉斯斯坦达到50%，而俄罗斯则为-84%，哈萨克斯坦-117%（见图1）。

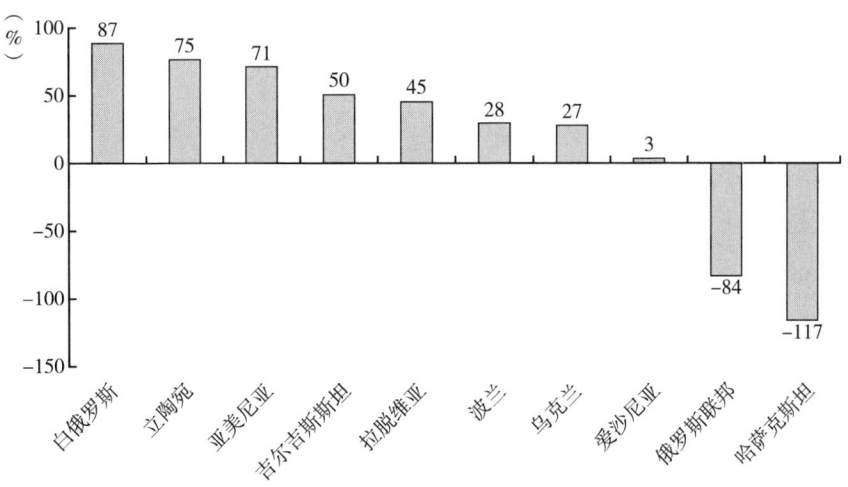

图1　中白工业园周边国家能源净进口（占能源使用量的百分比）

资料来源：世界银行WDI数据库。

白俄罗斯除了拥有丰富的钾肥以外，其石油、天然气等能源资源全部依靠进口，如此贫乏的能源资源，白俄罗斯不得不考虑利用其他因素来增加国家的财富，由此我们也不难理解，为什么白俄罗斯积极响应"一带一路"倡议，全力支持中白工业园的建设。

（四）中白工业园周边国家社会发展及环境保护

根据表2可以看出，在"一带一路"沿线国家中，中白工业园周边国家的社会发展水平均较高，在65个沿线国家中，平均排名13位，其中前10名占4个，爱沙尼亚排名第3位、白俄罗斯排名第6位、哈萨克斯坦排名第7位、波兰排名第8位。由此我们可以知道，该地区居民的生活水平与健康状况良好，人力资本水平、受教育程度较高，中白工业园选址在该地区，其社会发展程度相比其他沿线地区较高，这为园区的发展提供了可靠社会保障（见表4）。

表4　中白工业园周边国家社会发展指数测算与排名

2014年社会发展指数排名	国家	2010年	2011年	2012年	2013年	2014年
1	爱沙尼亚	78.80	83.45	84.57	85.90	86.04
2	白俄罗斯	81.15	80.66	81.61	81.38	81.40
3	哈萨克斯坦	78.00	78.39	78.40	78.69	80.39
4	波兰	81.69	81.77	80.69	79.78	80.33
5	立陶宛	77.03	78.62	79.94	79.93	79.53
6	俄罗斯	78.53	79.41	80.26	79.55	79.23
7	拉脱维亚	75.39	75.98	76.15	77.51	78.59
8	乌克兰	77.75	77.83	77.62	77.24	76.18
9	吉尔吉斯斯坦	70.56	70.22	69.93	69.23	68.91
10	亚美尼亚	67.65	68.62	69.49	69.80	68.70

资料来源：世界银行WDI数据库，联合国开发计划署Human Development Data，北京师范大学新兴市场研究院测算。

白俄罗斯的社会发展水平在园区周边10国中排名第2位，在"一带一路"沿线65个国家中排名第6位，2010~2014年，平均指数保持在81.24，这说明白俄罗斯的社会发展是非常稳定的。欧亚经济联盟5国之中，吉尔吉斯斯坦和亚美尼亚在 10 国中排最后两位，在"一带一路"沿线 65 个国家中排名第 28、第 29 位，整体社会发展水平平衡，社会环境稳定。

中白工业园周边 10 国由于环保合作机制缺失、环境治理能力不足等，该区域环境保护相对较差，在沿线 65 个国家中哈萨克斯坦排名第 59 位、吉尔吉斯斯坦排名第 48 位、乌克兰排名第 40 位、亚美尼亚排名第 36 位。白俄罗斯非常重视环境保护，虽然排名在第 17 位，但国内除了南方戈梅利州受到过核辐射影响，在其他州区绿色发展是主调，环境保护的条例非常完善，森林面积占土地面积 42.5%。

（五）中白工业园周边国家结构转型与规模效应

园区周边 10 国中，白俄罗斯国家结构转型做得最好，在周边 10 国排名第 1 位，在沿线 65 个国家中排名第 3 位。白俄罗斯继承了很多苏联的资源，其制造业优势显著，目前在中白工业园中，制造业合作项目最为广泛，其中，中联重科与明斯克机械厂的合作可谓佼佼者。园区周边国家立陶宛、俄罗斯、波兰、乌克兰等国制造业也非常发达，这一点通过制造业增加值占 GDP 的比重可以看出：白俄罗斯制造业增加值占 GDP 比重最高，为 24.24%，哈萨克斯坦最低，为 10.48%，周边 10 国平均占比为 14.66%（见图 2）。

园区周边 10 国的城镇化率也是考察国家结构转型程度的重要指标，"一带一路"沿线 65 国平均城镇化率为 57.75%，10 国在平均线以上的有 8 个国家，在平均线以下的有 2 个国家，整体城镇化处于中上水平，白俄罗斯的城镇化率最高，为 76.28%，吉尔吉斯斯坦城镇化率最低，为 35.59%（见图 3）。

规模效应是考虑中白工业园市场的一个重要因素，整个欧亚经济联盟拥有 1.83 亿人口，土地面积 2026.04 万平方公里。园区周边 10 国中，以俄罗斯、乌克兰、波兰、哈萨克斯坦领土最为广阔，国家自然资源也相对丰富。白俄罗斯、吉尔吉斯斯坦、亚美尼亚、立陶宛、拉脱维亚、爱沙尼亚领土与人口规模较小。波兰人口密度最大，为 124 人/公里，哈萨克斯坦人口密度最小，为 7 人/公里，这说明园区周边国家间差异较大（见表 4）。

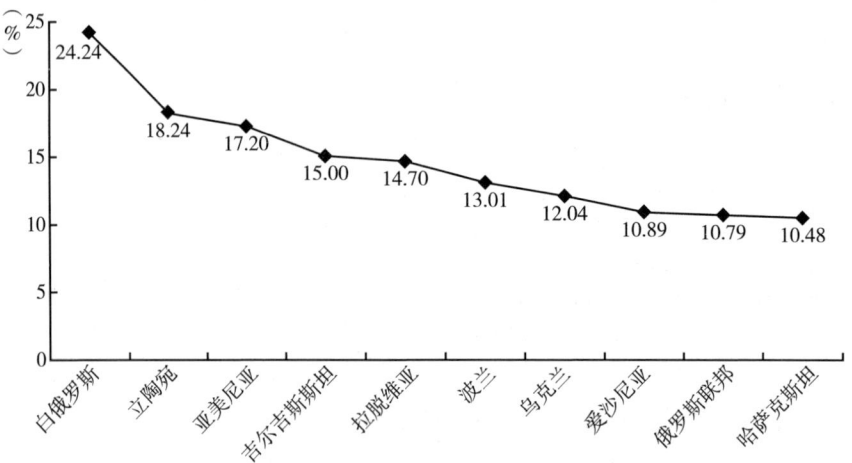

图 2　中白工业园周边十国制造业增加值占 GDP 比重（2014 年）

资料来源：联合国工业发展组织（UNIDO）。

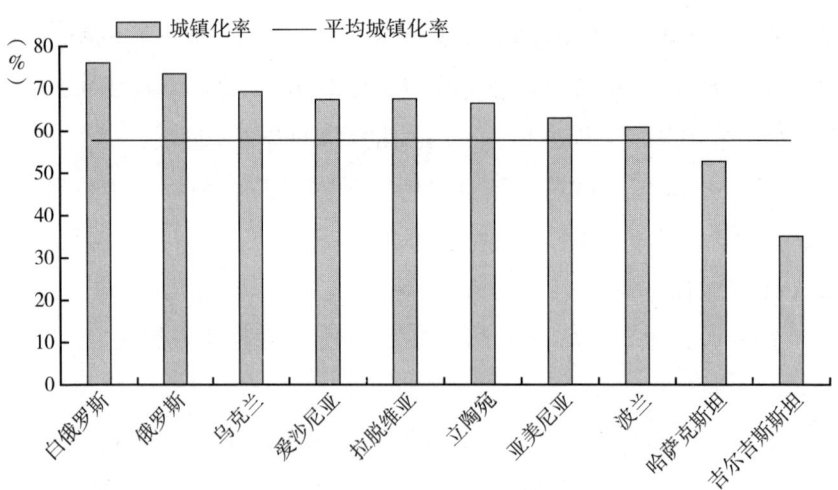

图 3　中白工业园周边十国城镇化率（2014 年）

资料来源：世界银行 WDI 数据库。

表5　中白工业园周边十国人口、土地面积和人口密度统计表

国家	人口（万）	土地面积（万平方公里）	人口密度（人/平方公里）
俄罗斯	14434	1637.68	9
乌克兰	4500	57.93	78
波兰	3795	30.62	124
哈萨克斯坦	1780	269.97	7
白俄罗斯	951	20.29	47
吉尔吉斯斯坦	608	19.18	32
亚美尼亚	292	2.85	103
立陶宛	287	6.27	46
拉脱维亚	196	6.22	32
爱沙尼亚	131	4.24	31

资料来源：世界银行WDI数据库。

从国家结构转型和规模效应来看，中白工业园周边国家市场前景还是非常乐观的，该地区在"一带一路"沿线国家中具有明显的经济优势，尤其是对欧亚经济联盟5国，根据其地理位置的辐射度，我们完全有理由相信未来园区生产的产品是可以直接销往整个欧亚大陆的。

四　主要结论与政策建议

基于以上对白俄罗斯及其周边国家发展水平的分析，得出以下主要结论和相关政策建议。

（一）政治环境是吸引投资的基础

中白工业园周边10国排名次序与国家治理紧密相关，爱沙尼亚、立陶宛、波兰、拉脱维亚的治理水平较高，这4个国家政府执政能力强，政局非常稳定，经济发展水平高，人民安居乐业，近5年来无冲突，无恐怖事件发生。俄罗斯、哈萨克斯坦、白俄罗斯、亚美尼亚的治理水平良好，国内虽有抗议活动，但无冲突事件发生。吉尔吉斯斯坦和乌克兰在国家治理方面相对较差，尤其近年来俄乌冲突恶化，乌克兰国内政局不稳定，经济萧条。园区周边

政治环境复杂，园区周边10国分为三个派系：爱沙尼亚、立陶宛、波兰、拉脱维亚4国属于欧盟成员国；俄罗斯、白俄罗斯、哈萨克斯坦、吉尔吉斯斯坦、亚美尼亚属于欧亚经济联盟成员国；乌克兰自成一派，已经陷入尴尬局面。园区周边环境差异显著，市场前景较大，开发难度不小。总的来说，近10年，中白工业园周边政治环境将是非常稳定的，可谓是园区建设的春天。

白俄罗斯自1991年独立以来，由无党派人士卢卡申科当政，到今天已经整整26年，卢卡申科虽然实行独裁统治，他对反对派毫不留情，但在国内实行一系列惠民政策，全面实现义务教育，全民免费医疗，国内失业率低，幼有所养老有所依，集体经济占主导地位，国家对企业的扶持力度大，国家经济运行总体平衡，26年来经济一直保持低速增长态势。同时，白俄罗斯在国际上依靠俄罗斯和中国，极力反对欧美自由思想，虽然经济发展缓慢，但人民基本生活有保障，加之全民受教育程度高，人均素质过硬，可以说这里是"路不拾遗，夜不闭户"，是欧亚大陆上的"桃花源"。

白俄罗斯政治方面的风险很多，但最核心的问题应该是权力交接风险。卢卡申科今年65岁，白俄罗斯国内几乎没有反对派，或者说已经没有足以与他抗衡的反对力量，但这种稳定随着卢卡申科总统的年岁增长而变得不稳定，维稳的手段越强硬，后期反扑的可能性就越大。中白工业园建设至少还需要10~15年时间，实现盈利时期大概在2027年之后，到那时卢卡申科总统已经75岁高龄，他的小儿子尼古拉23岁，是否能够撑起白俄罗斯这个大局，能够撑多久？中白工业园，即便10年建成，也需要10年的时间回本，后30年才可全面实现盈利，纵观那些高度统治的国家，后期总会出现或大或小的政治动荡，这是否会对中白工业园造成伤害呢？

"走出去"投资，稳定的政局是基本前提。中白工业园要想获得投资者的青睐，改进国家治理水平，构建稳定的政治环境是白俄罗斯必须关注的，这也是吸引投资的基础。

（二）中白工业园促进欧亚经济大合作

中白工业园周边10国2016年人均GDP为8829.1美元，其中欧亚联盟

5国人均GDP为5432.08美元，周边欧盟4国人均GDP为14736.22美元，乌克兰人均GPD为2185.7美元，可见园区周边10国的经济发展是很不平衡的。欧盟成员国经济发展水平较高，而且比较平衡。欧亚经济联盟经济发展水平差异很大，很不平衡。俄罗斯人均GDP为8748.4美元，而吉尔吉斯斯坦人均GDP只有1077美元，俄罗斯人均GDP是吉尔吉斯斯坦人均GDP的8倍。欧盟成员国爱沙尼亚人均GDP是吉尔吉斯斯坦人均GDP的16倍。

由于经济发展的极度不平衡，改善国际物流发展水平是中白工业园走向成功的第一步，由招商局集团打造的园中园——招商物流园，对打通"丝路"起到重要作用，有利于改善该区域经济发展不平衡的恶性状态。招商局实行"12234"战略，即招商物流园将跨越2国（白俄罗斯和立陶宛），协调2区（欧亚经济联盟和欧盟），连接3点（白俄罗斯中白工业园、立陶宛考纳斯自贸区和波罗的海克莱佩达港），融合4流（公路、铁路、航空和海运物流）。招商局物流园的定位奠定了中白工业园发展的定位，中白工业园就是要打造一个促进欧亚地区加快政府层面沟通的大平台，构建一个资金融通的大平台，从而实现欧亚丝路大通商，发展中国家民心大融合，使"一带一路"西出新疆直达波罗的海的道路畅通。招商局建立的招商物流园，通过立陶宛打通中白工业园到波罗的海的物流大通道。通过三条中欧班列（汉新欧、渝新欧、蓉欧快铁）跨境铁路打通中国到中白工业园并直达欧洲的大通道，这两条通道贯穿整个欧亚大陆，解决白俄罗斯作为内陆国家与欧盟国家之间贸易往来的问题，解决中白工业园成为"一带一路"支点的理论支撑问题，为"一带一路"发展提供一个新思路，为长期以来困扰中白工业园的招商引资难题找到了一条可行的破解途径。招商局"12234"战略不仅是企业自己的战略，更是中白工业园整体发展的战略。

中白工业园未来将会是欧亚大陆的经济中心，园区的建设首先能给白俄罗斯带来经济复苏，其次是为欧亚经济联盟其他国家创造机遇，与此同时，也会为政局动荡的乌克兰带来经济回升的希望。在这样一个复杂多变的地区，白俄罗斯独特的政治地位和天然的地理优势，加之周边各国经济发展的形势所趋，同时又寄托了周边国家经济复苏之梦，中白工业园将借"一带

一路"建设之力,促进欧亚地区经济大发展,切实推进丝绸之路经济带与欧亚经济联盟的战略对接。

(三)金融、能源、高新科技产业合作前景广阔

中白工业园周边的欧盟4国(爱沙尼亚、拉脱维亚、立陶宛、波兰)金融行业比较发达。而其余6国继承苏联体制程度较高,俄罗斯、白俄罗斯、哈萨克斯坦、吉尔吉斯斯坦、亚美尼亚金融领域欠发达,金融系统现代化程度较低。以白俄罗斯为例,货币自贬率达到36%,2016年7月白卢布换新,为什么说是换新,而不是货币改革呢?因为新白卢布只是在旧白卢布基础上减去4个0,比如,原来面值为的100000白卢布,新白卢布的面值为10白卢布。更有趣的是,为什么以"去0法"来换新货币呢?白俄罗斯不少人竟然这样回答,因为做账的数目太大,显示界面已经不够显示,去掉4个0,是为了方便工作。如此幽默的观点,着实让人惊讶。当然这只能代表一部分人的观点,但也足以看出白俄罗斯的金融系统有多么奇葩,国内消费者绝对没有享受过现代化金融为他们带来的便利。除此之外,电子商务、跨境电商、股市、证券都非常落后。以白俄罗斯为例,目前白俄罗斯网上交易率不到30%,网上购物通常是线下交易。人均月工资仅为428美元的国家,如何繁荣股市?金融业落后,能源优势却十分显著,这是园区周边最大的优势之一。园区周边国家的煤、油、气的存储量和消费量都占世界前列,其中俄罗斯和哈萨克斯坦是能源大国。

园区产业定位正是基于周边国家的资源禀赋来决定的,园区将建设成为一个以高新科技为核心的"丝路硅谷"。比如电子和通信,目前华为在该地区做得非常成功,华为以基础电子产品销售为主,联合白俄罗斯国内通信公司MTC,合作开发新型业务套餐,与白俄罗斯国家科学院成立联合研发中心等途径,已经在白俄罗斯获得巨大市场,同时也通过白俄罗斯效应,逐渐向周边国家市场开发。又比如新材料产业(新型电子信息材料、先进复合材料、纳米材料、先进陶瓷材料、生物医用材料、新型建筑材料和新化工材料等),精细化工(高分子材料、日用化学品、燃料、涂料等),生物和医

药产业（生物制药、生物试剂、化学制药、医疗设备、生命科学等），以及机械制造产业、综合物流、电子商务等领域，覆盖领域较广，符合国家发展战略和市场发展需要。

根据园区周边的投资环境，提出以下几点政策建议。

第一，加强政策沟通是关键，国家治理水平决定了一个国家的投资环境，"一带一路"沿线投资环境好的国家治理水平都很高。白俄罗斯是欧洲唯一一个独裁国家，国家治理存在很多隐患，我们应该在不干涉别国内政的情况下，及时关注白俄罗斯政局的发展动向，加强政策沟通，在一定程度上协助白俄罗斯解决一些困难和难题，从根上为中白工业园建立保护机制，营造一个良好的发展环境。

第二，以物流为导向构建"5+1物流"和招商物流园"12234"战略，应该定位为中白工业园发展战略，即以物流为导向的战略。中白工业园的最大价值在于其腹地优势，以物流为导向是园区建设成功的关键所在。白俄罗斯要建设成为一个内陆型物流港和欧盟与独联体的经济腹地，物流的畅通是先决条件。招商局"12234"战略根据园区发展需要，应该扩大到"5+1物流"，"5+1"指的是欧亚经济联盟5国+中国，而"5+1物流"指的是中白工业园物流需要跨越的5国（俄罗斯、白俄罗斯、哈萨克斯坦、立陶宛和波兰），俄罗斯和哈萨克斯坦是通向欧洲的陆上物流必经地，也是欧亚经济联盟最具市场潜力的国家，波兰和立陶宛是通向欧洲和连接海上港口的门户。"5+1物流"的建立，将会大大促进园区的发展，使其成为一个真正意义上的欧亚大陆板块的国际园区。

如果说"12234"战略是园区前期建设的目标，那么"5+1物流"的定位将会成为招商物流园的成熟期，因为物流园协调的不只是两区，连接的不只是三点，而是丝绸之路经济带整个物流圈。

第三，加强金融合作，园区产业定位在高新科技领域，同时金融业必须加以完善，仅仅依靠白俄罗斯的优惠政策还远远不够，园区应该建立一套完备的金融系统，或者是中白工业园金融服务中心，与亚投行、丝路基金及各大银行建立互联互通合作关系，实现金融为园区基础设施建设、产能合作、工业化项目提供融资、资金管理服务，为企业投资保驾护航，促进周边各国积极响应园区发展和区域经济繁荣。

第四，加强第三产业发展，完善营商环境。独联体国家有一个共同问题就是第三产业较为落后，而第三产业又是国家经济增长的关键。园区应该通过推进第三产业发展来改善营商环境。中白工业园的定位不仅是高新科技产业，更是要建成一个宜居的"新城"，相应的服务行业都要建立起来，吸引更多的服务型企业入驻，比如咨询公司、劳务公司、认证机构、中介机构等，把一些烦琐的入园手续，直接交由相应的企业来代为办理，提高企业效率，减少行政壁垒。

第五、建设绿色园区、实现可持续发展。在海外建设园区投资大，回本时间长，可持续发展尤其重要。中白工业园是中国"一带一路"建设的标志性项目，园区一定要打造成为一个绿色园区，突出生态文明理念，加强生态环境保护，推进绿色园区建设，建立相关园区环境保护条例，促进绿色技术和相关产业发展，产业建设与周边环境相融合，中国理念与当地文化相融合，建设"绿色园区"是中白工业园实现可持续发展的关键。

产 业 篇
Industry Studies

B.11
"一带一路"背景下旅游业对外直接投资风险评估与防控

宋佳芸 周从从*

摘 要： 2013年，习近平主席提出建设"一带一路"的倡议，为旅游业的发展提供了新的国际化视角。同时，旅游业在加强"一带一路"建设中有着突出的优势条件，是促进国际社会更加全面认识并接受"一带一路"必不可少的力量。我国旅游业海外投资起步较晚，竞争力相对较为薄弱，中国对外旅游投资难免会出现风险控制不合理等问题。由此，本文从政治风险、经济风险、社会文化风险和基础设施风险等方面对"一带一路"背景下旅游业海外投资的风险进行分析，并提出主

---

* 宋佳芸，北京第二外国语学院旅游管理研究生，"一带一路"数据分析与决策支持北京市重点实验室实习研究员；周从从，北京第二外国语学院工商管理研究生。

要防控建议：转变理念，立足长远发展；深入研究投资环境，降低风险；关注地区差异，合理选择投资区域。

关键词： "一带一路" 旅游业 对外投资 风险与防控

一 引言

"一带一路"跨越众多国家，其沿线已成为我国对外投资合作的热点地区，为旅游业的发展提供了新的国际化视角，对促进我国及沿线各个国家和地区旅游产业全面发展、整合基础建设、优化线路设计、科学资源开发有着积极作用。同时旅游业也是促进国际社会更加全面认识并接受"一带一路"必不可少的因素。2013年，国务院出台了《关于促进旅游业改革发展的若干意见》，其中明确指出：发展旅游业将成为"一带一路"建设的切入点，是实现"民心相通"的直接途径，有先行先通的开创性作用，在拉动对外投资合作、开拓国际市场的同时，更为区域一体化合作提供最直接的契机。

2012年，我国已经成为世界性的旅游大国，位居世界第三大入境旅游接待国和出境旅游消费国。据世界旅游组织预测，到2020年，中国将成为世界上最大的出境游旅游市场，存在众多的投资潜力和机会。如图1所示，2010~2016年，中国与"一带一路"沿线国家的游客互访人数逐年增长，中国到"一带一路"国家旅游的游客人数的增长速度要高于"一带一路"国家游客到中国旅游的游客人数，从2015年开始，出境游的游客首次超过入境游的游客。中国游客消费实力、消费潜力均很强大，出境规模和消费能力在"一带一路"沿线的输出也将给中国对外旅游投资提供巨大的消费市场。

"一带一路"涉及国家众多，在推进沿线国家旅游业发展的同时，也面临复杂多样的政治、经济、法律政策和社会文化环境，以及自然灾害、传染

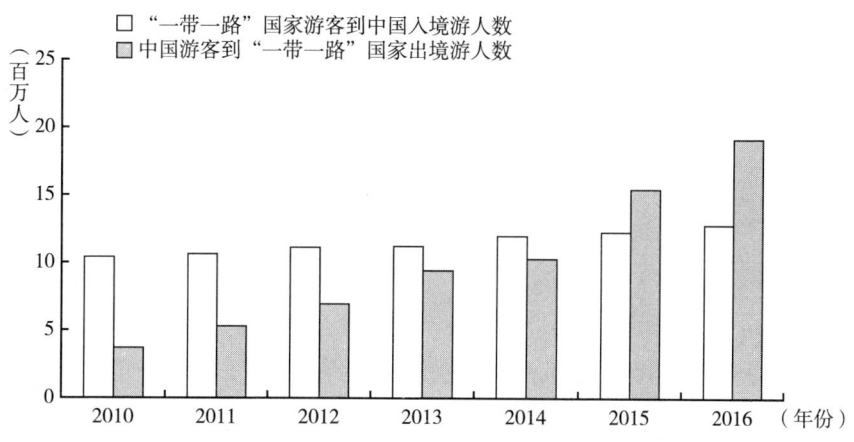

图1 中国和"一带一路"沿线国家游客互访情况

数据来源：欧睿旅游数据库，出境游和入境游数据均不含东帝汶、巴勒斯坦数据。

性疾病等引起的非传统风险。而旅游业有较高的敏感性，任何"非常态"的因素都可能诱发风险。我国旅游业海外投资起步较晚，竞争力相对较为薄弱，且存在一系列问题，中国对外旅游投资难免会出现风险控制不合理、并购经验不足、人才储备不足等诸多问题。因此，加强对旅游业海外投资潜在风险评估和防范风险措施的研究将是共建"一带一路"旅游产业亟待思考与解决的话题。

基于以上讨论，本文明确了"一带一路"倡议对旅游业海外投资的利好影响，总结了目前中国旅游对外直接投资的特征；同时，基于对"一带一路"沿线国家基本情况的研究剖析，对"一带一路"沿线国家的旅游业投资风险进行评估，并提出了"一带一路"背景下海外投资风险应对策略，为优化旅游业海外投资提供参考。

二 "一带一路"倡议为中国对外旅游投资提供契机

"一带一路"倡议重塑全球地理经济格局，不仅深刻影响我国地缘政治、经济发展和国际贸易等领域的变化，也为对外旅游投资带来包括提

供政策保障、金融支持、开拓国际市场等在内的巨大契机。旅游产业大众创业，万众创新，吸引了越来越多资本的青睐。一是融资并购层出不穷；二是中国旅游企业全球布局步伐加快，海外拓展领域和区域不断扩大；三是其他行业的大企业进一步加速进军旅游业。资本、热钱的涌入印证了中国旅游未来发展的良好前景，但也不可避免地带来更为加剧的市场竞争，行业整合与市场格局的演变也加大了旅游行业的投资成本和风险。

（一）为中国对外旅游投资提供政策保障

"一带一路"倡议作为我国提出的一种统筹国内外发展的重要倡议，旨在最大化地协调"一带一路"沿线国家、地区与我国的共同发展。这一倡议也将有助于利用我国政治和经济影响力为我国企业对外旅游投资创造良好的投资环境。依托"一带一路"国际合作高峰论坛、中国－东盟、上海合作组织等平台，建立了"一带一路"及六大经济走廊国家旅游部长会议机制，与"一带一路"沿线多个国家签署了旅游合作备忘录。并通过互办旅游年、旅游博览会等举措逐渐形成"一带一路"旅游合作交流的常态化机制，为中国对外旅游投资提供政策保障。

（二）为中国对外旅游投资开拓国际市场

一方面，"一带一路"倡议的不断推进，助力中国旅游企业"走出去"，不仅为旅游企业提供新的发展空间，也可以通过"走出去"进入东道国市场，在熟悉并掌握通行的国际竞争规则的同时，帮助企业在更大的空间范围内寻求新竞争优势，逐步实现国际化发展。

另一方面，"一带一路"倡议的推行为中国对外旅游投资提供了巨大的旅游消费市场。"一带一路"沿线国家具有巨大的旅游消费市场，特别是东南亚地区吸引着来自全球各地的旅游者和投资者。同时，中国庞大的出境规模和消费能力在"一带一路"沿线的输出也将给中国对外旅游投资提供巨大的消费市场。

（三）为中国对外旅游投资提供金融支持

对外旅游投资离不开金融支持，尤其是考虑到对外旅游投资具有投资额度大、回收周期长、风险程度高等特点，更需要来自母国和东道国等各方面的金融支持。基础设施互联互通和完善有利于区域旅游经济的集聚和扩散，是旅游业对外投资和提质增速中应重点关注的问题。中国在加快"一带一路"沿线国家建设基础设施的同时必将带动旅游基础设施的投资，无论是亚洲基础设施投资银行和丝路基金，还是诸如国家开发银行、进出口银行等中国开发性金融机构，都将加大对"一带一路"沿线国家和地区旅游项目的投资。

三 "一带一路"背景下中国旅游业对外直接投资的特征

（一）时间特征

中国旅游业对外直接投资（OFDI）的主体是住宿与餐饮业，本文以2010~2015年《中国对外直接投资统计公报》中"住宿与餐饮业"对外投资流量和存量数据来度量中国旅游业的 OFDI 规模，并分析中国旅游业 OFDI 的时间特征。

2010~2015年，中国旅游业 OFDI 流量和存量都呈不断增长的态势。对外投资存量统计显示，住宿与餐饮业的 OFDI 在 2010~2013年表现为回落与稳定阶段，2011年投资出现锐减，几乎只有2010年的一半，此后小幅涨落，但投资流量基本保持在10000万美元左右；2014~2015年是 OFDI 井喷式增长阶段，分别增长至24474万美元和74319万美元，仅2015年一年就比2014年增加了49845万美元，如图2所示。从 OFDI 的存量看，如图3所示，2010~2015年表现为持续增长阶段，2014年和2015年涨幅较大，分别增至130704万美元和223334万美元。

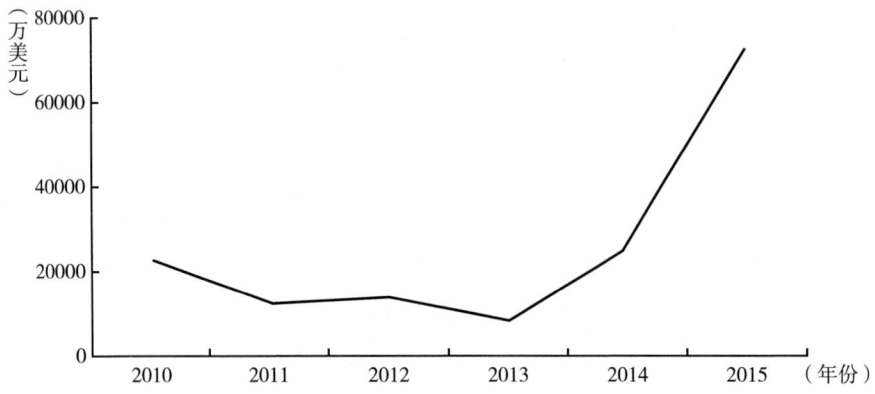

图 2　中国旅游对外投资流量与存量变化趋势

资料来源：根据《中国对外直接投资统计公报》编制。

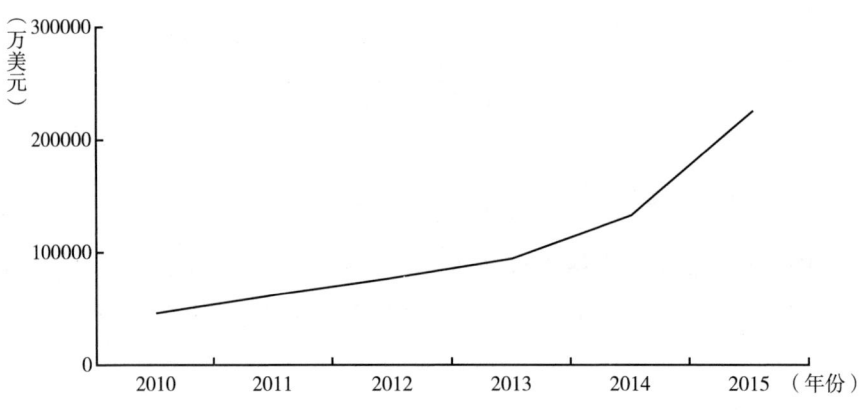

图 3　中国旅游对外投资流量与存量变化趋势

资料来源：根据《中国对外直接投资统计公报》编制。

（二）空间特征

从投资区域空间来看，根据商务部统计数据，到 2015 年，中国对外旅游投资企业存量已经超过 600 家，但"一带一路"沿线分布存量规模还比较小。目前，我国对外旅游投资呈现出"东快西慢、海强陆弱"的特征，即海上丝绸之路地区的旅游投资企业数量明显多于陆上丝绸之路经济带旅游投资企业数量,在"一带"沿线共有31家企业,在"一路"沿线有92家企业。其中,亚太地区特别是东南亚是旅游业投资最为活跃的区域,共有66家企业。此外,就投资产业空间布局来看,中国旅游企业海外拓展的业务领域既包括传统的酒店、景区,也包括在线旅游预订平台和旅游航线。从产业价值链角度看,旅游业传统的六要素——"吃、住、行、游、购、娱"当中,购物和娱乐是价值增值最大的环节,而我国旅游对外投资主要集中在旅行社业和酒店业,这不仅制约了旅游对外投资的经济效益,也不利于旅游外汇回流。

(三)投资方式

欧美发达国家的旅游企业如洲际、希尔顿、万豪等国际酒店集团在"一带一路"沿线国家都有一定程度的覆盖,绝大多数采用非股权投资的方式,不仅有利于控制投资风险,而且也从侧面显示出这些企业的品牌效应和影响力。而我国企业更多地采用绿地投资、股权收购等方式,成功的案例也很多,比如,海航集团完成澳大利亚ALLCO航空租赁公司、恺撒旅游、西班牙NH酒店等股权收购;复星国际收购运营Club Med部分股权;港中旅收购英国布莱顿酒店集团等。但从整体而言,我国对外旅游投资的品牌输出还很少,品牌输出能力整体尚弱。

四 "一带一路"背景下中国旅游业对外直接投资面临的风险

投资环境的优劣是能否吸引投资者进行投资的关键。旅游业因其具有社会性、综合性、季节性、涉外性、波动性等区别于其他产业的特点,使其在对外直接投资的过程中尤其要关注投资环境的优劣。此外,我国旅游业海外投资起步较晚,竞争力相对较为薄弱,中国对外旅游投资难免会出现风险控制不合理等问题。鉴于此,本文从政治风险、经济风险、社会文化风险和基础设施风险等方面对"一带一路"沿线国家和地区的旅游投资风险进行较为详尽的分析。

（一）政治风险

政治局势与旅游业投资密切相关，政局不稳、社会动荡会给旅游业的正常发展带来严重影响，并影响投资的收益。本文的政治风险主要考察一个国家政府处理国家问题和监管方面的质量和效率，以及在维持政治稳定、法律建设等方面的效果。评估指标采用世界银行的全球治理指数（WGI）数据库指标，有腐败控制、政府有效性、监管质量、法制建设、政治稳定与无暴力程度和话语权与问责制6个指标，分值介于-2.5~2.5分，各指标的分值越高，治理效果越好。

从表1可以看出，俄罗斯的政治风险指标总体都处于下游水平，表现不尽如人意。普京上台后特别强调国家的法制建设与体制改革，导致政策法规多变；受错综复杂的政商关系和寡头政治长期影响的腐败和政治暴力问题难以根除；现阶段俄罗斯的民主制度化水平低，限制了社会自主权。另外，乌克兰危机和克里米亚事件导致俄与周边邻国、美国和欧盟的政治冲突加剧。蒙古国的政治风险指标在近7年有了较大幅度的好转，这主要归因于"一带一路"的持续推进和蒙古国在"一带一路"区域贸易活动中的重要地位。但冷战后蒙古国的政治体制转变为多党制的民主政治体制，实行多党轮流执政的一院制，政府换届频繁，导致旅游投资政策不断修改，影响旅游投资环境的稳定性。

表1　东北亚地区的国家治理评估指标

国家	国家治理指标名称/年份	2010	2011	2012	2013	2014	2015	2016
俄罗斯	腐败控制	-1.09	-1.07	-1.04	-1.01	-0.92	-0.95	-0.86
	政府有效性	-0.47	-0.47	-0.42	-0.35	-0.11	-0.20	-0.22
	政治稳定性与无暴力程度	-0.93	-1.00	-0.82	-0.74	-0.94	-1.03	-0.89
	监管质量	-0.35	-0.35	-0.34	-0.35	-0.39	-0.52	-0.42
	法制建设	-0.76	-0.73	-0.82	-0.78	-0.74	-0.76	-0.80
	话语权与问责制	-0.89	-0.88	-0.98	-1.02	-1.04	-1.09	-1.21

续表

国家	国家治理指标名称/年份	2010	2011	2012	2013	2014	2015	2016
蒙古国	腐败控制	-0.74	-0.69	-0.54	-0.48	-0.47	-0.49	-0.50
	政府有效性	-0.57	-0.59	-0.64	-0.55	-0.44	-0.42	-0.11
	政治稳定性与无暴力程度	0.60	0.61	0.47	0.49	0.79	0.72	0.82
	监管质量	-0.24	-0.22	-0.21	-0.32	-0.27	-0.35	-0.08
	法制建设	-0.36	-0.27	-0.38	-0.37	-0.34	-0.38	-0.22
	话语权与问责制	0.09	0.05	0.07	0.11	0.24	0.27	0.45

中亚地区位于欧亚大陆的"心脏地带",有着独特的地缘战略意义。"一带一路"倡议的提出也使中亚地区国家纷纷出台各种鼓励措施吸引外国尤其是来自中国的投资。从表2可以看出,中亚五国的6个指标整体表现都位于较低水平。中亚地区的政治风险主要来自内外两个方面。主要内部风险是中亚国家仍处在社会政治转型阶段,对投资者的法律保护尚不健全,相关政策法规出台滞后、落实不到位;中亚各国间政治利益矛盾尖锐,政治斗争激烈。外部政治风险主要来自俄、美、日及欧盟等大国在中亚地区的政治力量相互制衡,博弈不断升级;阿富汗、伊朗、巴基斯坦等国社会动荡的外溢影响。这些不确定性因素都会威胁中国旅游业在该地区的投资效益。

表2 中亚地区的国家治理评估指标

国家治理指标名称\年份	2010	2011	2012	2013	2014	2015	2016
腐败控制	-1.26	-1.27	-1.22	-1.21	-1.12	-1.15	-1.12
政府有效性	-0.86	-0.86	-0.84	-0.89	-0.63	-0.67	-0.74
政治稳定性与无暴力程度	-0.39	-0.57	-0.53	-0.56	-0.33	-0.45	-0.41
监管质量	-1.04	-1.00	-1.07	-1.09	-1.09	-1.06	-1.05
法制建设	-1.20	-1.18	-1.14	-1.13	-1.01	-1.00	-1.08
话语权与问责制	-1.52	-1.50	-1.50	-1.49	-1.46	-1.47	-1.49

从表3世界银行关于南亚地区的国家政策和制度评估指标可以看出,南亚地区整体投资环境表现处于中等水平,各项指标均在2.5以上,在"一

带一路"倡议提出后并没有出现大幅度的变化。印度政府有效性差,内部腐败严重,社会法制建设不健全,对社会暴力、政治暴力等管控不足,宗教政治化的趋势日益严重。印度对其他南亚国家的影响较大,且除印度外,南亚各国军方对国家政治都拥有巨大影响力,使得南亚地区整体安全稳定性在短期内无法改善。此外,南亚各国内外部政治生态环境复杂,存在党争严重、军政缠斗、政局持续动荡等问题。对外政策连续性不够,国家政府更迭频繁、政局动荡不安等往往直接导致旅游投资收益受损。

表3　世界银行关于南亚地区的国家政策和制度的评估指标

年份 国际政策和制 度评估指标名称	2010	2011	2012	2013	2014	2015	2016
债务政策评级	3.44	3.38	3.31	3.31	3.43	3.43	3.42
环境可持续性政策和制度评级	3.31	3.13	3.19	3.25	3.21	3.14	3.25
财政政策评级	3.31	3.13	2.94	2.94	2.86	2.79	3.00
公共管理质量评级	3.19	3.25	3.25	3.19	3.14	3.14	3.08
公共资源使用公平性评级	3.69	3.69	3.63	3.63	3.64	3.57	3.58
公共部门管理和机构集群平均值	3.21	3.20	3.21	3.19	3.13	3.13	3.10
公共部门透明度、问责性和腐败评级	3.00	3.00	3.00	3.00	2.93	3.00	3.00
企业监管环境评级	3.44	3.31	3.31	3.38	3.43	3.29	3.25
结构政策集群平均值	3.35	3.38	3.33	3.35	3.36	3.26	3.25

中东欧国家是欧亚大市场的枢纽地带,是促进中欧合作、建设"一带一路"的积极推动力量和关键合作伙伴。中东欧地区整体状况略好于蒙俄、中亚地区,但分值均偏低(见表4),在0.5以下。"一带一路"倡议提出后,这一地区法制建设、政府有效性较之前稍有改善;腐败控制由负转正,并且对腐败的控制能力不断提高;话语权与问责制变化不大;监管质量、政治稳定性与无暴力程度在2013年以后甚至出现下滑的现象,这与中东欧地区国家处于政治经济转型期,国家内部政治局势不稳,国内外政策亟待调整和复杂的地缘政治博弈有关。中东欧国家均为前社会主义转型国家,现仍处于政治经济转型期,多数国家政党结构处于浮动阶段,这使中东欧国家内

政、外交变得更为敏感和脆弱。此外，中东欧地区呈现激烈博弈态势，地缘政治风险不断上升，这也是中国旅游业对外直接投资不可忽视的风险。

表4 中东欧地区的国家治理评估指标

年份 国家治理指标名称	2010	2011	2012	2013	2014	2015	2016
话语权与问责制	0.47	0.44	0.42	0.41	0.44	0.45	0.44
法制建设	0.22	0.23	0.22	0.24	0.29	0.25	0.28
腐败控制	-0.01	-0.01	-0.02	-0.02	0.04	0.05	0.07
监管质量	0.48	0.46	0.46	0.47	0.48	0.47	0.45
政府有效性	0.22	0.21	0.25	0.28	0.36	0.34	0.33
政治稳定性与无暴力程度	0.34	0.34	0.38	0.39	0.32	0.26	0.24

西亚北非地区是欧、亚、非三大洲的接合部，是中国"一带一路"倡议落实的交汇点和枢纽地区，是全球地缘政治的战略高地。从表5可以看出，西亚北非地区的各项治理指标得分均小于0，说明该地区的治理能力较弱。其中，话语权与问责制、政治稳定性与无暴力程度得分最低，接近-1.0，说明该地区的公民话语自由度较低，政局不稳，社会动荡。腐败控制、监管质量和政府有效性等指标得分也是逐年降低，进一步反映出西亚北非地区是当今国际局势最动荡的地区。中国旅游业对该地区的投资要严格考量政治风险的影响。

表5 西亚北非地区的国家治理评估指标

年份 国家治理指标名称	2010	2011	2012	2013	2014	2015	2016
话语权与问责制	-0.89	-0.92	-0.89	-0.91	-0.93	-0.95	-0.98
法制建设	-0.15	-0.17	-0.17	-0.18	-0.17	-0.19	-0.18
腐败控制	-0.22	-0.25	-0.20	-0.18	-0.22	-0.23	-0.23
监管质量	0.01	-0.01	-0.02	-0.04	-0.05	-0.05	-0.07
政府有效性	-0.01	-0.02	-0.05	-0.05	-0.04	-0.05	-0.10
政治稳定性与无暴力程度	-0.60	-0.73	-0.80	-0.80	-0.81	-0.89	-0.90

东南亚具有特殊的海陆兼备的地缘优势,是"一带一路"倡议实施的枢纽和重要区域。如表6所示,东南亚地区的国家治理指标中,话语权与问责制的表现逐年下降,另外5个指标的分值虽然有波动,但在波动中呈现上升的趋势,政治形势总体趋于稳定。新加坡、文莱是该地区发展水平较高的两个国家,政局稳定;越南、老挝实行社会主义,坚持一党制,印度尼西亚政坛三大利益集团三足鼎立,彼此制衡,社会发展平稳;缅甸从2011年开始民主化转型以来,民主、自治问题不断改善,但柬埔寨、泰国党派矛盾持续升级,严重影响两国的政治秩序和社会稳定;菲律宾属亲美、亲日派,加上南海问题,处于与中国敌对的状态;马来西亚国内党派争斗剧烈。此外,美国、俄罗斯、日本等国家也不断加强与东南亚国家的军事、能源合作,欧盟的注意力也在东移。东南亚地区政治结构多元化给"一带一路"建设带来了严峻挑战。南海主权问题也是我国与东南亚地区合作中不容忽视的一个隐忧,这些内外因素均给我国"一带一路"倡议在东南亚地区的推进创造了不利局面,在该地区进行旅游投资要防范可能发生的各种政治风险。

表6 东南亚地区的国家治理评估指标

国家治理指标名称 \ 年份	2010	2011	2012	2013	2014	2015	2016
话语权与问责制	-0.73	-0.67	-0.60	-0.60	-0.64	-0.66	-0.67
法制建设	-0.36	-0.32	-0.29	-0.28	-0.21	-0.24	-0.16
腐败控制	-0.38	-0.37	-0.28	-0.22	-0.21	-0.21	-0.21
监管质量	-0.22	-0.20	-0.10	-0.06	0.00	-0.01	0.00
政府有效性	-0.06	-0.05	-0.05	-0.05	0.11	0.09	0.13
政治稳定性与无暴力程度	-0.34	-0.24	-0.16	-0.16	-0.01	-0.04	0.04

总体来看,俄罗斯的政治风险主要来自乌克兰危机和克里米亚事件的持续影响及与欧美的冲突;中亚地区受大国政治博弈、周边国家社会动荡、国家内部政局不稳的影响;南亚地区最不稳定的因素是印度;中东欧地区国内政策调整、大国政治博弈提高了该地区的政治风险;西亚北非地区爆发战争

和军事冲突的风险始终存在；东盟重组、大国关系调整、南海主权问题是我国与东南亚旅游合作必须考虑的主要政治风险。

（二）经济风险

旅游业对外投资易受东道国经济状况的影响，如经济规模、市场潜力、市场开放度、投资气候等的影响，因此需要考虑经济风险的影响。经济风险具有客观性、随机性、连带性、可控性、强破坏性等特点，主要受经济条件、产业结构及其运行状况和发展趋势等因素的影响，主要包括：其一，经济发展水平，如GDP增长率、社会通货膨胀率、投资开放度等，各国之间的差距仍然能够影响对外直接投资的效益；其二，金融市场自由度，反映着一国或地区的金融体系完善、稳定程度，金融安全事关一国整体经济、投资、财务状况等，对对外投资有重要影响。

本文对经济风险的评估选取世界银行WDI数据库、国际货币基金组织WEO数据库和IFS数据库的指标数据进行量化评估。各指标说明及具体来源见表7。

表7 经济风险指标及其说明

风险指标	指标说明	数据来源
GDP增长率	反映一个国家的经济增速与活力	国际货币基金组织WEO数据库
人均GDP增长率	反映一个国家的人均生产能力变动	世界银行WDI数据库
通货膨胀率	反映货币贬值程度	世界银行WDI数据库
外债水平	政府总债务/GDP	世界银行WDI数据库
投资开放度	外国直接投资净流入/GDP	世界银行WDI数据库
贸易开放度	（出口总额+进口总额）/GDP	根据世界银行WDI数据库计算
汇率变动	年平均汇率变动率	根据国际货币基金组织IFS数据库计算

1. GDP增长率及人均GDP增长率

"一带一路"沿线涉及的国家经济发展状况复杂多样，大多为发展中国家，经济水平较差，有待进一步发展。从表8"一带一路"沿线国家的收入水平可以看出，60多个国家中有43个国家为中等收入水平。中低等和低等收入国家多集中在东南亚、南亚、中亚地区。尼泊尔资源贫瘠，2015年又遭遇了严重的地震灾害，使其经济受到重创；阿富汗主要是受社会长期动荡、政局不稳等不利因素的影响，使得国家发展水平落后。中高等收入国家一般在西亚、中东欧地区，该地区能源丰富，相对比较富裕，"一带一路"沿线只有18个高收入国家，多集中在中东欧和西亚北非地区，其他地区只有南亚的新加坡和文莱跻身高收入水平国家之列。

表8 "一带一路"沿线国家收入水平

收入水平	国家
低收入国家（2国）	尼泊尔、阿富汗
中低等收入国家（24国）	不丹、东帝汶、乌克兰、乌兹别克斯坦、也门共和国、亚美尼亚、印度、印度尼西亚、吉尔吉斯斯坦、塔吉克斯坦、孟加拉国、巴基斯坦、摩尔多瓦、斯里兰卡、柬埔寨、格鲁吉亚、约旦、缅甸、老挝、菲律宾、蒙古国、越南、叙利亚、埃及
中高等收入国家（19国）	伊拉克、伊朗、俄罗斯、保加利亚、克罗地亚、哈萨克斯坦、土库曼斯坦、土耳其、塞尔维亚、波黑、泰国、白俄罗斯、阿塞拜疆、阿尔巴尼亚、马来西亚、马尔代夫、黎巴嫩、黑山、罗马尼亚
高收入国家（18国）	以色列、匈牙利、卡塔尔、巴林、希腊、拉脱维亚、捷克、文莱、斯洛文尼亚、斯洛伐克、新加坡、沙特阿拉伯、波兰、爱沙尼亚、科威特、立陶宛、阿联酋、阿曼

注：数据来源于世界银行。

通过对IMF和世界银行的数据整理后发现，截至2015年，"一带一路"沿线各地区的GDP普遍面临下行的压力，如图4所示。

就东北亚地区而言，受美国和欧盟经济制裁的影响，俄罗斯的经济出现倒退，自2010年开始一直下行，2016年俄罗斯的经济形势有所好转；蒙古国的GDP增长率和人均GDP增长率从2011年开始不断下跌，人均GDP在2016年呈负增长。

中亚五国的经济形势趋于平稳，人均GDP的变动趋势与GDP的增长率变化趋势一致。中亚五国经济市场化程度较低，经济对外有较高的依赖性，区域内各国的资源禀赋和经济结构单一，这些因素将长期影响中亚国家经济

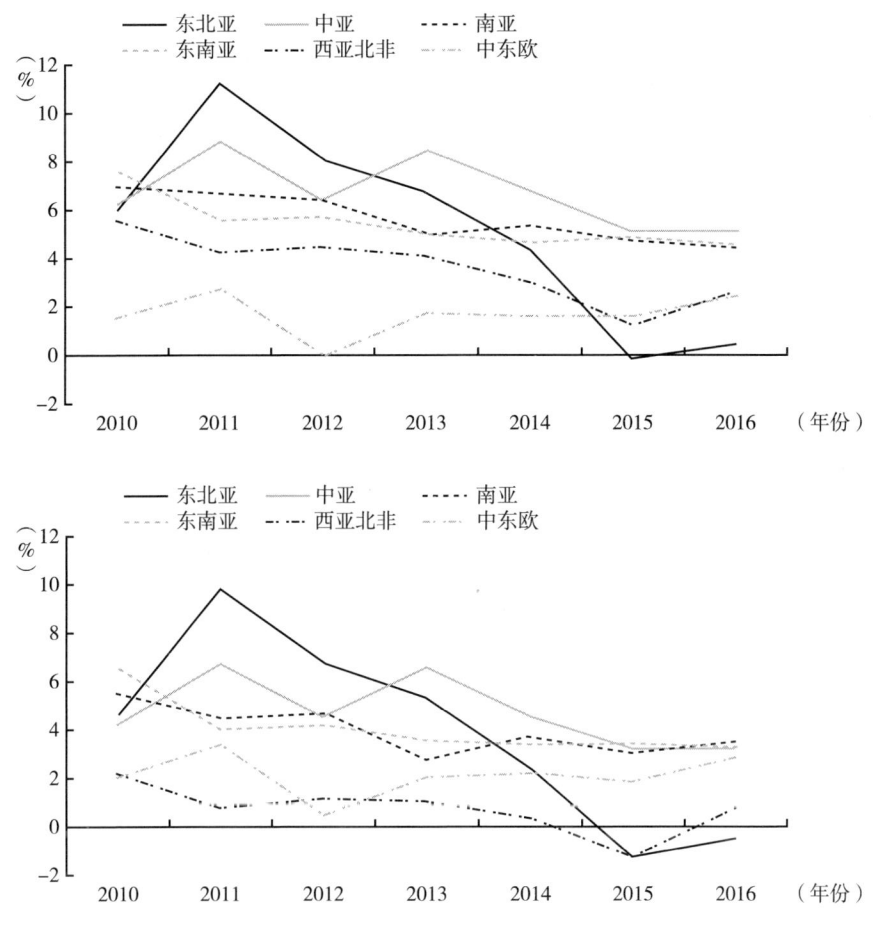

图4 "一带一路"沿线地区的 GDP 增长率（上图）和人均 GDP 增长率（下图）

的发展，各国未来经济增长仍面临一定的压力。

南亚地区与世界其他地区之间的市场联系相对较弱，故而仍保持较为稳定的增长。不过，未来发展仍面临诸多不确定因素，南亚国家多为最不发达国家，整体经济发展水平较低，经济结构不合理，多数国家的经济结构单一，经济的可持续增长面临巨大问题。

东南亚是一个高度开放的地区，对世界市场的依赖程度较深，国内经济增长严重依赖投资和出口，容易受到世界经济形势动荡的冲击，中国经济增速放缓，国际市场需求萎缩等均使东南亚地区的经济发展受到不同程度的影响。

2008年以来随着经济危机的深化，中东欧国家经济都受到了不同程度的影响，使得经济基础恶化；中东欧国家经济发展对欧盟的依赖性较强，欧盟经济复苏缓慢、欧债危机使得中东欧的经济发展面临严峻考验；中东地区经济发展过度依赖石油出口，经济结构失衡，易受外部冲击。

西亚北非地区缺少叙利亚的经济数据，也门共和国、伊拉克、伊朗的GDP增长率变化幅度较大，其他国家近几年趋于稳定，人均GDP增长率与GDP增长率的变化趋势类似，也门共和国、伊朗、伊拉克变化较大，其他国家在2013年以后变化平稳。西亚北非地区的产业和经济结构单一，多元化水平较低；部分国家社会动荡，在一定程度上也导致经济持续增长面临巨大挑战。

2. 贸易和投资的开放程度

图5为根据世界银行数据计算所得的"一带一路"沿线地区的贸易和投资开放程度，从中可以看出，"一带一路"沿线各地区的贸易开放度变化相对较为平稳，东南亚和中东欧地区开放水平较高，在1.2左右，东南亚有缓慢下降的趋势；南亚地区开放水平最低，并呈下滑趋势；另外三个地区贸易开放度分值在0.8左右波动。

东北亚地区的投资开放度变化较大，从2011年开始呈大幅下滑之势，2016年跌为负值，其他地区波动不大，投资开放度分值在0~10间变化。整个东北亚地区的贸易开放度变化不大，投资开放度持续低迷。俄罗斯的贸易开放度在近7年变化不大，保持在0.5%左右，投资开放度较低。蒙古国比俄罗斯的贸易开放程度要高，在1.0附近波动，变化幅度不大；但其投资开放度从2011年开始不断下跌，2016年降到 -37.17。

中亚地区贸易开放程度呈下降趋势，投资开放程度波动不大。中亚各国中吉尔吉斯斯坦的贸易开放程度最高，其次为塔吉克斯坦和哈萨克斯坦，但中亚地区整体的贸易结构较为单一，主要贸易伙伴为俄罗斯和中国，俄罗斯经济衰退、中国经济发展增速放缓均会影响中亚地区的贸易开放程度。就投

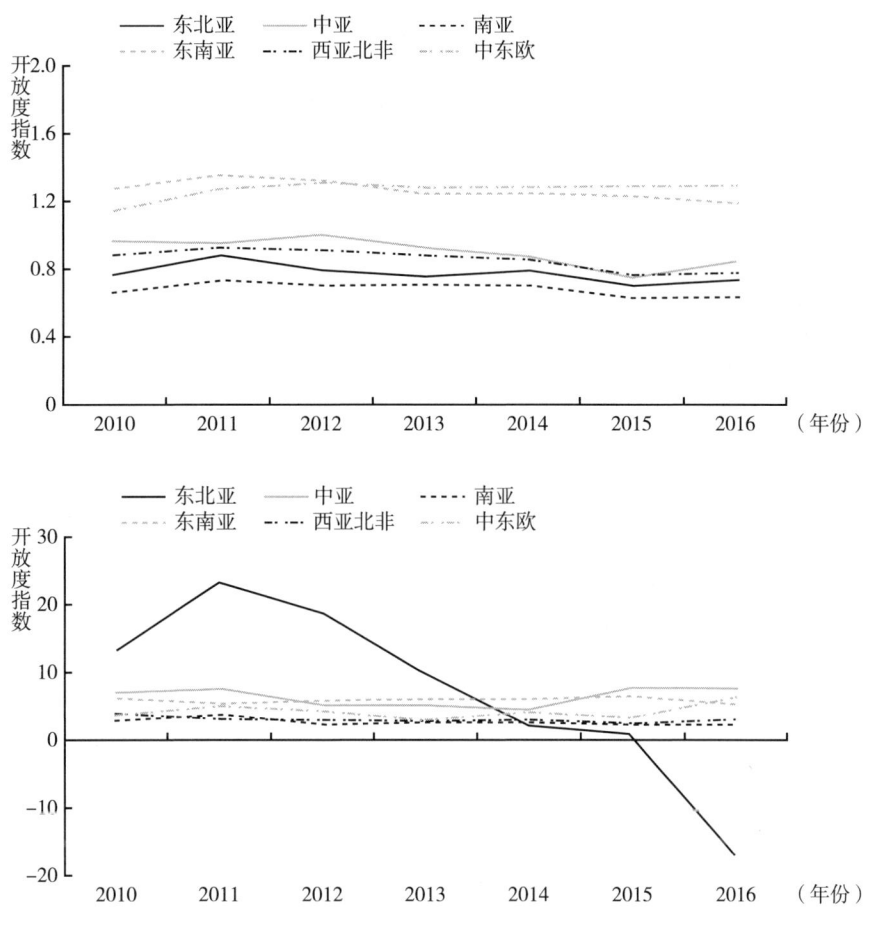

图 5 "一带一路"沿线地区的贸易（上图）和投资（下图）开放程度

资开放程度来看，土、哈的投资开放度较高，在 2016 年达到 12 以上，乌兹别克斯坦逐年下降，已跌至 0.1。

东南亚地区贸易开放程度和投资开放度较高，主要国家以外向型经济为主导，但近几年有下滑的趋势。其中新加坡的贸易开放程度和投资开放度最高，受金融危机影响，该国的进出口贸易出现波动，使得其近几年开放程度不断下滑。

南亚地区的贸易开放度和投资开放度最低，南亚经济与世界其他地区的联系较弱，不容易受世界经济波动的影响。马尔代夫贸易开放度和投资开放度最高，但容易出现波动，其他国家变化波动不大。

中东欧国家的贸易开放程度和投资开放度变化幅度较小，稳中有升。希腊的贸易开放度在中东欧地区最低，且波动较大，主要是希腊债务危机带来的不良影响；其他中东欧地区多数国家已经加入欧盟，贸易体制逐步与欧盟接轨，非欧盟成员国的贸易政策不受欧盟约束，存在监管混乱的问题。

西亚北非地区贸易开放度和投资开放度变化幅度较大，且多呈不断下降的趋势。西亚北非地区拥有丰富的能源资源，主要以油气为主，但也导致该地区的经济贸易结构单一，容易受世界经济波动和大国竞争的影响。

3. 通货膨胀率

从图6可以看出，2011～2015年，"一带一路"沿线地区国家的通货膨胀率整体在震荡中呈下行趋势，其中某一年某些地区略有提高，但是幅度不大；2016年，中亚、东南亚和西亚北非地区的通货膨胀率开始回升。

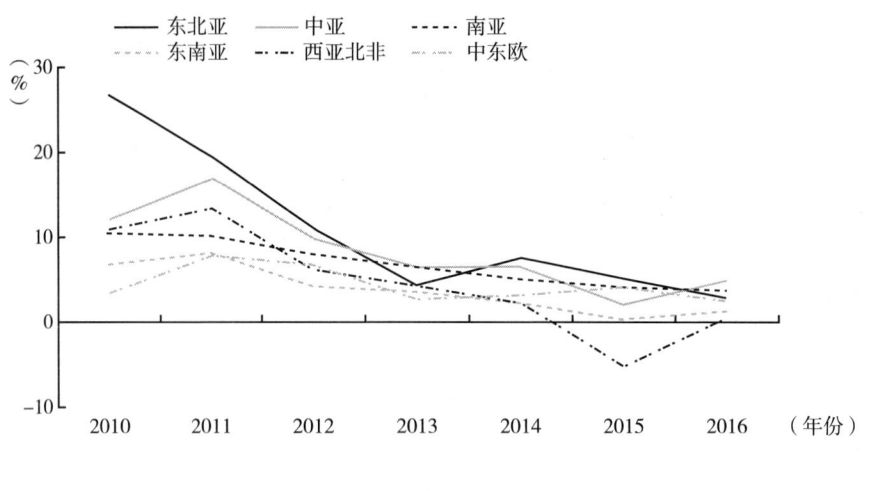

图6 "一带一路"沿线地区的通货膨胀率

东北亚地区通胀率总体呈下降趋势，日渐趋于稳定。中亚地区经济增速下滑、主要出口市场经济疲软，使得中亚各国面临通胀压力。哈、吉近几年的通货膨胀率波动较大，主要是受生产结构单一、货币贬值等综合内生因素影响。2010～2012年，南亚各国的通货膨胀率多出现大幅波动，总体呈下滑趋势。东南亚国家的通货膨胀率变化幅度不大，曾有所下降，但近几年有回升趋势。中东欧地区白俄罗斯的通货膨胀率变化最大，乌克兰的波动幅度也较大，其他国家变化不大，通货膨胀率在10%左右。西亚北非地区，也门共和国和伊朗的通货膨胀率变化幅度较大。整体看来，经济、政治剧烈动荡的国家，如叙利亚、埃及、乌克兰、伊朗等的通胀率较高。

从图7可以看出，"一带一路"沿线各地区的债务水平差异较大。具体来看，东北亚地区债务水平最低。中亚多数国家的外债负债率较高，其中吉尔吉斯斯坦的债务水平最高，其次为塔吉克斯坦；土库曼斯坦的负债率也在波动中提高。不丹是南亚地区债务水平变化最大的国家，逐年上升，从2010年的57.94%提高至2016年的112.83%，面临较高的偿债压力，其他国家的波动不大。东南亚地区债务水平最高的是新加坡，平均分值在100%以上；除缅甸外其他国家的变化幅度不大；债务水平最低的是文莱，在3.50%以下；其他国家为20%～65%。中东欧地区债务水平最高，多数国家均有外债，希腊的债务水平在中东欧地区最高，分值均在180%以上；爱沙尼亚、保加利亚最低，在30%以下；其他16个国家的债务水平为30%～90%。西亚北非地区债务水平最高的国家是黎巴嫩，2013年后不断提高，2016年达到152.29%，其次为约旦和埃及。

"一带一路"沿线各地区的汇率变动幅度较大，中亚地区从2013年开始汇率变动幅度逐年增大，中亚各国宏观经济增长方式和结构未发生根本性变化，外贸依存度较高，全球经济衰退使中亚各国面临外需萎缩的压力。中东欧地区汇率上下波动，白俄罗斯和乌克兰是该地区汇率变化最明显的两个国家。东北亚地区汇率先升后降，东南亚、西亚北非地区的汇率变化趋势类似，其中东南亚地区缅甸的汇率变化幅度最大，西亚北非地区汇率波动幅度最大的为伊朗。南亚地区各国的汇率波动较大，从2012年开始汇率波动开始下降，2015年降至-4.67%后开始提高。

尼泊尔、阿富汗属于低收入国家。欧盟对俄罗斯的经济制裁使蒙俄

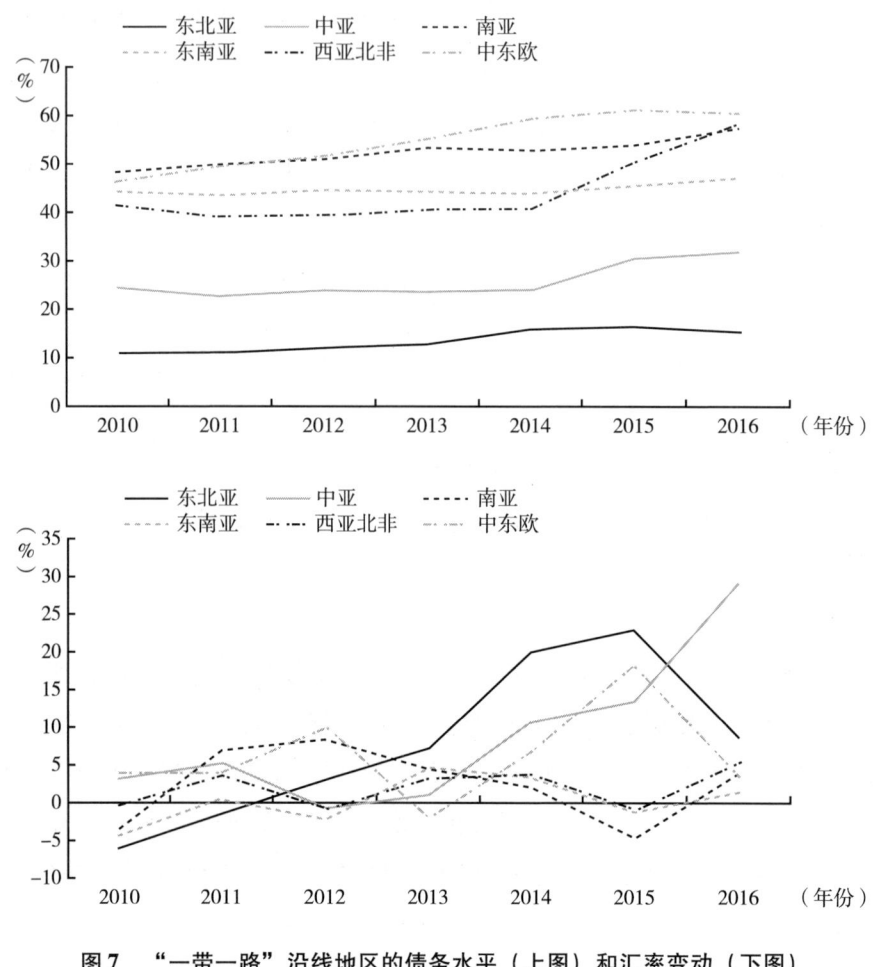

图7 "一带一路"沿线地区的债务水平（上图）和汇率变动（下图）

和中亚国家的经济增长率出现震荡甚至倒退。南亚和西亚北非地区的经济结构单一、多元化水平低，限制了经济的增长。中东欧国家对欧盟依赖性强，易受欧盟经济复苏缓慢和欧债危机影响。东南亚地区开放程度高，易受外部冲击。汇率波动与经济的稳定发展密切相关，也关系着对外旅游投资的货币风险，国际金融市场波动加剧了经济增长下行的风险，引起各地区实体经济、金融市场的混乱，中国旅游业对外直接投资必须密切关注此类风险。

（三）社会文化风险

社会安全环境给中国旅游企业在"一带一路"沿线国家和地区投资带来巨大的挑战。潜在的安全事故和下滑的安全感知也成为中国企业对欧洲地区旅游投资的限制与障碍。很多起步阶段的中国对外旅游投资往往对来自我国国内出境消费流量有很强的依赖，一个国家和地区的不安全必然导致中国游客进入流量较低。"一带一路"沿线一些国家和地区存在着全球恐怖主义、极端宗教主义、种族主义，另外，内外勾结和境外势力渗透等威胁均影响对"一带一路"沿线的旅游投资。本文社会文化因素主要包含社会安全因素、文化因素和人口因素，社会文化风险所选取的指标、说明等详见表9。

表9　社会文化风险指标及其说明

指标名称	指标说明	来源
安全风险	分数越高,风险越大	EIU
识字率	反映一个国家的整体文化水平	世界银行 WDI 数据库
失业人口比例	失业人口/总劳动力人口	世界银行 WDI 数据库

1. 安全风险

从表10可以看出，文莱的安全风险指数最低，中亚五国的安全风险指数均低于50；东南亚地区的菲律宾、柬埔寨安全风险较高，超过50；俄罗斯的安全风险指数为63，安全风险较高；安全风险指数在50分以上的高风险国家主要位于西亚北非、中东欧和南亚地区，其中叙利亚、也门共和国和伊拉克的安全风险得分甚至超过90分。

表10　"一带一路"沿线国家社会安全风险指标

得分	国家
<10	文莱
10~20	斯洛文尼亚、不丹、阿曼、新加坡、克罗地亚、斯洛伐克、阿联酋
20~30	捷克、匈牙利、科威特、立陶宛、罗马尼亚、蒙古国、保加利亚、卡塔尔
30~40	哈萨克斯坦、老挝、波兰、塞尔维亚、斯里兰卡、越南、阿塞拜疆、爱沙尼亚、以色列、拉脱维亚、马来西亚、沙特阿拉伯、巴林、白俄罗斯、希腊、伊朗、约旦、乌兹别克斯坦、亚美尼亚

续表

得分	国家
40~50	阿尔巴尼亚、孟加拉国、东帝汶、格鲁吉亚、印度、摩尔多瓦、土库曼斯坦、黑山、波黑、印度尼西亚、尼泊尔、缅甸、塔吉克斯坦、泰国
50~90	柬埔寨、土耳其、俄罗斯、乌克兰、黎巴嫩、巴基斯坦、巴勒斯坦、菲律宾、阿富汗
>90	叙利亚、也门共和国、伊拉克

2. 社会文化风险

"一带一路"沿线国家多为宗教氛围浓厚的国家,宗教是这些国家和地区社会文化的核心,也是旅游业对外投资过程中一个很重要的非经济因素。总体来看,俄罗斯和中亚地区主要的宗教信仰为东正教和伊斯兰教,俄与中亚地区主要存在一些跨境的民族问题。南亚地区是一个多民族多宗教汇集的地方,影响较大的宗教有印度教、伊斯兰教以及佛教等,不同的宗教信仰导致人们缺少共同的文化价值观,地区归属感不强。东南亚是当今世界宗教分布种类最多、最复杂的地区,各个国家与中国在宗教信仰、社交礼仪等很多方面存在很大的差别。中东欧国家之间无论是本民族的语言发展还是本地区的宗教发展都有着明显的差异,因而形成不同的社会文化生活。西亚北非地区的主要宗教为基督教、伊斯兰教和犹太教,各国之间宗教文化差异大,排他性强,导致该地区不仅是宗教冲突的聚集地,而且是民族冲突的多发地。

"中国威胁论"妖魔化中国,极大地扭曲了中国的国家形象,给中国企业对外投资带来了很大的挑战。中亚地区的"中国威胁论""中国经济附庸""新殖民主义"等言论对中国和中亚国家合作有着阻碍影响,而在哈萨克斯坦这些言论更加流行。印度认为中国的崛起威胁到它在亚太地区的领导地位,"一带一路"倡议是对印度在南亚次大陆的霸权以及在印度洋影响力的挑战,对中国在印的投资一直持有戒心。东南亚地区排华问题由来已久,尤其是马来西亚和印度尼西亚,认为华人威胁到自己的种族支配地位和民族经济支配地位。受西方舆论的影响,中东欧、西亚北非地区也有部分民众"反华""疑华",对我国认识不够。旅游业要在这些地区投资必须注意避免这些疑虑和负面认知的不良影响。

3. 失业风险

从表11可以看出，中东欧地区的失业人口比例在"一带一路"沿线地区最高。该地区波黑的失业人口比例最高，为25%~30%；其次为希腊，稳定在20%以上；其他国家总体呈波动中不断下降的趋势，白俄罗斯的失业人口比例最低，在0.8%以下。西亚北非地区的失业人口比例仅次于中东欧地区，不到10%，整体变化不大，但该地区各国的失业人口比例差异较大。中亚地区的失业人口比例在8%以上，近几年地区整体、各国的变化幅度均不大。从2010年开始，俄罗斯的失业人口比例逐年下降，稳定在5.5%左右；蒙古国的失业人口比例先升后降，略高于俄罗斯。南亚的失业人口比例在2012~2015年逐年小幅上升，2016年比2015年下降了0.11%，其中阿富汗的失业人口比例最高，从2014年开始稳定在8.6%；其次为巴基斯坦，在6%左右波动；其他国家相对比较稳定。"一带一路"沿线失业人口比例最低的是东南亚地区，一直在3.2%以下。该地区文莱的失业人口比例最高，波动最大；印度尼西亚和菲律宾的失业人口所占比例也较高；其他国家均在4%以下，柬埔寨最低，不到0.5%。

表11 "一带一路"沿线地区失业人口[*]比例

单位：%

年份 地区	2010	2011	2012	2013	2014	2015	2016
东北亚	6.90	7.10	6.85	6.70	6.55	6.50	6.15
中亚	8.82	8.66	8.52	8.48	8.34	8.20	8.20
南亚	4.20	4.29	4.01	4.36	4.64	4.70	4.59
东南亚	3.16	3.04	2.89	3.08	3.04	2.96	2.93
中东欧	12.73	12.77	13.02	12.96	12.22	11.33	10.28
西亚北非	9.67	9.94	9.77	9.56	9.48	9.48	9.49

注：失业人口比例=总失业人数占劳动力总数的比例。

资料来源：世界银行模拟劳工组织估计数据。

4. 文化水平风险

本文衡量一个国家国民的文化水平选用的是世界银行发布的识字率指标。从表12可以看出,一个国家的居民受教育水平与该国的经济水平密切相关,低收入国家的国民识字率也低,如阿富汗、尼泊尔等;而如立陶宛、俄罗斯等高收入、中高等收入国家的识字率均在99%以上。

表12 "一带一路"沿线国家识字率分布情况

单位:%

比率	国家
<50	阿富汗、伊拉克
50~90	巴基斯坦、不丹、老挝、东帝汶、尼泊尔、孟加拉国、印度、埃及、缅甸、伊朗
90~99	科威特、约旦、文莱、菲律宾、新加坡、卡塔尔、阿尔巴尼亚、希腊、波黑、蒙古国
>99	克罗地亚、摩尔多瓦、格鲁吉亚、俄罗斯、亚美尼亚、哈萨克斯坦、阿塞拜疆、立陶宛、爱沙尼亚、拉脱维亚、乌克兰、乌兹别克斯坦

"一带一路"沿线有识字率统计值的47个国家中,有20多个国家的识字率低于95%。我国旅游业在对"一带一路"沿线国家投资时要充分考虑各国国情,区分不同区域和国民不同受教育水平,有效降低旅游对外投资所面临的国民平均受教育水平偏低、劳动力素质不高的风险。

(四)基础设施风险

基础设施建设对旅游业的发展有着十分重要的推动作用,完善的基础设施可以有效吸引投资。基础设施因素对我国旅游企业在"一带一路"沿线对外直接投资的规模、速度与效益有着直接、重大和深远的影响,是否拥有健全的基础设施建设是衡量区位优势的重要指标。从表13可以看出,评价为A级的为高收入且社会稳定的国家,基础设施健全;B级的多为中东欧、西亚北非地区国家;基础设施风险评级为C级、D级的一般是中亚、东南亚和南亚国家;风险最高的地区多为社会冲突频发、政局不稳的国家,如阿富汗、也门共和国、埃及、伊拉克等,中亚地区的塔吉克斯坦基础设施风险也很高。

表13 "一带一路"沿线国家基础设施风险评级

评级	国家
A	以色列、卡塔尔、新加坡、阿联酋
B	巴林、文莱、保加利亚、克罗地亚、捷克、爱沙尼亚、匈牙利、哈萨克斯坦、拉脱维亚、立陶宛、马来西亚、阿曼、波兰、罗马尼亚、俄罗斯、沙特阿拉伯、斯洛伐克、斯洛文尼亚、土耳其
C	阿尔巴尼亚、阿塞拜疆、白俄罗斯、格鲁吉亚、希腊、印度、印度尼西亚、伊朗、约旦、科威特、黎巴嫩、黑山、菲律宾、塞尔维亚、斯里兰卡、泰国、乌克兰、越南
D	亚美尼亚、孟加拉、不丹、波黑、柬埔寨、吉尔吉斯斯坦、摩尔多瓦、蒙古国、缅甸、尼泊尔、巴基斯坦、巴勒斯坦、叙利亚、土库曼斯坦、乌兹别克斯坦
E	阿富汗、东帝汶、埃及、伊拉克、老挝、塔吉克斯坦、也门共和国

注：A = 风险最低，E = 风险最高。

五 风险防控建议

旅游业海外投资机遇与风险并存，投资环境复杂多变，本文通过对各种风险因素的分析归类，制定可行的投资风险防范机制，并提出相应的防控对策与建议。

（一）加强顶层设计，深入研判投资环境

加强制定国家层面在"一带一路"沿线的对外旅游投资战略，综合制定加快中国旅游业"走出去"的一揽子政策，同时，基于地缘政治格局变化对投资影响的考虑，也应进一步建立健全投资安全保障机制，为中国企业对外旅游投资保驾护航。加强沿线智库建设与合作，共同开展"一带一路"旅游对外投资重大课题研究，综合考虑"一带一路"沿线国家和地区的政治环境、旅游经济规模、市场化程度、文化因素和基础设施水平等投资环境因素，加强对"一带一路"沿线国家和地区的旅游投资环境与潜力的研判，科学测算中国企业对外旅游投资的效应。

（二）注重地区差异，合理选择投资区域

"一带一路"沿途多是经济发展相对落后、政局稳定性存在挑战的国家。中国旅游企业对外直接投资应当充分认识到各国在自然环境、经济发展水平、安全状况等方面的投资环境差异，合理选择投资的对象国。应当充分发挥上海合作组织、世界旅游城市联合会等国际组织的协调机制和作用，处理好旅游投资流和旅游客流的双向互动，统筹中国出境旅游与跨国旅游投资的协同性。

另外，还需要科学地进行国内旅游企业在全球的战略布局，不能不加选择、不加区别地鼓励中国对外旅游投资。对目前我国旅游业主要出入境国家和地区应继续稳步推进旅游对外投资项目，借鉴国外先进的旅游管理经验，增强企业长期的经营效益。针对我国出入境旅游市场增速较快的国家和地区，应利用国家"一带一路"倡议提升旅游企业的竞争力，充分发挥先发优势，加快在"一带一路"沿线进行经营模式输出乃至企业品牌输出，提升中国企业在全球旅游业的影响力。

（三）聚焦旅游产业价值链，创新投资运营模式

目前，中国对外旅游投资主要集中在酒店领域，采用利用房地产来支撑旅游主营业务的商业模式，这在一定程度上反映出中国投资者对房地产估值的路径依赖性。针对我国出境旅游购物消费高的特征，应将投资的注意力转移到旅游产业链高价值增值领域，比如，旅游演艺、度假旅游、免税店购物等消费领域在"一带一路"沿线国家和地区具有广阔的投资发展空间。中国旅游集团在柬埔寨的免税店运营以及云南文投集团在柬埔寨投资"吴哥的微笑"旅游演艺项目等成功投资运营模式可以在"一带一路"沿线国家和地区进行推广和进一步的创新。不仅可以占据产业价值链的高端，而且也有利于传播中国文化，增强各国间文明互鉴，促进民心相通，进一步拓展我国旅游业的国际客源市场，从而提高旅游对外投资的经济效益。

参考文献

曹卫东主编《中国"一带一路"投资安全报告（2015~2016）》，社会科学文献出版社，2016。

包富华、朱美宁：《中国旅游业对外直接投资特征及其关联因素分析》，《商业研究》2017年第7期。

李瑞霞、薛群慧、郑炜曼：《泰国政局动荡对旅游业的影响及其对策分析》，《旅游研究》2010年第2期。

徐小庆：《俄罗斯腐败的政治根源与治理困境——基于政商关系的分析视角》，《国际政治与经济》，《新视野》2017年第3期。

张树华：《普京道路与俄罗斯政治的未来》，《俄罗斯研究》2012年第6期。

王玉柱：《蒙古国参与"一带一路"的动因、实施路径及存在问题》，《中国外交》2016年第4期。

孙壮志：《中亚安全格局与多边机制的作用》，《新疆师范大学学报》（哲学社会科学版）2013年第34期。

文富德、徐菲：《试论印度在中国"一带一路"倡议中的地位和作用》，《南亚研究》2016年第3期。

余南平、周生升：《后金融危机时代中东欧欧盟国家的政党政治结构变迁》，《俄罗斯研究》2014年第1期。

王宇洁：《教派主义与中东政治》，《阿拉伯世界研究》2013年第7期。

贺圣达：《东南亚地区战略格局与中国-东盟关系》，《东南亚南亚研究》2014年第1期。

周方治：《东南亚国家政治多元化及其对"一带一路"建设的影响》，《东南亚研究》2017年第4期。

孙健：《国际饭店集团跨国经营模式研究》，北京第二外国语学院硕士学位论文，2007。

张栋、董莉、郑红媛：《中亚五国经济和金融发展情况的比较研究（2009~2016年）》，《俄罗斯研究》2017年第3期。

陈利君、杨荣静：《2016年南亚地区经济发展形势与展望》，《东南亚南亚研究》2017年第1期。

吴磊、杨泽榆：《阿拉伯国家社会转型中经济发展面临的挑战》，《阿拉伯世界研究》2014年第5期。

郭挽峰：《希腊债务危机的演变、原因及传导机制研究》，《财政研究》2015年第

11期。

朱永彪、魏丽珺：《阿富汗安全形势及其对丝绸之路经济带的影响》，《南亚研究》2017年第3期。

曹兴、李沫燃：《西亚北非缘何成为世界民族宗教冲突的重灾区》，《新疆社会科学》2017年第3期。

李娟：《试论基础设施建设在旅游业发展中的作用》，《烟台职业学院学报》2013年第1期。

B.12
中国基建企业"一带一路"沿线国家并购风险及对策研究

梁昊光 康艺凡*

摘 要： 在"一带一路"背景下中国基建企业进行并购活动时，除传统政治、经济、文化、法律风险外，责任风险与道德舆论风险尤为突出。并购风险环环相扣，中国基建企业搭乘"一带一路"倡议便车提前实现全球化进程必须要正视其对企业责任和形象的要求，尽量规避因为搭便车带来的相关风险。

关键词： 基建企业 "一带一路" 海外并购 风险

2013年习近平主席提出的"一带一路"倡议将"五通"，即政策沟通、设施联通、贸易畅通、资金融通、民心相通作为合作重点，在保证自身发展的同时带动广大沿线发展中国家合力打造一个政治互信、经济融合、文化包容的利益共同体、命运共同体和责任共同体。"一带一路"建设非一朝一夕能够完成，基础设施作为"先头兵"是后续其他建设的硬件配套和载体，是"共商、共建、共享"的集中体现，愿意建设投入周期长的基础建设是中国提出"一带一路"倡议根本诚意之所在。中国一直将交通道路等基础设施建设摆在首位，从古代架桥修路、造福一方的个人行为到新中国成立

---

* 梁昊光，教授，博士生导师，北京第二外国语学院国家一带一路数据分析与决策支持北京市重点实验室主任，北京市首都发展研究院院长；康艺凡，北京第二外国语学院工商管理硕士研究生。

后，政府大规模主导中国交通网络的规划建设，新中国经济的繁荣和富裕成为交通建设重要性的最强有力的证明。交通道路规划畅通是资金流动、物资流转、人才运动的必要先决条件，不仅居于中国"一带一路"建设的优先领域，对于完善沿线国家基础设施建设、促进自由贸易、优化自身经济产业结构，建立良好经济循环体系同样至关重要。

但是基础设施建设作为一国之命脉，任何国家对其开放度都有慎重的约束，对国外企业的进入设置了较高的门槛，通过并购整合的方式绕过国别和行业壁垒无疑是一条捷径，但是中国基建企业在"一带一路"沿线国家进行并购活动时面临的不仅有传统的政治、法律、经济和文化风险，还因"一带一路"背景对企业跨国活动的特殊意义，而要审慎对待可能面临的责任、道德和舆论风险。

通常来讲，"基础设施"指为社会生产和居民生活提供公共服务的物质工程设施，是保证国家或地区社会经济活动正常进行的公共服务系统。参考世界银行对基础设施的定义和分类，对产出水平或生产效率有直接或间接提高作用的经济项目，本文将其划分为交通、能源、公用事业、建筑四大领域。其中交通业包括公路、铁路、机场、港口等项目；能源业主要研究石油天然气与电力行业；公用事业涵盖水利工程与通信网络；建筑业包括建筑与房地产。

一 在"一带一路"沿线并购概况

（一）中国并购状况

自2014年以来，丝路基金、亚洲基础设施投资银行等政府专项建设资金和多边金融机构的先后成立，为"一带一路"投融资提供了大量资金，据统计，目前投资项目集中在交通、能源、通信等领域，其比例超过85%。作为海外直接投资的重要方式——并购，近几年中国对外投资正式超过海外企业在华投资，并购交易数量和金额均仅次于美国，居于全球并购国别排序第二位（见图1）。

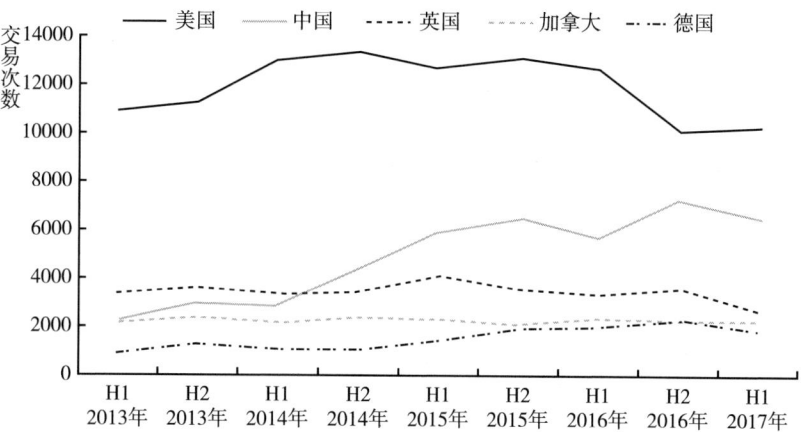

图1 并购交易次数排名前5位的国家2013~2017年并购交易次数（以半年度为单位）
数据来源：BVD数据库。

中企海外并购在2017年中出现下降，这是因为2017年8月国务院发布了《关于进一步引导和规范境外投资方向的指导意见》，这是在2016年底加强对外投资真实性和合规性审查的基础上，明确将境外投资项目分成了鼓励开展、限制开展和禁止开展三类情况，重点推进有利于"一带一路"建设和周边基础设施互联互通的境外投资。该指导意见不仅有利于保障有能力、有条件的企业开展真实合规的对外投资活动，鼓励境内企业参与"一带一路"建设和国际产能合作，而且挤掉了原本集中在房地产、酒店、影城、娱乐业等领域的"水分"。

（二）"一带一路"沿线国家基建发展特点

基础设施建设本身存在建设周期长、回报速度慢等问题，这是由行业性质决定的，与目标企业所在地并无直接关联。长远来看，基础设施类投资项目既会改善当地居民生活条件，同时也会有可观的盈利，所以目前各方参与的热情较高。总体来看，"一带一路"沿线跨国基建项目新签合同数呈现上升趋势，其中2015年达到近年最高，约为2014年的1.5倍，2016年虽然有所下降，但仍延续高位，这说明各国基础设施建设呈现扩张态势，特别是

2017年5月在北京举办的"一带一路"国际合作高峰论坛上签署了一大批合作备忘录,达成的具体成果有270多项(见图2),迫切需要后续基建设施紧密跟进,可以估计,未来"一带一路"国家基建市场潜力巨大。

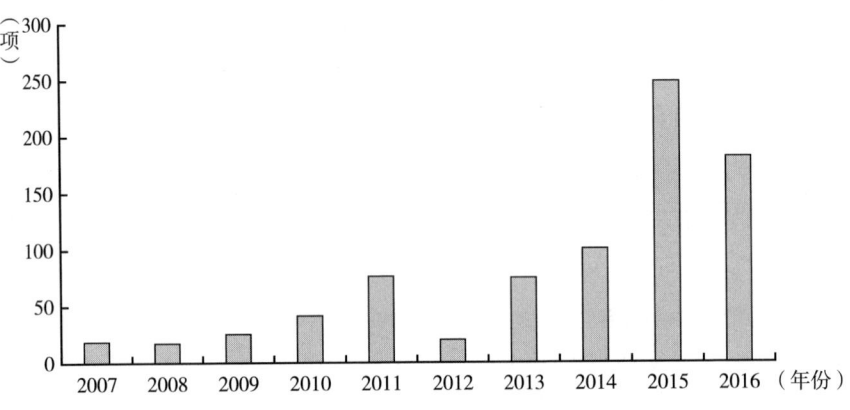

图2 "一带一路"沿线国家新签合同

数据来源:根据官方平台数据整理。

从行业角度来看,"一带一路"沿线国家基础设施项目建设中不同领域存在较大差异,产值占比差距明显,其中建筑行业平稳发展,约占39%,产值高且未来几年"一带一路"国家工业类建筑和保障性住宅发展空间大;交通行业约占35%,中欧班列陆续开通,起到了良好的示范作用,不仅承担部分国家公路升级改造业务,而且铁路、码头和空运需求同样旺盛。

从国别角度分析,"一带一路"沿线国家中中东欧国家相对周边欧洲邻国来讲,基建存在巨大缺口,产业升级需求迫切,且政治、金融等环境较稳定。同时东盟国家因为经济整体发展势头良好,对基建更新换代需求高且快,是"一带一路"沿线国家中我国基建业务量集中的地区。

(三)中国基建企业"一带一路"沿线并购概况

商务部日前公布的数据显示,2017年,中国企业对"一带一路"沿线

59个国家新增投资合计143.6亿美元，同比下降1.2%，占同期总额的12%，比2016年同期增加3.5个百分点。主要投向新加坡、马来西亚、老挝、印度尼西亚、巴基斯坦、越南、俄罗斯、阿联酋和柬埔寨等国家。其中在中企海外并购项目整体锐减50%、交易总额整体下降10.26%的情况下，对"一带一路"沿线国家实施的并购投资额却同比增长32.5%（见表1）。2017年中国境内企业对"一带一路"沿线国家实施并购62起，投资额88亿美元，同比增长32.5%（见表1），中石油集团和中国华信投资28亿美元联合收购阿联酋阿布扎比石油公司12%股权为其中最大项目。"一带一路"项目正在成长为中国对外投资的新引擎，激发了中国企业海外并购的热情。

表1 中国对"一带一路"沿线国家并购统计

年份	项目（项）	项目金额（亿美元）
2017	62	88
2016	115	66.4
2015	101	92.3

数据来源：根据政府平台数据整理。

与我国整体并购数据下降近三成的情况相比，中国对"一带一路"沿线国家并购投资额不降反增，显示出"一带一路"倡议对海外并购驱动力的强大作用，而且沿线基建项目虽然数量减少，但是总投资额上升，2017年，《关于进一步引导和规范境外投资方向的指导意见》的政府规范对行业指导作用明显（见表2）。

表2 2017年中国基建企业"一带一路"沿线国家主要并购事件

并购方	被并购方	地区	行业（证监会）
中兴通讯	Netaş	土耳其	通信及相关设备制造业
智动力	越南智动力	越南	其他电子设备制造业
复星医药	Gland Pharma	印度尼西亚	化学药品制剂制造业
中国国际广播电台	阿联酋 Citruss TV	阿联酋	电视
苏奥传感	Sp z o.o.	波兰	制造业

续表

并购方	被并购方	地区	行业（证监会）
诺力股份	诺力新加坡	新加坡	—
海南农垦	ART公司	新加坡	化学原料及化学制品制造业
志特新材	金思维新加坡	新加坡	建筑业
众业达	業伯有限	新加坡	电力、煤气及水的生产和供应业
沙隆达	ADAMA	以色列	其他农业
北京燃气集团	VChNG	俄罗斯	石油和天然气开采业
国家电网	希腊国家电网	希腊	电力、煤气及水的生产和供应业
天立坤鑫	越南永发	越南	制造业
竹田香港	和晶泰国	泰国	批发和零售贸易
开山股份	PT SOKORIA	印度尼西亚	采掘服务业

数据来源：根据清科并购数据库整理。

有别于邓宁等人所提出的传统的基于西方企业的国际化道路理论，国际生产折中理论强调被兼并企业的东道国区位优势，并且认为当企业本身强大到足以应对外来者劣势时才会选择国际化，而国际化的目的通常是拓展市场或者巩固竞争优势。但是中国基建企业并非如此，是在政策指引下，根据国家整体对外发展规划通过海外并购等方式升级企业自身价值链的模式来实现国际化的道路，中国企业的全球化并非典型，海外并购战略不能用传统的基于发达国家即只有具备绝对竞争优势的企业才可以进行国际化的假设进行路径选择。享受了"一带一路"建设便利化条件而实现企业自身的提前国际化，所以基于"一带一路"背景下的中国企业海外并购应该承担起相应的政治责任。

二 基建企业沿线并购风险

（一）责任风险

权利和义务相辅相成，"一带一路"背景下的中国基建企业并购在享受国家政策保证的同时，自然而然也应肩负丝路精神传承的责任，通过对东道国社会责任的履行，用自身的行为规范为中国提出的"一带一路"倡议做注脚，通过海外投资活动在全球范围内树立良好的中国企业和国家形象。

从企业跨境并购实践角度来讲，并购活动本质上是一个对比选择的问题，特别针对"一带一路"背景下的基建企业，除部分能源企业是为获取海外资源、弥补国内资源市场外，目前"走出去"的基建企业更多是在国家政策指引下在沿线国家进行产业布局，通过生产输出来获取利润，那么在战略选择上就不能盲目照搬以往发达国家的并购方式，即以品牌、技术或者能源为导向进行大规模并购整合。当前背景下的中国基建企业并购担负着剩余产能输出、市场扩张、品牌塑造以及后续"一带一路"倡议下贸易畅通、资金融通和民心相通的硬件基础设施建设责任。交通顺畅，资源方能流动，基建品质有口碑，才能赢得普通民众的信赖，为深化合作打下基础，所以中国基建企业在进行跨境并购时要重视品牌的建立、推广与经营，在目标企业选择时，要注重合理利用目标企业在东道国的影响，在绕开市场准入壁垒的同时，撕掉"中国制造"廉价的标签，让符合国际标准的产品质量与服务品质在企业全球化进程中向世界展现"一带一路"倡议的含金量。当然，冰冻三尺非一日之寒，脱离代工厂定位、升级价值链、赢取信任、打造品牌，并非一朝一夕可以完成，毕竟中国基建企业的目标不仅仅是"一带一路"沿线国家，想要被西方主流市场接受，在提升成本效益的同时，品牌建设同等重要。

"前事不忘，后事之师"，中国基建企业在全球化活动中要严格践行作为一个跨国企业的社会责任，在推进"一带一路"建设中树立良好的企业形象，努力刷新过去在跨国经营活动中留下的"不良"形象。同时企业要反思过去海外并购失败的原因，固然部分原因可以归结为运营环境不同造成意识形态和体制上的差异，但是不可否认，在过去中国企业跨境并购活动中确实有部分企业只是片面追求经济利益。随着"一带一路"建设的持续推进，中国企业"走出去"成为"新常态"，作为"先遣部队"的中国

基建企业要时刻警醒自己是否树立了良好榜样,须知改变成见付出的代价会更高。

(二)道德和舆论风险

中国基建企业在海外并购活动中搭乘"一带一路"建设便车,提前进行企业国际化发展,故而要严控可能面临的道德风险和舆论风险,塑造自身良好形象。即使和目标企业的决策机构一拍即合,也要警惕来自东道国政府、工人工会、媒体和其他非政府、非营利机构等第三方的压力,跨境并购活动是不可能回避这些冲突和质疑的。

在并购活动中要兼顾利益相关方,一方面,目标公司的管理层相对而言是最了解被并购企业运营情况的,其态度不仅决定并购的成败,而且影响并购后整合的顺利程度;另一方面,掌握核心技术的员工是目标企业最重要的人才资源之一,并购后的利益调整,会冲击固有的工作方式和工作态度,会影响他们对企业的忠诚度。另外,中国基建企业跨境投资往往忽视不在收购计划内的一些员工感受,倾向于只是提供单纯的失业补偿金,不重视工会对于并购和裁员的态度,埋下公关和企业信息隐患,尤其是准备裁员时,若恰好碰上当地大选或者其他游行抗议事件,媒体往往会借题发挥,使问题复杂化。所以企业提前调查好各方利益诉求,尽量在双赢和信任的前提下设计好应对方案,并长远周全地平衡投入与产出成本。

顺利完成并购整合后的企业会升级为跨国公司,它的企业战略规划、管理模式、产业布局也应进行相应的调整和升级,要从意识形态和机制运行的宏观层面上分析企业在国外面临的运营环境差异。除企业收益外,更要关注东道国的相关规定。比如,从社会责任方面关注当地的慈善和公益活动,环境发展方面符合绿色友好约束和排放规定,员工福利方面加强职业发展规划和企业文化建设,践行企业责任,树立正面形象,避免因受到道德层面的指摘而失败。同时,只有入乡随俗、符合东道国道德规范的企业才能真正开启"一带一路"倡议与沿线国家"共建"的规划。

(三)市场风险

1. 投融资障碍,并购投资受阻程度参差不齐

中国基建企业资金雄厚、技术成熟、国有控股比例大,其参与"一带一路"沿线国家建设积极性高的背后是对"一带一路"倡议中政府角色的信任,中国特色社会主义市场制度决定了中国政府政策释放的利好信号承兑程度高,中国基建企业习惯性依赖良好的政治环境。虽然多数沿线国家与中国签订了双边发展规划和基础设施建设纲领,但多数是以相对灵活的诸如谅解备忘录、联合声明、行政协议、临时安排、互换函件等非正式制度建设的载体为约束,并不能很好地保证投入周期长的基础设施建设的资金安全。而且在与并购投资息息相关的金融政策方面,一些国家在投资规模、投资方式、投资行业等方面仍然有明显限制,再加上部分地区贸易和投资保护主义有所抬头,政策差异大,制度壁垒问题依旧突出,提高了跨国企业进入的门槛(见表3)。

表3 部分国家的并购制度

国家	准入制度
阿联酋	对外资控股比例有要求,受当地法律限制,外资公司如果在当地设立有限公司,必须与当地公司合资,并且当地公司必须占51%以上的股份; 石化、水电、天然气工业由各酋长国拥有及管理,外商参与此领域的投资项目一般由政府控股
波兰	对中国等亚洲国家实行严格、复杂的工作许可审批制度和签证管理制度,且工作许可常附有限制条件; 据当地法律,投标文件和施工文件须经具有波兰资质的工程师签字方为有效;电工等技术岗位须持有波兰认可的职业资格证书,获取难度较大; 建筑机械和建筑材料进入波兰市场前均须通过欧盟 CE 认证和波兰 PN 认证。后者认证程序复杂
俄罗斯	俄罗斯制定了自成体系的国家标准及行业标准,与通用的国际标准有差别;投资方必须将所有技术标准转化成符合俄要求的国家标准,成本高,周期长; 实行外来劳务来俄务工俄语、俄国情知识考试制度,限制外来劳务数量;实行每年统一规定的全年外籍员工配额数量,但配额数量通常远远低于企业的实际需要;当地缺乏熟练劳动力,生产效率低

续表

国家	准入制度
泰国	建筑、工程服务业、工程建设等行业,须经商业部商业注册厅厅长根据外籍人经商营业委员会批准后方可开展。 有严格的劳工限制政策,普通劳工、制砖、木匠或其他建筑工种、建筑规划设计(专业技术专家除外)等39类工种,限制外籍人士进入
以色列	政府投资在500万美元特别提款权及以上的公共工程项目,只对《政府采购协议》成员开放,非成员国家的企业禁止参与
印度尼西亚	实行土地私有,外国人或外国公司在印度尼西亚不能拥有土地;外商直接投资企业可以拥有受限制的建筑权、使用权和开发权,有时长限制; 外企只允许参与在1000亿卢比以上建筑价值和200亿卢比以上采购和服务价值的政府基础设施工程的投标; 用工限制极为严格,原则上不允许外国人在印度尼西亚境内工作,特别是基础设施建设方面,虽然缺少熟练的技术工人也不能输入外籍劳务
越南	越南严格限制普通外籍劳务人员数量,明确规定只有越南劳务无法胜任的生产、经营管理人员和专家才可引入; 越方规定,入越从事商业行为只能针对邀请函发出单位,不能对其他单位从事商业行为,对核心业务需要服务多家客户的售后服务类企业设置了明显障碍(如:设备维修) 为加强对外籍劳务人员管理,越南政府加大了对在建外资项目、投资企业外籍劳务人员的突击检查力度

资料来源:根据《国别投资经营便利化状况报告(2016)》整理。

2. 基建行业门槛高

毋庸置疑,基建行业是一国发展的命脉,基础设施是一切企业、单位和居民生产、生活的物质基础,建设滞后可能成为制约发展的瓶颈,鉴于此,每一个国家和地区都会尽力将基础设施建设掌控在自己手中,避免受制于人,陷于被动,即使迫于国情现状需要其他国家进入也会人为设置障碍,提高进入门槛。据统计,2006~2016年,中国在"一带一路"沿线国家投资失败的大型项目主要分布于西亚、东盟和南亚地区,其中能源和交通占比约为75%,中国石油对伊朗47亿美元和中国水电对伊朗20亿美元两个项目投资失败金额最高。究其原因,最主要的并购失败在于对敏感的基建项目投资规模过大,引起了东道国恐慌和其他经济体的警惕与防备。

分析"一带一路"沿线国家基建行业准入制度,可以看到,部分国家基建行业开放度不高，比如蒙古国规定："外国国有资产法人在矿业、金融、通信领域开展经营活动且持股比例达到33%或以上的，须报主管投资事务的中央行政机关（外国投资局）进行审批。"菲律宾规定："对外资试行'资质许可管理模式'，水电、通信和运输等基础设施工程的承包商需要获得公共事业许可证，且菲方持股比例不能低于60%，同时，外方不得承揽由菲律宾本地资金投资的建筑工程项目。"马来西亚不允许外国工程公司单独担任总承包商，外国公司只能从当地公司中分包工程。诸如此类，很多国家对外国企业进行基建招标的资质、金额、具体行业都有严格规定，为此中国基建企业在目标国实行并购整合势在必行。

（四）政治风险

与其他行业相比，基建行业因为回报周期长，对政治环境依赖程度更高，政府更迭、恐怖主义、区域冲突等问题给"一带一路"基础设施建设带来诸多不确定因素。比如巴基斯坦作为"一带一路"六大经济走廊的重头戏——中巴经济走廊的伙伴国，对外长期面临印度、伊朗和阿富汗的威胁，对内军人专制和文官制度你争我夺，再加上塔利班势力在巴境内的长期盘亘，错综复杂的政治环境极大消耗了巴基斯坦的实力。作为"一带一路"建设的示范国家，在政治安全都得不到保障的情况下，中国基建企业衡量跨国并购政治风险时既要考虑短期可能有的冲突，又要防范长期可预测的风险，这不仅要求决策者充分了解当地政治生态，而且要随时准备启用应急预案，同时因为中国基建企业在"一带一路"沿线国家投资时潜在承担着对"一带一路"倡议的宣传和建设责任，中国政府也应该与"一带一路"沿线的多数国家保持较友好的政治关系，通过政府间活动，有效缓解中国基建企业在"一带一路"地区面临的国别投资风险，让中国企业放心大胆地"走出去"，依托国家的政策支持，有信心在投资风险较高的地区获得投资回报。

从行业细分，2013年以来的乌克兰危机加剧了东欧政局动荡，对俄罗斯的制裁又影响了以原油市场为主的大宗商品市场，给能源行业带来较大风险；南亚印度、阿富汗和巴基斯坦等国的民族矛盾明显影响了公路、铁路、油气管道及光缆覆盖建设；越南、印度等国家与我国的领土纷争影响了南广高速公路、高铁等一系列建设布局，地缘政治风险威胁跨国基础设施建设安全。参考社会科学院针对"一带一路"沿线国家最新发布的《2018年度中国海外投资国家风险评级》报告可以看出，低风险级别（AAA-AA）延续上一年，仍然仅有新加坡一个国家；中等风险级别（A-BBB）包括27个国家，有所好转，其余均为高风险级别（BB-B）。所以在"一带一路"沿线国家进行基建行业的并购活动时要时刻警惕恐怖主义、区域冲突、难民等问题对企业活动的影响。

三 中国基建企业海外并购风险对策

（一）政府层面

1. 顶层设计，创造便利条件

中国政府通过"一带一路"建设带动与沿线国家的外交和经贸谈判，付出巨大的努力创造了与沿线国家贸易的便利化条件，用相关贸易投资保护协定降低行业准入门槛、打破基建壁垒，用政府信用为投融资安全和行业长期规划可靠性背书。但是，当前"一带一路"倡议极力避免潜在的、可衡量要求的正式条约，通过谅解备忘录、联合声明、行政协议、临时安排、互换函件等非正式制度建设的载体打造灵活的合作关系，固然非正式制度比正式成文条约能够更敏锐地把握世界政治力量的变迁和治理结构转型的客观趋势，有助于先易后难、先近后远地将相关国家有序纳入，根据不同国情不同地区量体裁衣，但是过分灵活的非正式条约的强制性和约束性较差，不能长远地对协议约定国起法律制约作用。所以政府应该与"一带一路"沿线国家就基础设施建设等投入周期长的行业进行探讨，以保障中国基建企业在跨境并购中的合法利益。目前，中国签署的投资协定主要是从投资输入国的角度拟订的，身份角色转化为投资输出国后权益缺乏律法支撑，政府应就中国基建企业跨境海外投资积极与"一带一路"沿线国家进行细化规定，抗诉不符合世贸规则的国家贸易保护行为，支持中国企业在海外依法维权，要求东道国政府和法律公正、透明地保护中国企业的合法权益。

2. 规范经营，强化社会责任

国家发改委、商务部等相关部门应进一步采取措施规范约束中国企业海外并购行为，尤其是要研究针对"一带一路"沿线国家合法合规经营的监管措施和奖惩机制，以确保中国海外并购投资企业认真贯彻丝路精神，履行社会责任，尊重各自的核心利益以及势力范围，争取互利双赢。社会效应互利互惠是当今世界国家间经济合作的根本基础，为此，习近平主席十分强调"一带一路"倡议要坚持互利性，即对外合作要互利共赢，不能只顾自身利益，还要兼顾其他国家的利益，坚持"共商、共建、共享"的原则，在并购中提升双方的信任水平，降低后续整合风险。

（二）企业层面

1. 加强沟通，规避道德舆论风险

在国内，多数企业采用沉默策略应对媒体质疑，很少在出现问题时主动与媒体、消费者进行沟通并致歉，而在国外则与之相反，一经发现企业否认事实、找借口推卸责任，企业的品牌形象就会大受影响。所以并购后国际化的中国企业要积极透明地与各相关方展开沟通，改进对外公关的方式。并购时的沟通便于企业了解各方利益诉求，完善整体并购方案，一旦遇到难以克服的困难应随时暂停并购活动，最大限度地掌握并购的主动权，而且多接触工会、社会团体，多参与社区公益活动，增加正面曝光率有助于提升企业的社会美誉度。并购完成后积极主动的沟通策略能确保整合效果、降低风险，同时积累的经验也有助于做好危机公关。

2. 预警保险，降低政治经济风险

中国基建企业在海外进行并购活动时应完善投资策略，根据不同行业领域灵活确定投资规模，分期分量对能源资源等敏感行业进行投资，避免引起东道国当局关注，降低政治风险。中国基建企业在"走出去"之前应做好

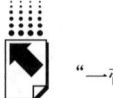

尽职调查，设立独立的海外投资风险评估部门，收集"一带一路"沿线国家的信息，加大对风险评估的投入力度，加强项目投资前的尽职调查和项目运作中的风险预警与突发事件应对准备，着眼于项目所在地的实际发展情况和当地人民的现实需求，积极鼓励企业履行社会责任。国家财政应加大对研究机构和高校在国家风险识别与评估方面研究的支持力度，提高国家风险分析报告的质量，为中国企业海外投资提供参考。

完善海外投资保险制度。大部分中国基建企业规模大、信用度高，能够选择的参保机构多，既可以向国内保险公司购买保险，也可以在目标国家的保险公司进行投保，甚至可以选择混合投保的方式。但是目前中国基建企业，甚至国内大部分企业投保意识还不强，偶有投保也多局限于国内的保险机构，在东道国的保险机构投保很少，甚至不予投保。因此，中国基建企业进行海外并购时要有防范风险的积极态度，强化向保险公司投保意识，通过保险公司为并购项目入保，让保险公司承担部分并购风险。

B.13 "一带一路"背景下中国跨境交通基础设施建设投资风险及创新研究

李祯琪*

摘　要： 交通互联互通是区域经济协调发展的重要前提条件之一，是"一带一路"经济带沿线国家对发展的诉求，同时也是中国在大国发展的新型背景下，实现伟大复兴的重要倡议。亚洲基础设施投资银行、丝路基金等金融机构的成立，为交通基础设施的建设提供了金融支撑，我国政府及企业对外投资结构有了新的变化。"一带一路"为中国企业"走出去"提供了前所未有的巨大机遇，但同时也伴随着不可忽视的显性或隐性风险。此外，跨境交通基础设施项目具有投资成本大、建设和回报周期长等特点，对"一带一路"背景下中国跨境交通基础设施建设投资风险及创新进行研究具有重要的现实意义。

关键词： "一带一路"　交通基础设施　建设风险　投融资模式

一　交通互联互通："一带一路"建设的重要突破口

人员和文化的交流、货物和生产资料的运输都离不开交通基础设施，交

---

* 李祯琪，北京交通大学经济管理学院博士。

通运输是人类社会中最基本的经济活动之一。贸易需求的增加催生了对更高运输效率的需求，先进的运输方式意味着更低的运输成本，可以突破地域限制，缩短时空距离，实现人和物的空间流动，加强区域经济的空间关联。交通基础设施与经济发展之间是一种互推互拉的关系，尤其在基础设施不完善的发展中国家，增加交通基础设施建设投资，能产生巨大的社会效益，对经济增长以及区域经济一体化具有实质性的促进作用。

交通运输与经济发展的关系是运输经济学中的重要研究课题，很多学者针对该问题做了大量的理论与实证研究。Hanson 基于克鲁格曼的经济地理模型设定了一个含有运输成本参数的市场潜能模型，研究结果表明，交通运输成本对市场潜能具有显著的正向影响。[1] 刘生龙和胡鞍钢通过实证研究发现差异化的地理区位条件和交通基础设施条件在区域经济发展差距中扮演了重要的角色，区域交通一体化是实现区域经济一体化发展的关键。[2] Redding 和 Turner 甚至认为交通运输是影响区域经济往来的最根本因素。[3]

在世界多极化、经济全球化的大背景下，中国改革开放进入新时期，"一带一路"是在大国发展的新型背景下，中国为实现伟大复兴而提出的重要倡议。表1列出了自"一带一路"倡议提出以来，对于助推"六大经济走廊"建设具有重大意义的标志性事件。

表1 "一带一路"里程碑事件

2013年9月	习近平主席在哈萨克斯坦的纳扎尔巴耶夫大学的演讲中提出了建设丝绸之路经济带的倡议
2013年10月	习近平在印度尼西亚的一场议会演讲中提出了建设海上丝绸之路经济带的倡议
2013年12月	习近平在中央经济工作会议上正式提出了丝绸之路经济带的概念

---

[1] Hanson, G. H., "Market Potential, Increasing Returns and Geographic Concentration," *Journal of International Economics* 67 (1), 2005: 1-24.

[2] 刘生龙、胡鞍钢：《交通基础设施与经济增长：中国区域差距的视角》，《中国工业经济》2010年第4期；刘生龙、胡鞍钢：《交通基础设施与中国区域经济一体化》，《经济研究》2011年第3期。

[3] Redding, S. J., Turner, M. A., "Transportation Costs and the Spatial Organization of Economic Activity," National Bureau of Economic Research, 2014.

续表

2014 年 2 月	中俄就跨欧亚铁路与"一带一路"的对接达成相关协议
2014 年 3 月	2014 年政府工作报告中提出了加速执行"一带一路"建设
2014 年 11 月	习近平在 APEC 会议中提出中国将出资 400 亿美金设立丝路基金
2015 年 2 月	中国设立了"一带一路"工作委员会,专注于"一带一路"政策的实施
2015 年 3 月	中国提出了主题为"共建丝绸之路经济带和 21 世纪海上丝绸之路的愿景与行动"的计划
2015 年 12 月	亚洲基础设施投资银行建立
2016 年 8 月	习近平参加了中国"一带一路"工作会议,并强调了该倡议的重要性
2017 年 5 月	28 国首脑参加了在北京举办的"一带一路"国际合作论坛

"一带一路"沿线大部分国家处在欧盟和环太平洋经济带两个引擎之间的"凹陷地带",经济发展水平与两端的经济圈差距巨大。图 1 为不同国家地区进出口运输需要花费的时间,从图 1 中可以看出处于拗陷带的中亚、西亚、中东等国家国际贸易运输成本极高。沿线大部分国家地理位置优越,资源丰富,但交通等基础设施落后,造成贸易运输成本非常高,阻碍了区域间的贸易往来。

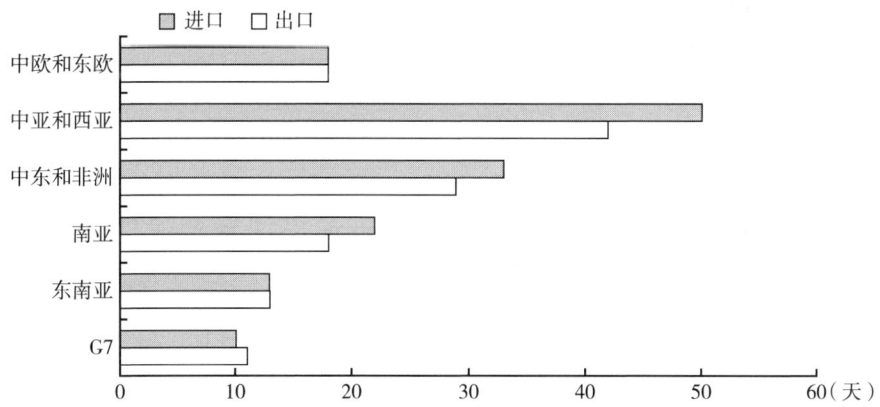

图 1 不同国家/地区进出口需要花费的时间

注：G7 指加拿大、法国、德国、意大利、日本、英国、美国。
数据来源：世界银行。

交通互联互通对亚欧区域经济共同繁荣有着重要的促进作用。随着"一带一路"倡议的推进,有学者对"一带一路"的经济影响进行了深入研究,如James Villafuerte 等,他们利用 GTAP 模型得到了"一带一路"主要沿线国家之间贸易往来时的运输成本,并通过比较静态模拟"一带一路"对沿线国家的经济影响,发现交通基础设施的改善对中亚、南亚、欧洲等国家的 GDP 增长具有显著促进作用,每降低 1 个单位的运输成本,这些地区的经济增长就会在原基础上提高 0.1~0.7 个百分点。①

抓住关键节点、打通缺失路段、提升道路通达水平、形成互联互通的立体交通运输网络,是沿线国家发展经济的诉求。当前,中国在交通基础设施建设领域处于国际领先地位,在技术要求和供给能力方面完全能够满足我国企业进行国际输出。境外交通基础设施投资建设不仅能解决"一带一路"沿线国家交通基础设施建设在资金和技术方面的瓶颈限制问题,而且能刺激海外新兴投资市场的形成,为我国优势资本培育国际市场,实现新常态下的国际产能合作。

综上所述,交通特殊的社会和经济地位,使其成为实现"一带一路"互联互通的重要突破口。完善"一带一路"沿线国家交通基础设施,实现交通互联互通,能极大地降低各国贸易运输成本,促进经济往来,联通亚欧经济点,形成多个新的经济增长点,实现亚欧区域共同繁荣。

二 我国"一带一路"交通基础设施投资建设现状

商务部自 2015 年开始对"一带一路"相关国家经贸合作进行统计,其中 2015 年投资总额达到 148.2 亿美元,增幅为 18.2%。2016 年投资总额下滑至 145.3 亿美元,2017 年的下滑幅度略有收窄,我国企业对"一带一路"沿线的 59 个国家有新增投资 143.6 亿美元,占同期总额的 12%,企业对

---

① Villafuerte, Corong and Zhuang, "The One Belt, One Road Initiative Impact on Trade and Growth," Annual Conference on Global Economic Analysis, 2016.

"一带一路"投资占比也较2016年提升了3.5个百分点，但仍低于2015年13%的水平，且整体占比偏低。这反映出更多的对外直接投资仍然倾向于政局稳定、技术先进的国家，这样的投资方向，无疑符合政府倡导的理性投资理念，投资的初衷也以获取投资回报为宗旨。在区位分布方面，中国对"一带一路"直接投资主要集中在东南亚（东盟）、中东（西亚）和南亚地区，如2017年主要投向新加坡、马来西亚、老挝、印度尼西亚、巴基斯坦、越南、俄罗斯、阿联酋和柬埔寨等国家。随着各种支持机构的成立和各方面政策的完善，"一带一路"建设取得了一系列重大进展，一大批重要交通基础设施项目陆续落地，促进了不同地区之间人员和物资的流动，带动了"一带一路"沿线国家经济的发展。

中国对"一带一路"东盟国家的投资主要集中在以下几个行业：电力、燃气及水的生产和供应业，建筑业，交通运输、仓储和邮政业，水利、环境和公共设施管理业等。图2是2011~2016年在主要的四个投资产业上，中国对东盟直接投资额的变化，可以发现从2015年开始，对水利、环境和公共设施管理业的直接投资迅速增加，交通运输、仓储和邮政业的直接投资呈紧缩的趋势。

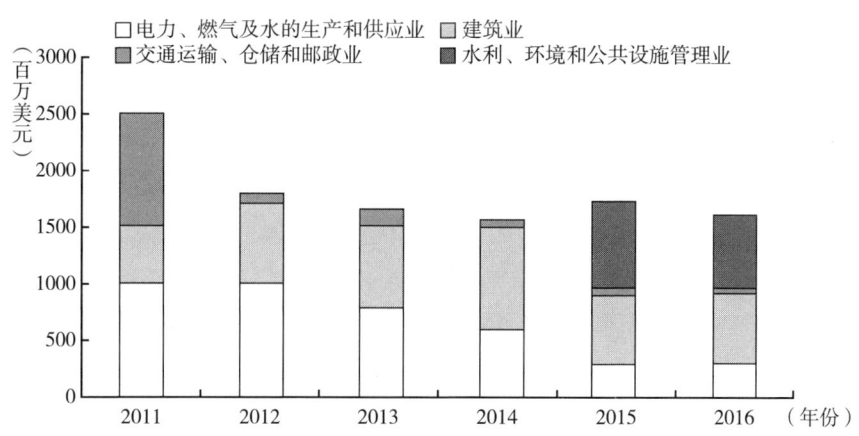

图2 中国对东盟直接投资的变化（2011~2016年）

数据来源：商务部、国家统计局和外汇管理局。

中国积极在东南亚推进中南半岛经济走廊的形成,在"一带一路"的6个走廊中,中国—中南半岛经济走廊主要承担国际投资和贸易等职能。表2为"一带一路"倡议下东盟国家部分交通基础设施项目,从表2中也可以看出交通基础设施建设项目具有规模大、周期长、成本高等特点。

表2 "一带一路"倡议下东盟国家部分交通基础设施项目

项目	修建地点	修建长度（公里）	状态	预估成本（百万美元）
铁路				
金边—胡志明市	越南/柬埔寨	384	提议	600
磨丁—万象	老挝	421	在建	7000
沙湾拿吉—寮保	老挝	220	在建	4000
曼谷—廊开	泰国	873	在建	11360
曼谷—清迈	泰国	715	提议	14000
吉隆坡—新加坡	马来西亚/新加坡	350	竣工	15000
雅加达—万隆	印度尼西亚	150	在建	5135
东海岸铁路	马来西亚	620	在建	13000
金马士—新山	马来西亚	197	在建	2000
港口				
科伦坡	斯里兰卡		推延	1400
瓜达尔	巴基斯坦		在建	1000
关丹	马来西亚		扩建中	700
土瓦	缅甸		竣工	1700

数据来源:《关于东盟连通性的总体计划2025》。

三 跨境交通基础设施投资建设的特殊性及风险

（一）跨境交通基础设施投资建设的特殊性

包括交通在内的基础设施项目具有一些独有的特征。首先,由于公共基础设施一般具有规模报酬递增的经济特性,因此建设规模巨大,沉淀成本非常高。其次，交通等基础设施建设周期很长，项目包括前期规划与设计、中期建设、后期测试等多个阶段，投入资金不可能在短期内得到回收。以铁路为例，一般铁路建设需要5~8年，加上前期规划设计工作，往往需要10年左右，其他大型运输网络建设则需要更久时间。再次，大多数基础设施项目建设要求高、施工难度大，设备的技术标准也高。最后，交通基础设施具有很强的外部经济性，如新建一条铁路，铁路沿线城市土地的经济价值会翻倍增长，但是这些外部收益无法计入投资者的总收益，这种特性使得该行业收益率往往低于其他生产部门。

表3是境内和境外交通基础设施建设以及非基建项目特征之间的对比。影响国内交通基础设施建设或非基建项目的因素主要来自经济和政策层面，其中经济因素指国内外经济周期波动、价格波动、汇率变动等；政策因素指由于国家调控，干预或扶持等产业或经济政策的实施带来的较大影响。境外交通基础设施建设除了受经济波动以及两国政府政策的影响之外，还会受到文化因素以及政治因素的影响。此外，交通基础设施建设具有沉淀成本巨大、建设周期长、技术要求高等特点，这三个特点造成了交通基础设施建设投融资难的问题，而境外交通基础设施建设需要的投入成本更大、建设周期更长、技术要求更严格，投融资的难度不言而喻。

表3 境内外交通基础设施建设以及非基建项目特征对比

		境内交通基础设施建设	境外交通基础设施建设	境内非基建项目	境外非基建项目
不确定影响因素	经济因素	有	有	有	有
	文化因素	无	有	无	有
	政治因素	无	有	无	有
	政策因素	有	有	有	有
投入成本		高	更高	一般	一般
建设周期		长	更长	一般	一般
技术要求		严格	更严格	一般	一般

（二）跨境交通基础设施投资建设风险分析

跨境投资更具风险性，而且很多风险属于不可控因素，根据风险原因的不同可以将这些风险分为东道国政治风险、地缘政治风险、政策风险、经济风险、文化差异风险和运营风险等多个方面，境外交通基础设施投资建设的特殊性决定了其更具有风险性，除了以上风险还包括技术差异风险。

（1）东道国政治风险。东道国政治风险指在东道国内发生的，政权更迭、政治暴乱、内战、恐怖主义等政治因素使得项目无法按照协议正常开展并造成投资损失的风险。这样的风险无法预见，具有不可抗性，大大增加了"一带一路"交通基础设施投资建设的风险。例如，2011年爆发的利比亚武装冲突导致我国企业在该地区基础设施方面的投资损失近200亿美元。在个别"一带一路"沿线国家，尤其是在非洲、东南亚和中东，由于各种因素的影响，政治经济条件通常具有不确定性。如果这些国家或地区的政治和经济条件发生重大变化，项目将面临风险，甚至可能会遭受巨大损失。

（2）地缘政治风险。地缘政治风险指复杂的地缘政治因素使得项目无法按照协议正常开展并造成投资损失的风险。地缘政治是"一带一路"交通基础设施项目是否能够顺利进行的关键因素。"一带一路"项目的成功在很大程度上取决于项目所在国政府权力的支持，以及当地金融机构的经济援助。良好的外交关系将有助于推进"一带一路"项目的进度，中国—巴基斯坦经济走廊和马来西亚境内的多个项目都证明了这一点。中缅公路和铁路是打通"一带一路"的重要一环，2010年中缅皎漂—昆明铁路工程项目公开，2011年缅甸新任总统上台，原定于2011年开工修建、连接中缅两国的铁路线暂缓施工，2013年，日本内阁副首相访问缅甸时表示，将放弃缅甸拖欠的债务。2014年3月，在中国构建泛亚铁路蓝图之际，日本宣布无偿援助缅甸78亿日元，帮助修建铁路等设施，并声称此举是日方对中国的牵制，皎漂—昆明铁路项目从此被搁置。

（3）政策风险。政策风险指由于东道国国家政策变化而对"一带一路"投资产业产生较大影响的风险。这些政策可能是宏观层面上的产业发展规划与调控政策，也可能是针对项目具体实施过程中涉及建造或运营的微观层面上的准则性规定。

（4）经济风险。经济风险指东道国宏观经济变化、通胀率变化、价格波动、汇率变动或经济周期变动等因素造成"一带一路"境外投资收益受损的风险。例如，项目所在国的商品市场价格发生重大波动、原材料价格上涨时，生产和经营成本会增加，并导致这些项目的回报率降低。又如，汇率波动会对以外币计价的合同的执行产生不利影响。

（5）文化差异风险。随着"一带一路"的深化，文化差异造成的矛盾进一步凸显。"一带一路"沿线国家众多，不同国家不仅语言差异较大，历史文化背景、宗教信仰和风俗文化也迥异，这些都是境外基础设施投资建设过程中遇到阻力的主要原因。"一带一路"境外投资项目就有因遭到东道国民众抵制最终不得不停滞的例子。此外，文化差异不仅包括民众对外来投资的接受程度的不同，还包括具体项目实施中涉及的经营管理理念和方式的不同。

（6）运营风险。"一带一路"项目规模庞大，涉及大量的投资与长时间的建设和运营，经营者经常处在严酷和恶劣的环境中，使这些项目面临较高的经营风险。大多数"一带一路"项目，特别是在施工阶段，还可能面临很多自然问题，如滑坡、泥石流、洪水等一些固有的安全风险。

（7）技术差异风险。技术差异风险指由于"一带一路"交通基础设施项目涉及的不同国家技术标准不一致，无法统一标准使得项目停滞、造成经济损失的风险。基础设施项目建设要求高、施工难度大、设备的技术标准高，而不同国家若是技术标准有所不同，哪怕是细微差异也会阻碍项目进展。例如泛亚铁路的修建，不同国家对铁路轨道有不同的规定标准，中国是标准轨距，东南亚各国普遍是米轨，不同的轨道有不同的技术标准，连接起来困难很大。

四 跨境交通基础设施投融资创新

（一）利用开发性金融获取投融资

政策性金融机构在"一带一路"交通基础设施建设项目中发挥着重要的作用，随着"一带一路"经济发展活跃性的提高，一方面，我国越来越多有对接能力的企业或机构的对外投资需求日益增加。在政策性金融的基础上应该更多地鼓励利用开发性金融，以国家信用为基础，引入资本市场运作机制，使融资来源多元化，提高资本利用效率。另一方面，鉴于跨境基础设施建设投资大、周期长等固有特点，更需要建立以政府投资为主导的开发性金融机构，以中长期投融资为手段，升级传统政策性银行效能。

至2017年，我国金融机构在跨境融资服务领域已取得一定成效，表4列出了部分主要的"一带一路"交通基础设施建设投融资机构，并对这些机构进行了简单介绍。这些投融资机构包括亚洲基础设施投资银行、中国政策性银行（国家开发银行、中国进出口银行、中国农业发展银行）、中国四大国有商业银行（中国银行、中国工商银行、中国农业银行、中国建设银行）、丝绸之路基金、中国保险投资基金、中国—东盟投资合作基金、丝绸之路黄金基金、绿色丝绸之路股权投资基金、投资公司等。

表4 "一带一路"项目的投融资机构

机构名称	机构介绍	制度/标准
亚洲基础设施投资银行	许多亚投行的成员是"一带一路"沿线国家。习近平主席非常鼓励亚投行参与"丝绸之路经济带和21世纪海上丝绸之路"的建设	环境和社会框架

续表

机构名称	机构介绍	制度/标准
中国政策性银行	国家开发银行:该政策性银行通过提供中长期融资,强有力地协助被投资者发展"经济、健康、繁荣的现代化社区"。该银行的投资活跃在世界各地,许多项目属于"一带一路"倡议下的项目	内部政策和项目评估
	中国进出口银行:一家旨在促进出口和中国产品和设备进口的政策性银行,协助中国企业进行海外承包和投资,促进国际经济合作和贸易。活跃于世界各地,许多项目属于"一带一路"倡议下的项目	具有针对国内外投资项目的基本指导原则
	中国农业发展银行:一家旨在促进农业和农村发展的政策性银行。在国外的投资活动比其他政策性银行要少,但有迹象表明,该银行将积极参与"一带一路"国家的农业投资	未发布
中国四大国有商业银行	中国银行:2015年该银行的海外活动集中在东盟国家,以推进"一带一路"的建设。2015~2017年,陆续投资1000亿美元到"一带一路"项目上	所有银行都有内部政策处理客户、项目评估和绿色信贷等问题。一些政策已经公开发布
	中国工商银行:2015年,该银行与丝绸之路基金、国家开发银行和中国进出口银行共同投资巴基斯坦的"一带一路"基础设施建设项目。2014年,该银行与中国出口信用保险公司共同推进"一带一路"投资,包括对孟加拉—中国—印度—缅甸经济走廊的投资	
	中国农业银行:与中国其他主要商业银行相比,海外投资不太活跃,但它的海外投资额正在增长。该行表示,未来几年的优先事项之一将是促进中国企业在"一带一路"倡议下走出国门。此外,该银行与丝绸之路基金签署了合作协议	
	中国建设银行:该银行与新加坡海外投资机构签署了一个备忘录,承诺将在"一带一路"项目中投资超过222亿美元	
丝绸之路基金	为支持"一带一路"建设而设立的400亿美元投资基金。出资人是中国国家外汇管理局(65%)、中国国家投资公司(15%)、中国进出口银行(15%)、中国建设银行(5%)	未知
中国保险投资基金	国务院2015年7月批准但尚未运营。该基金总额约为480亿美元,由中国的若干家保险公司出资,将在中国国内和海外进行投资。据国务院透露,该基金将积极参与投资"一带一路"项目	未知

续表

机构名称	机构介绍	制度/标准
中国-东盟投资合作基金	总额达10亿美元的投资基金,投资目标是东盟国家的基础设施、能源、矿产和农业。该基金是在"一带一路"倡议提出之前几年设立的,但很可能在该倡议的路线内进行项目投资	已有投资指导原则
丝绸之路黄金基金	旨在5~7年内筹集1000亿元人民币(160亿美元),用于投资丝绸之路上的黄金相关企业和矿业公司。该基金的大部分将由山东黄金集团(35%)和陕西黄金集团(25%)持有,其余由金融机构拥有	未知
绿色丝绸之路股权投资基金	由中国的私人民营企业设立的总额达48亿美元的股权投资基金。该基金将在中国和其他丝绸之路沿线国家重点投资太阳能电池板、清洁能源和生态修复产业	未知
投资公司	中国信托有限公司:作为一家全球投资多元化的国有持股公司,中信声称在未来10年内将在"一带一路"沿线国家投资1120亿美元	未知
投资公司	中国国家投资公司:该公司负责管理一部分中国外汇储备的主权财富基金。中投公司的投资子公司计划将50亿~100亿美元用于"一带一路"沿线国家的海外投资。此外,该公司贡献了15%的丝绸之路基金的初始资本	未知
投资公司	中国民生投资公司:一家民营金融投资集团。该集团在新加坡建立了中国民生国际控股公司,并以15亿美元的初始资本投入"一带一路"项目	未知

(二)跨境交通基础设施建设引入创新投融资模式

"一带一路"交通基础设施项目应该在融资模式上引入更多创新,多种模式相配合。信贷、债券、股权、公共资金支持是其中最基本的方式,在这些方式基础上,随着金融技术的发展,又出现了一些衍生工具,包括BOT、PPP、混合融资、各种资产证券化产品以及与租赁有关的融资工具等。

越来越多的"一带一路"沿线国家对BOT模式(建设—运营—移交)和PPP模式(公私合营)给出了政策性规定,为"一带一路"基础设施建设提供了依据。BOT模式指项目所在国将基础设施建设、运营权让渡给项目中标方，由中标方负责融资、建设、运营以及维护，并承担相应的风险。特许期满后，中标方将整个项目以较低成本或者无偿移交给政府机构。PPP模式指政府和社会私人资本合作，共同提供某种公共产品或服务，双方共同运营，风险也由双方共同承担（见图3）。PPP模式可以减轻政府财政负担，分散风险，是政府和企业建立互利互惠关系的有效途径，在基础设施建设中受到广泛应用。

"一带一路"交通基础设施建设仍然面临着巨大的资金缺口问题，而这类项目投资具有很大的风险，巨大的风险阻碍了社会私人资本的进入，金融创新的衍生工具具有避险保值和降低社会交易成本的功效，有助于投资者识别、分离各种风险构成，使他们能根据各种风险的大小和自己的偏好更有效地配置资金，有时甚至可以根据客户的特殊需要设计出规避部分风险的特殊产品，有助于社会私人资本进入境外基础设施项目。

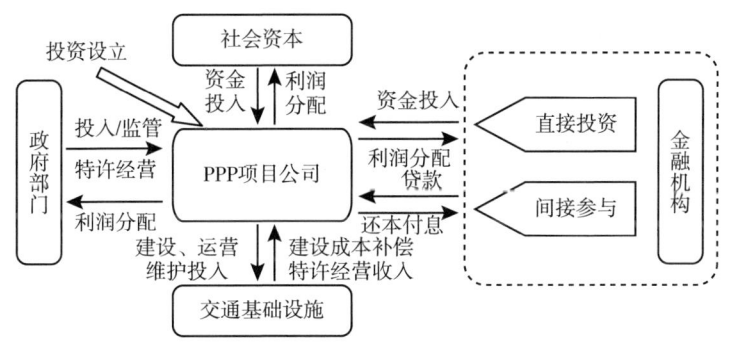

图3　PPP模式示意

五　跨境交通基础设施建设投融资对策

"一带一路"离不开交通基础设施的互联互通，交通是加强区域经济往来、文化交流的重要纽带。在经济全球化的大背景下，中国改革开放进入新时期，"一带一路"倡议的提出不仅符合沿线国家完善基础设施、拉动经济发展的愿望，也是我国新时代背景下中国企业"走出去"、实现民族复兴的伟大战略。境外交通基础设施的建设需要大量资金投入，且投资存在很高的风险，针对我国跨境交通基础设施投资建设面临的问题提出以下对策。

（1）充分发挥金融的杠杆作用、优化作用和服务作用。在风险可控范围内充分发挥金融杠杆作用，快速放大投资，有效解决境外交通基础设施建设存在的资金瓶颈问题；发挥金融优化作用，加快资源流动，实现"一带一路"区域共同繁荣发展；服务作用是金融最根本也是最传统的作用，包括计价、融资、汇兑、结算等。

（2）加强中国与欧亚国家的金融合作。一是加强中国和欧亚国家金融主管部门的沟通，保证信息交流通畅，在进行基础设施架构和重大项目建设时，能够提供政策支持和融资安排；二是加强金融资源整合，在风险可控范围内，进行金融工具创新，便于优势资本进入国际市场；三是建立区域征信体系、区域金融信息披露管理系统以及区域反洗钱合作系统。

（3）采用多元的投融资体系，充分利用开发性金融。发挥开发性金融机构的支持保障作用，推行较为稳定的营利性项目，运用市场机制，调动民间资本积极性，实现投资主体多元化、融资模式多样化。为了充分发挥开发性金融杠杆作用，可以尽可能利用股本投资，从而撬动更多的债务融资；或者采取公私合营模式，让更多私人资本参与进来；另外，考虑到交通基础设施的正外部效应，可以通过综合开发等手段，同时参与其他商业项目投资使外部效应内部化。

（4）增加人民币在世界货币体系中的影响力，鼓励我国商业银行开拓海外业务。一方面，近年来，随着人民币在国际交易中的认可度不断增加，我国企业在跨国经济往来活动中越来越活跃，以人民币进行跨国结算的需求也逐年增加。这对于我国企业而言，不仅增加了结算的便捷性，更能有效地规避企业对外投资时面临的汇率变动风险。另一方面，在2017年12月召开的中央经济工作会议上，习近平主席提出了金融为实体服务的观点，随着我国对外交通基础设施建设投资的不断发展，国有商业银行也应该积极开拓海外业务，为对外投资实体服务，在扩展本身业务的同时也帮助对外投资企业降低投融资风险。

（5）我国政府相关部门发挥指导作用，组建"一带一路"投资政策与风险咨询机构，为投资企业提供东道国最新的产业政策信息和相关法律规定，并对具体投资项目可能存在的风险按照等级进行评分。这样可以对进入国际市场的资本起到引导作用，避免盲目投资，保障境外投资效率，同时能加强"一带一路"政策支持项目对社会私人资本的吸引力。

参考文献

卢丽琴：《"一带一路"背景下我国金融投资发展的对策研究》，《中小企业管理与科技》2017年第25期。

郭惠君：《"一带一路"背景下中国与中亚地区的投资合作——基于交通基础设施投资的视角》，《国际经济合作》2017年第2期。

包丹琳等：《"一带一路"下我国企业对外直接投资的风险分析——基于宏观视角》，《中国商论》2017年第28期。

张丽平：《"一带一路"基础设施建设投融资需求及推进》，《中国经济时报》2017年4月18日。

沈悦：《"一带一路"战略下中国与欧亚金融合作》，西安交通大学出版社，2016。

B.14
中国对"一带一路"沿线国家旅游投资研究

邹统钎 关秋红 李亚轩 魏智博*

摘　要： 中国对"一带一路"沿线国家投资热度不减，本文针对旅游行业领域进行专项研究，从中国对外旅游投资发展历程、"一带一路"沿线国家旅游投资机遇、安全、风险等角度进行综合研判分析，选取中国国旅股份有限公司、明斯克北京饭店两个对外旅游投资企业和项目作为典型案例，在此基础上为中国企业在"一带一路"沿线国家进行旅游投资，提出具体重点投资的国家区域、城市地区、行业领域以及主要投资路径和方式的建议。

关键词： "一带一路"　旅游　投资

一　引言

自2013年中国向世界提出"一带一路"区域合作倡议以来，沿线国家共同聚焦，以"政策沟通、设施联通、贸易畅通、资金融通、民心相通"为核心建设内容。旅游业作为促进经济合作和"民心相通"的重要抓手，

---

* 邹统钎，北京第二外国语学院中国"一带一路"战略研究院常务副院长，北京第二外国语学院校长助理、研究生处处长、旅游学教授、博士生导师。关秋红、李亚轩、魏智博，北京第二外国语学院旅游管理专业硕士研究生。

市场准入门槛低，贸易壁垒少，对外开放程度高，合作发展相对成熟，能够带来大量的人流、物流、信息流、商贸流和资金流，同时能让双方百姓更多地了解对方国家，消除偏见和误解，可作为中国企业在"一带一路"沿线国家投资建设的重点产业和重要领域。

二 中国对外旅游投资发展历程

（一）第一阶段（1990～2000年）：对外旅游投资起步发展阶段

改革开放之初，酒店业是最早对外资开放的行业之一，吸引了大量的外商直接投资，而中国企业对外进行旅游投资的步伐则滞后许多，直到20世纪90年代初期，国家旅游局发布《关于在国外设立旅游经营机构的暂行管理办法》后，对外旅游投资才开始起步，以国旅、港中旅等一些境外业务比较发达的大型旅行社为代表，在境外一些主要客源国（地区），如日本、美国、法国、澳大利亚等，设立旅行社分支机构。该阶段对外旅游投资呈现投资主体少、规模小、额度低、投资方式比较单一、投资领域集中在旅行社领域且业绩利润较低等特征。

（二）第二阶段（2001～2011年）：对外旅游投资扩大发展阶段

2001年中国加入世界贸易组织（WTO）之后，旅游企业"走出去"发展已成必然趋势，一些实力相对较强的旅游企业开始进行跨国并购和跨国经营，投资主体由旅行社扩展到饭店、航空公司、餐饮集团等，投资规模逐渐扩大，投资额度也由过去的注册资本仅为数十万美元增加到上千万美元，投资领域除了旅行社外，扩展到酒店、餐饮及旅游商品等领域，而投资的国家和地区则集中在中国出境旅游排名前列的目的地国家和地区。

（三）第三阶段（2012年至今）：对外旅游投资迅猛发展阶段

自2012年中国首次成为世界第一大出境旅游消费国，2013年又成为世

界第一大出境旅游客源国后，中国旅游的国际地位不断攀升，中国企业对外旅游投资、跨国并购的步伐明显加快，呈现投资主体多元化、投资模式多样化、投资领域聚焦在"一带一路"沿线国家等特征，以万达集团、安邦保险、复星集团、中免集团、锦江酒店、海航集团、携程等为代表，进一步高额跨国收购知名品牌酒店，合作运营、投资建设大型的旅游项目，包括游轮、免税店、文旅综合体、旅游航线、在线旅游预订平台等。

三 "一带一路"沿线国家旅游投资机遇分析

（一）自然人文旅游资源璀璨夺目，全球占比较大

"一带一路"沿线包含 65 个国家，涉及东亚、东南亚、南亚、西亚、北非、中东欧、中亚等地区以及多个独联体国家，跨越了东西方四大文明，跨越了世界四大宗教发源地，跨越了世界两大主要旅游客源地和旅游目的地。据世界银行和世界旅游组织统计，截至 2013 年底，"一带一路"沿线各国共拥有自然保护区 18404 个，占全球比重为 74.7%；世界自然遗产地 62 个，占全球比重为 32.1%；世界文化遗产地 382 个，占全球比重为 50.9%。除此之外，"一带一路"沿线国家还有很多自然人文旅游资源处于开发和待开发状态。

（二）大部分国家旅游经济持续增长，地区表现亮眼

据世界旅游组织最新统计，2017 年 1~10 月全球旅游目的地总共接待国际旅游人数达到了 11 亿，比 2016 年同期增长了 7%。从地区来看，2017 年欧洲南部和地中海地区、北非地区与中东地区表现突出，其中又以这些地区的"一带一路"沿线国家的表现最为亮眼，欧洲南部和地中海地区的土耳其、以色列、马其顿等国家的增速达到两位数，甚至超过了 20%；在北非和中东地区，埃及、巴勒斯坦从过去几年的衰退中强劲反弹，而巴林、约旦、黎巴嫩、阿曼和阿联酋都继续保持经济持续增长（详见表1）。同时，

统计数据显示，2016年全年全球国际旅游人数为12.37亿，其中"一带一路"沿线国家占比超过31%，18个国家排名进入前50名；全年全球国际旅游收入达到12.25亿美元，其中"一带一路"沿线国家占比超过25%，19个国家排名进入前50名（详见表2）。

表1 "一带一路"沿线国家2016年旅游市场规模及2017年1~10月同比增长情况

区域	数量	国家名称	2016年国际旅游人数(百万人次)	2017年1~10月同期增长比例(%)	2016年国际旅游收入(百万美元)	2017年1~10月同期增长比例(%)
		世界	1237	5.9	1224	—
		发达经济体	685	5.9	793	—
		新兴经济体	552	7.6	431	—
东亚	1	蒙古国	0.404	17.9	0.316	27.5
东南亚	10	文莱	0.219	23	0.144	—
		柬埔寨	5.012	11.5	3.207	16.3
		印度尼西亚	11.072	23.5	11.238	14.6
		老挝	3.315	-9.8	0.712	—
		马来西亚	26.757	-1.5	18.074	5.4
		缅甸	2.907		2.177	14.4
		菲律宾	5.867	10.6	5.139	8.1
		新加坡	12.913	5.1	18.386	5.3
		泰国	32.588	6.5	48.792	10.3
		越南	10.013	27.8	8.25	6.4
南亚	8	阿富汗	—	—	0.49	-98.3
		孟加拉国	—	—	0.175	
		不丹	0.21	11.6	0.9	0.9
		印度	14.569	15.5	22.427	16.9
		马尔代夫	1.286	6	2.73	—
		尼泊尔	0.753	34.6	0.446	49.3
		巴基斯坦	—	—	0.323	6.6
		斯里兰卡	2.051	2.5	3.518	3.5

续表

区域	数量	国家名称	2016年国际旅游人数(百万人次)	2017年1~10月同期增长比例(%)	2016年国际旅游收入(百万美元)	2017年1~10月同期增长比例(%)
西亚北非	18	巴林	3.99	12.8	—	—
		塞浦路斯	3.187	14.6	2.755	11.6
		埃及	5.258	54.6	2.645	163.5
		希腊	24.799	10.3	14.618	10.3
		伊朗	4.942	—	—	—
		伊拉克	—	—	2.423	-16.8
		以色列	2.9	25.3	5.722	12.7
		约旦	3.858	11	4.044	14.5
		科威特	0.203	—	0.599	-50.8
		黎巴嫩	1.688	11.3	6.824	-1.7
		阿曼	2.292	11.2	1.725	—
		巴勒斯坦	0.4	32.5	—	—
		卡塔尔	2.938	-19	5.411	20.5
		沙特阿拉伯	18.044	-16	11.096	-5.8
		叙利亚	—	—	—	—
		土耳其	30.289	29.9	18.743	19.3
		阿联酋	14.9	7.5	19.496	—
		也门	—	—	—	—
中东欧	16	阿尔巴尼亚	4.07	7.1	1.691	12.8
		波黑	777	18.5	0.721	11.4
		保加利亚	8.252	9.4	3.634	9.4
		克罗地亚	13.809	13.7	9.634	11.6
		捷克共和国	12.09	10	6.309	9.4
		爱沙尼亚	3.147	4.8	1.489	4.6
		匈牙利	15.256	1.6	5.664	4.7
		拉脱维亚	1.793	12.7	0.867	-0.4
		立陶宛	2.296	3.2	1.206	3.2
		马其顿	0.51	23.4	0.285	14.8
		黑山	1.662	18.1	0.925	7.3
		波兰	17.463	5.5	10.977	11.1
		罗马尼亚	2.471	11.5	1.738	21.3
		塞尔维亚	1.281	18.4	1.151	14
		斯洛伐克	—	7.3	2.748	4.4
		斯洛文尼亚	3.032	16.9	2.424	9.5

中国对"一带一路"沿线国家旅游投资研究

续表

区域	数量	国家名称	2016年国际旅游人数(百万人次)	2017年1~10月同期增长比例(%)	2016年国际旅游收入(百万美元)	2017年1~10月同期增长比例(%)
中亚	5	哈萨克斯坦	—	18.1	1.549	13.1
		吉尔吉斯斯坦	2.93	—	0.432	12.3
		塔吉克斯坦	—	—	0.4	329.2
		土库曼斯坦	—	—	—	—
		乌兹别克斯坦	—	—	—	—
独联体	7	亚美尼亚	1.26	21	0.968	20.9
		阿塞拜疆	2.045	—	2.714	14.9
		白俄罗斯	2.019	—	0.711	0.8
		格鲁吉亚	2.715	18.4	2.166	26
		摩尔多瓦	0.121	18.5	0.243	25.2
		俄罗斯	24.551	-8.4	7.788	21.3
		乌克兰	13.333	—	1.078	12.5

注：数据来源于世界旅游组织2017年12月公布的世界旅游晴雨表（World Tourism Barometer）。

表2 "一带一路"沿线国家2016年国际旅游人数、国际旅游收入排名情况汇总

国际旅游人数排名情况		国际旅游收入排名情况	
国家	排名	国家	排名
泰国	9	泰国	3
土耳其	10	印度	13
希腊	14	阿联酋	15
俄罗斯	15	土耳其	17
沙特阿拉伯	18	新加坡	18
波兰	19	马来西亚	19
匈牙利	23	希腊	23
阿联酋	24	印度尼西亚	29
印度	25	沙特阿拉伯	30
克罗地亚	26	波兰	31
乌克兰	27	克罗地亚	32
新加坡	28	越南	34
捷克共和国	29	俄罗斯	36
印度尼西亚	31	黎巴嫩	38
越南	39	捷克共和国	41

249

续表

国际旅游人数排名情况		国际旅游收入排名情况	
国家	排名	国家	排名
保加利亚	41	以色列	43
斯洛伐克	44	匈牙利	44
菲律宾	45	卡塔尔	45
		菲律宾	48

注：排名情况来源于世界旅游组织2017年12月公布的世界旅游晴雨表（World Tourism Barometer）。

（三）旅游便利化程度提升，吸引大批中国出境游客

随着"一带一路"倡议的实施，中国加大对沿线国家的高铁、公路、港口、机场等交通基础设施的投资建设力度，缩短了国与国之间、地区与地区之间的时空距离，促进了双向的旅游流、信息流、商业流的沟通联系。截至2017年10月，已有48个国家（地区）成为中国已正式开展组团业务的出境旅游目的地国家（地区），占中国已正式开展组团业务的出境旅游目的地总数的37.8%（详见表3）。

表3 "一带一路"沿线国家与中国开展组团业务的出境旅游目的地国家（地区）情况汇总

区域	已正式开展	未正式开展
东亚	蒙古国	—
东南亚	文莱、柬埔寨、印度尼西亚、老挝、马来西亚、缅甸、菲律宾、新加坡、泰国、越南	—
南亚	孟加拉国、印度、马尔代夫、尼泊尔、巴基斯坦、斯里兰卡	阿富汗、不丹
西亚北非	塞浦路斯、埃及、希腊、伊朗、以色列、约旦、黎巴嫩、阿曼、叙利亚、土耳其、阿联酋	巴林、伊拉克、科威特、巴勒斯坦、卡塔尔、沙特阿拉伯、也门
中东欧	波黑、保加利亚、克罗地亚、捷克共和国、爱沙尼亚、匈牙利、拉脱维亚、立陶宛、黑山、波兰、罗马尼亚、塞尔维亚、斯洛伐克、斯洛文尼亚	阿尔巴尼亚、马其顿
中亚	哈萨克斯坦、乌兹别克斯坦	吉尔吉斯斯坦、塔吉克斯坦、土库曼斯坦
独联体	亚美尼亚、格鲁吉亚、俄罗斯、乌克兰	阿塞拜疆、白俄罗斯、摩尔多瓦

同时，为了吸引中国这一庞大的出境旅游客源市场，越来越多的"一带一路"沿线国家对中国实行免签和落地签。截至2018年1月3日，单方面允许中国公民办理落地签证国家和地区有21个，包括阿塞拜疆、巴林、印度尼西亚、卡塔尔、老挝、黎巴嫩、马尔代夫、缅甸、尼泊尔、斯里兰卡、泰国、土库曼斯坦、文莱、伊朗、亚美尼亚、约旦、越南、柬埔寨、孟加拉国、埃及、乌克兰；单方面允许中国公民免签入境国家有1个，为印度尼西亚；与中国互免普通护照签证的国家有2个，为阿联酋、塞尔维亚。除了在入境待遇上给予便利之外，很多国家地区开始受理银联卡、采用线上支付工具、开通直飞及增加航线等措施，提升旅游的便利化程度。

（四）各国政府重视旅游投资开发合作，政策环境优良

随着中国与沿线国家对于"一带一路"倡议的推动与实践，在合作共赢的原则指导下，共商合作大计，共建合作平台，共享合作成果，在国家发改委、外交部、商务部联合发布的《推动共建丝绸之路经济带和21世纪海上丝绸之路的愿景与行动》中，就明确提出要加强旅游合作。在商务部、国家发改委、外交部联合发布的《对外投资国别产业指引（2011版）》资料中提到的47个"一带一路"沿线国家中，有31个将旅游业或旅游开发列为优先发展领域，有6个列为重点发展领域，格鲁吉亚、沙特阿拉伯将旅游业或旅游开发同时列入了优先发展领域和重点发展领域，并给予了相应的开发投资优惠政策（详见表4）。

表4 "一带一路"沿线国家旅游业或旅游开发产业领域定位的情况汇总

将旅游业或旅游开发列为优先发展领域的国家	东亚(1)——蒙古国 东南亚(6)——柬埔寨、老挝、马来西亚、缅甸、菲律宾、越南 南亚(3)——巴基斯坦、尼泊尔、斯里兰卡 西亚北非(8)——塞浦路斯、埃及、希腊、以色列、约旦、沙特阿拉伯、阿联酋、也门 中东欧(9)——阿尔巴尼亚、波黑、克罗地亚、拉脱维亚、立陶宛、罗马尼亚、马其顿、斯洛文尼亚、匈牙利 中亚(1)——吉尔吉斯斯坦 独联体(3)——阿塞拜疆、格鲁吉亚、亚美尼亚

续表

将旅游业或旅游开发列为重点发展领域的国家	东南亚(1)——泰国 中亚(2)——土库曼斯坦、乌兹别克斯坦 西亚北非(1)——沙特阿拉伯 中东欧(1)——波兰 独联体(1)——格鲁吉亚

中国企业在对外旅游投资过程中,一方面可依托六大经济走廊——中蒙俄、新亚欧大陆桥、中国—中亚—西亚、中国—中南半岛、中巴、孟中印缅建设的契机,借助中国举办旅游博览会、互办旅游年等旅游外交活动,寻找合适的旅游基础设施建设、旅游资源开发和旅游产业拓展的项目机会;另一方面可借助丝路基金、亚洲基础设施投资银行、国家开发银行、中国进出口银行等投融资平台支持相关的旅游基础设施项目建设。

四 "一带一路"沿线国家旅游投资风险与安全分析

(一)沿线重点国家区域旅游投资安全指数分析

根据各国相关基础数据汇总分析,选取"一带一路"沿线33个重点国家,对它们近几年的 GDP 增速、失业率、对华关系、签证便利度、旅游投资有关政策等指标进行综合分析,计算出国家投资安全指数及区域投资安全指数。从结果分析可知,从国家角度来看,白俄罗斯、蒙古国、柬埔寨、越南、老挝等国家的投资安全指数相对较高。从区域角度来看,东亚、南亚、东南亚及独联体国家地区的旅游投资安全指数较高(详见图1、图2)。

(二)中国企业对外旅游投资,传统及非传统投资风险交织

随着"一带一路"沿线国家合作建设的深入推进,中国对外投资企业

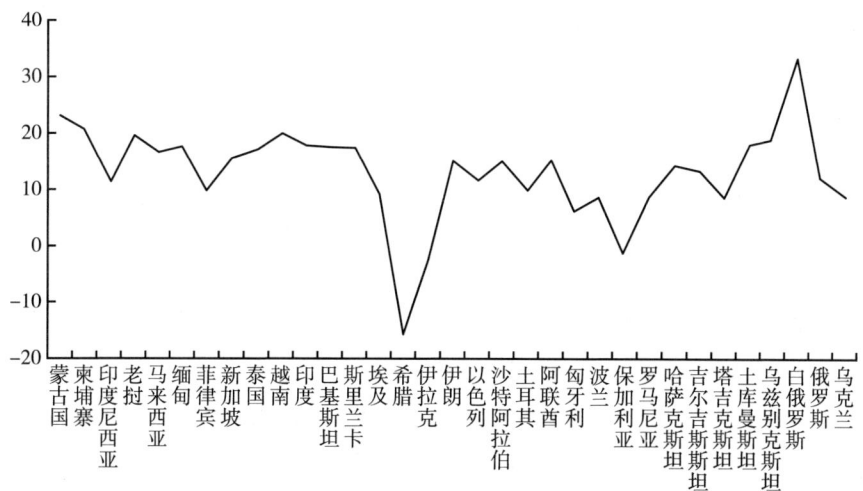

图 1 "一带一路"沿线 33 个重点国家投资安全指数

注：指标数据根据多个数据来源计算所得。

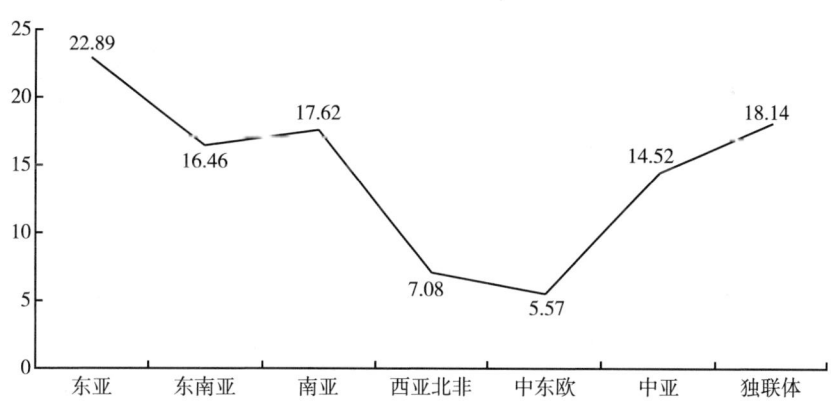

图 2 "一带一路"沿线区域投资安全指数

注：指标数据根据多个数据来源计算所得。

不断增多，投资规模也进一步扩大。与此同时，全球经济复苏调整、地缘政治风险加剧、国际形势深刻复杂变化以及各国文化差异等传统及非传统投资风险交织，中国企业对外投资的风险也不断上升。

1. 政策变化对旅游投资提出了更严格的要求

2017年初，国务院国资委发布了《中央企业投资监督管理办法》（国资委令第34号）和《中央企业境外投资监督管理办法》（国资委令第35号），办法的颁布加强了对国有资产投资行为的风险管控，中国首部境外投资条例也由商务部和国家发改委于2017年制定。从各个办法和条例的相继出台可以看出，中国国内监管机构对于中国企业境外投资的真实性和合规性审查提出了更严格的要求。

2. 地方保护主义严重影响对外旅游投资

"一带一路"沿线国家经济呈现蓬勃发展的趋势，但各国的发展仍存在较大的差异，各国的贸易政策都更倾向于本地区的保护，而正是这种地方保护主义增加了"一带一路"沿线旅游投资的难度，也加大了旅游对外投资的风险。

3. 投资预警机制不完善，投资风险敏感度低

"一带一路"沿线国家发展主要以共享平台为契机，纷纷进入本国发展的黄金期，发展势头良好使各国在一定程度上忽视了预警机制的完善。中国作为发展中国家，在预警机制与发达国家方面还是有很大差距的，对风险的反应程度和敏感度水平相对较低。

4. 重大项目和基础设施投资先行，投资回报期较长

目前中国对"一带一路"沿线国家的投资主要集中在重大项目和基础设施方面，项目建设期较长，投资回报期也较长，从而进一步加大了投资的风险。中国企业对外进行旅游投资时，应加强事前可行性研究和事后监管及风险防控。

（三）以中国国旅为例对旅游投资企业面临风险进行有效分析

1. 中国国旅基本情况简介

中国目前对外进行旅游投资的主要是大中型企业。中国国旅股份有限公司（以下称中国国旅）是一家大型股份制企业，经国务院和国务院国资委批准成立，由中国国旅和华侨城集团公司发起设立，注册资本9.76亿元人民币。公司发展战略是提升旅游综合体验，以"中国旅游集团产业链优势"

为依托,通过对国际、国内两大市场的合理利用,提高自身核心竞争力,充分发挥上市公司资本平台和业务协同平台优势,发展成为国际一流的旅游服务运营商。

2. 中国国旅2015年、2016年财务分析

中国国旅主要财务指标数据显示,中国国旅发展态势良好,盈利能力处于上升状态,资产负债率水平较低,公司自身面临的偿债风险较小,投融资能力较强,但也从另一角度说明企业没有积极利用财务杠杆作用来扩大经营规模(详见表5)。

表5 中国国旅2015年、2016年主要财务指标

主要财务指标	2015年	2016年	本期比上年同期增减(%)
基本每股收益(元/股)	1.54	1.85	20.08
稀释每股收益(元/股)	1.54	1.85	20.08
扣除非经常性损益后的加权平均净资产收益率(%)	14.04	15.16	增加1.12个百分点
资产负债率(%)	29.63	29.21	减少0.42个百分点
股东权益比率(%)	70.37	70.79	增加0.42个百分点

数据来源:《中国国旅股份有限公司2016年年度报告》。

3. 企业旅游投资内部风险主要集中在战略规划、财务管理、市场分析等方面

从企业内部发展来看,所面临的风险如下。第一,战略风险。企业战略规划是否合理,是否可达预期,这是企业内部发展投资所面临的首要风险。第二,财务风险。面对人民币对美元汇率波动加大,企业本身的财务管理等工作是否到位变得尤为重要,与企业投资风险息息相关。第三,市场风险。行业竞争加剧,企业生存空间进一步被压缩,面对此种压力,企业制定发展计划要进一步做好可行性研究及风险防控。

(四)以明斯克北京饭店为例对中国企业"一带一路"沿线旅游投资项目面临风险分析

2014年,包括北京住总集团在内的5家中资企业投资1亿美元兴建

了明斯克北京饭店，项目坐落在白俄罗斯明斯克市斯维斯洛河畔，由北京住总集团承建、首旅集团运营。明斯克北京饭店是具有中国徽派风格的高级五星级商务酒店，也是中国在欧洲投资、建设的第一家五星级酒店。饭店的开业给明斯克带来150万美元税收与110万美元增值税，还为近200名白俄罗斯人提供了就业机会。现对明斯克北京饭店项目进行分析。

1. 项目优势与机遇分析

（1）大国优势。在金融危机的时候，中国曾给予白俄罗斯大量优惠贷款。而在"一带一路"合作中，中国海外投资的价值取向是既不搞贸易扩张，也不强加本国意志于他国，并向沿线国家提供贷款和先进技术，这也是命运共同体理念的具体实施。

（2）中国效率。明斯克北京饭店从2012年3月开工建设，到全部施工完成仅用了短短的25个月。该项目的建设采用标准、设计、施工、验收、运营一条龙的中国模式实施，创出了口碑与品牌，在白俄罗斯社会各界产生了极大影响，为住总集团在白俄罗斯的发展打下良好基础，明斯克北京饭店也成为中白友谊的标志性建筑。中国资本和创新模式、秉持的价值理念也得到了业界的认可。

（3）"前无古人"，投资空间大。明斯克北京饭店是第一家由中国在欧洲投资兴建的五星级酒店，这也表明了欧洲市场有较大的投资空间。面对国内竞争压力大、愈加饱和的市场，"一带一路"沿线国家为企业境外旅游投资提供了更多的机会。

（4）竞争压力小，品牌效应辐射速度快。目前在"一带一路"沿线国家进行旅游投资的企业和项目较少，竞争压力相对较小。充分利用机会和资源，可以有效树立口碑及品牌形象，并且品牌效应可在区域范围内快速辐射，树立行业标杆，减少宣传成本，提高企业效益。

2. 项目劣势与风险分析

（1）项目定位与服务品质不匹配。现在的明斯克北京饭店，平均入住率为55%及以上，而其中外国客人占了总入住人数的70%，这在明斯克的高档酒店中是非常好的成绩。但通过线上评价可知，部分住客对该饭店的评价是"性价比低""细节处理不到位"，得到这样的评价主要是因为明斯克北京饭店的定位与服务品质不匹配，软硬件及服务不到位，影响了项目的发展。

（2）市场未知性高，可参考性小。从明斯克北京饭店案例可知，北京饭店是中国在欧洲五星级市场的第一次尝试，市场未知性因素较多，没有相关成功案例可以参考，在给予项目更多可行性的同时，无疑给项目带来了更多的挑战，增加了项目的风险性。

（3）团队薄弱风险不可小觑。"一带一路"沿线企业旅游投资成功的关键是人，即团队。从各项资料可知，中国境外投资许多失败案例都是由团队薄弱造成的。目前，中国境外项目团队外语能力总体偏低，境外投资和对外交往的能力偏弱，这给项目的正常运行带来了风险。

五 "一带一路"沿线国家旅游投资建议

（一）"一带一路"沿线国家旅游投资的区域选择

1. 旅游资源禀赋与国家开放程度，促使旅游投资"一路"顺风

旅游投资是基于游客对于旅游资源的需求，以及目的地对于旅游产业的依赖程度，这又与国家对外开放的程度表现相一致。沿线国家在旅游投资领域表现得"冷热不均""快慢分明"。"一带"的沿线国家旅游投资意愿偏"冷"，节奏较"慢"，而"一路"的沿线国家旅游投资意愿偏"热"，节奏较"快"。从事旅游投资的企业应借助"一路"的顺风，抢先"下海"。

2. 旅游投资应站在"一路"的风口上，风向"东南"

风向"东南"即指目前全球范围内旅游经济发展最快、规模最大、效益最好的东南亚地区。依托便捷交通、文化认同及资源需求等因素，东南亚成为中国"一带一路"倡议下对外旅游投资的重点地区。其中作为中国全

面战略合作伙伴的柬埔寨，依靠其旅游开发的"蓝海"阶段及相对丰富的旅游资源禀赋，可作为在东南亚旅游投资的首选国家。

（二）"一带一路"沿线国家旅游投资的城市选择

在旅游投资的城市选择上，建议选择全球前100名的旅游目的地城市。根据市场调研机构欧睿国际（Euromonitor International）2017年度全球百大旅游目的地城市排行榜的数据，属于"一带一路"沿线国家的城市共计54个，其中中国城市9个（含港、澳、台地区），其他沿线国家城市45个。中国的9个上榜城市为：香港、澳门、深圳、台北、广州、上海、北京、珠海、台中。"一带一路"沿线国家入选全球百大旅游目的地城市见表6。

表6　"一带一路"沿线国家2017年度全球百大旅游目的地

排序	城市	国家	排序	城市	国家	排序	城市	国家
1	曼谷	泰国	16	莫斯科	俄罗斯	31	布尔加斯	保加利亚
2	新加坡	新加坡	17	钦奈	印度	32	圣彼得堡	俄罗斯
3	迪拜	阿联酋	18	阿格拉	印度	33	槟城	马来西亚
4	伊斯坦布尔	土耳其	19	新山	马来西亚	34	下龙湾	越南
5	吉隆坡	马来西亚	20	雅典	希腊	35	华沙	波兰
6	安塔利亚	土耳其	21	登巴萨	印尼	36	伊拉克利翁	希腊
7	普吉	泰国	22	清迈	泰国	37	克拉科夫	波兰
8	芭提雅	泰国	23	斋普尔	印度	38	特拉维夫	以色列
9	麦加	沙特	24	河内	越南	39	雅加达	印尼
10	布拉格	捷克	25	艾迪内尔	土耳其	40	加尔各答	印度
11	麦纳麦	巴林	26	穆拉	土耳其	41	苏梅岛	泰国
12	德里	印度	27	多哈	卡塔尔	42	索菲亚	保加利亚
13	孟买	印度	28	暹粒	柬埔寨	43	瓦尔纳	保加利亚
14	胡志明	越南	29	耶路撒冷	以色列	44	沙姆沙伊赫	埃及
15	利雅得	沙特	30	开罗	埃及	45	罗滋市	希腊

资料来源：欧睿国际2017年度全球百大旅游目的地城市排行榜。

上述数据显示，入选城市较多的国家分别为中国（9个）、印度（6个）泰国（5个）、土耳其（4个）、马来西亚（3个）、越南（3个）、希腊（3

个)。综合2015年上述城市所在国的政府公开数据、机场入境人数和酒店入住人数等各种资料统计,在接待入境游客人数方面,中国的9个入选城市累计达8521.8万人,"一带一路"沿线国家的其他45个入选城市累计达23301.9万人。

另据国家旅游局预计,在"十三五"期间,中国将为"一带一路"沿线国家输出约1.8亿人次的旅游人口,预计将产生超过2500亿美元的旅游消费,同时还将带来"一带一路"沿线国家约9500万人次的入境游客,带动旅游消费约1300亿美元。

(三)"一带一路"沿线国家旅游投资的领域选择

1. 国企旅游投资应立足旅游产业的基础设施、优质装备和技术输出方面

国企旅游投资服务于国家整体战略,依靠丝路基金、亚投行、国开行等投融资平台的大额资金支持,把"一带一路"沿线国家的旅游产业基础设施的建设作为重点,通过持续、长期的投入与开发,为长期的旅游投资环境打下坚实的基础,如旅游目的地机场、酒店、会展会议中心等基础设施领域。

2. 民企旅游投资应抓住旅游产业链上轻资产、重服务、见效快、易融资的领域

民企旅游投资的重点领域仍然是旅行社、餐饮等轻资产旅游业态。随着中国的经济实力的增强以及蓬勃发展的出境游业务,对于酒店业的投资也不断增强。因此"一带一路"沿线的民企旅游投资也应聚焦这些旅游领域,同时包括细分市场的旅游咨询管理、签证服务、免税店、餐饮管理、会展商务、跨境电商等第三产业,注重品牌服务的输出。

(四)"一带一路"沿线国家旅游投资的主要路径

1. 充分进行资金、资源、资本等多环节的整合,知己知彼,不以利小而不为

对于"一带一路"沿线国家的旅游投资,首先要对掌握的自有资金、战略资源与外部资本进行梳理,对于自己的投资目标与节奏有清楚的认识,

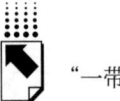

对于投资标的要全面评估,对于资源整合相对复杂但属于"蓝海"市场的区域与领域要重点关注,短期较低的收益与先发优势会成为避免潜在竞争者的壁垒。

2. 全面分析政治、环境、产业等各方面的因素,知进知退,不因险小而为之

"一带一路"沿线国家旅游投资的主要模式应根据投资企业诉求和沿线国家的国别情况,相应地选择股权投资或非股权投资的资本模式。如在"一路"沿线的东南亚酒店业、旅行社、会展服务、在线旅游等领域的投资,可采用股权投资方式保收益;而在"一带"沿线的中东欧、西亚、中亚地区的旅游投资,则可采用许可经营、管理合约等非股权方式以降低投资风险。

表7 "一带一路"沿线重点投资的国家、领域和方式汇总

区域	重点投资国家	重点投资领域	建议投资方式	参考项目
东亚	蒙古国	旅行社、酒店、跨境电商、餐饮	新建投资、股权投资、许可经营	
东南亚	柬埔寨、泰国、新加坡	度假区、酒店、旅行社、高尔夫球场、餐饮、会展中心、医疗健康	新建投资、股权投资、PPP投资	柬埔寨七星海旅游度假特区与吴哥王朝文旅项目
南亚	巴基斯坦、尼泊尔、斯里兰卡	度假区、酒店、旅行社、餐饮	新建投资、股权投资、PPP投资	
西亚	沙特阿拉伯、阿联酋、约旦、也门、以色列	酒店、旅行社、医疗健康、餐饮	许可经营、股权投资	
北非	埃及	酒店、旅行社、餐饮	许可经营、股权投资	
欧洲	塞浦路斯、希腊	酒店、旅行社、餐饮	许可经营、股权投资	
中东欧	斯洛文尼亚、爱沙尼亚、克罗地亚、斯洛伐克、波兰、匈牙利、拉脱维亚、立陶宛、马其顿、波黑	酒店、旅行社、餐饮	许可经营、股权投资	

续表

区域	重点投资国家	重点投资领域	建议投资方式	参考项目
中亚	乌兹别克斯坦、土库曼斯坦、格鲁吉亚、吉尔吉斯斯坦	酒店、旅行社、餐饮	许可经营、股权投资	
独联体	俄罗斯、白俄罗斯、阿塞拜疆、亚美尼亚	酒店、旅行社、餐饮	许可经营、股权投资	俄罗斯贝加尔湖旅游度假区、明斯克北京饭店

中国企业要合理选择对外旅游投资的国别模式。华侨华人比例高、文化亲缘度高的国家，可以作为中国企业对外旅游投资的重点关注区域，如东南亚地区的新加坡、马来西亚、泰国等国家旅游经济规模庞大，经济发展水平相对较高。综上所述，通过分析"一带一路"沿线国家旅游投资机遇、投资安全指数、投资风险因素等情况，中国企业可在不同区域选择重点投资的国家、领域和投资方式。

安全风险篇

Security and Risk Studies

B.15
企业走向"一带一路"税务风险防范研究

计金标 应 涛*

摘 要： 在我国企业正积极投身"一带一路"建设的当下，境外投资税务风险对企业影响重大，不可不防。本文拟总结我国企业走向"一带一路"过程中的税务风险，通过综合考虑我国与沿线国家所得税制要素，提出相应的防范和化解建议。

关键词： "走出去" "一带一路" 税务风险

---

* 计金标，北京第二外国语学院校长、教授、博士生导师；应涛，社会科学文献出版社、北京第二外国语大学联合培养博士后。

自 2013 年习近平发出"一带一路"倡议以来，我国企业大规模走向沿线国家已成为常态，不仅积极投资，兴建企业，还大量承包工程，参与当地建设。截至 2017 年 11 月末，共有 1417.8 亿美元（约占我国对外直接投资存量的一成）的资金投向沿线 59 个国家，主要流向新加坡、马来西亚、老挝、印尼、巴基斯坦、俄罗斯、缅甸等国；2017 年 1~11 月，中国企业在沿线 61 个国家新签对外承包工程项目合同 6201 份，合同金额达 1135.2 亿美元（占比超过一半），同比增速超过 13%。[①]

税收因素在企业"走出去"的过程中扮演着重要角色，政府征税尤其是所得税的征收从增加成本和减少收益两方面对企业海外投资经营成果产生影响，企业在进行对外投资经营决策时需仔细衡量其中包含的税收风险。

一 企业走向"一带一路"税务风险及主要表现

风险，一般是指造成损失的不确定性。因此，所谓企业走向"一带一路"税务风险，则是在"一带一路"区域投资经营过程中，税收因素的干扰使得企业税负上升，造成最终收益下降的不确定性。具体来看，一般有以下表现形式。

（一）国际双重征税风险

跨国投资经营行为必然涉及两个国家间的跨境征税和税收利益分配，"走出去"企业将同时受到我国和投资目的国的税收管辖，其利润同时是东道国和母国的征税对象，其经营成果也就必然受到国际双重征税的影响。目前我国在国内税制中采用抵免法来消除境外所得双重征税，同时与"一带一路"沿线 54 个国家签订了《关于对所得避免双重征税和防止偷漏税的协

---

① 数据来源：由商务部、国家统计局、外管局共同发布的《2016 年度中国对外直接投资统计公报》和商务部"走出去"公共服务平台数据整理而来。详见《2017 年 1~11 月我对"一带一路"沿线国家投资合作情况》，http://fec.mofcom.gov.cn/article/fwydyl/tjsj/201712/20171202686206.shtml。

定》(以下简称税收协定),企业应妥善利用制度的规定,做到国际双重征税最小化。

(二)国际反避税调查风险

国际联合反避税是当前国际税收合作的重点,国际社会通力合作,自 21 世纪以来共形成了《多边税收征管互助公约》、《金融账户涉税信息自动交换多边主管当局间协议》和《实施税收协定相关措施以防止税基侵蚀和利润转移(BEPS)的多边公约》3 个多边税收条约,我国分别于 2013 年、2015 年和 2016 年签署了上述国际税收条约,"一带一路"沿线的也有多个国家加入或即将加入。企业在走向"一带一路"的过程中,如果税收筹划方式不当,遭受跨国反避税调查的概率将大增,应提前做好合规工作,避免应纳税调整导致的损失。

(三)税务争议风险

"一带一路"沿线发展中国家众多,也有许多正处于由计划经济体制向市场经济体制转变的转型国家,与我国传统主要投资目的地的发达国家相比,其投资环境尚存一定差距,税收执法和税务检查中人为因素影响更为显著,甚至对同一税收事项的解释可能出现同一国家不同税务部门之间相互矛盾的情况。随着走向"一带一路"沿线的企业数量增多和投资规模增长,企业与东道国之间发生税收争议的情况将越来越普遍,如果应对不当或经常陷入税收纠纷之中,将会给企业的正常经营带来严重干扰。

(四)后 BEPS 时代无法享受税收协定优惠待遇风险

在过往的跨国投资税收筹划中,如果母国与东道国之间没有签署税收协定或协定税率较高,企业往往会通过在一个同时与母国和投资目的国都存在税收协定且协定税率较为优惠的中转国家设立中间持股公司,来规避母国和东道国之间较高的股息税负。但随着 BEPS15 项行动逐渐落地,"一带一路"

沿线许多国家正在对已有税收协定进行重塑，防止协定优惠的不当授予，因此这种在中介国家设立中间持股公司可能会被认为是对税收协定的滥用，从而无法享受到税收协定待遇，使得企业税负增加。

（五）其他人为因素风险

除上述风险外，在走向"一带一路"过程中还存在一些人为方面的风险。一是由于境外税制比较复杂、国家众多，全面、及时掌握东道国税制信息是企业做出海外投资经营决策的必修课；二是由于人为认知的偏差，企业没有重视税收协定，在境外多缴不必要的税款；三是跨国并购越来越成为企业"走出去"的主要手段，并购对象前序经营可能存在税务诉讼未完成、欠税未结清等风险问题，如未进行尽职税务调查将给企业"走出去"造成重大损失；等等。

二 "一带一路"沿线国家企业所得税基本要素

（一）税率

"一带一路"沿线国家的所得税税率详见表1。

表1 "一带一路"沿线国家企业所得税率一览

地区分类	国家	公司所得税税率	股息预提税税率①	分支机构利润汇回税率	分公司形式跨国经营实际税负	子公司形式跨国经营实际税负
东南亚11国	印度尼西亚	25%;小微减半	10%	20%	40%	32.5%
	泰国（饶让）	20%	15%（持股≥25%）;20%	10%	28%	32%（持股≥25%）;36%
	马来西亚（饶让）	24%	0%		24%	24%

① 该股息预提税税率为境外居民企业向我境内企业发放股息的预提所得税税率。

续表

地区分类	国家	公司所得税税率	股息预提税税率	分支机构利润汇回税率	分公司形式跨国经营实际税负	子公司形式跨国经营实际税负
东南亚11国	越南(饶让)	20%;油气和稀有资源32%~50%,矿山70%以上面积位于特别困难地域40%	10%		20%;油气和稀有资源32%~50%	28%;油气和稀有资源38.8%~55%
	新加坡(单方面饶让)	17%	5%(持股≥25%);10%		17%	21.15%(持股≥25%);25.3%
	菲律宾	30%;地区经营总部10%	10%(直接持股≥10%);15%	15%	40.5%	37%(直接持股≥10%);40.5%
	柬埔寨(饶让)	20%	10%		20%	28%
	老挝	35%	5%		35%	38.25%
	文莱(饶让)	18.5%;石油企业55%	5%		18.5%;石油企业55%	22.075%;石油企业57.25%
	缅甸	25%	10%(无协定)		25%	32.5%
	东帝汶	10%	10%(无协定)		10%	19%
南亚8国	印度(饶让)	境内企业33.06%、34.61%;外国企业42.02%、43.26%	10%		境内企业33.06%、34.61%;外国企业42.02%、43.26%	境内企业39.754%、41.149%;外国企业47.818%、48.934%
	巴基斯坦(饶让)	33%	10%	10%	39.7%	39.7%
	孟加拉国	上市25%;非上市35%;银行37.5%;其他金融40%	10%	20%	上市40%;非上市48%;银行50%;其他金融52%	上市32.5%;非上市41.5%;银行43.75%;其他金融46%

续表

地区分类	国家	公司所得税税率	股息预提税税率	分支机构利润汇回税率	分公司形式跨国经营实际税负	子公司形式跨国经营实际税负
南亚8国	斯里兰卡（饶让）	28%	10%	10%	35.2%	35.2%
	尼泊尔（饶让）	25%；路桥建设、发输配电、制造电动公交、出口20%；银行、金融、烟酒、石油30%	10%		25%；公共基础设施建设、出口20%；金融、烟酒、石油30%	32.5%；公共基础设施建设、出口28%；金融、烟酒、石油37%
	马尔代夫	15%	10%（无协定）		15%	23.5%
	不丹	30%	10%（无协定）		30%	37%
	阿富汗	20%	10%（无协定）		20%	28%
中亚5国	哈萨克斯坦	20%；农业10%	10%	15%	32%；农业24.5%	28%；农业19%
	乌兹别克斯坦	7.5%	10%	10%	16.75%	16.75%
	土库曼斯坦	8%（非政府居民企业）；20%（其他居民企业）	5%（持股≥25%）；10%		8%（非政府居民企业）；20%（其他居民企业）	12.6%（非政府居民企业且持股≥25%）、17.2%；24%（其他居民企业且持股≥25%）、28%
	吉尔吉斯斯坦	10%；部分行业5%	10%		10%；部分行业5%	19%；部分行业9.5%
	塔吉克斯坦	13%（商品生产）；23%（其他活动）；25%+15%（非居民）	5%（持股≥25%）；10%		13%（商品生产）；23%（其他活动）；25%+15%（非居民）	17.35%（商品生产且持股≥25%）、21.7%；26.85%（其他活动且持股≥25%）、30.7%

续表

地区分类	国家	公司所得税税率	股息预提税税率	分支机构利润汇回税率	分公司形式跨国经营实际税负	子公司形式跨国经营实际税负
独联体及格鲁吉亚、蒙古国8国	俄罗斯	20%	5%（持股≥25%且≥8万欧）；10%		20%	24%（持股≥25%且≥8万欧）；28%
	乌克兰	18%	5%（持股≥25%）；10%		18%	22.05%（持股≥25%）；26.2%
	白俄罗斯	18%	10%		18%	26.2%
	阿塞拜疆	20%	10%	10%	28%	28%
	亚美尼亚	20%	5%（持股≥25%）；10%		20%	24%（持股≥25%）；28%
	摩尔多瓦	12%	5%（持股≥25%）；10%		12%	16.4%（持股≥25%）；20.8%
	格鲁吉亚	15%	0%（持股≥50%且投资≥200万欧）；5%（持股≥10%且投资>10万欧）；10%		15%	15%持股≥50%且投资≥200万欧）；19.25%（持股≥10%且投资>10万欧）；23.5%
	蒙古国	10%（≤30亿图格里克）、25%（>30亿图格里克）	5%	20%	28%（≤30亿图格里克）；32.5%（>30亿图格里克）	14.5%（≤30亿图格里克）；28.75%（>30亿图格里克）
西亚北非16国	沙特阿拉伯（饶让）	20%；天然气30%；石油85%	5%	5%	24%；天然气33.5%；石油92.5%	24%；天然气33.5%；石油92.5%
	伊朗	25%	10%		25%	32.5%
	埃及	25%；石油企业40.55%	8%		25%；石油企业40.55%	31%；石油企业45.306%
	土耳其	20%	10%	15%	32%	28%
	伊拉克	15%；油气企业35%	10%（无协定）		15%；油气企业35%	23.5%；油气企业41.5%
	科威特（饶让）	15%	0%（政府持股≥20%）；5%		15%	15%（政府持股20%）；19.25%

续表

地区分类	国家	公司所得税税率	股息预提税税率	分支机构利润汇回税率	分公司形式跨国经营实际税负	子公司形式跨国经营实际税负
西亚北非16国	阿联酋（对我单方面饶让）	超额累进税率10%~50%（100万~500万迪拉姆）；迪拜、递减救济法① 富查伊拉50%；迪拜、沙迦20%（仅外国银行分支机构）	0%（政府持股≥20%）；7%		超额累进税率10%~50%（100万~500万迪拉姆）；富查伊拉50%；迪拜、沙迦20%（仅外国银行分支机构）	10%~50%（政府持股≥20%）；16.3%~53.5%；富查伊拉53.5%
	卡塔尔	10%；油气企业35%	10%		10%；油气企业35%	19%；油气企业41.5%
	巴林	46%（仅油气能源企业）	5%		46%（仅油气能源企业）	48.7%（仅油气能源企业）
	也门	20%；油气、矿产企业35%	10%（无协定）		20%；油气、矿产企业35%	28%；油气、矿产企业41.5%
	阿曼（饶让）	20%，石油55%	5%		20%，石油55%	24%，石油47.25%
	约旦	20%；特定行业有14%、24%、35%三档税率	10%（无饶让）		20%；特定行业14%、24%、35%	28%；特定行业22.6%、31.6%、41.5%
	叙利亚	10%~28%超额累进	5%（持股≥25%）；10%		10%~28%超额累进	14.5%~31.6%（持股≥25%）；19%~35.2%
	黎巴嫩	15%	10%（无协定）	10%	23.5%	23.5%
	巴勒斯坦	15%；20%超额累进	10%（无协定）		15%；20%超额累进	23.5%~28%
	以色列	23%	10%		23%	30.7%

---

① 当应税收入超过某档应税所得区间边界值很少的时候，用较低一档所得区间临界值乘以该当税率得出的税金作为应纳税款。

续表

地区分类	国家	公司所得税税率	股息预提税税率	分支机构利润汇回税率	分公司形式跨国经营实际税负	子公司形式跨国经营实际税负
中东欧16国	拉脱维亚	15%	5%（持股≥25%）；10%		15%	19.25%（持股≥25%）；23.5%
	立陶宛	15%	5%（持股≥25%）；10%		15%	19.25%（持股≥25%）；23.5%
	爱沙尼亚	21%	5%（持股≥25%）；10%		21%	24.95%（持股≥25%）；28.9%
	波兰	19%	10%		19%	27.1%
	罗马尼亚	16%	0%（持股≥50%）；3%		16%	16%（持股≥50%）；18.52%
	捷克	19%	5%（持股≥25%）；10%		19%	23.05%（持股≥50%）；27.1%
	斯洛伐克	22%	10%		22%	29.8%
	保加利亚(饶让)	10%	10%		10%	19%
	匈牙利	10%（≤5亿福林）、19%（>5亿福林）	10%		10%（≤5亿福林）、19%（>5亿福林）	19%（≤5亿福林）、27.1%（>5亿福林）
	塞尔维亚(饶让)	15%	5%		15%	19.25%
	克罗地亚	20%	5%		20%	24%
	斯洛文尼亚	17%	5%		17%	21.5%
	马其顿(饶让)	10%	5%		10%	14.5%
	波黑(饶让)	10%	10%		10%	19%
	黑山(饶让)	9%	5%		9%	13.5%
	阿尔巴尼亚	15%（年营业额>800万列克）；7.5%（年营业额200万~800万列克）；2.5万定额（营业额≤200万列克）	10%		15%（年营业额>800万列克）；7.5%（年营业额200万~800万列克）；2.5万定额（营业额≤200万列克）	23.5%（年营业额>800万列克）；16.25%（年营业额200万~800万列克）

数据来源：笔者根据国税总局网站（http://www.chinatax.gov.cn/n810341/n810770/index.html），德勤中国网站（https://www2.deloitte.com/cn/zh/pages/tax/articles/tax–taxation–and–investment–guides–and–country–highlights.html），荷兰财政文献局网站（http://online.ibfd.org/kbase/）等数据整理而得。

（二）反避税规则

国际反避税是目前国际税收合作的主要议题，"一带一路"沿线国家大多在国内税法中制定了转让定价规则和资本弱化规则，具体情况如表2、表3所示。

表2 "一带一路"沿线国家转让定价规则一览

有转让定价规则或原则	菲律宾、泰国、新加坡、印尼、越南、马来西亚、巴基斯坦（无APA，可预先裁决）、孟加拉国、斯里兰卡、印度、哈萨克斯坦、吉尔吉斯斯坦、乌兹别克斯坦、土库曼斯坦、卡塔尔、科威特、沙特、土耳其、以色列、阿曼、埃及、巴勒斯坦、黎巴嫩、也门、俄罗斯、阿塞拜疆、白俄罗斯、格鲁吉亚、蒙古国、乌克兰、阿尔巴尼亚、保加利亚、波兰、波黑、黑山、捷克、克罗地亚、拉脱维亚、爱沙尼亚、立陶宛、罗马尼亚、马其顿、塞尔维亚、斯洛伐克、斯洛文尼亚、匈牙利
税法无转让定价规则	柬埔寨①、缅甸、文莱、不丹、尼泊尔②、阿联酋、巴林、叙利亚、伊拉克③、约旦、摩尔多瓦④、亚美尼亚

数据来源：笔者根据国税总局网站（http://www.chinatax.gov.cn/n810341/n810770/index.html）、德勤中国网站（https://www2.deloitte.com/cn/zh/pages/tax/articles/tax-taxation-and-investment-guides-and-country-highlights.html）、荷兰财政文献局网站（http://online.ibfd.org/kbase/）等数据整理而得。

表3 "一带一路"国家资本弱化规定一览

税法有资本弱化规则	印尼（债务资本比率4:1）、巴基斯坦（3:1）、不丹（3:1）、斯里兰卡（制造业3:1，服务业4:1）、哈萨克斯坦、沙特、土耳其（3:1，银行金融6:1）、以色列（股权比例≥30%~33.3%）、阿曼（2:1）、埃及（4:1）、也门（70:30）、约旦、俄罗斯（3:1，银行租赁12.5:1）、白俄罗斯（1:1）、格鲁吉亚（3:1，租赁公司5:1）、蒙古国（3:1）、阿尔巴尼亚（4:1）、保加利亚（3:1）、波兰（3:1）、捷克（4:1，银行保险6:1）、克罗地亚（4:1）、拉脱维亚（4:1或平均负债1.57倍乘以短期利率）、立陶宛（4:1）、罗马尼亚（3:1）、马其顿（3:1）、塞尔维亚（4:1，银行租赁10:1）、斯洛文尼亚（4:1）、匈牙利（3:1）

① 虽无转让定价规则，但其税务条例规定税务部门有权依照市场价格调整关联方之间的交易。
② 享受免税居民企业向控制人支付利息时，其利息税前扣除不得超过该企业产生的总利息和当年应税收入的50%。
③ 虽无明确规定，但伊拉克税务机关保留对不合理利润调整的权利。
④ 虽无明确规则，但有条款对关联方交易做出了限制，近期可能出台规则。

续表

税法无资本弱化规则	菲律宾、柬埔寨①、缅甸、泰国、文莱、新加坡、越南、马来西亚②、孟加拉国、尼泊尔、印度③、吉尔吉斯斯坦、乌兹别克斯坦、土库曼斯坦、阿联酋、巴林、卡塔尔④、科威特、巴勒斯坦、黎巴嫩、叙利亚、伊拉克、阿塞拜疆⑤、乌克兰、亚美尼亚⑥、波黑、黑山、斯洛伐克、爱沙尼亚

数据来源：笔者根据国税总局网站（http://www.chinatax.gov.cn/n810341/n810770/index.html），德勤中国网站（https://www2.deloitte.com/cn/zh/pages/tax/articles/tax-taxation-and-investment-guides-and-country-highlights.html），荷兰财政文献局网站（http://online.ibfd.org/kbase/）等数据整理而得。

（三）税收协定

目前，我国已与"一带一路"沿线54个国家签订了税收协定，尚未与我国缔结税收协定的国家有缅甸、东帝汶、阿富汗、马尔代夫、不丹、伊拉克、约旦、也门、黎巴嫩、巴勒斯坦10个国家。税收协定给企业"走出去"带来的影响有：一是规定了较为优惠的股息、利息和特许权使用费的预提所得税税率；二是其中的无差别待遇条款和相互协商条款为解决境外税收争议提供了制度支持；三是部分协定中的税收饶让条款能使企业真正享受到东道国提供的税收优惠；四是规定了不同国家对于常设机构的认定标准，企业一旦满足了协定中的认定条件，即可被确认为东道国的税收居民；等等。

2017年6月7日，76个国家和地区的官员共同签署了《实施税收协定相关措施以防止税基侵蚀和利润转移（BEPS）的多边公约》（简称BEPS多边公约），除我国外，"一带一路"沿线也有多个国家加入。该多边公约旨

---

① 利息扣除有具体的限制。
② 已修订相关法律，为未来出台相关规则进行铺垫。
③ 从特定非居民贷款方获得的借款超过一定比例时，债资比上限为4:1。
④ 常设机构支付给其总部或关联方的利息不得税前扣除。
⑤ 对境外关联方支付利息扣除上限为阿塞拜疆银行同业拆借利率的125%。
⑥ 只能扣除利率不超过亚美尼亚央行同期贷款利率2倍的贷款利息。

在更新现有双边税收协定网络，减少跨国企业避税的机会，在降低双重征税的同时增加税务确定性（见表4、表5）。

表4 我国企业享受"一带一路"沿线国家/地区税收饶让一览

国家/地区	国家
东南亚	马来西亚、泰国、越南、文莱、柬埔寨
南亚	印度、巴基斯坦、斯里兰卡、尼泊尔
中亚	无
独联体、格鲁吉亚、蒙古国	无
西亚北非	沙特阿拉伯、科威特、阿曼
中东欧	保加利亚、塞尔维亚、马其顿、波黑、黑山

资料来源：国家税务总局网站（http://www.chinatax.gov.cn/n810341/n810770/index.html）。

表5 "一带一路"沿线国家/地区加入BEPS多边公约一览

国家/地区	国家
东南亚	印度尼西亚、新加坡
南亚	印度、巴基斯坦
中亚	无
独联体、格鲁吉亚、蒙古	俄罗斯、亚美尼亚、格鲁吉亚
西亚北非	埃及、科威特、以色列、土耳其
中东欧	拉脱维亚、立陶宛、波兰、保加利亚、捷克、斯洛伐克、匈牙利、罗马尼亚、克罗地亚、塞尔维亚、斯洛文尼亚

资料来源：经济合作与发展组织网站（http://www.oecdchina.org/topics/tax/2017/20170607.html）。

三 企业走向"一带一路"税务风险防范要点

能否成功防范、化解税务风险对企业成功走向"一带一路"意义重大，企业、国家应携手合作，共同营造对外开放新格局。

（一）综合考察中外税收制度，降低国际双重征税

不管在税法中还是在税收协定中，我国都采用限额抵免法来消除国际双重征税，即境外所得抵免税额以依照我国税法计算出来的数额为限，具体包括直接抵免、间接抵免和饶让抵免。其中，直接抵免主要适用于抵免企业来源于境外经营利润所缴纳的境外所得税款，以及来源于或发生于境外的股息、红利等权益性投资所得、利息、特许权使用费等所得在境外缴纳的预提所得税，即以分支机构形式"走出去"的企业适用直接抵免；间接抵免主要适用于抵免满足持股条件（直接或间接持股大于20%）的5层以内境外企业向境内企业分配股息中所缴纳的境外所得税款，即以子公司形式"走出去"的企业适用间接抵免，但股息在境外缴纳的预提税适用直接抵免；饶让抵免是指企业来源于与我国签订税收协定中包含税收饶让条款国家的所得，在计算境外抵免数额时将企业在该国享受税收优惠而免（减）税的税额视为已经完税，允许将这部分税额进行抵免，从而使企业能真实享受东道国提供的税收优惠政策。

因此，当企业走向"一带一路"沿线国家时，如果在东道国负担的实际税负低于依照我国税率计算出来的数额，则企业还需回国补税，即此时企业跨国投资经营利润的税负与在国内投资经营产生利润的税负相当；而如果企业在东道国承担的实际税负高于依照我国税率计算得出的数额，则企业只能抵扣依照我国税率计算的税额，即境外投资经营的税负并没有得到足额抵免，企业遭受了国际双重征税。只有当东道国与我国缔结的税收协定中包含税收饶让条款时，企业在境外享受的税收优惠才能够得到我国政府的承认，而不必承担回国补税的义务。

企业需要注意的是：以分公司形式走向"一带一路"国家时，由于部分国家对分支机构汇回利润征税，从表1我们可以看出，位于印尼、菲律宾、泰国、老挝、印度、巴基斯坦、孟加拉国、斯里兰卡、不丹、哈萨克斯坦、阿塞拜疆、蒙古国、土耳其等国的境外分公司利润中存在国际双重征税，这尤其需要正在大规模参与"一带一路"建设的基建企业加以关注。

以母子公司或股权并购方式对"一带一路"沿线国家投资时，其股息中综合税负超过25%的国家有印尼、泰国、越南、菲律宾、柬埔寨、老挝、缅甸、印度、巴基斯坦、孟加拉国、斯里兰卡、尼泊尔、不丹、阿富汗、白俄罗斯、阿塞拜疆、伊朗、埃及、土耳其、巴林、也门、约旦、以色列、波兰、斯洛伐克等国，而在新加坡、塔吉克斯坦、俄罗斯、乌克兰、亚美尼亚、拉脱维亚、立陶宛、捷克等国需要满足持股条件要求，在文莱、哈萨克斯坦、土库曼斯坦、沙特、埃及、伊拉克、卡塔尔、阿曼等国则需满足投资行业的要求，在蒙古国、阿联酋、叙利亚、巴勒斯坦、匈牙利、阿尔巴尼亚等国需注意累进税率的限制。

（二）防范国际反避税调查

我国税法中，除了利用转让定价规则和资本弱化规则来防范跨国企业避税外，还制订了受控外国企业制度，来防止设立在低税国的境外子公司并非出于合理经营需要在境外滞留利润，向国内不分配或少分配股息的行为。这里的低税国是指实际税负低于我国税负50%，即实际税率低于12.5%的国家。从"一带一路"区域来看，有11个国家的企业所得税单一税率存在低于12.5%的情况，如果企业在这些国家投资经营，且该子公司主要收入为股息、利息、特许权使用费等消极所得的，就有被我国税务部门认定为受控外国企业的风险，从而对其当年未分配或少分配利润进行补税（见表6）。

表6 "一带一路"沿线企业所得税税率低于12.5%的国家一览

单位：%

国家	东帝汶	摩尔多瓦	阿曼	卡塔尔	保加利亚	马其顿	波黑	黑山	乌兹别克斯坦	土库曼斯坦	吉尔吉斯斯坦
税率	10	12	12	10	10	10	10	9	7.5	8	10

转让定价和债务筹资手段是跨国企业进行跨国避税的主要工具，从投资目的国的角度看，根据表2我们可以知道，沿线国家里尚未在其税法中设置转让定价规则或对企业转让定价进行限制与调整的国家有柬埔寨、缅甸、文

莱、不丹、尼泊尔、阿联酋、巴林、叙利亚、伊拉克、约旦、摩尔多瓦和亚美尼亚，企业可以利用在上述国家中的关联企业进行基于转让定价手段的税收筹划。利用表3，我们知道大概有菲律宾、柬埔寨、缅甸等沿线近30个国家没有在税法中设置资本弱化规则。对这些国家投资时，企业可以尽量多利用债权融资的方式来进行避税。反之，沿线也有印尼、巴基斯坦、不丹等28国对债权融资的比例进行了限制，在这些国家投资经营时企业则需要严格满足东道国对债务和股权的比例限定条件。

（三）善于利用税收协定网络

相对于我国税法统一规定的10%税率，我国与"一带一路"沿线国家签订的部分税收协定中对于股息、利息和特许权使用费规定了优惠的税率。比如，对于股息，来源于马来西亚、新加坡、老挝、土库曼斯坦、塔吉克斯坦、俄罗斯、乌克兰、亚美尼亚、摩尔多瓦、格鲁吉亚、蒙古国、文莱、埃及、科威特、阿联酋、沙特、巴林、阿曼、叙利亚、波罗的海三国、罗马尼亚、捷克、塞尔维亚、克罗地亚、斯洛文尼亚、黑山、马其顿29国的税率低于10%；对于利息，除大量协定规定国有全资拥有的金融机构贷款免税以外，来源于阿联酋（7%）和科威特（5%）的利息税率较低；对于特许权使用费，税率在10%以下的有埃及（8%）、塔吉克斯坦（8%）和格鲁吉亚（5%）。

如果双边税收协定中没有包含税收饶让条款，投资于境外的企业就不能享受饶让抵免待遇，这时不管东道国提供了何种减免税等税收优待，企业仍然需要按照我国税法申报纳税。也就是说，只有当特定税收协定中提供了税收饶让时，东道国提供的税收优惠才对"走出去"企业具有真实的"优待"意义。因此，企业需要特别关注"一带一路"国家与我国缔结的税收协定中的税收饶让条款。目前，对马来西亚、印度、沙特、保加利亚等17个沿线国家的投资经营利润可以饶让抵免，企业可以重点关注这些国家提供的税收优惠政策，通过合理利用该国的优惠措施降低税负，实现发展壮大。

前面提到，境外税收争议的解决有赖于税收协定中的无差别待遇条款和相互协商条款,如果没有这些条款的保护,企业在境外投资经营的成果保护也就无从谈起。因此,当企业在境外遭遇税收争议或歧视性待遇时,应主动向我国税务部门寻求协助,根据《税收协定相互协商程序实施办法》,维护自身合法权益。

此外,利用税收协定网络搭建一定投资组织架构实现跨国避税目的是过往许多企业在进行境外投资时的普遍行为,比如某企业欲对哈萨克斯坦的关联公司股息避税,由于我国与哈萨克斯坦之间股息税率较高,就可通过在我国与哈萨克斯坦股息税率较低的新加坡设立中介持股公司。但是,随着许多传统避税地国家(地区)和"一带一路"沿线国家签署 BEPS 多边公约,税收协定滥用和错配行为将会得到限制和纠正,企业需要关注未来中介持股公司设立国家和相关国家对于税收协定的修订,防范搭建的投资架构无法获得避税收益的风险。

(四)完善税收支持政策,提高企业境外竞争力

企业顺利走向"一带一路"关系到我国改革开放能否健康持续推进,是造福于沿线国家各族人民、有效增进我国与沿线国家沟通往来的重要手段,国家应提供更为有力的税收支持政策,适度降低企业税负,提高企业境外竞争力。

第一,引入免税法,更大程度消除重复征税。国际双重征税既没有效率,也不公平,给企业跨国投资经营带来严重负面影响。目前"属地制"国际征税模式在主要对外投资国家中有逐渐蔓延开来的趋势,不仅欧洲大陆国家存在实行"参与免税"的悠久历史,英国、日本也都通过税改引入了免税法,就连一直信奉资本输出中性、恪守抵免法的美国也在最新税改方案中提出改行"属地制"的主张。[①] 在企业积极走向海外,与来自发达国家和东道国的企业展开激烈竞争的大背景下,我国应顺应国际潮流,改革现行并

---

① 李绮红、郑鹏、赵倩:《"一带一路"背景下中国境外所得免税法研究》,《国际税收》2017年第10期。

不能彻底消除国际双重征税的限额抵免法，从计算最复杂、企业遵从成本最高的间接抵免着手，在一定限制条件下对境外所得免税①，切实降低企业"走出去"中的双重征税风险。

第二，适度降低税率，统筹规划"走出去"和"引进来"。2008年金融危机以来，各国莫不通过税制改革以降低企业所得税税率的手段提高经济竞争力。② 我国在大力发展"走出去"的同时也面临着继续保持"引进来"的压力，需要通过适度调整税率来保持税制乃至经济的竞争力，实现对外投资和引进外资的全面增长。首先，可适度降低企业所得税税率，如将其调整到与2016年亚洲平均20%相当的水平，一则可以弥补我国直接抵免制度在企业双重征税风险中的不足；二则可以降低引入免税法带来的财政收入流失风险。其次，可借鉴美日英等发达国家做法，适度降低我国与"一带一路"沿线国家之间股息、利息和特许权使用费的预提税税率，构建相互之间资金往来的免税或低税通道，促进区域经济大融合。

第三，设立对外投资风险准备金，实现"走出去"风险共担。众所周知，"走出去"风险要远大于境内投资，特别是"一带一路"沿线众多的发展中国家使不确定性更加凸显，若我国能够允许企业在"走出去"的初期税前计提一定比例的资金，专门弥补赴外投资经营前期的企业初创风险，待一定时期企业在境外产生盈利后再与之剩余金额合并征税，如此，既保证了国家税收权益，也降低了企业的风险。

参考文献

Joseph P. Daniels, Patrick O'Brien, Mare B. von der Ruhr, "Bilateral Tax Treaties and

---

① 计金标、应涛：《"一带一路"背景下加强我国"走出去"企业税制竞争力研究》，《中央财经大学学报》2017年第7期。

② 国家税务总局税收科学研究所课题组：《国际金融危机以来的世界税收发展趋势》，《税务研究》2017年第10期。

US Foreign Direct Investment Financing Modes," *International Tax Public Finance* 22, 2005: 999 – 1027.

John Mutti, Harry Grubert, "Empirical Asymmetries in Foreign Direct Investment and Taxation", *Journal of International Economics* 62, 2004: 337 – 358.

Peter Egger, Simon Loretz, Michael Pfaffermayr, Hannes Winner, "Bilateral Effective Tax Rates and Foreign Direct Investment", *International Tax Public Finance* 16, 2009: 822 – 849.

Thiess Buettner, Martin Ruf, "Tax Incentives and the Location of FDI: Evidence from a Panel of German Multinationals", *International Tax Public Finance* 14, 2007: 151 – 164.

李勇彬、汪昊：《我国与"一带一路"沿线国家避免双重征税协定对比》，《税务研究》2017年第2期。

庞淑芬、王文静、黄静涵：《"一带一路"下我国企业"走出去"的税收风险解析》，《国际税收》2017年第1期。

王文静、褚方圆、刘丽丽：《企业跨境并购税务风险及对策分析——以中国企业"走出去"到哈萨克斯坦为例》，《国际税收》2017年第9期。

B.16 北极西北航道海洋环境风险评估和区划

余梦珺 葛珊珊 张韧 杨忠 宋博*

摘　要： 在全球气候变化和"冰上丝绸之路"背景下，本文以北极西北航道为研究区，针对海洋环境要素对航道开通的影响，依据风险评估理论和方法，构建研究区海洋环境风险指标体系。利用研究区2005~2016年的高精度观测数据，展开风险评估和区划，为定量化分析西北航道商业通航的海洋环境要素影响提供参考依据。结果如下。(1) 在北极西北航道海洋环境风险评价指标体系中，各指标的权重由大到小依次为海冰厚度、航道水深、海冰密集度、大风强度、低能见度、海表温度，由此可见北极地区的海冰仍然是阻碍航道进一步开通的最主要因素。(2) 西北航道地区风险呈"北高南低"分布，伊丽莎白女王群岛与威尔士亲王岛之间常年存在风险高值区，摄政王湾、麦克林托科海峡、维多利亚海峡、毛德皇后湾等区域的风险较小且常年较稳定。(3) 除去2009年、2013年、2014年，2005~2016年的海洋环境风险总体上呈下降趋势；一年中9月的海洋环境风险值最小，其次是8月、7月、10月，选择9月航行会大大减少海洋环境风险给船舶航行带来的威胁。

---

* 余梦珺，国防科技大学硕士研究生，主要研究方向为北极航道安全风险评估；葛珊珊，南京师范大学博士，金陵科技学院讲师，主要研究方向为气候变化与北极博弈、风险评估；张韧，国防科技大学气象海洋学院教授；杨忠，金陵科技学院教授，研究方向为智能控制；宋博，国防科技大学硕士研究生。

关键词： 西北航道　海洋环境　风险评估

一　引言

  2017年，国家发展和改革委员会与国家海洋局制定并发布《"一带一路"建设海上合作设想》，设想首次将北极航线明确为"一带一路"三大主要海上通道之一，北极航线因此成为实质意义上的北极丝绸之路。全球气候变化背景下，北极海冰的消融加速了北极航道的开通进程，对我国"一带一路"倡议实施和拓展具有深远而重大的意义，同时将深刻影响我国及世界海上战略通道格局。

  2017年7月，习近平主席在访问俄罗斯期间与俄方领导人就北极航道的开发利用和打造"冰上丝绸之路"达成重要的共识。虽然该共识直指北极东北航道，但从中国的经济发展、海外投资、长远利益等方面考虑，我们既要谋求东北航道的开发和利用，更要积极应对和谋划北极西北航道这一连接大西洋和太平洋的最短航道的开通与未来发展。

  近年来，全球温度普遍升高，北极的升温速率是全球平均水平的两倍，北半球高纬度地区的温度升幅最大。北极地区大部分区域本身由海洋组成，如果没有低温和地理位置的限制，就可以像其他大洋一样发挥提供海上运输的功能。而今，随着气温升高，常年冰融化，季节性融冰的区域融冰区增长，对于世界各国来说，在一定时间内，固定区域将提供可供利用的海上航运通道。据科学家推测，25~30年内北冰洋的海冰将在夏天消失，届时，西北航道的通航将得以实现。

  特殊的地理位置使西北航道具有的巨大经济效益、资源利益以及军事价值得到各国的广泛关注。航道的开通不仅意味着增加了一条航线，更意味着沿线各国所属地的战略地位的改变。对于我国而言，北极航道的开通不仅意味着多了一条海运航线，更预示着与北极航道相关港口城市将拥有更多的可能性和更高的航运地位。北极航线的开通缩短了亚、欧、北美三个洲之间的距离，使三者的联系更加紧密，北极航道也将成为我国与其他国家联系的重要海上通道，同时航线所经区域也将受到辐射影响。

从目前我国经济的发展状况来看，我国东北部沿海地区因其地理位置，拥有直接连接世界各大经济区域的地缘优势，目前唯一的缺陷就是航线不够贯穿始终。试想西北航道一旦开通，航线上的缺点得以解决，将会大大增强我国东北部沿海地区的经济地位，进而极大提升地区外贸发展。北极航道对中国能源安全的影响主要体现在能源运输上，北极航道相比以往的波斯湾、马六甲海峡，不会常年受到海盗影响，这在极大程度上降低了能源运输的危险性。北极油气资源一旦开发，可以缓解我国的能源危机，为我国的进口能源提供一个源地。当前，尽管北极能源开发还没提上日程，但巨大的潜力对于我国来说，就像一个巨大的宝库，我国提升对北极事务的参与度，明确本国对于北极问题的态度，加强与北极相关国的合作，将对我国以后参与北极能源的开发和利用，产生巨大的影响，对我国的能源安全积极作用明显。

张侠等计算了未来我国与北极之间的远洋航线的海运里程和成本，结果表明，中国沿海港口到北美东岸的航程约比经巴拿马运河的传统航线节省2000~3500海里，到2020年，如果北极航线完全打开，用北极航线替代传统航线每年可节省533亿~1274亿美元的国际贸易海运成本。① 李振福指出，北极航线的开辟有可能促进亚洲形成真正的国际航运中心，西北航道再加上西伯利亚沿岸的北方通道将成为新"大西洋—太平洋轴心航线"，将进一步通过改变全球海运格局来改变全球贸易格局。② 2008年，MV Camilla Desgagnés号商船从加拿大蒙特利尔启程，首次实现了西北航道的商船通行，标志着西北航道航运时代的来临；2014年，努那维克号散货船从迪塞普申湾出发，独立穿行整个西北航道，到达中国营口市，此次成功尝试说明中国与北美间的贸易往来存在更加经济性的通道；2017年9月，中国雪龙号极地科学考察船首次穿越西北航道，这将直接推动我国船舶对北极航道的商业

---

① 张侠等：《北极航线的海运经济潜力评估及其对我国经济发展的战略意义》，《中国软科学》2009年增刊（下）。
② 李振福：《中国面对开辟北极航线的机遇与挑战》，《港航研究》2009年第4期。

利用。

但是，北极航道地处高纬寒冷地区，复杂多变的环境要素给船舶航行带来了极大的安全威胁，易造成人员伤亡、油船溢油等危及人类生命安全和北极生态平衡的突发性事件。1989年，埃克森油轮瓦迪兹号发生触礁事故，泄漏了1100万加仑原油，严重破坏了威廉王子湾及周边地区的生态环境。北极理事会在2009年澳大利亚海洋安全机构（AMSA）报告中对北极地区1995～2004年发生的海上事故进行了统计，10年间事故数量高达293起，涉事船舶包括干散货船、渔船、集装箱船等，事故类型包括碰撞、船舶机械故障和设备失灵、火灾等。在海上事故种类中，船舶机器故障及搁浅是主要事故类型，约占所有事故的50%。[1] 造成这些事故的主要原因是北极地区海洋环境恶劣，可提前掌握的海洋水文环境、海洋大气环境、海洋地理环境等相关资料与数据很少，并且，北极地区面临应急救援设施不足、救援人员能力有限等挑战。因此，基于客观数据和风险评估方法对北极地区海洋环境展开研究，依据分析结果提出合理的辅助决策建议，能够帮助投资者及时了解北极地区投资环境，有效规避海洋环境的不确定性和未知性，保证航运船舶、物资、人员的安全。本文建立北极西北航道海洋环境风险指标体系，依据精度较高的客观数据，采用客观定量的风险分析方法，对北极西北航道主要区域的海洋环境展开风险区划研究，并对区划结果做可视化处理，以期为相关投资者提供可行决策建议。

二 研究样区与数据

（一）样区概况

北极西北航道起于巴芬湾和戴维斯海峡，以波弗特海为终点，从北

---

[1] 闫力：《北极航道通航环境研究》，大连海事大学硕士学位论文，2011，第17页，http://nvsm.cnki.net/kns/brief/default_result.aspx。

大西洋经加拿大北极群岛通过北冰洋，从而连接起亚洲及北美洲东部。西北航道沿线分布着错综复杂的岛屿、海峡、海湾、冰山等，被认为是世界上最险峻的航道之一。选取北极西北航道主要航道及其周边海域为研究样区，选定的区域范围为66°N～77°N、60°W～135°W。

（二）数据来源

为获取研究区最新的自然环境危险性特征，选择数据的时间序列为2005～2016年每年1～12月。海冰、风速、海表温度数据来自欧洲中期天气预报中心（ECMWF），数据是网格点为0.125°×0.125°的ERA高精度日平均。水深数据采用美国地球物理中心发布的采样间隔为1弧分的ETOPO1高程数据，能见度数据由美国国家海洋和大气管理局发布。海冰厚度数据选用美国华盛顿大学发布的PIOMAS（Pan-arctic Ice Ocean Modeling and Assimilation System）海冰模式输出成果中的月平均资料。数据分类及来源见表1。

表1 数据分类与来源

数据分类	网址链接
海冰密集度、温度、风速	http://apps.ecmwf.int/datasets/
航道水深数据	http://maps.ngdc.noaa.gov/viewers/wcs-client/
海冰厚度	http://psc.apl.uw.edu/research/projects/arctic-sea-ice-volume-anomaly/data/model_grid
能见度	http://gis.ncdc.noaa.gov/map/viewer/#app=clim&cfg=cdo&theme=hourly&layers=1&node=gis

三 风险评估模型建立

（一）风险识别与指标选取

北极西北航道地处高纬寒冷区域，一年中大部分时间都被冰雪覆盖，多数海峡受海冰阻碍常年处于封锁状态，极大地阻碍着航道的开通。其中，海冰密集度和海冰厚度是衡量海冰阻碍程度的重要指标。同时，北极地区终年气温较低，过低的气温会对船舶本身及船员产生伤害，而北极地区的大风、浓雾等恶劣天气也会对船舶航行造成威胁。另外，西北航道复杂的地形以及其他不确定因素都会使航行船舶面临安全风险。

由于海冰厚度数据的缺失，前人的研究中很少把海冰厚度纳入指标体系之中，本文结合苏洁①、曹玉墀②、吕宝刚③研究取得的在北极航道风险评估领域的成果，并将海冰厚度考虑在内，最终确定西北航道海洋环境风险6个关键的致险因子，建立了西北航道海洋环境风险指标体系（见图1）。

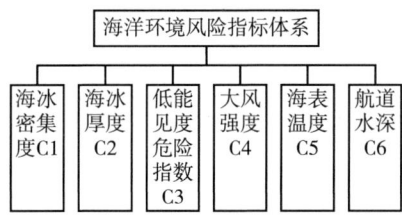

图1　西北航道海洋环境风险指标体系

（二）指标定义和量化

1. 海冰密集度（C1）

定义：评估海冰密集度对船舶航行的威胁。海冰密集度越高，危险性越大。量化公式为：

---

① 苏洁等：《北极加速变暖条件下西北航道的海冰分布变化特征》，《极地研究》2010年第2期。
② 曹玉墀：《北冰洋通航可行性的初步研究》，大连海事大学硕士学位论文，2010，第20页，http://nvsm.cnki.net/kns/brief/default_result.aspx。
③ 吕宝刚：《北极航行的环境因素及冰区航行安全措施研究》，大连海事大学硕士学位论文，2012，第19页，http://nvsm.cnki.net/kns/brief/default_result.aspx。

$$C1 = \frac{I - I_{min}}{I_{max} - I_{min}} \tag{1}$$

式（1）中，I 为评估单元的海冰密集度原始值，I_{min} 和 I_{max} 分别为研究样区内海冰密集度最小值和最大值。

2. 海冰厚度（C2）

定义：评估海冰厚度对船舶航行的威胁。海冰厚度越大，危险性越高。量化公式为：

$$C2 = \frac{K - K_{min}}{K_{max} - K_{min}} \tag{2}$$

式（2）中，K 为评估单元的海冰厚度原始值，K_{min} 和 K_{max} 分别为研究样区内海冰厚度的最小值和最大值。

3. 低能见度危险指数（C3）

定义：评估能见度对船舶航行的影响。该指标值越大，危险越大。量化公式为：

$$C3 = 1 - \frac{V - V_{min}}{V_{max} - V_{min}} \tag{3}$$

式（3）中，V 为评估单元的能见度原始值，V_{min} 和 V_{max} 分别为研究样区内能见度的最小值和最大值。

4. 大风强度（C4）

定义：评估大风强度对船舶航行的威胁程度。指标值越大，危险性越大。量化公式为：

$$C4 = \frac{Q^2}{Q_{min}^2} \tag{4}$$

能量学相关知识表明大风强度取决于风速大小，式（4）中，Q 为评估单元的大风强度原始值，Q_{min} 为大风最低标准值，取值为10.8米/秒。

5. 海表温度（C5）

定义：评估海表温度对船舶航行的威胁程度。该指标值越大，危险性越大。量化公式为：

$$C5 = \begin{cases} 0 & T > 0℃ \\ |\dfrac{T - T_{min}}{0 - T_{min}}| & T \leq 0℃ \end{cases} \quad (5)$$

式（5）中，T 表示评估单元原始海表温度，T_{min} 表示研究样区内海表温度最小值。

6. 航道水深（C6）

定义：评估航道水深对船舶的威胁程度。该指标值越大，危险性越大，船舶触礁和搁浅的可能越大。量化公式为

$$C6 = \begin{cases} 0 & D \geq S \\ 1 - \dfrac{D}{S} & D < S \end{cases} \quad (6)$$

式（6）中，D 表示实际水深，S 为参考取值，取 $S = 50$ 米，实际水深超过 50 米时，表示水深危险性大小为 0。

（三）指标权重确定

指标定权方法主要包括三类，即主观定权、客观定权、主客观结合定权。在主观定权方法中，最常用的是层次分析方法，但是层次分析方法需要进行复杂的一致性检验，且检验过程较复杂，不易操作。G1 法则能够避开层次分析法计算量大、一致性检验工作烦琐等缺点，是一种更简易可行的主观定权方法。[1] 在客观定权方法中，熵权法是比较成熟和常用的方法之一，它能够从数据本身出发，削弱了人为主观判断对权重的干扰，是一种利用指标值信息量之间的差异性来确定指标权重的客观定权方法。

纯粹的主观或客观定权方法都存在不足之处，因此本文采用主客观结合的方法确定指标权重，G1 法和熵权法的结合既能避免过度依赖专家知识和经验，又能减少数据差异较小而实际重要性较大的不匹配情况的发生。步骤

---

[1] 王学军、郭亚军：《基于 G1 法的判断矩阵的一致性分析》，《中国管理科学》2006 年第 3 期。

如下：(1) G1 法主观确定权重；(2) 熵权法客观赋权；(3) 将 G1 法和熵权法计算结果组合确定最终权重。G1 法计算过程参考文献《基于 G1 法的应急能力评估指标权重的确定》[①]，熵权法计算过程参考文献《基于熵权法的涿鹿县现代农业发展水平评价分析》[②]。两者组合公式为

$$w = \frac{(w_G + w_E)}{2} \tag{7}$$

w_G 为 G1 法计算得到的权重结果，w_E 为熵权法计算得到的权重结果，w 为最终权重。

根据相关计算方法和步骤，得到指标权重结果见表2。结果表明，权重由大到小依次为海冰厚度 C2、航道水深 C6、海冰密集度 C1、大风强度 C4、低能见度危险指数 C3、海表温度 C5。由此可见，海冰仍然是阻碍航道进一步开通的最主要因素，又因海冰厚度难以采用普通设备进行测量，所以分析其对航行的影响有很大的困难。航道水深的权重位于第二，主要原因为西北航道地区海峡、海湾、岛屿、暗礁、浅滩众多，易造成搁浅、触礁等事故。在海冰密集度权重的计算过程中，可以看出熵权法和 G1 法计算结果存在很大差异，原因在于：熵权法是根据数据携带的信息量的差异定权的，海冰广泛存在但各个区域的分布差异较小就可能导致这种情况发生，但不可否认海冰密集度指标的重要性，因此 G1 法的存在削弱了客观定权方法的定权结果与现实情况的不匹配性。大风强度指标居第四位，说明北极地区可能存在丰富的风能资源。低能见度指标权重略小于大风强度，海表温度的指标权重最小，说明随着船舶建造技术发展和预防灾害能力的提高，大风和低能见度对船舶航行的威胁也在逐步减小。权重的最终结果与西北航道地区海洋环境要素实际情况一致性较高。

---

① 刘建等：《基于 G1 法的应急能力评估指标权重的确定》，《中国安全科学学报》2006 年第 1 期。
② 李满、李世峰、欧阳映鸿：《基于熵权法的涿鹿县现代农业发展水平评价分析》，《中国农业大学学报》2014 年第 5 期。

表 2　指标权重计算结果

指标	G1 法权重	熵权法权重	组合权重
海冰密集度 C1	0.3494	0.0386	0.1940
海冰厚度 C2	0.2822	0.2646	0.2734
低能见度危险指数 C3	0.1035	0.1240	0.1137
大风强度 C4	0.1240	0.1321	0.1281
海表温度 C5	0.0494	0.0869	0.0682
航道水深 C6	0.0915	0.3538	0.2226

（四）指标融合

指标融合是风险评估模型的重要组成部分，本文采用加权综合方法将标准化处理过后的指标数据与对应的指标权重进行融合，融合公式为：

$$Risk = \sum_{i=1}^{n} w_i \cdot x_i \tag{8}$$

式（8）中，$Risk$ 表示综合风险值，w_i 表示指标权重，x_i 表示指标值，n 表示指标个数。

四　区划结果与分析

（一）西北航道海洋环境风险年际区划与变化趋势

西北航道及其周边海域 2005~2016 年逐年的海洋环境风险，从空间分布来看，研究区的海洋环境风险呈现北高南低的趋势，风险在东西方向上分布较均匀。从年际分布来看，2005~2008 年风险呈现减小趋势，2009 年风险略有增加，2010~2012 年风险减小，2013 年和 2014 年风险存在回升现象，但在 2014 年之后风险又在逐步减小。由此可见，西北航道地区的海洋环境风险整体上呈现下降趋势。

从局部来看，风险高值区集中在北部区域，在伊丽莎白女王群岛与威尔士亲王岛之间常年存在风险高值区,风险值高达0.8,该片区域接近巴罗海峡和皮尔海峡。此外,巴芬湾东侧的格陵兰岛沿岸和班克斯岛西侧的波弗特海的海洋环境风险也较高。西北航道南侧区域中,威尔斯王子海峡和多尔芬—尤宁海峡的年际风险变化较明显,该片区域在2009年、2013年、2014年的风险较高。而摄政王湾、麦克林托科海峡、维多利亚海峡、毛德皇后湾等区域的风险较小且常年较稳定。

2005~2016年大部分研究区域的风险都呈下降趋势,包括摄政王湾等在内的水道中路部分的风险下降最为明显,这部分正是西北航道多条现有线路的必经之处。在迪斯海峡和科罗内申湾附近,回归系数大于0,说明该区域的风险有较小的上升趋势。北侧区域的海洋环境风险常年较高,尚不适合大规模通航。由此可见,西北航道的海洋环境风险正在下降,目前选择合理的线路可以实现小规模通航。随着海冰的加速融化、航行设备的发展、航行线路的成熟,西北航道有望实现规模性通航。

(二)西北航道海洋环境多年逐月风险区划及变化趋势

为了进一步研究西北航道海洋环境风险在不同月份和季节的变化情况,利用MATLAB平台绘制了西北航道海洋环境多年逐月风险图及变化趋势图。

研究结果表明,1~6月风险逐渐减小,7~9月研究区域内的海洋环境风险达到一年中的最低值,而7~9月正是公认的北极地区最佳航行期。之后整体风险逐步增大。在7月、8月、9月中,风险普遍较小,只在介于巴瑟斯特岛以南和威尔士亲王岛以北的水域中存在风险较高的情况,但风险值都在0.5以下。由此可见,9月的海洋环境风险值最小,9月之后北极地区气温下降,原本融化的海冰重新凝结,导致风险逐渐上升。当年11月到次年3月都是西北航道冰情严峻的时期,尤其是航道北路,很少能有船舶实现通航。

通过求解研究区域内每个格点的多年月平均风险值,再计算1~12月的风险回归系数可以得到研究区逐月风险变化趋势。研究区域自西向东、自北向南风险变化呈减小趋势,即西北航道西侧和北侧的风险随月份的变化较剧烈，表明西侧和北侧区域的风险不确定性较大，尤其是班克斯岛周围，原因可能是该区域接近波弗特海入海口，易在秋冬季节形成海冰堆积现象；中部和南部区域的风险随月份变化较小，表明这些区域的风险不确定性较小，中部区域主要包括摄政王湾、皮尔海峡、麦克林托科海峡，这些地区的水域相对较开阔，较利于船舶航行；南部区域主要包括维多利亚海峡和毛德皇后湾等，这些区域受海冰的影响较小，且水深满足航行要求，同时能见度、温度、大风等条件都较适宜，不会对船舶航行产生太多威胁。

（三）单个指标风险变化分析

不同的指标因为权重存在差异，所以对海洋环境风险的作用程度也不尽相同。在西北航道海洋环境风险指标体系中，海冰厚度的权重最大，航道水深权重次之，所以针对这两项指标做单独分析。每年7~10月，海冰厚度风险普遍较低。7~10月是北半球一年中温度最高的时候，温度升高，海冰融化，因此监测到的海冰厚度减少。其中，9月海冰厚度达到最低值，整个研究区域内的风险值均在0.4以下；10月温度逐渐降低，海冰重新凝结，海冰厚度增加，风险随之增加。风险区划结果与DNV GL船级社提供的北极地区风险变化图中的结果较一致。

依据公式（6）对西北航道地区水深数据进行标准化处理后，得出航道水深风险值。在研究区域内，水深大于50米时被认为风险为0，风险高值区主要为雷伊海峡—辛普森海峡一带，雷伊海峡的水深仅为5~18米，同时航道较窄，十分不利于船舶航行。辛普森海峡水深较浅，推荐航道水深最浅为6.4米，大型船舶航行困难，比较适合当地小型船舶航行。[①] 另外，越靠近陆地，水深的危险性越大，存在搁浅的危险性，所以船舶在航行时应尽量避免过于靠近海岸，以免发生搁浅事故。

---

① 吕宝刚：《北极航行的环境因素及冰区航行安全措施研究》，大连海事大学硕士学位论文，2012，第19页，http://nvsm.cnki.net/kns/brief/default_result.aspx。

五 结论与讨论

本文建立了北极西北航道海洋环境风险评价指标体系,创新性地将海冰厚度数据引入指标体系中,利用G1法和熵权法主客观结合确定指标权重,并依据高精度的观测数据对2005～2016年北极西北航道海洋环境风险进行定量化评估和区划,得到以下结论。

(1) 在北极西北航道海洋环境风险评价指标体系中,各指标的权重由大到小依次为海冰厚度C_2、航道水深C_6、海冰密集度C_1、大风强度C_4、低能见度危险指数C_3、海表温度C_5,表明海冰仍然是阻碍航道进一步开通的最主要因素。

(2) 西北航道地区风险呈"北高南低"分布,伊丽莎白女王群岛与威尔士亲王岛之间常年存在风险高值区,摄政王湾、麦克林托科海峡、维多利亚海峡、毛德皇后湾等南部区域的风险较小且常年较稳定。

(3) 除去2009年、2013年、2014年,2005～2016年的海洋环境风险总体上呈下降趋势,表明西北航道有望进一步实现通航。

(4) 一年中9月的海洋环境风险值最小,其次是8月、7月、10月,表明9月是最佳通航期,船舶选择9月航行会大大减少海洋环境风险带来的威胁。

北极是"冰上丝绸之路"的重要支点,阻碍北极开发和利用的关键在于其恶劣的自然环境,所以,在进行北极地区海上投资之前,必须考虑北极地区海洋水文、气象、地理以及交通等环境因素,从而更加全面地掌握投资环境的可靠性与安全性。本文以西北航道为研究区域,其海洋、地理、气候、水文条件复杂多变,由于可获取资料有限,本文仅从海洋环境的角度构建了自然环境危险性评价指标体系,方法模型也有待进一步论证和检验,提高评估的准确性。此外,气候变化给北极的自然环境带来了改变,也进一步影响着北极地区的政治博弈、经济发展以及人文环境等诸多方面,且这些因素影响机理不清,无法构建解析模型,因此值得进一步加以研究,为中国在北极地区开展一系列活动提供更可靠的技术保障。

参考文献

张侠、屠景芳、郭培清、孙凯、凌晓良:《北极航线的海运经济潜力评估及其对我国经济发展的战略意义》,《中国软科学》2009 年增刊(下)。

葛珊珊、张韧、杨孟倩:《气候变化背景下西北航道自然环境危险性评估》,《海洋通报》2017 年第 2 期。

李振福:《中国面对开辟北极航线的机遇与挑战》,《港航研究》2009 年第 4 期。

刘建、郑双忠、邓云峰、李安贵、宋存义:《基于 G1 法的应急能力评估指标权重的确定》,《中国安全科学学报》2006 年第 1 期。

李满、李世峰、欧阳映鸿:《基于熵权法的涿鹿县现代农业发展水平评价分析》,《中国农业大学学报》2014 年第 5 期。

李春花、李明、赵杰臣、张林、田忠翔:《近年北极东北和西北航道开通状况分析》,《海洋学报》2014 年第 10 期。

刘惠荣、刘秀:《西北航道的法律地位研究》,《中国海洋大学学报》(社会科学版)2009 年第 5 期。

邹磊磊、黄硕琳、付玉:《加拿大西北航道与俄罗斯北方海航道管理的对比研究》,《极地研究》2014 年第 4 期。

曹玉墀:《北冰洋通航可行性的初步研究》,大连海事大学硕士学位论文,2010。

李振福、王文雅、尤雪、丁超君:《中国北极航线战略环境的模糊综合评价》,《中国航海》2015 年第 3 期。

吕宝刚:《北极航行的环境因素及冰区航行安全措施研究》,大连海事大学硕士学位论文,2012。

苏洁、徐栋、赵进平、李翔:《北极加速变暖条件下西北航道的海冰分布变化特征》,《极地研究》2010 年第 2 期。

闫力:《北极航道通航环境研究》,大连海事大学硕士学位论文,2011。

Authors, C. L., Brigham, L., McCalla, R., et al., *Arctic Marine Shipping Assessment 2009 Report*, Cambridge: Cambridge University Press, 2009.

Sou, T., Flato, G., "Sea Ice in the Canadian Arctic Archipelago: Modeling the Past (1950 – 2004) and the Future (2041 – 60)," *Journal of Climate* 22, 2009: 2181 – 2198.

Borgerson, S. G., "Arctic Meltdown: The Economic and Security Implications of Global Warming," *Foreign Affairs* 87, 2008: 15 – 19.

B.17 "一带一路"沿线及相关国家资本利得税收风险比较研究

赵海益*

摘　要： 资本利得税是针对国际投资领域比较特殊的税收，本文从理论上分析了究竟什么是资本利得、对资本利得应不应该征税，并归纳了支持和反对两方面的观点，建立起对资本利得以及对其是否应该征税的基本概念。基于此，总结了"一带一路"主要沿线及相关国家对资本利得的认定以及对资本利得征税与否的相关税收规定，并在此基础上分析了各国资本利得不同税收制度给企业及个人投资带来的风险，提出了相应的风险防范建议。

关键词： 资本利得　资本所得　涉税争议　风险管控

一　引言

一般而言，资本利得主要指资产持有者通过出售资产本身所取得的收入减去为取得该项资产时所付出的成本和费用之后的余额，即资产买卖的价格差。从属性上看，资本利得应该属于资本所得的一部分，且资本所得包含的范围更为广泛，不仅仅包括资本利得，还包括资本持有期间所获得的所有收

---

* 赵海益，博士，上海立信会计金融学院财税与公共管理学院讲师，主要研究方向为税收与公司理财。

益，如红利、股息收入等。但目前国际上或学术界对于什么是资本性资产并没有统一的定义，而且一直存在争议。《国际税收词汇》里把资本性资产定义为"土地、应提取折旧的有价固定资产、有价证券以及专利等无形资产的总称"。既然对什么是资本性资产都没有定论，那么对资本利得是否应该征税就更不可能达成共识。反对者认为资本利得并不符合企业或个人一般所得的定义，具有不稳定性和非持续性，并且从长期来看资本利得也不能构成国民真正意义上的可支配收入，其受物价、利率和所得税率等因素的影响较大。另外由于资本利得与资本持有期间的股息和红利之间存在相互替代的关系，对资本利得征税容易引起重复征税。因此，不赞同对企业或个人获得的资本利得进行征税。而赞同对资本利得进行征税的学者认为，对企业或个人收入的定义依赖于定义的目的，并且对收入的定义会因定义的目的不同而发生变化。

众所周知，税法与企业会计准则之间存在很大的差别，税法虽参照企业会计准则，但从来不会因为企业会计准则上的规定而影响税法的规定，税法主要是保证国家获得足够的财政收入并对社会经济活动进行调控。因此，资本利得完全可以作为征税收入。另外，由于资本利得确实可以给其拥有者带来丰厚的可支配收入，并且会在不同的个体之间实现，从世界资本市场发达的国家可以看出这一点，绝大部分富人都是通过资本利得获得丰厚收入的。如果对资本利得不征税则会导致更大的贫富差距。同时，由于资本利得与资本红利和股息之间存在替代关系，对资本利得不征税就会导致资产持有者进行大量的税收筹划，将股息和红利转化为资本利得，反而会造成国家税收的流失和税负的不公平。

在现实中，不同的国家对资本利得采取了不同的征税方式。通过比较各征税国所采取的方式发现，各国一般都将企业或个人所获取的资本利得与企业或个人的其他一般所得进行合并，适用企业所得税或个人所得税进行征税。只有少数资本市场发达国家，如英、美、法、德等国家，单独开征了资本利得税，将资本利得与企业或个人其他所得分开进行征税。而对资本利得不征税的国家和地区主要集中于如中国香港、新加坡及瑞士这样的"自由港",这些国家或地区也是世界著名的"避税港"。从这个意义上分析,现实中大多数国家都对资本利得进行征税,但是为了资本持有者持有资本或进行再投资,大部分国家都对企业或个人利用资本利得再投资给予了免税。

本文的主要目的就是通过研究资本利得的性质,并总结资本利得是否应该征税以及如何征税正反两方面的理论基础,为深入研究对资本利得征税的正当性提供支持。除此之外,文章还总结了现实世界中"一带一路"国家对资本利得是否征税以及如何征税的具体做法,为在"一带一路"建设过程中中国企业走出国门进行投资提供知识储备和智力支持,同时也为中国企业参与"一带一路"建设降低涉税风险。

二 对资本利得征税与否的争议

对资本利得是否应该征税,以及应该如何征税一直就存在争议,不同学者从不同角度阐述了赞同对资本利得征税和不赞同对资本利得征税的观点,并且两方面的观点将一直存在,没有达成共识。

(一)反对征税的主要观点

反对征税的学者从资本利得性质、资本利得与企业或个人可支配收入之间的关系以及资本利得税收负担角度阐述其反对征收资本利得税的理论立场。

1. 资本利得不符合企业一般日常收入定义

在绝大多数情况下,企业的收入被定义为企业在日常经营活动中形成的、预期会导致企业所有者权益增加的、且与企业所有者投入资本无关的经济利益总流入。从这个定义中可以发现,对企业收入的定义主要突出两点:(1)日常经济活动;(2)具有一定可预期性和稳定性。因此,一项收入能不能被认定为企业收入必须符合以上定义,且能够满足这两个要点。由于资本利得的稳定性不足,波动性较大,并符合企业一般收入的定义和要求,因而，不能作为企业或个人的一般收入。① 并且从企业财务核算的角度，企业收入可以按照来源划分为商品销售收入、提供劳务收入、让渡资产使用权收入。按照重要性可以划分为主营业务收入、其他业务收入、营业外收入。显然，资本利得应该属于营业外收入或让渡资产使用权收入，或者很难清晰划入其中任何一种收入来源。经济学家 Lawrence H. Seltzer 研究指出："资本利得并非投资者为了经营获利持有，而是为了实现市场价值上升而获利，同时资本损失是这些资产因市场跌价而实现的损失。"② 这就给对企业或个人资本利得的认定或收入核算带来了困难，从这一点看，资本利得与企业或个人一般收入之间确实存在重要差别，而且这种差别在性质上是不可磨合的。

2. 资本利得不构成一个国家的可支配收入

由资本利得的定义可知，资本利得主要指资产的卖出价与买入价之间的差额，即资本利得的大小主要取决于资产卖出和买进时点上的价格差。但资产买进和卖出时点上的价格受多重因素的影响，而且充满不确定性。根据资产的价值理论，某项资产的价值由其未来所创造的价值决定，资产未来创造的价值越大，当前资产的价值就越高。因此，资产的价值是一种预期。那么，资产的价值就容易受到某些预期因素的影响而变化，如通货膨胀率、银行利率、企业所得税率等。③ 如果某些资产未来创造价值的能力没有发生变化，只是银行利率、通货膨胀等其他因素而导致其资产价格发生变化，那么这种情况下所获得的资本利得就不会构成一个国家真实财富的增加，也不是企业或个人可支配收入的增长，而是一种幻觉。并且从长期来看，这种情况导致的资产价格波动会增加资产价格的不稳定性。④ 根据资产价值与价格的

---

① Frank, M. M., Lynch, L. J. and Rego, O. S., "Tax Reporting Aggressiveness and its Relation to Aggressive Financial Reporting," *The Accounting Review* 84 (2), 2009: 467–496.
② Lawrence Howard Seltzer, *The Nature and Tax Treatment of Capital Gains and Losses*, New York: National Bureau of Economic Research, 1951, p. 105.
③ Katrina Ellis, Oliver Zhen Li, John R. Robinson, "Capital Gains Taxes and IPO Underpricing," 2006, http://ssrn.com/abstract=890743.
④ Keuschnigg, C. and S. B. Nielsen, "Start-Ups, Venture Capitalists and the Capital Gains Tax," Working Paper, University of St. Gallen, 2002, p. 10.

规律可以发现,价格总是以价值为中心上下波动。因此,某个时点上资产价格的上扬必然预示着另外一个时点上价格的下跌。从长期来看,资产价格的上扬与下跌会相互抵消,即意味着资本利得与利亏从总体上是平衡的,既不会增加社会的总体财富,也不会增加企业或个人的可支配收入。①

3. 对资本利得征税可能存在重复征税的问题

根据现代金融学理论,某项资产的价值是由其未来的盈利能力决定的,即某项资产未来的盈利能力越强,该资产当前的价格就越高。从这个关系中可以看出,资产当前的价值与其未来盈利能力之间存在正相关关系。实际上,资产当前的价值就是该项资产未来盈利能力的折现,是"硬币两面",站在不同的时间点上看同一个问题。因此,当资产未来获利的能力越高,其增值的可能性就越大,能够获得的资本利得就会越多。② 但事实上资本利得与该资产的未来收益是同样的事物,资本利得是资本未来收益的资本化。并且该项资产在未来获取收益时,同样需要交纳相应的企业所得税或个人所得税。③ 因此,如果在该项资产出售时对其征收资本利得税就会与其未来收益征收的资本利得税相重复,形成重复征税。这种重复征税对资本的积累具有不利影响,阻碍资本的积累。并且在资产收益重复征税的前提下,无疑会加重资产的税收负担,导致资产税负过重或者税负的不公平。因此,基于税收负担公平的角度分析,不应该对资本利得进行征税。

(二)支持征税的主要观点

针对以上反对资本利得税的观点,赞同对资本利得征税的学者提出了截

---

① Ochoa, L., Angueira, J., "Audit Quality and Tax Avoidance," Working Paper, Annual Meeting of the American Accounting Association, Washington, 2012, p. 18.

② Shackelford, Douglas and Ro Verrecchia, "Intertemporal Tax Discontinuities," *Journal of Accounting Research* 40 (1), 2002: 205-222.

③ Lang, Mark and Douglas Shackelford, "Capitalization of Capital Gains Taxes: Evidence from Stock Price Reactions to the 1997 Rate Reduction," *Journal of Public Economics* 76, 2000: 69-85; Ayers, B. C., Laplante, S. K. and McGuire, S. T., "Credit Ratings and Taxes: The Effect of Book-tax Differences on Ratings Changes," *Contermporaneous Accounting Research* 27 (2), 2010: 359-402.

然相反的观点,表明了应该对资本利得征税的立场。

1. 应税所得与会计利润不能等同

对企业收入或利润的定义依赖于不同目的。① 就会计准则来讲,其主要目的就是反映企业的财务状况和经营成果,研究企业收入的来源、质量以及可持续性等。因此,从财务核算的角度分析,其重点应该是区分企业不同收入来源,如主营业务收入、其他业务收入以及营业外收入等,并采用分步核算法进行结构性解读。② 研究哪些收入具有稳定性,哪些收入属于偶然所得,并提醒财务信息的使用者企业财务核算的方式和使用的会计政策,让那些财务信息使用者能够清楚地了解企业的财务状况和经营成果。但这与国家税务机关的目的又有很大的不同,从税务机关征税的角度分析,税法相关制度对企业收入或利润的分类不同于企业财务核算制度。③ 税收相关制度通常基于征税的目的将企业收入分成征税收入、不征税收入和免税收入,并没有考虑企业收入的来源及其稳定性和可持续性。④ 因此,税法及会计准则基于不同的目的对企业收入进行定义,以企业财务核算的目的来定义税法的收入显然不合理,应税所得与会计利润不能够等同,同样以收入的稳定性和可持续性来否定纳税的义务也缺乏理论依据。

2. 资本利得能够成为个人的可支配收入

反对资本利得征税的观点认为,从长期来看,资本"利得"与"利亏"会相互抵消,并没有增加社会的可支配财富,因此,对资本利得征税就会增加社会的税收负担。赞同对资本利得征税的学者认为,虽然从长期来看,资本利得与利亏存在相互抵消的可能性,但事实并非如此,而且获得资本利得的人与

---

① Hanlon, M., Shevlin, T., "Book-tax Conformity for Corporate Income: An Introduction to the Issues," *Tax Policy and the Economy* 19, 2005: 101 – 134.

② Tang, T., Firth, M., "Earnings Persistence and Stock Market Reactions to the Different Information in Book-tax Difference: Evidence from China," *The International Journal of Accounting* 47, 2012: 369 – 397.

③ Raedy, J. S., Seidman, J. and Shackelford, D. A., "Book-tax Differences: Which Ones Matter to Equity Investors?" Working Paper, University of Pennsylvania, 2010, p. 58.

④ Jackson, M., "Book-tax Differences and Earnings Growth," Working Paper, University of Nevada, 2009, p. 75, http://dx.doi.org/10.2139/ssrn.1410790.

获得资本利亏的人往往不是同一个人,资产持有者总是能够选择在适当的时候出售其资产以实现其收益的最大化。当资产持有者将其所持有资产出售获得资本利得后,其将获得一笔实实在在的可支配收入,哪怕这笔收入将来会由别人买单,出售者终将获得这笔收入的支配权。因此,对于资产出售者来讲,其财富已经变现了,可支配收入也已经实现,就应该对其进行征税。尽管在某些国家允许资本利亏从当期所得中进行抵减,但是由于每个纳税人的情况并非完全相同,能够抵减的数额也存在巨大差异,因此,对"资本利亏"的抵减也不会完全抵消资本利得。[1] 从个体税负公平的角度,对资本利得进行征税还是符合绝大部分个体的利益的,同时也不会导致国家税收的流失。

3. 对资本利得不征税会鼓励不当税收筹划

反对资本利得征税的学者认为,资本的价值就是其未来收益的折现,对资本利得征税会与对资本未来收益征税重复,形成重复征税。基于此,应该对资本利得收益免税,而对资本未来收益征收所得税,这样显然更合理。以上分析看上去非常有道理,但由于资本价值与其未来收益之间存在这种微妙的关系,如果对资本利得不征税就会引起大规模的税收筹划,侵蚀国家税基,削弱国家汲取财政收入能力。一个最典型的例子就是企业股票价值与其利润分配之间的关系。如某个公司从不进行利润分配,那么该企业的股票价值就会随着公司利润积累的增多而增值,这样投资人持有该企业的股票就不会有股息和红利收入,而只会在将该公司股票转让时才能够获得资本利得收益。通过这个过程可以发现,企业成功地将股息、红利收入转化为资本利得收益,如果对资本利得不征税,那么就给予股票持有者很好的避税空间。当然,资本利得与股息、红利之间可以相互转换,对任何一种形式的收入不征税都会使资产持有人想方设法地避税,从而导致国家税收收入的流失。但是如果对资本利得征税,一般也不会引起重复征税,纳税人可以通过资本利得与股息、红利之间的相关转换实现有效的避税,从而消除重复征税。因此,

---

[1] Clemens Fuest, Bernd Huber, "Capital Gains Taxes, Venture Capitalists, and Entrepreneurship," 2003, http://www.wiso.uni-koeln.de/fuest/working%20papers/capital gains taxeswp.pdf.

赞成对资本利得征税的学者认为，对资本利得征税不会引起重复征税，反而不征税才会引起国家税收收入的流失。①

三 "一带一路"沿线及相关国家资本利得涉税规定

（一）不同国家资本利得税收制度比较

正如理论界对要不要开征资本利得征税以及应该如何开征充满争议一样，现实中，各国对资本利得的税务处理也不一样。各国根据自己的国情设立了符合自身利益的税收政策和制度，但归纳起来主要有三种模式：（1）视同普通所得征收企业所得税或个人所得税；（2）单独开征资本利得税；（3）免税。本文主要总结"一带一路"沿线及相关主要国家对资本利得税务处理方式，即征税与否、适用税种和税率以及是否存在优惠与减免条款。本文的总结将有助于中国企业和个人了解世界主要国家及"一带一路"主要沿线国家对资本利得的税收政策和制度，为中国企业走出国门参与"一带一路"建设与投资提供智力支持和保障，使中国企业熟悉国外税制环境，并能够降低资本利得涉税风险。

从对资本利得征税的国家来讲，其征税的方式又可以分为三种模式：（1）英国模式，即单独开征资本利得税；（2）美日模式，即将资本利得和普通所得合并，共同征收所得税，但是在所得税下面对资本利得单独规定，将资本利得税设为所得税下的子目；（3）韩国模式，即税法规定对某些特定项目征收资本利得税，而对其他项目的资本利得免税。相比较而言，美日模式没有单独开设新的税种，而是在所得税下面设立子目，有利于简化税制而被世界上大部分国家所效仿。相反，英国模式和韩国模式的效仿国家则比较少。各国资本利得涉税制度的具体规定及比较见表1。

---

① Dai, Zhonglan, Maydew, Edward L., "Capital Gains Taxes and Asset Prices: Capitalization or Lock-in?" 2006, http://ssrn.com/abstract = 885907.

表1 各国/地区资本利得涉税制度比较

国别/地区	是否征税	税种	适用税率	税收优惠或减免及其他政策
澳大利亚	是	个人所得税	个人所得税率	出售个人主要居所免税
爱尔兰	是	资本利得税	25%	企业间处置符合条件的资本资产免税;转让私人住宅免税;且在其他国家交纳了资本利得税后还可以在爱尔兰享受抵免
奥地利	是	企业所得税 个人所得税	企业所得税率 个人所得税率	股份转让免税;个人持有满1年以上(不动产10年以上)非营业性财产(包括股票)免税,转让持有2年以上的住所免税,个人持有某公司超过10%股权以上转让股份免税
比利时	是	企业所得税 个人所得税	企业所得税率 个人所得税率	公司转让超过5年以上的固定资产并用于再投资购买资产可延期缴纳资本利得税于资产折旧期满;股份转让免税;转让个人私有财产免税
丹麦	是	企业所得税 个人所得税	企业所得税率 个人所得税率	企业转让持有超过3年股份免税
德国	是	资本利得税	20%~30%	出售持有1年以上股票收益免税;出售持有10年以上的房地产收益免税
俄罗斯	是	个人所得税	13%	—
法国	是	资本利得税	企业累进税率 个人所得税率	出售自己主要居所免税
芬兰	是	企业所得税 个人所得税	企业所得税率 个人所得税率	个人出售永久性住房免税
韩国	是	资本利得税	企业20% 个人所得税率[①]	—
荷兰	是	企业所得税 个人所得税	企业所得税率 个人20%	企业出售相关资产获得的资本利得3年内用于再投资免税
加拿大	是	企业所得税 个人所得税	企业所得税率 个人所得税率	资本利得的50%作为税基(企业/个人);个人出售自己主要居所免税
美国	是	资本利得税	15%~20% 25%(高收入)	是出售主要居所,出售者可获得25万美元(对单身)或50万美元(对夫妇)的资本利得税免征额

① 韩国除了要求纳税人缴纳个人所得税之外,还要求纳税人另外按照其应纳税所得额的10%缴纳地方所得税性质的地方居民税。

"一带一路"沿线及相关国家资本利得税收风险比较研究

续表

国别/地区	是否征税	税种	适用税率	税收优惠或减免及其他政策
尼日利亚	是	资本利得税	10%	企业处置某项交易或经营中使用的资产取得的所得在该处置前1年或后1年内用于购买该项交易或经营的类似资产可以享受免税
挪威	是	企业所得税 个人所得税	企业所得税率 个人所得税率	让售已使用2年的私人住宅免税
葡萄牙	是	企业所得税 个人所得税	企业所得税率 个人10%	出售有形固定资产的收益两年内购置新的资产用于再投资免税;持有期1年以上的免税让售个人住宅的增益,用于再投资免税
日本	是	资本利得税	20%	—
瑞典	是	资本利得税	30%	—
瑞士	否	—	—	—
西班牙	是	企业所得税 个人所得税	企业所得税率 个人所得税率	企业出售资产获得的资本利得用于再投资免税。个人资产持有期2年以上的,从第3年开始每年减征7.14%。其中政府列举的各种股票,每年减征11.11%;不动产每年减征5.26%。个人出让私人住宅取得增益,两年内用于再投资的免税
新加坡	否	—	—	—
新西兰	否	—	—	某些资本利得被划入可征税的个人所得
意大利	是	企业所得税 个人所得税	企业36% 个人15%/25%	—
印度	是	资本利得税	企业20% 个人所得税率	企业出售短于1年的资产适用普通所得税
英国	是	资本利得税	18%~28%	个人出售自己主要居所免税
中国	否	—	—	企业或个人转让财产需要按企业所得税和个人所得税缴纳相应所得税
中国香港	否	—	—	香港的企业仍需为企业资本收益缴税

资料来源:中华人民共和国国家税务总局网站(http://www.chinatax.gov.cn/),中华人民共和国商务部网站各国税制指南(http://tax.mofcom.gov.cn/),并经笔者整理而得。

（二）对"一带一路"及相关国资本利得税主要特点的归纳

从表1可以看出，绝大多数国家对资本利得采取了征税的做法，只有极少数国家和地区对资本利得采取了免税的措施。征税的国家表现出如下特点。

1. 大多数国家将资本利得与其他一般所得合并纳税

通过比较各国对资本利得征税的方式发现，大多数国家将资本利得与企业或个人一般所得合并，对获得资本利得的主体分别根据企业所得税率或个人所得税率进行征税，并没有设立独立的资本利得税进行单独征税。这样做一方面为了简化税制，另一方面也为了征税的方便将资本利得与企业或个人一般所得进行合并。只有少数几个国家，如美国、英国、德国、法国及瑞典等设立了单独资本利得税法。比较这些国家发现，它们基本上属于资本市场比较发达的国家，资本交易比较频繁，企业或个人获取的资本利得的机会比较大，设立单独的税种进行调控十分有必要，而且也能够为国家带来丰厚的税收收入。

2. 大多数国家将资本利得纳税人分为法人和自然人

通过比较各国对资本利得征税的方式发现，大多数国家根据资产持有者的不同，将资本利得纳税人分为法人和自然人。一般如果是企业等法人持有某项资产出售之后获得的资本利得则按照企业所得税法进行征税，并且适用的税率也和企业所得税一样。而对于个人出售其持有的某项资产所获得资本利得则适用个人所得税法，按照个人所得税法进行征税，其税率也适用个人所得税的累进税率表。一般而言，大部分国家的企业所得税都采用单一税率，但其起点一般比个人所得税税率要高。而个人所得税一般都采取超额累进的方式进行，虽然起点税率较低，但累进的幅度较大。这就给资本利得征税带来了很大的不同。个人或企业在投资时需要更加留意哪种投资方式对自己更有利。

3. 大多数国家对于资本利得再投资给予免税优惠

从对资本利得征税的本质分析，对资本利得征税实际上就是对出售资本这一行为征税，即各国不鼓励出售资产，而是鼓励持有资产，因为对持有资产是不征税的。① 因此，为了鼓励企业和个人持有资产或者利用资本利得进行再投资，绝大部分对资本利得征税的国家都设立了一定形式的优惠或免税条款，如出售持有超过2年以上的资产、出售后再投资的免税，等等。在这样的优惠或免税条款下，资产持有者实际上享受到了资本利得免税的优惠。另外，除了鼓励纳税人继续持有资产或利用资本利得进行再投资之外，各国一般对出让个人自己主要居住房产给予了免税政策，降低了纳税人的负担。

四　对资本利得税的风险分析

不管是在理论界，还是在现实中，对资本利得征不征税都存在争议。特别是在现实中，各国对资本利得征不征税，以及如何进行征税的态度并不完全相同。不同征税制度对于企业或个人投资既存在风险也带来了机遇。

（一）资本利得涉税制度的认同风险

随着我国"一带一路"倡议被越来越多的国家接受，会有越来越多的企业参与其中，也将会有越来越多的企业走出国门到"一带一路"沿线国家进行投资。当企业置身某个环境中进行投资时，申报纳税不可避免。然而，企业面对陌生的投资环境以及不熟悉的税收制度，需要重新适应新的投资环境并学习新的税法相关制度和政策。特别是于资本利得税，这是企业投资绕不开的税种，而且一般来说税率相对较高，同时也必定伴随着大量的免税条款以及为免税条款而设立的各项免税条件。"一带一路"沿线国家文化差异较大，地域范围相关广大，认真学习和理解一个国家的税收制度等相关法规并不是一件容易的事情，需要有其他相关的背景知识作为支撑。并且随着企业投资的多样化趋势，企业资产的种类也会越来越多，哪些资本利得需

---

① Klein, Peter, "The Capital Gain Lock-in Effect and Equilibrium Returns," *Journal of Public Economics* 71, 1999: 355 – 378; Jin, Li, "Capital Gain Tax Overhang and Price Pressure," *Journal of Finance* 61, 2006: 1399 – 1431.

要纳税申报,哪些资本利得不需要申报纳税并不完全一样。根据"一带一路"沿线各国经济发展的水平以及各国的鼓励与导向,各国会给予不同资产不一样的资本利得税收政策,这样也就增加了企业或个人学习和理解各国税收制度和政策的难度。但企业纳税以及政府征税都必须依法进行,因此,对"一带一路"沿线国家税收制度及相关政策的学习和理解必不可少。

(二)资本利得涉税制度的识别风险

税收以法律的形式表达出来,但正如著名经济学家、诺贝尔经济学奖得主科斯所说,法律是写不完的,契约是不完整的。同样的,国家在制定税法时总是千方百计地将税法制度完备化,但事实上做不到。经济形式的多样性,决定了法律制度只能跟着经济形式走,并且具有一定的滞后性。正是各国法律制度的"不完备性"和"滞后性",才会导致各国税法制度中存在很多模糊地带,而这些模糊地带都暗藏着巨大的风险——涉税风险。并且由于语言与文化上的差异,某些企业或个人很难发现这其中暗藏的差异与风险。其后果就是要么企业或个人多纳税或重复被征税,要么背负着巨大的涉税风险。因此,对于资本利得相关税收制度风险的识别显得尤为重要。一般情况下,各国税收制度都应当明确规定哪些事项应该征税,哪些事项可以享受免税,并且明确规定免税的条件。但是随着资本跨国的频繁流动、规模的不断扩大,原来不是问题的问题逐渐浮出水面,而这些问题正是税法原来没有明确规定的模糊地带,是跨国投资带来的新问题,需要企业认真对待,并且往往是企业或个人涉税风险的产生之地。因此,企业在进行跨国资本投资时,一定要能够预防和避免这种情况的发生,对资本利得相关税收制度的涉税风险的可疑点进行仔细研究,挖掘其中的争议之处,并使之明确化。

(三)资本利得涉税制度的适用风险

在跨国投资中,企业或个人进行税收筹划是一件十分正常的现象。只要国家间或一国税收制度内部存在差异,就有税收筹划的空间。首先,从一国内部税收制度之间的差异分析。各国在对资本利得征税的同时一般也相应地设立了一定的免税条款，这些免税条款正是企业税收筹划的空间，充分利用各国给予的税收优惠条款进行税收筹划不仅能够大大降低企业或个人的税收负担，同时还能够优化企业或个人的投资结构，实现企业或个人的利益最大化。其次，从不同国家资本利得税收制度的比较分析。不同国家对资本利得征税的制度并不完全统一，如税基、税率以及各项优惠条款都存在比较大的差异，那么，企业或个人就应该认真比较这种差异，选择对企业最有利的投资地点和投资方式进行投资，使企业或个人的利益最优化。然而，税收筹划总是伴随着一定程度的涉水风险。为防范和降低涉水风险，就需要企业或个人对被投资国的税收制度以及各项税收政策有十分清楚的认识。就资本利得来讲，不同国家间税收制度存着很大的差别，对于资本利得某些国家征税，而某些国家实行免税，当然有些免税国家设定了一定的免税条件，只有满足这些条件之后才能享受免税政策。并且在征税国家中，各国对资本利得税基的认定、对资产成本扣除的认定都存在不小的差异，认清并识别各国的税收差异对降低投资的涉税风险显得特别重要。

五　研究结论

资本利得税是一个充满争议的话题。尤其是在当今全世界都在降低资本税负的过程中，对资本利得的妥善税收处理显得越来越重要。本文总结了"一带一路"沿线国家对资本利得征税的情况，归纳了各国对资本利得征税的适用税种、税率以及有哪些特别条款，为我国企业参与"一带一路"沿线国家的建设提供智力支持，同时也为这些企业熟悉各国税制环境提供帮助。面对新的投资环境、新的税收制度，需要时间去适应，并且资本利得税是所有企业和个人不得不面对的税收制度。

当然，由于文章篇幅的限制，本文不能穷尽所有国家的税收制度，即使是"一带一路"沿线国家的资本利得相关税收制度，本文亦不能全数列出，只能列出其纲要。企业或个人在真实投资过程中还需要仔细研习，尤其是国际税收问题，充满了问题和争议。即使弄懂了一国税收制度，当多个国家累加起来之后又会发现新的问题,国际税收问题总是在双重征税与双重免税之间摇摆,需要不断地总结和完善。由于我国还没有开征资本利得税,本文的总结和研究也为我国是否需要开征资本利得提供了借鉴。

参考文献

刘蓉、王鑫、毛锐:《"一带一路"沿线国家税收征管竞争力比较》,《税务研究》2017年第2期。

茹涛:《创业投资中资本利得税的国际比较》,《世界经济情况》2007年第11期。

谭俊浩:《何不用资本利得税取代印花税》,《经济研究参考》2014年第66期。

唐婧妮:《个人资本所得课税的国际趋势及启示》,《国际税收》2014年第1期。

Rendani Neluvhalani等:《尼日利亚税制介绍——中国"走出来"企业投资尼日利亚的税务影响与风险关注》,《国际税收》2015年第6期。

B.18 "一带一路"沿线国家政府违约风险及其规避路径

——以中泰铁路项目为例

弓联兵 戚成增*

摘　要： "一带一路"倡议面临沿线国家各类风险的挑战，其中政府违约风险是常见风险之一。政府违约风险是一项综合政治性和经济性的复合性风险，主要表现为东道国政府对国外投资主体的违约行为。中泰铁路项目是我国与泰国达成的铁路合作项目，从达成协议到项目实施，泰国政府或是因为国内政局变化的内源性因素，或是由于日本强势干预的外部性因素，建设过程屡次中断。针对中泰铁路项目遭遇的政府违约风险，我国应当借鉴国际上应对政府违约风险的经验与做法，从政治和法律两个路径加以规避。

关键词： "一带一路"　政府违约风险　风险规避

自 2013 年"一带一路"倡议实施以来，得到沿线国家和地区以及国际组织的积极响应和参与，"40 多个国家和国际组织同中国签署合作协议，中国企业对沿线国家投资达到 500 多亿美元"。[①] 一系列重大项目取得显著进

---

* 弓联兵，中国海洋大学法政学院副教授；戚成增，中国海洋大学法政学院硕士研究生。
① 《习近平出席世界经济论坛 2017 年年会开幕式并发表主旨演讲》，人民网，http://politics.people.com.cn/n1/2017/0117/c1024－29030918.html。

展，有效推动了沿线国家和地区的经济社会发展，真正实现了"互利共赢"。但与此同时，"一带一路"倡议机遇与挑战并存，互利与风险相伴。沿线国家多为政治、经济、社会等各类风险频发地区，为"一带一路"倡议顺利实施埋下隐患。如何有效应对沿线国家的系列风险将成为顺利推进"一带一路"建设的重要保障。

一 政府违约风险的内涵特征

随着发达国家在发展中国家和地区的投资贸易日愈频密，发展中国家和地区的政治、经济、社会风险引起发达国家和国际社会的普遍关注。从20世纪60年代始，以美国为代表的发达国家学术界掀起了一股研究政治风险的热潮，并取得了丰厚的研究成果。[1] 在已有的政治风险研究中，关于政治风险的概念界定观点各异，其中多边投资担保机构（MIGA）与经济学人智库（EIU）合作的政治风险评测研究报告对政治风险的概念界定较有代表性，该研究报告将政治风险做了广义的界定，认为"政治风险是因东道国国内或国际环境中的政治力量或事件而对公司经营活动造成破坏的可能性"。该研究报告列举的政治风险有"恐怖主义、战争、国内动乱、政府违约、转移和兑换限制、征收、不履行主权金融义务、其他政策的不利变化"。[2] 这一系列政治风险，风险来源、内涵特征、表现形式和影响程度有所不同，同样的，应对上述各类政治风险的路径和对策也必须具体问题具体分析。

上述各类政治风险中，政府违约风险越来越受到国际投资主体重视。从宽泛意义上来理解，政府违约风险可被认为是"东道国政府违反或拒绝履

---

[1] Clark, E., "Valuing Political Risk," *Journal of International Money and Finance* 16, 1997: 477-490.

[2] MIGA, "World Investment and Political Risk Report (2011)," http://www.miga.org/documents/WIPR11.pdf, p.21.

行其与外国投资主体签订的投资契约,从而给投资主体带来损失的可能性"。① 从专业的国际投资机构角度来看,政府违约风险的具体内涵包括:"东道国政府不履行或违反与被保险人签订的合同,并且(1)被保险人无法求助于司法或仲裁机关对其提出的有关诉讼做出裁决,或(2)该司法或仲裁机关未能在担保合同根据机构的条例规定的合理期限内做出裁决,或(3)虽有这样的裁决似未能执行。"因此,政府违约风险一般包括两种情形:(1)东道国政府违反与外国投资者签订的合同;(2)东道国政府拒绝履行与外国投资者签订的合同。②

政府违约风险是一项综合政治性和经济性的复合性风险,本质上是经济活动的政府干预,具体表现为东道国政府的违约行为。归纳来看,政府违约风险具有以下特点:一是政府违约主体为东道国政府,东道国政府因政局更迭、政策变化、保护主义等而违反约定,导致政府违约风险发生;二是政府违约风险系因投资契约而起,其中的契约系东道国政府与外国投资主体之间与投资相关的合作框架、特定担保、保证或特许权协议等;三是政府违约风险与其他风险相结合,政府违约行为可能导致征收或禁汇等具体结果,一旦发生上述结果,政府违约可能转化为征收风险。③

二 中泰铁路项目中泰国政府违约行为及其成因分析

"一带一路"沿线的多数国家与我国保持着长期的经贸合作,中国本着"互利共赢"的宗旨在沿线国家进行投资与合作,受到沿线国家的普遍欢迎。相较于发达国家,"一带一路"沿线国家大多存在制度脆弱、法治精神和契约观念薄弱的现象,部分国家还出现严重的政局动荡局面。更为棘手的是,现任政府否定或违背前任政府签订的投资合作合约的现象偶有发生,其中最为典型的是近年来中国与泰国的铁路合作项目,从始至终面临着泰国政

---

① 王斌:《试论政府违约风险的法律控制》,《浙江社会科学》2007年第4期。
② 转引自李英、于迪《国际投资政治风险的防范与救济》,知识产权出版社,2014,第63页。
③ 王斌:《试论政府违约风险的法律控制》,《浙江社会科学》2007年第4期。

府屡次违约的风险，为中泰铁路项目顺利展开带来不确定性，也为"一带一路"倡议和高铁"走出去"战略的有效实施埋下隐患。

（一）中泰铁路项目中的泰国政府违约表现

中泰铁路合作项目早在英拉执政时期就达成协议，2011年12月，中泰两国政府签订了《关于可持续发展合作谅解备忘录》，其中就将铁路合作列为中泰可持续发展四大合作项目之一。次年4月，中泰两国就具体的铁路合作事宜签署了《关于铁路发展合作的谅解备忘录》，并且组建了高层次的部长级铁路发展合作联合指导委员会。该委员会分别在北京、曼谷召开两次会议，先期取得的进展是中方为泰国曼谷至清迈、曼谷至廊开的两条高速铁路进行可行性论证，并为泰国组织高速铁路的人才培训和专家技术支持等重点工作。2013年10月，李克强总理访问泰国时，与执政的英拉总理签订了《中泰关系发展远景规划》，并就此达成"大米换高铁"的铁路合作协议，双方共同签署了《中华人民共和国政府与泰王国政府关于泰国铁路基础设施发展与泰国农产品交换的政府间合作项目的谅解备忘录》，具体内容是中国参与泰国的廊开至帕栖段高铁项目建设，与此对应的是泰国以大米为主的农产品出口来替换支付我国部分高铁建设费用。

然而不到半年，泰国的国内局势风云变化，扑朔迷离，中泰铁路项目也受到牵连。2014年3月，泰国的宪法法院竟判决已获国会通过的一项2.2万亿泰铢（约合678亿美元）基础设施建设项目违宪，而该项目的核心部分正是中泰铁路项目，因宪法法院的判决，中泰铁路合作项目无奈被迫搁置。紧接着，当年5月，泰国发生政变，英拉政府下台，军政府执政，英拉的下台使得铁路项目更是雪上加霜。其间经过中国政府的努力，直到2014年12月，中泰双方在两国总理的见证下签署了《中泰铁路合作谅解备忘录》，重新开启了两国铁路合作项目。在随后的时间里，中泰双方频繁接触、密集谈判，针对中泰铁路合作项目的具体细节展开全面细致磋商，仅2015年一年，中泰两国就举行了9次推进会议。与此同时，日本也一直觊觎泰国的铁路建设项目，泰国也做出了积极回应。2015年5月，泰国交通部部长巴津与日本国土交通大臣太田昭宏在日本东京签署了《泰日铁路合作备忘录》，初步达成两国政府的铁路项目合作，内容涉及泰国引进日本新干线技术，日本承建从曼谷到清迈高铁等方面。①

尽管受到泰国国内局势变动和日本强势介入等因素的影响，中泰铁路合作一波三折，但经过中国政府的不懈努力，中泰铁路历经波折，终于在2015年12月于大城府邦芭茵县清惹克侬站成功举行项目启动仪式。本以为项目启动会顺利实施，可是在2016年3月25日，泰国政府再次突然变卦，泰国政府在铁路里程和资金使用上都做出了毫无征兆的变化。按照原计划，中泰铁路项目全长近900公里，变卦后的泰国政府决定只建设曼谷—呵叻段250公里的铁路；在资金方面，泰国政府认为中国给出的贷款利率不是"反映中泰关系的友好利率"，遂自行决定自筹资金投资，不再向中国贷款。②

（二）泰国政府违约行为的诱发因素

泰国政府在中泰铁路项目上出尔反尔，屡次单方面违反协议，为中泰铁路项目顺利实施和"一带一路"中泰合作带来隐患，也为中泰关系蒙上阴影，部分国外媒体便趁机唱衰，鼓噪"中泰铁路合作大幅倒退"，更有甚者还借此机会挑拨中泰关系，唱衰"一带一路"倡议发展前景。从中泰铁路项目达成合作协议到项目实施的过程来看，泰国政府违约有两个风险因素，一是泰国军人干政和政党竞争引发的内源性风险因素，二是日本强势介入导致的外部性风险因素。

1. 军人干政引发政局动荡

在泰国历史上，军人干预政局导致与国外合作项目搁置的情况时有发生，中泰铁路项目面临的违约风险正是军人干政而引发的政权变动所致。2014年3月，泰国反政府组织"人民民主改革委员会"对英拉执政时的

---

① 《中日角逐泰国铁路：高铁花落日本，中方建设动车》，新华网，http://news.xinhuanet.com/world/2015-06/05/c_127880648.htm。
② 《中泰铁路项目泰国政府"变卦"》，新华网，http://news.xinhuanet.com/world/2016-03/30/c_128846484.htm。

"大米换高铁"政策示威抗议,表示谴责,并要求国家反贪委员会就该政策对英拉进行渎职审查,意图为国会上议院弹劾总理英拉寻求依据。5月7日,泰国宪法法院决定解除英拉总理与多位内阁部长职务。鉴于事态不可收拾,5月19日,泰国军方宣布实施军事管制,并宣布对全国实施戒严。随后巴育将军下令解散看守政府成立的警务机关,成立巴育将军亲自担任指挥官的维持和平指挥部。巴育将军接掌政权后将"国家维持和平秩序委员会"设为国家最高行政机构。①

泰国军人干政可谓历史悠久,早在1932年,由中下层陆军军官和泰国政府文官组成的"民党"发动政变,一举推翻曼谷王朝的君主专制政体,这次政变被称为"1932年民主革命"。从此以后,军人集团便粉墨登场,拉开了军人干政的序幕。从20世纪末到21世纪之初,"军人集团在泰国权力结构中一直处于半边缘状态"。②但对泰国军人集团而言,发动政变并非难事,自1932年以来,军人平均5年发动一次政变,频繁干政也为泰国军人集团积累了丰富的参政经历,使他们能在政变过程中熟知程序,有效控制各类意外情况发生,从而也在最大限度上维持了政权稳定和降低了政变成本。泰国军人之所以能习惯性干预政局,根本原因在于泰国民众对军人干政的认同与支持,在社会分裂与政局动荡的交互影响下,民众对稳定与发展的迫切需求为军人干政奠定了认同的社会基础,这也为军人干政提供了理由和正当性,与此同时,泰国政坛各种势力相互倾轧也为军人集团干预政治提供可乘之机。③

泰国军人的习惯性干政,为泰国政治的良性运行埋下隐患,政府政策的连续性也随之受到严重影响。对于中泰铁路项目而言,军人干政引致的政局变动为该项目的顺利实施带来变数。军政府上台后暂停了前任政府的政策延

---

① 陈红升:《泰国:2014年发展回顾与2015年展望》,《东南亚纵横》2015年第4期。
② 周方冶:《21世纪初泰国军人集团政治回归的路径、动因与前景》,《东南亚研究》2016年第4期。
③ 周方冶:《21世纪初泰国军人集团政治回归的路径、动因与前景》,《东南亚研究》2016年第4期。

续，使本就一波三折的中泰铁路项目风险剧增，虽然军政府在重新评估后还是重启了该项目，但项目中断所带来的损失已经无法弥补。

2. 政党恶性竞争致使项目搁置

彼时的泰国以英拉为首的为泰党政府和以民主党与素贴集团为代表的反对势力构成了泰国政治冲突的两大阵营，两大党派互不包容，排除异己，提出的政治改革方案具有明显的排斥性。泰国的一项社会民意调研报告显示，泰国民众对于泰国政治的弱点，78.93%的受访者认为是政治家仍缺乏团结，政党内仍在拉帮结派争夺权力。① 执政的为泰党推动特赦法案的行为，以及该法案企图为他信顺利回国提供法律保障的相关内容，引起了民主党及其拥趸的强烈不满，以前任副总理素贴为首的民主党议员愤然辞去国会议员的职务，并着手组建反政府组织"人民民主改革委员会"，以此动员支持者举行大规模反政府游行示威活动，迫使英拉辞职，结果引发支持政府的"红衫军"开始举行大规模集会，与反政府的"黄衫军"形成了对峙局面，泰国政局处于动乱边缘。②

近10年间，政党间的恶性竞争使泰国社会陷入撕裂和冲突的深渊，不仅容易引发难以控制的街头政治，也易于形成一种失去治理能力的"否决性体制"，政府出台的一系列政策难以有效实施。此次示威活动不仅造成政局动荡，也使早已达成协议的高铁等大型基础设施投资项目被搁置。③

3. 日本干预阻滞项目实施

日本一直以来极力推销自己的高铁，特别是2008年全球金融危机以来，由于日本国内经济持续低迷，日本意图凭借本国高速铁路制造和运营技术的优势将高铁推向海外，特别是在近邻的亚洲市场，由此引发了中日两国在亚洲市场铁路项目上的激烈竞争，此前中国曾以更实惠的成本挤掉日本取得了印尼雅万高铁项目，但在印度的孟买至亚美达巴德高铁项目上，日本成为承

---

① 《泰国民众多认可现政府执政，忧党争阻碍社会发展》，新华网，http://news.xinhuanet.com/world/2015-03/24/c_127615513.htm。
② 陈红升：《泰国：2014年发展回顾与2015年展望》，《东南亚纵横》2015年第4期。
③ 陈红升：《泰国：2014年发展回顾与2015年展望》，《东南亚纵横》2015年第4期。

办方。2014年以前,日本长期占据对泰外商投资中的龙头地位,在泰投资的外商里,日企占外商投资总额的60%,高居榜首。泰国采取一贯的平衡外交策略,试图在中日之间左右逢源。泰国政府认为国内铁路建设规模巨大,并不希望只与一个国家合作,而是主张开放铁路建设市场,在不同的规划路线上,最好能同时吸引中日两国在内的外部投资。

2015年5月,泰国交通部部长就与日本国土交通大臣在日本东京对曼谷至清迈铁路项目签署专项合作备忘录,协议两国开展政府间的合作,泰国称将正式采用日本新干线技术,预计在2018年开工建设全长700公里的高铁线路。① 日本在泰国铁路建设上的强势介入,无形中提升了泰国政府在中日两国间的谈判能力,泰国政府可以更为从容地选择合作方,最直接的后果就是泰国政府在中泰铁路项目上多次单方面违约,使中泰铁路项目难以顺利开展。

三 沿线国家政府违约风险规避的政治与法律路径

各类政治风险的形成因素、呈现方式和影响程度都不尽相同,这也就意味着规避政治风险的路径和对策各不相同。就政府违约风险而言,至少有政治和法律两种基本路径。政治路径侧重于构建友好的双边关系,是规避政府违约风险的基本保障;法律路径通过权威性的国际仲裁和担保维护权益,是规避政府违约风险的可行措施。

1. 以构建友好双边关系为核心的政治路径

国际上对外投资的经验表明,建立双边关系的时间越长,双边关系越融洽,越有利于各种规则的完善,也越能保证外部投资者的利益。投资国与东道国之间友好的政治、经济、社会、民间等外交活动有助于拉近双边政治距离,高层领导人之间的全面对话、磋商与合作有助于信息与知识的传递,从

---

① 《日本夺泰国高铁项目,英媒:日本对中国"扳回一局"》,参考消息网,http://www.cankaoxiaoxi.com/finance/20160808/1260089.shtml。

而减少决策和合作的不确定性。与此同时，友好的外交活动可能使东道国政府减少对投资国投资企业的不当干预，为投资国企业获得经营许可证、合约、特许经营权提供更便利的条件；东道国政府也可能会提供或成立专门的合作组织、咨询管理配套机构或专家，提供本地市场准确的供需信息，进一步降低企业的外来劣势和成本，从而有利于投资国企业实现扩大市场的目的。①

中国与泰国自 1975 年建立外交关系以来，两国关系平稳发展，经贸合作日益紧密，民间交流频繁活跃。几乎泰国每位新上任的总理都会前往中国访问，自 2000 年作为泰国九世王普密蓬·阿杜德代表的王后诗丽吉首次访华后，泰国王室哇集拉隆功王储、诗琳通公主、朱拉蓬公主、甘拉亚妮瓦塔王姐等核心成员也多次访华。与此同时，中国领导人也在中泰建交后多次访问泰国，2000 年后的历届政府总理都访问过泰国。除领导人频繁互访外，中泰两国还致力于构建制度化的双边关系，双方于 1999 年 2 月在曼谷签署《中华人民共和国与泰王国关于二十一世纪合作计划的联合声明》，2001 年 8 月发表中泰关于战略性合作的联合公报，2012 年 4 月签署《中泰战略性合作共同行动计划（2012~2016）》。近年来，中泰双方在东盟、东盟地区论坛、亚太经合组织会议、亚欧会议、联合国及世贸组织等多边场合加强了磋商与合作。中泰两国领导人的频繁互动和全面战略合作伙伴关系的确立为建立友好稳定的双边关系起到了重要推动作用，也为中泰经贸合作奠定了良好的政治基础。目前，中国已经取代日本成为泰国的最大贸易伙伴，泰国也成为中国在东南亚地区的第四大贸易伙伴。1975 年两国建交之初，双边贸易额仅为 2500 万美元，2014 年达 726 亿美元，增长近 3000 倍。中泰双向投资从无到有，现在总额达 60 亿美元。②

正因为中泰友好的双边关系，中泰铁路虽历经波折，屡次因泰国政府单

---

① 张建红、姜建刚：《双边政治关系对中国对外直接投资的影响研究》，《世界经济与政治》2012 年第 12 期。
② 《中泰合作共建"一带一路"——访中国驻泰大使宁赋魁》，人民网，http://world.people.com.cn/n/2015/0618/c1002-27175715.html。

方面违约而中断,但最终还是峰回路转顺利开建。结合中泰铁路的整个历程来看,中国在"一带一路"沿线国家进行投资合作,友好双边关系是规避中国在东道国政府违约风险的基本保障。具体而言,一方面通过建立正式的双边外交关系来规范两国交往,为中国"走出去"提供切实的政治保障;另一方面,增强国家领导人之间的互访与对话是有效促进对外投资的必要措施。①

2. 寻求国际仲裁和担保的法律路径

一旦政府违约行为发生,投资国也可以寻求国际仲裁或国际性担保机构维护权益。

其一,当今较为主流的国际仲裁途径可以通过签订国家契约实现。国家契约是指"一国政府与外国投资者签订的投资合同,大多表现为特许权协议的形式"。② 国家契约中一般都含有稳定性条款,即东道国政府承诺在国家契约的有效期内不通过立法等手段改变合同的约定或改变双方立约时的法律环境。③ 关于国家契约,特别需要引起外国投资者注意的是争端解决的问题。通常在没有特别约定的情况下,因国家契约而引起的投资争端由东道国的国内法院管辖。法院的司法活动如果受到东道国国内政治力量的干预,则外国投资者的权益就可能得不到应有的保障。④ 相对而言,国际投资仲裁庭的公正性更值得信赖,这是因为:"第一,仲裁庭是一个中立的裁判机构。争端双方可各自指定一名仲裁员并共同指定首席仲裁员。仲裁庭既不代表东道国利益,也不代表投资者利益,而是居中裁判者。第二,仲裁员一般都是国际投资法领域的专家,谙熟国际投资规则,其裁决较具有权威性和说服力。因此,在缔结国家契约时,外国投资者应尽量争取在争端解决条款中规定将国际仲裁作为争端解决的方式"。⑤

其二,借助国际权威的投资担保机构维护权益。目前世界上具有权威性

---

① 张建红、姜建刚:《双边政治关系对中国对外直接投资的影响研究》,《世界经济与政治》2012年第12期。
② 王贵国:《国际投资法学》,北京大学出版社,2001,第126页。
③ 王贵国:《国际投资法学》,北京大学出版社,2001,第126页。
④ 王贵国:《国际投资法学》,北京大学出版社,2001,第126页。
⑤ 陆以全:《对印投资的政治风险及其法律应对措施》,《南亚研究》2012年第3期。

的投资担保机构以多边投资担保机构为代表，1985年10月11日在世界银行年会上通过的《多边投资担保机构公约》（Convention Establishing the Multilateral Investment Guarantee Agency）于1988年4月12日正式生效。根据该公约建立了多边投资担保机构（MIGA），属于世界银行集团的成员，但它同时又是独立的国际组织。该机构的主要业务是"提供投资担保，承保非商业性风险，承保范围包括征收和类似措施险、战争和内乱险、货币汇兑险和违约险"。[1] 中国是MIGA的创始成员之一，泰国也于2000年10月成为其成员，因此中国在对泰国投资与合作的过程中，可以选择MIGA投保政府违约风险。在政府违约风险项下，MIGA可以承保东道国政府单方面撕毁或违反签订协议导致的损失。此外，东道国政府违反协议的义务也有可能与其他风险如货币汇兑风险和征收风险交汇，在这种多重风险损失的情况下，投资者可以以任何一种险别担保为索赔依据向MIGA提出具体的索赔要求。

目前，我国还未健全海外投资保险机构，中国出口信用保险公司可以承担部分海外投资保险业务，据该公司官方声明，该公司可为国有化征收、汇兑限制、战争及政治暴乱、违约等政治风险造成的经济损失提供风险保障。[2] 该公司承保的政府违约包括东道国政府非法地或者不合理地取消、违反、不履行或者拒绝承认其出具、签订的与投资相关的特定担保、保证或特许权协议等。[3] 随着"一带一路"建设的不断推进，我国对外投资与合作将日益增多，海外投资保险的需求也将越来越旺盛，相较发达国家，我国应当尽快制定出台海外投资保险法律，建立和完善我国的海外投资保险机构，为我国对外投资提供切实有效的保障和救济。

---

[1] "Convention Establishing Multilateral Investment Guarantee Agency," http://www.miga.org/documents/miga_Convention_November_2010.pdf.
[2] 中国出口信用保险公司：《投资保险的历史与发展》，http://www.sinosure.com.cn/sinosure/cpyfw/tzbx/gytzbx/gytzbx.html。
[3] 张庆麟主编《国际经济法》，武汉大学出版社，2014，第326页。

四 余论

随着我国"一带一路"倡议的深入推进,我国在沿线国家的投资与合作必将日益增加,在未来的投资与合作中,沿线国家的政府违约风险依然存在。中泰铁路合作项目中泰国政府一系列违约行为表明,对外投资与合作不可能一帆风顺,通过总结中泰铁路项目最终顺利实施的成功经验和汲取该项目遭遇风险的经验教训,我国也应当积极构建与沿线国家的友好双边关系,加强我国与沿线国家的政治、经济、社会和文化交流,充分发挥政府、企业、驻外组织、民间组织、华侨组织、学术组织等各方力量,群策群力,减少风险发生的可能性。与此同时,也应当充分借助国际仲裁和投资担保机构维护我国企业的合法权益。此外,还应当提高对"一带一路"沿线国家各类政治风险的认识,建立有效的风险预警、风险识别、风险转移和风险规避机制,为"一带一路"倡议有效实施提供坚实的制度保障。

Abstract

The Belt and Road Initiative (the B&R hereafter) is the top-level design of China's economic diplomacy, and led by China and co-built by the world, it serves as a broadly inclusive platform for development and cooperation. The year 2017 has witnessed fruitful achievements, from the "Belt and Road Initiative" International Cooperation Summit Forum to the high-level dialogue between the Chinese Communist Party and the world's political parties; from the official opening of the Mongolian Railway to the first production line of the Yamal LNG project; from the Ice Silk Road, the "Digital Silk Road" to the China-Laos Economic Corridor and the China-Myanmar Economic Corridor, etc. The B&R has ushered in a glorious year and has become an important international phrase. The construction of the "Belt and Road" has entered a new phase. Cooperation has continued to obtain, top-level design and the planning have continued to refine, the concept has continued to sublimate, and the circle of friends has continued to expand.

From the year 2013 to 2015, President Xi Jinping has elaborated on China's new concepts and new ideas on global governance on major diplomatic occasions, put forward new proposals and new measures for China to address important issues of global governance, and promoted a more fair and equitable global governance system. The report on investment safety and security of China's B&R Initiative systematically elaborates on the status quo and important strategic issues of the B&R investment safety and security, scientifically evaluates potential opportunities and risks, which provides important suggestions for China's deepening all-around opening-up and properly coping with external environment changes.

From the perspective of the new era B&R geopolitical economic trends, the factors that dominate the evolution of the spatial pattern of the world have gradually shifted from the geographical environment and geopolitics to geoeconomics. The main factor taken into consideration in the process of interaction among countries has also shifted from military security to economic development. From the perspective of Chinese enterprises' investment in B&R countries, the report proposes the B&R investment safety and security index, composed of 64 sub - indicators, including investment economic security, financial security, political security, and social security for the possible safety and security influencing factors to publish the overall status quo of "going out" investment, thus providing a theoretical guide for AVIC, China Merchants Group, Power Construction Corporation of China, China Minmetals and other enterprises to reduce the risk of overseas investment and increase the success rate of overseas investment.

The study found that the "Belt and Road" investment safety and security index varies enormously. Singapore, Poland, the Czech Republic, Bulgaria, Slovakia, Malaysia, Lithuania and Slovenia are at the "preferential level"; Latvia, Indonesia, Romania, Estonia, Serbia, UAE, the Philippines, Saudi Arabia, Albania, Thailand, Turkey, and Qatar are at the "progressive level"; Russia, Croatia, Sri Lanka, Cambodia, Iran, Hungary, Bosnia and Herzegovina, Kuwait, Bangladesh, Oman, Mongolia, Myanmar, and Jordan are at the "safe level"; Bahrain, Vietnam, Macedonia, Azerbaijan, Egypt, Pakistan, Uzbekistan, Kazakhstan, Moldova, and Lebanon are at a "prudent level," and Iraq and the Republic of Yemen are at a "concerned level". In the B&R connectivity process of capital, infrastructure and trade, low - and middle - income will be the main countries receiving financial credits, and will also be the main destination for China's dominant capacity output.

The data shows that countries that maintain sustained growth in bilateral trade with China are Vietnam, Iraq, Pakistan, Thailand, Bangladesh, Lebanon, Egypt, Philippines, India, Cambodia, Israel, Sri Lanka, Ethiopia, Jordan, Maldives, Macedonia, Slovenia, Syria, East Timor, Armenia, Czech Republic, Serbia, Bhutan. Affected by the externalities of the global economy, there is ample scope for strengthening in - depth cooperation with the countries along the route.

The report believes that the industries involved in the import and export of low - and middle - income countries are very extensive. China has advantages in almost all capital - intensive and high - tech industries, and it can bring technology and capital to low – and middle – income countries and promote the economic growth of these country. In terms of capacity cooperation, the countries that maintain bilateral economic and trade growth are mainly middle – and high – income economies, middle – and low – income economies with large volume , and a few high – income economies. The overall industrial technology level and comparative advantage of element of China are roughly equal to those of the developed economies of Central and Eastern Europe, and the intra – industry trade has increased significantly. In the cooperation with advanced economies in Central and Eastern Europe, developed Gulf economies, South Korea, New Zealand, and Israel, and other developed economies in the world, China should take into consideration not only the needs of regional economy development but also the actual national situation of these economies.

The report recommends that persistent attention must be paid to relevant countries in terms of the investment and security of Belt and Road Initiative. Such as the reconstruction of Iraq in the future, the situation of West Asia after the Arab Spring, the reconstruction process and the development process of countries in North Africa. The report also suggests that we should conduct in – depth cooperation, reshape the domestic and international economic geography, facilitate the seamless integration of regional development strategies and further guide the world's into peaceful development, replace military hegemony, build a global economic security network, and finally create a new pattern of international division of labor and establish a new global economic order.

Contents

I General Report

B. 1 China's B&R Initiative: Analysis and Forecast on Investment Safety and Security (2017 -2018)

Yu Jinyan, Liang Haoguang / 001

Abstract: This report systematically elaborates on the status quo and significant strategic issues of the B&R Initiative Investment safety and security, scientifically evaluates potential opportunities and risks, which provides important suggestions for China's deepening all – around opening – up and properly coping with external environment changes. By means of establishing the investment safety and security analysis model and using the "investment safety and security index" as an indicator to measure investment risks in targeting fields and areas, this report has made comprehensive analyses and comparisons in fields of macroeconomic stability, debt risks, urbanization rate and capacity cooperation.

Keywords: The B&R Initiative; Investment Safety and Security; Capacity Cooperation

Contents

Ⅱ Comprehensive Studies

B. 2 China's B&R Initiative: Risk Assessment of Investment Safety and Security
Yang Lizhi, Zhang Ren, Liu Kefeng, Bai Chengzu and Li Ming / 034

Abstract: This part elaborates on the progress of the B&R initiative in 2017 and makes comparisons and quantitative evaluations on investment safety and security of 46 B&R initiative countries by using a relatively mature investment safety and security risk assessment indicator system and the DEA model. This part also makes comprehensive analyses on high−risk countries based on ratio improvement variable, relaxation variables and target value, and puts forward corresponding suggestions.

Keywords: The B&R Initiative; Investment Safety and Security; Network Assessment

B. 3 China's B&R Initiative: Research on China's Investment Status Quo, Risks and Countermeasures *Sang Ruicong* / 056

Abstract: The B&R Initiative provides Chinese enterprises with an important opportunity in terms of foreign direct investment, but meanwhile, the B&R Initiative countries vary enormously with regard to economic base, political system, cultural environment and so on, lurking big risks. This part first and foremost elaborates on status quo of China's foreign direct investment to the B&R countries, then analyzes potential risks and opportunities confronting Chinese enterprises to go out and lastly proposes countermeasures based on analyses.

Keywords: The B&R Initiative; Foreign Direct Investment; Going Out

B. 4 Research on the Security of China's Investment in "Belt and Road" under the Environment of Cultural Difference

Tan Na / 070

Abstract: Based on the concept of culture distance and the measure of culture distance between China and other "B&R" countries, according to China's foreign investment data from 2005 to 2016, this paper analyzes the relationship between cultural differences and China's investment safety and security in "B&R" countries. The study finds that there is a clear correlation between cultural differences and geographical distances. Cultural differences and investment volumes show a certain negative correlation. National cultural differences will affect investment security to a certain extent. Promoting cultural exchange and understanding will help improve investment safety and security.

Keywords: Cultural Distance; The B & R Initiative; Unthoughtful Investment

B. 5 Research on the B&R Initiative Countries' New Mechanism Responding to Global Climate Change

Long Yingfeng / 083

Abstract: In the "B&R" countries' response to global climate change cooperation, we need to examine China's current response to climate change and establish a new mechanism that is more feasible, effective, and reasonable for China to respond to climate change. Based on the experience of carbon emission trading in developed countries, this paper proposes a new mechanism to address the market-based emission reductions of climate change in China. In order to realize the sustainable development of the "B&R" Initiative, it is suggested that China should promote the "B&R" leader regular meeting, establish and improve the "B&R" strategic cooperation mechanism, and expand China's new mechanism to the "B&R" countries.

Keywords: The B&R Initiative; Climate Change; Carbon Tax; Border Adjustment

Ⅲ Regional and International Studies

B.6 Studies about the Relations of Economic and Trade Between China and the East European Countries   *Zheng Yi* / 097

Abstract: This paper studied the trade competition index and its growing trend about China and the East European countries based on their bilateral trade data. The results showed that: (1) the trade fluctuations between China and East European countries had risen indicated a certain relationship of the relatively long distance; (2) the trade intensity between China and the East European countries fluctuated obviously without showing any upward tend; 3) the intra－industry trade indexes between China and the East European countries fluctuated growing that significantly different from each other means that China and East European countries could dig out great potential for cooperation in forestry, agriculture and dairy fields in the future; (4) the trade complementarities between China and the East European countries is strong. In capital and technological intensive products, China and this 8 East European countries have their own competiveness and complementarity.

Keywords: Revealed Comparative Advantage; Trade Complementarity; Infra－industry Trade

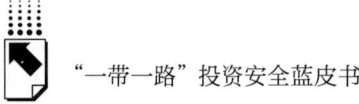

B.7　The Progress and Prospect of Joint Development of the Silk Road Economic Belt Between China and Tajikistan

Zhang Weiwei / 117

Abstract: "The Silk Road Economic Belt" is a promote of mutual development between China and the whole world. Tajikistan is a vitally important node along this economic belt. "The Silk Road Economic Belt" advocated to offer a new opportunity for the prosper development of Tajikistan which was totally accepted by this country. Meanwhile, high level of political mutual trust, institutionalized and legalized cooperation, good commerce and a long history and culture all provided a good constructional fundament of "The Silk Road Economic Belt" between the two countries. This mutual cooperation had gained significant outcome. Due to the reasons of instabilities, bad economic environments, sophisticated surroundings, regional disputes and "China Threat Theory", there are many challenges for the cooperation. Highly strengthening strategic alignments and actively respond to risk challenges could devote to the overall strategic partnership between China and Tajikistan.

Keywords: China; Tajikistan; "The Silk Road Economic Belt"; Strategic Alignments

B.8　Study on Problems and Countermeasures of Economic Cooperation Between China and Saudi Arabia Under the Background of "The Belt and Road" Initiative

Wang Zailiang / 138

Abstract: Both China and Saudi Arabia are important countries in the world and have important influence on the world economic development. With the propose of "The Belt and Road" initiative, the importance of Saudi Arabia has appeared, which is the key country in West Asia for "The Belt and Road

Initiative" construction. That provides greater opportunities for further development of bilateral economic cooperation between China and Saudi Arabia. Therefore, It is a great theoretical and practical significance to analyze the current situation correctly and rationally of bilateral economic cooperation between China and Saudi Arabia, and to solve the existing problems in a targeted way, which will actively promote China and Saudi Arabia to achieve mutual benefit and win – win cooperation in bilateral economic cooperation.

Keywords: "The Belt and Road" Initiative; China and Saudi Arabia; Economic Cooperation Relationship

B.9 Analysis of Thailand's Economic and Trade Environment and Trade Competitiveness between China and Thailand

Pei Zhen, Zheng Yi / 155

Abstract: This article mainly described the general situation of Thailand's macro-economy, the various stages of economic development and its corresponding policies and the relations of bilateral trade etc. The research showed that: the economic development of Thailand twisted and turned transition successfully; the trade intensity of Thailand on China was growing higher; the complementariness was strong between China and Thailand, and the comparative advantage of two types of goods exports on SITC7 and SITC8 in China were obvious. It is a big recommendation in doing business in Thailand but should take the risks into consideration.

Keywords: Trade Complementarity; Economic and Trade Environment; Strong Complementariness

B. 10　Analysis about Investment Climates of Industrial Zones of China and Belarus with "The Belt and Road" Initiative

Wang Chao / 169

Abstract: Industrial zones of China and Belarus is a shinny pearl on the Silk road economic belt. This article will analysis the investment environment in four aspects and emphases on the overall development standard of the ten adjoin countries which is 5 counties in EEU, 4 countries in EU and Ukraine (south to Belarus). This ten countries were typically divided into three alliances: EEU, EU and Belarus. To get the well awareness of the development standard of this ten countries is to hold the investment climate and future as a whole.

Keywords: "The Belt and Road"; Industrial Zones of China and Belarus; Investment Climate

Ⅳ　Industry Studies

B. 11　Tourism OFDI Risk Assessment and Prevention and Control Under the Background of "The Belt and Road"

Song Jiayun, Zhou Congcong / 187

Abstract: In 2013, Xi Jinping proposed the construction of "The Belt and Road" initiative. It provides a new perspective for the internationalization of the development of tourism industry. At the same time, the tourism industry has a prominent advantage in strengthening the "The Belt and Road" construction, which is also an indispensable force to promote the international community's overall comprehension and accepting of "The Belt and Road".

The overseas investment of tourism in China starts late, and the competitiveness is relatively weak, so it is inevitable that China's outbound tourism investment will have unreasonable risk control.

Therefore, this paper analyzes the risks of tourism overseas investment under the background of "One Belt and Road", including political risk, economic risk, social and cultural risks and Infrastructure risks. Finally, it presents major prevention and control recommendations: how to change the concept and base on the long – term development; reduce the risk after studying the investment environment and pay attention to regional differences and choose the investment area rationally.

Keywords: "The Belt and Road"; Tourism; OFDI; Risk and Prevention

B. 12 Research on the Risks and Countermeasures of National Merges and Acquisitions Along " The Belt and Road" of Chinese Infrastructure Enterprises　　　*Liang Haoguang*, *Kang Yifan* / 215

Abstract: Under the background of "The Belt And Road", Chinese infrastructure enterprises carry out merger and acquisition activities. In addition to traditional political, economic, cultural and legal risks, the risk of liability and moral public opinion is especially prominent. The risk of mergers and acquisitions all link with one another, so Chinese construction enterprises must face up to the responsibility and image requirement when taking "free riding" of The Belt and Road to achieve globalization in advance, and try to avoid related risk associated with the free −riding.

Keywords: Infrastructure Enterprises; "The Belt and Road"; Overseas Mergers and Acquisitions; Risks

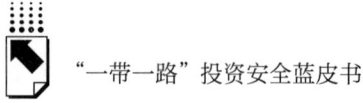

B.13 The Investment Risk and Innovation Research on China's Cross-border Traffic Infrastructure Construction Under the Background of "The Belt and Road"　　*Li Zhenqi / 229*

Abstract: Traffic connectivity is one of the important preconditions of the coordinated development of regional economy and the demand for the development of the nations alongside the Belt and Road. It is also the new background of the great country development of China to fulfill the great revival of the important initiatives. The establishment of Asian infrastructure investment bank, the Silk Road Fund and other financial institutions, provides financial support for the construction of transport infrastructure and changes the structure of foreign investment enterprises of the government. "The Belt and Road" provides unprecedented opportunities for Chinese enterprises to "go global", in the meanwhile, it is accompanied by explicit or implicit risks which can not be neglected. In addition, cross-border transportation infrastructure project has the characteristics of large investment cost, long-term return and construction, etc. Therefore, the investment risk and innovation research on China's cross-border traffic infrastructure construction under the background of "The Belt and Road" holds great realistic significance.

Keywords: "The Belt and Road"; Transportation Infrastructure; Construction Risk; Investment and Financing Mode

B.14 Research on China's tourism Investment in Countries Along "The Belt and Road"
　　Zou Tongqian, Guan Qiuhong, Li Yaxuan and Wei Zhibo / 244

Abstract: With the background of China's continuous invest in the nations alongside "The Belt and Road", the paper conducts a specific research on tourism industry area. It comprehensively analyses the Chinese foreign investment development of tourism, the tourism investment opportunities, safety and risk the nations along the Belt and Road, then selects CITS (China International Travel Service) co., LTD. and Minsk Beijing hotel these two foreign investment enterprises as typical cases. And on this basis, it presents relative advice for Chinese enterprises' tourism investment in the countries along The Belt and Road: key investment areas, urban areas, industries areas, the way and the main path of investment.

Keywords: "The Belt and Road"; Tourism; Investment

V Security and Risk Studies

B.15 Research on the Prevention of Tax Risks by Enterprises Trend in the B&R Initiative　　　　　　　　　　*Ji Jinbiao, Ying Tao* / 262

Abstract: Chinese enterprises are actively participating in the construction of the B&R Initiative, the overseas investment tax risks cause a significant impact on the enterprises and cannot be prevented. This report proposes corresponding prevention and resolution proposals with overall considering the income tax elements in China and countries along the route, intends to summarize the tax risks in the process of Chinese enterprises trend to the B&R Initiative.

Keywords: "Going Out"; The B & R Initiative; Tax Risk

B.16 Marine Environment Risk Assessment and Zoning of the North-West Arctic Northwest Passage
　　　　Yu Mengjun, Ge Shanshan, Zhang Ren, Yang Zhong and Song Bo / 280

Abstract: Under the background of Global Climate Change and the "Polar Silk Road", this report uses the northwestern Arctic Northwest Channel as a research area, based on the impact of marine environment factors on the opening of the fairway, a risk assessment theory and methods are used to construct a marine environment risk indicator system for the research. Using the high – precision observation data of the research area from 2005 to 2016, risk assessment and zoning were carried out to provide a reference for the quantitative analysis of the influence of the marine environment elements on the commercial navigation of the Northwest Passage. The results show that: (1) In the indicator system of marine environment risk assessment for the North – western Arctic Channel, the weights of the indicators are sea ice thickness, fairway depth, seawater density, wind intensity, low visibility and sea surface temperatures, it can be seen that sea ice in the Arctic us still the most important factor hindering the further opening of the channel; (2) The risk of the Northwest Passage is "lower in the North and higher in the South", and there is a perennial high risk area between the Queen Elizabeth Islands and the Prince of Wales, Prince Regent Inlet, McClintock Strait, Victoria Strait, Queen Maud Bay and other areas are less risky and stable over the year; (3) Excluding 2009, 2013, 2014, the risk of marine environment is decreasing in general from 2005 to 2016; the marine environmental risk value is the smallest in September, followed by August, July and October, Selecting September sailing will greatly reduce the threat to marine navigation caused by marine environmental risks.

Keywords: Northwest Passage; Marine Environment; Risk Assessment

B.17 Comparative Research on Capital Gains tax Risk Along the B&R Initiative and Related Countries   *Zhao Haiyi* / 294

Abstract: Capital gain tax is a special tax for the investment and there are many disputes about this taxation. Firstly, this report in order to understand the conception and property of the capital gain and the capital gain tax, it does some research on the belongs of capital gain and the capital gain tax theoretically after making a summary of the cons and support of capital gain tax. Then, it make a conclusion about taxation on the capital gains of the different counties along the

"One Belt and One Road" and other countries. At last, it summarizes the risk which is brought by the tax system from different countries and suggest some methods to reduce the risk faced by company who invest in the "One Belt and One Road" countries.

Keywords: Capital Gains; Capital Income; Tax Related Disputes; Risk Management and Control

B. 18 The Government Default Risk of "the Belt and Road" Along the Country and the Paths of Risk Aversion
——A Case Study of China-Thailand Railway Project

Gong Lianbing, Qi Chengzeng / 309

Abstract: The strategy of The Belt and Road is facing some challenges of risks from the countries along The Belt and Road and the default risk of governments is one of the common risks. The default risk of governments is a comprehensive politically and economically compound risk, which is reflected in the default behavior of host governments to foreign investors. The China – Thailand railway project is cooperation between China and Thailand. The whole process of reaching the agreement and carrying out the project is suspended either because of domestic political change of the Thai government or Japanese intervention. Based on the default risk of government to the China – Thailand railway project, China should draw lessons from international experiences and practices and avoid the risks from the political and legal approaches.

Keywords: "The Belt and Road"; Government Default Risk; Risk Aversion

权威报告·一手数据·特色资源

皮书数据库
ANNUAL REPORT(YEARBOOK) DATABASE

当代中国经济与社会发展高端智库平台

所获荣誉

- 2016年,入选"'十三五'国家重点电子出版物出版规划骨干工程"
- 2015年,荣获"搜索中国正能量 点赞2015""创新中国科技创新奖"
- 2013年,荣获"中国出版政府奖·网络出版物奖"提名奖
- 连续多年荣获中国数字出版博览会"数字出版·优秀品牌"奖

成为会员

通过网址www.pishu.com.cn访问皮书数据库网站或下载皮书数据库APP,进行手机号码验证或邮箱验证即可成为皮书数据库会员。

会员福利

- 使用手机号码首次注册的会员,账号自动充值100元体验金,可直接购买和查看数据库内容(仅限PC端)。
- 已注册用户购书后可免费获赠100元皮书数据库充值卡。刮开充值卡涂层获取充值密码,登录并进入"会员中心"—"在线充值"—"充值卡充值",充值成功后即可购买和查看数据库内容(仅限PC端)。
- 会员福利最终解释权归社会科学文献出版社所有。

卡号:552336481136
密码:

数据库服务热线:400-008-6695
数据库服务QQ:2475522410
数据库服务邮箱:database@ssap.cn
图书销售热线:010-59367070/7028
图书服务QQ:1265056568
图书服务邮箱:duzhe@ssap.cn

基本子库 SUB DATABASE

中国社会发展数据库（下设 12 个子库）

全面整合国内外中国社会发展研究成果，汇聚独家统计数据、深度分析报告，涉及社会、人口、政治、教育、法律等 12 个领域，为了解中国社会发展动态、跟踪社会核心热点、分析社会发展趋势提供一站式资源搜索和数据分析与挖掘服务。

中国经济发展数据库（下设 12 个子库）

基于"皮书系列"中涉及中国经济发展的研究资料构建，内容涵盖宏观经济、农业经济、工业经济、产业经济等 12 个重点经济领域，为实时掌控经济运行态势、把握经济发展规律、洞察经济形势、进行经济决策提供参考和依据。

中国行业发展数据库（下设 17 个子库）

以中国国民经济行业分类为依据，覆盖金融业、旅游、医疗卫生、交通运输、能源矿产等 100 多个行业，跟踪分析国民经济相关行业市场运行状况和政策导向，汇集行业发展前沿资讯，为投资、从业及各种经济决策提供理论基础和实践指导。

中国区域发展数据库（下设 6 个子库）

对中国特定区域内的经济、社会、文化等领域现状与发展情况进行深度分析和预测，研究层级至县及县以下行政区，涉及地区、区域经济体、城市、农村等不同维度。为地方经济社会宏观态势研究、发展经验研究、案例分析提供数据服务。

中国文化传媒数据库（下设 18 个子库）

汇聚文化传媒领域专家观点、热点资讯，梳理国内外中国文化发展相关学术研究成果、一手统计数据，涵盖文化产业、新闻传播、电影娱乐、文学艺术、群众文化等 18 个重点研究领域。为文化传媒研究提供相关数据、研究报告和综合分析服务。

世界经济与国际关系数据库（下设 6 个子库）

立足"皮书系列"世界经济、国际关系相关学术资源，整合世界经济、国际政治、世界文化与科技、全球性问题、国际组织与国际法、区域研究 6 大领域研究成果，为世界经济与国际关系研究提供全方位数据分析，为决策和形势研判提供参考。

法律声明

"皮书系列"(含蓝皮书、绿皮书、黄皮书)之品牌由社会科学文献出版社最早使用并持续至今,现已被中国图书市场所熟知。"皮书系列"的相关商标已在中华人民共和国国家工商行政管理总局商标局注册,如LOGO( )、皮书、Pishu、经济蓝皮书、社会蓝皮书等。"皮书系列"图书的注册商标专用权及封面设计、版式设计的著作权均为社会科学文献出版社所有。未经社会科学文献出版社书面授权许可,任何使用与"皮书系列"图书注册商标、封面设计、版式设计相同或者近似的文字、图形或其组合的行为均系侵权行为。

经作者授权,本书的专有出版权及信息网络传播权等为社会科学文献出版社享有。未经社会科学文献出版社书面授权许可,任何就本书内容的复制、发行或以数字形式进行网络传播的行为均系侵权行为。

社会科学文献出版社将通过法律途径追究上述侵权行为的法律责任,维护自身合法权益。

欢迎社会各界人士对侵犯社会科学文献出版社上述权利的侵权行为进行举报。电话:010-59367121,电子邮箱:fawubu@ssap.cn。

社会科学文献出版社

社长致辞

蓦然回首，皮书的专业化历程已经走过了二十年。20年来从一个出版社的学术产品名称到媒体热词再到智库成果研创及传播平台，皮书以专业化为主线，进行了系列化、市场化、品牌化、数字化、国际化、平台化的运作，实现了跨越式的发展。特别是在党的十八大以后，以习近平总书记为核心的党中央高度重视新型智库建设，皮书也迎来了长足的发展，总品种达到600余种，经过专业评审机制、淘汰机制遴选，目前，每年稳定出版近400个品种。"皮书"已经成为中国新型智库建设的抓手，成为国际国内社会各界快速、便捷地了解真实中国的最佳窗口。

20年孜孜以求，"皮书"始终将自己的研究视野与经济社会发展中的前沿热点问题紧密相连。600个研究领域，3万多位分布于800余个研究机构的专家学者参与了研创写作。皮书数据库中共收录了15万篇专业报告，50余万张数据图表，合计30亿字，每年报告下载量近80万次。皮书为中国学术与社会发展实践的结合提供了一个激荡智力、传播思想的入口，皮书作者们用学术的话语、客观翔实的数据谱写出了中国故事壮丽的篇章。

20年跬步千里，"皮书"始终将自己的发展与时代赋予的使命与责任紧紧相连。每年百余场新闻发布会，10万余次中外媒体报道，中、英、俄、日、韩等12个语种共同出版。皮书所具有的凝聚力正在形成一种无形的力量，吸引着社会各界关注中国的发展，参与中国的发展，它是我们向世界传递中国声音、总结中国经验、争取中国国际话语权最主要的平台。

皮书这一系列成就的取得，得益于中国改革开放的伟大时代，离不开来自中国社会科学院、新闻出版广电总局、全国哲学社会科学规划办公室等主管部门的大力支持和帮助，也离不开皮书研创者和出版者的共同努力。他们与皮书的故事创造了皮书的历史，他们对皮书的拳拳之心将继续谱写皮书的未来！

现在，"皮书"品牌已经进入了快速成长的青壮年时期。全方位进行规范化管理，树立中国的学术出版标准；不断提升皮书的内容质量和影响力，搭建起中国智库产品和智库建设的交流服务平台和国际传播平台；发布各类皮书指数，并使之成为中国指数，让中国智库的声音响彻世界舞台，为人类的发展做出中国的贡献——这是皮书未来发展的图景。作为"皮书"这个概念的提出者，"皮书"从一般图书到系列图书和品牌图书，最终成为智库研究和社会科学应用对策研究的知识服务和成果推广平台这整个过程的操盘者，我相信，这也是每一位皮书人执着追求的目标。

"当代中国正经历着我国历史上最为广泛而深刻的社会变革，也正在进行着人类历史上最为宏大而独特的实践创新。这种前无古人的伟大实践，必将给理论创造、学术繁荣提供强大动力和广阔空间。"

在这个需要思想而且一定能够产生思想的时代，皮书的研创出版一定能创造出新的更大的辉煌！

社会科学文献出版社社长
中国社会学会秘书长

2017年11月

社会科学文献出版社简介

社会科学文献出版社(以下简称"社科文献出版社")成立于1985年,是直属于中国社会科学院的人文社会科学学术出版机构。成立至今,社科文献出版社始终依托中国社会科学院和国内外人文社会科学界丰厚的学术出版和专家学者资源,坚持"创社科经典,出传世文献"的出版理念、"权威、前沿、原创"的产品定位以及学术成果和智库成果出版的专业化、数字化、国际化、市场化的经营道路。

社科文献出版社是中国新闻出版业转型与文化体制改革的先行者。积极探索文化体制改革的先进方向和现代企业经营决策机制,社科文献出版社先后荣获"全国文化体制改革工作先进单位"、中国出版政府奖·先进出版单位奖,中国社会科学院先进集体、全国科普工作先进集体等荣誉称号。多人次荣获"第十届韬奋出版奖""全国新闻出版行业领军人才""数字出版先进人物""北京市新闻出版广电行业领军人才"等称号。

社科文献出版社是中国人文社会科学学术出版的大社名社,也是以皮书为代表的智库成果出版的专业强社。年出版图书2000余种,其中皮书400余种,出版新书字数5.5亿字,承印与发行中国社科院院属期刊72种,先后创立了皮书系列、列国志、中国史话、社科文献学术译库、社科文献学术文库、甲骨文书系等一大批既有学术影响又有市场价值的品牌,确立了在社会学、近代史、苏东问题研究等专业学科及领域出版的领先地位。图书多次荣获中国出版政府奖、"三个一百"原创图书出版工程、"五个'一'工程奖"、"大众喜爱的50种图书"等奖项,在中央国家机关"强素质·做表率"读书活动中,入选图书品种数位居各大出版社之首。

社科文献出版社是中国学术出版规范与标准的倡议者与制定者,代表全国50多家出版社发起实施学术著作出版规范的倡议,承担学术著作规范国家标准的起草工作,率先编撰完成《皮书手册》对皮书品牌进行规范化管理,并在此基础上推出中国版芝加哥手册——《社科文献出版社学术出版手册》。

社科文献出版社是中国数字出版的引领者,拥有皮书数据库、列国志数据库、"一带一路"数据库、减贫数据库、集刊数据库等4大产品线11个数据库产品,机构用户达1300余家,海外用户百余家,荣获"数字出版转型示范单位""新闻出版标准化先进单位""专业数字内容资源知识服务模式试点企业标准化示范单位"等称号。

社科文献出版社是中国学术出版走出去的践行者。社科文献出版社海外图书出版与学术合作业务遍及全球40余个国家和地区,并于2016年成立俄罗斯分社,累计输出图书500余种,涉及近20个语种,累计获得国家社科基金中华学术外译项目资助76种、"丝路书香工程"项目资助60种、中国图书对外推广计划项目资助71种以及经典中国国际出版工程资助28种,被五部委联合认定为"2015-2016年度国家文化出口重点企业"。

如今,社科文献出版社完全靠自身积累拥有固定资产3.6亿元,年收入3亿元,设置了七大出版分社、六大专业部门,成立了皮书研究院和博士后科研工作站,培养了一支近400人的高素质与高效率的编辑、出版、营销和国际推广队伍,为未来成为学术出版的大社、名社、强社,成为文化体制改革与文化企业转型发展的排头兵奠定了坚实的基础。

宏观经济类 | 皮书系列 重点推荐

宏观经济类

经济蓝皮书
2018年中国经济形势分析与预测

李平 / 主编　2017年12月出版　定价：89.00元

◆ 本书为总理基金项目，由著名经济学家李扬领衔，联合中国社会科学院等数十家科研机构、国家部委和高等院校的专家共同撰写，系统分析了2017年的中国经济形势并预测2018年中国经济运行情况。

城市蓝皮书
中国城市发展报告No.11

潘家华　单菁菁 / 主编　2018年9月出版　估价：99.00元

◆ 本书是由中国社会科学院城市发展与环境研究中心编著的，多角度、全方位地立体展示了中国城市的发展状况，并对中国城市的未来发展提出了许多建议。该书有强烈的时代感，对中国城市发展实践有重要的参考价值。

人口与劳动绿皮书
中国人口与劳动问题报告No.19

张车伟 / 主编　2018年10月出版　估价：99.00元

◆ 本书为中国社会科学院人口与劳动经济研究所主编的年度报告，对当前中国人口与劳动形势做了比较全面和系统的深入讨论，为研究中国人口与劳动问题提供了一个专业性的视角。

宏观经济类·区域经济类

中国省域竞争力蓝皮书
中国省域经济综合竞争力发展报告（2017～2018）

李建平　李闽榕　高燕京 / 主编　2018年5月出版　估价：198.00元

◆ 本书融多学科的理论为一体，深入追踪研究了省域经济发展与中国国家竞争力的内在关系，为提升中国省域经济综合竞争力提供有价值的决策依据。

金融蓝皮书
中国金融发展报告（2018）

王国刚 / 主编　2018年2月出版　估价：99.00元

◆ 本书由中国社会科学院金融研究所组织编写，概括和分析了2017年中国金融发展和运行中的各方面情况，研讨和评论了2017年发生的主要金融事件，有利于读者了解掌握2017年中国的金融状况，把握2018年中国金融的走势。

区域经济类

京津冀蓝皮书
京津冀发展报告（2018）

祝合良　叶堂林　张贵祥 / 等著　2018年6月出版　估价：99.00元

◆ 本书遵循问题导向与目标导向相结合、统计数据分析与大数据分析相结合、纵向分析和长期监测与结构分析和综合监测相结合等原则，对京津冀协同发展新形势与新进展进行测度与评价。

社会政法类

社会蓝皮书
2018年中国社会形势分析与预测

李培林　陈光金　张翼/主编　2017年12月出版　定价：89.00元

◆ 本书由中国社会科学院社会学研究所组织研究机构专家、高校学者和政府研究人员撰写，聚焦当下社会热点，对2017年中国社会发展的各个方面内容进行了权威解读，同时对2018年社会形势发展趋势进行了预测。

法治蓝皮书
中国法治发展报告 No.16（2018）

李林　田禾/主编　2018年3月出版　估价：118.00元

◆ 本年度法治蓝皮书回顾总结了2017年度中国法治发展取得的成就和存在的不足，对中国政府、司法、检务透明度进行了跟踪调研，并对2018年中国法治发展形势进行了预测和展望。

教育蓝皮书
中国教育发展报告（2018）

杨东平/主编　2018年4月出版　估价：99.00元

◆ 本书重点关注了2017年教育领域的热点，资料翔实，分析有据，既有专题研究，又有实践案例，从多角度对2017年教育改革和实践进行了分析和研究。

皮书系列重点推荐

社会政法类

社会体制蓝皮书
中国社会体制改革报告 No.6（2018）

龚维斌 / 主编　2018年3月出版　估价：99.00元

◆ 本书由国家行政学院社会治理研究中心和北京师范大学中国社会管理研究院共同组织编写，主要对2017年社会体制改革情况进行回顾和总结，对2018年的改革走向进行分析，提出相关政策建议。

社会心态蓝皮书
中国社会心态研究报告（2018）

王俊秀　杨宜音 / 主编　2018年12月出版　估价：99.00元

◆ 本书是中国社会科学院社会学研究所社会心理研究中心"社会心态蓝皮书课题组"的年度研究成果，运用社会心理学、社会学、经济学、传播学等多种学科的方法进行了调查和研究，对于目前中国社会心态状况有较广泛和深入的揭示。

华侨华人蓝皮书
华侨华人研究报告（2018）

贾益民 / 主编　2018年1月出版　估价：139.00元

◆ 本书关注华侨华人生产与生活的方方面面。华侨华人是中国建设21世纪海上丝绸之路的重要中介者、推动者和参与者。本书旨在全面调研华侨华人，提供最新涉侨动态、理论研究成果和政策建议。

民族发展蓝皮书
中国民族发展报告（2018）

王延中 / 主编　2018年10月出版　估价：188.00元

◆ 本书从民族学人类学视角，研究近年来少数民族和民族地区的发展情况，展示民族地区经济、政治、文化、社会和生态文明"五位一体"建设取得的辉煌成就和面临的困难挑战，为深刻理解中央民族工作会议精神、加快民族地区全面建成小康社会进程提供了实证材料。

产业经济类

房地产蓝皮书
中国房地产发展报告 No.15（2018）

李春华　王业强 / 主编　2018 年 5 月出版　估价：99.00 元

◆ 2018 年《房地产蓝皮书》持续追踪中国房地产市场最新动态，深度剖析市场热点，展望 2018 年发展趋势，积极谋划应对策略。对 2017 年房地产市场的发展态势进行全面、综合的分析。

新能源汽车蓝皮书
中国新能源汽车产业发展报告（2018）

中国汽车技术研究中心　日产（中国）投资有限公司
东风汽车有限公司 / 编著　2018 年 8 月出版　估价：99.00 元

◆ 本书对中国 2017 年新能源汽车产业发展进行了全面系统的分析，并介绍了国外的发展经验。有助于相关机构、行业和社会公众等了解中国新能源汽车产业发展的最新动态，为政府部门出台新能源汽车产业相关政策法规、企业制定相关战略规划，提供必要的借鉴和参考。

行业及其他类

旅游绿皮书
2017～2018 年中国旅游发展分析与预测

中国社会科学院旅游研究中心 / 编　2018 年 2 月出版　估价：99.00 元

◆ 本书从政策、产业、市场、社会等多个角度勾画出 2017 年中国旅游发展全貌，剖析了其中的热点和核心问题，并就未来发展作出预测。

行业及其他类

民营医院蓝皮书

中国民营医院发展报告（2018）

薛晓林 / 主编　2018年1月出版　估价：99.00元

◆ 本书在梳理国家对社会办医的各种利好政策的前提下，对我国民营医疗发展现状、我国民营医院竞争力进行了分析，并结合我国医疗体制改革对民营医院的发展趋势、发展策略、战略规划等方面进行了预估。

会展蓝皮书

中外会展业动态评估研究报告（2018）

张敏 / 主编　2018年12月出版　估价：99.00元

◆ 本书回顾了2017年的会展业发展动态，结合"供给侧改革"、"互联网+"、"绿色经济"的新形势分析了我国展会的行业现状，并介绍了国外的发展经验，有助于行业和社会了解最新的展会业动态。

中国上市公司蓝皮书

中国上市公司发展报告（2018）

张平　王宏淼 / 主编　2018年9月出版　估价：99.00元

◆ 本书由中国社会科学院上市公司研究中心组织编写的，着力于全面、真实、客观反映当前中国上市公司财务状况和价值评估的综合性年度报告。本书详尽分析了2017年中国上市公司情况，特别是现实中暴露出的制度性、基础性问题，并对资本市场改革进行了探讨。

工业和信息化蓝皮书

人工智能发展报告（2017~2018）

尹丽波 / 主编　2018年6月出版　估价：99.00元

◆ 本书国家工业信息安全发展研究中心在对2017年全球人工智能技术和产业进行全面跟踪研究基础上形成的研究报告。该报告内容翔实、视角独特，具有较强的产业发展前瞻性和预测性，可为相关主管部门、行业协会、企业等全面了解人工智能发展形势以及进行科学决策提供参考。

 国际问题与全球治理类 | 皮书系列 重点推荐

国际问题与全球治理类

世界经济黄皮书
2018年世界经济形势分析与预测

张宇燕 / 主编　2018年1月出版　估价：99.00元

◆ 本书由中国社会科学院世界经济与政治研究所的研究团队撰写，分总论、国别与地区、专题、热点、世界经济统计与预测等五个部分，对2018年世界经济形势进行了分析。

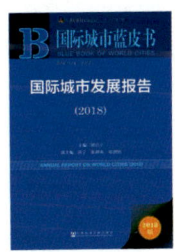

国际城市蓝皮书
国际城市发展报告（2018）

屠启宇 / 主编　2018年2月出版　估价：99.00元

◆ 本书作者以上海社会科学院从事国际城市研究的学者团队为核心，汇集同济大学、华东师范大学、复旦大学、上海交通大学、南京大学、浙江大学相关城市研究专业学者。立足动态跟踪介绍国际城市发展时间中，最新出现的重大战略、重大理念、重大项目、重大报告和最佳案例。

非洲黄皮书
非洲发展报告 No.20（2017～2018）

张宏明 / 主编　2018年7月出版　估价：99.00元

◆ 本书是由中国社会科学院西亚非洲研究所组织编撰的非洲形势年度报告，比较全面、系统地分析了2017年非洲政治形势和热点问题，探讨了非洲经济形势和市场走向，剖析了大国对非洲关系的新动向；此外，还介绍了国内非洲研究的新成果。

国别类

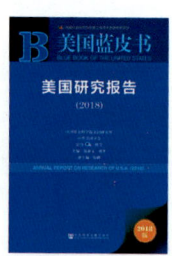

美国蓝皮书
美国研究报告（2018）
郑秉文 黄平 / 主编 2018年5月出版 估价：99.00元

◆ 本书是由中国社会科学院美国研究所主持完成的研究成果，它回顾了美国2017年的经济、政治形势与外交战略，对美国内政外交发生的重大事件及重要政策进行了较为全面的回顾和梳理。

德国蓝皮书
德国发展报告（2018）
郑春荣 / 主编 2018年6月出版 估价：99.00元

◆ 本报告由同济大学德国研究所组织编撰，由该领域的专家学者对德国的政治、经济、社会文化、外交等方面的形势发展情况，进行全面的阐述与分析。

俄罗斯黄皮书
俄罗斯发展报告（2018）
李永全 / 编著 2018年6月出版 估价：99.00元

◆ 本书系统介绍了2017年俄罗斯经济政治情况，并对2016年该地区发生的焦点、热点问题进行了分析与回顾；在此基础上，对该地区2018年的发展前景进行了预测。

 文化传媒类

皮书系列
重点推荐

文化传媒类

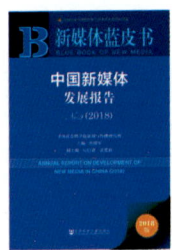

新媒体蓝皮书

中国新媒体发展报告 No.9（2018）

唐绪军 / 主编　2018年6月出版　估价：99.00元

◆ 本书是由中国社会科学院新闻与传播研究所组织编写的关于新媒体发展的最新年度报告，旨在全面分析中国新媒体的发展现状，解读新媒体的发展趋势，探析新媒体的深刻影响。

移动互联网蓝皮书

中国移动互联网发展报告（2018）

余清楚 / 主编　2018年6月出版　估价：99.00元

◆ 本书着眼于对2017年度中国移动互联网的发展情况做深入解析，对未来发展趋势进行预测，力求从不同视角、不同层面全面剖析中国移动互联网发展的现状、年度突破及热点趋势等。

文化蓝皮书

中国文化消费需求景气评价报告（2018）

王亚南 / 主编　2018年2月出版　估价：99.00元

◆ 本书首创全国文化发展量化检测评价体系，也是至今全国唯一的文化民生量化检测评价体系，对于检验全国及各地"以人民为中心"的文化发展具有首创意义。

皮书系列
重点推荐　地方发展类

地方发展类

北京蓝皮书
北京经济发展报告（2017～2018）

杨松／主编　2018年6月出版　估价：99.00元

◆ 本书对2017年北京市经济发展的整体形势进行了系统性的分析与回顾，并对2018年经济形势走势进行了预测与研判，聚焦北京市经济社会发展中的全局性、战略性和关键领域的重点问题，运用定量和定性分析相结合的方法，对北京市经济社会发展的现状、问题、成因进行了深入分析，提出了可操作性的对策建议。

温州蓝皮书
2018年温州经济社会形势分析与预测

蒋儒标　王春光　金浩／主编　2018年4月出版　估价：99.00元

◆ 本书是中共温州市委党校和中国社会科学院社会学研究所合作推出的第十一本温州蓝皮书，由来自党校、政府部门、科研机构、高校的专家、学者共同撰写的2017年温州区域发展形势的最新研究成果。

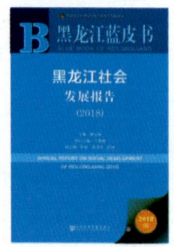

黑龙江蓝皮书
黑龙江社会发展报告（2018）

王爱丽／主编　2018年6月出版　估价：99.00元

◆ 本书以千份随机抽样问卷调查和专题研究为依据，运用社会学理论框架和分析方法，从专家和学者的独特视角，对2017年黑龙江省关系民生的问题进行广泛的调研与分析，并对2017年黑龙江省诸多社会热点和焦点问题进行了有益的探索。这些研究不仅可以为政府部门更加全面深入了解省情、科学制定决策提供智力支持，同时也可以为广大读者认识、了解、关注黑龙江社会发展提供理性思考。

宏观经济类

城市蓝皮书
中国城市发展报告（No.11）
著(编)者：潘家华 单菁菁
2018年9月出版 / 估价：99.00元
PSN B-2007-091-1/1

城乡一体化蓝皮书
中国城乡一体化发展报告（2018）
著(编)者：付崇兰
2018年9月出版 / 估价：99.00元
PSN B-2011-226-1/2

城镇化蓝皮书
中国新型城镇化健康发展报告（2018）
著(编)者：张占斌
2018年8月出版 / 估价：99.00元
PSN B-2014-396-1/1

创新蓝皮书
创新型国家建设报告（2018~2019）
著(编)者：詹正茂
2018年12月出版 / 估价：99.00元
PSN B-2009-140-1/1

低碳发展蓝皮书
中国低碳发展报告（2018）
著(编)者：张希良 齐晔
2018年6月出版 / 估价：99.00元
PSN B-2011-223-1/1

低碳经济蓝皮书
中国低碳经济发展报告（2018）
著(编)者：薛进军 赵忠秀
2018年11月出版 / 估价：99.00元
PSN B-2011-194-1/1

发展和改革蓝皮书
中国经济发展和体制改革报告No.9
著(编)者：邹东涛 王再文
2018年1月出版 / 估价：99.00元
PSN B-2008-122-1/1

国家创新蓝皮书
中国创新发展报告（2017）
著(编)者：陈劲 2018年3月出版 / 估价：99.00元
PSN B-2014-370-1/1

金融蓝皮书
中国金融发展报告（2018）
著(编)者：王国刚
2018年2月出版 / 估价：99.00元
PSN B-2004-031-1/7

经济蓝皮书
2018年中国经济形势分析与预测
著(编)者：李平 2017年12月出版 / 定价：89.00元
PSN B-1996-001-1/1

经济蓝皮书春季号
2018年中国经济前景分析
著(编)者：李扬 2018年5月出版 / 估价：99.00元
PSN B-1999-008-1/1

经济蓝皮书夏季号
中国经济增长报告（2017~2018）
著(编)者：李扬 2018年9月出版 / 估价：99.00元
PSN B-2010-176-1/1

经济信息绿皮书
中国与世界经济发展报告（2018）
著(编)者：杜平
2017年12月出版 / 估价：99.00元
PSN G-2003-023-1/1

农村绿皮书
中国农村经济形势分析与预测（2017~2018）
著(编)者：魏后凯 黄秉信
2018年4月出版 / 估价：99.00元
PSN G-1998-003-1/1

人口与劳动绿皮书
中国人口与劳动问题报告No.19
著(编)者：张车伟 2018年11月出版 / 估价：99.00元
PSN G-2000-012-1/1

新型城镇化蓝皮书
新型城镇化发展报告（2017）
著(编)者：李伟 宋敏 沈体雁
2018年3月出版 / 估价：99.00元
PSN B-2005-038-1/1

中国省域竞争力蓝皮书
中国省域经济综合竞争力发展报告（2016~2017）
著(编)者：李建平 李闽榕 高燕京
2018年2月出版 / 估价：198.00元
PSN B-2007-088-1/1

中小城市绿皮书
中国中小城市发展报告（2018）
著(编)者：中国城市经济学会中小城市经济发展委员会
中国城镇化促进会中小城市发展委员会
《中国中小城市发展报告》编纂委员会
中小城市发展战略研究院
2018年11月出版 / 估价：128.00元
PSN G-2010-161-1/1

皮书系列 2018全品种

区域经济类 · 社会政法类

区域经济类

东北蓝皮书
中国东北地区发展报告（2018）
著（编）者：姜晓秋　　2018年11月出版 / 估价：99.00元
PSN B-2006-067-1/1

金融蓝皮书
中国金融中心发展报告（2017~2018）
著（编）者：王力 黄育华　　2018年11月出版 / 估价：99.00元
PSN B-2011-186-6/7

京津冀蓝皮书
京津冀发展报告（2018）
著（编）者：祝合良 叶堂林 张贵祥
2018年6月出版 / 估价：99.00元
PSN B-2012-262-1/1

西北蓝皮书
中国西北发展报告（2018）
著（编）者：任宗哲 白宽犁 王建康
2018年4月出版 / 估价：99.00元
PSN B-2012-261-1/1

西部蓝皮书
中国西部发展报告（2018）
著（编）者：瑋勇 任保平　　2018年8月出版 / 估价：99.00元
PSN B-2005-039-1/1

长江经济带产业蓝皮书
长江经济带产业发展报告（2018）
著（编）者：吴传清　　2018年11月出版 / 估价：128.00元
PSN B-2017-666-1/1

长江经济带蓝皮书
长江经济带发展报告（2017~2018）
著（编）者：王振　　2018年11月出版 / 估价：99.00元
PSN B-2016-575-1/1

长江中游城市群蓝皮书
长江中游城市群新型城镇化与产业协同发展报告（2018）
著（编）者：杨刚强　　2018年11月出版 / 估价：99.00元
PSN B-2016-578-1/1

长三角蓝皮书
2017年创新融合发展的长三角
著（编）者：刘飞跃　　2018年3月出版 / 估价：99.00元
PSN B-2005-038-1/1

长株潭城市群蓝皮书
长株潭城市群发展报告（2017）
著（编）者：张萍 朱有志　　2018年1月出版 / 估价：99.00元
PSN B-2008-109-1/1

中部竞争力蓝皮书
中国中部经济社会竞争力报告（2018）
著（编）者：教育部人文社会科学重点研究基地南昌大学中国
中部经济社会发展研究中心
2018年12月出版 / 估价：99.00元
PSN B-2012-276-1/1

中部蓝皮书
中国中部地区发展报告（2018）
著（编）者：宋亚平　　2018年12月出版 / 估价：99.00元
PSN B-2007-089-1/1

区域蓝皮书
中国区域经济发展报告（2017~2018）
著（编）者：赵弘　　2018年5月出版 / 估价：99.00元
PSN B-2004-034-1/1

中三角蓝皮书
长江中游城市群发展报告（2018）
著（编）者：秦尊文　　2018年9月出版 / 估价：99.00元
PSN B-2014-417-1/1

中原蓝皮书
中原经济区发展报告（2018）
著（编）者：李英杰　　2018年6月出版 / 估价：99.00元
PSN B-2011-192-1/1

珠三角流通蓝皮书
珠三角商圈发展研究报告（2018）
著（编）者：王先庆 林至颖　　2018年7月出版 / 估价：99.00元
PSN B-2012-292-1/1

社会政法类

北京蓝皮书
中国社区发展报告（2017~2018）
著（编）者：于燕燕　　2018年9月出版 / 估价：99.00元
PSN B-2007-083-5/8

殡葬绿皮书
中国殡葬事业发展报告（2017~2018）
著（编）者：李伯森　　2018年4月出版 / 估价：158.00元
PSN G-2010-180-1/1

城市管理蓝皮书
中国城市管理报告（2017-2018）
著（编）者：刘林 刘承水　　2018年5月出版 / 估价：158.00元
PSN B-2013-336-1/1

城市生活质量蓝皮书
中国城市生活质量报告（2017）
著（编）者：张连城 张平 杨春学 郎丽华
2018年2月出版 / 估价：99.00元
PSN B-2013-326-1/1

社会政法类 — 皮书系列 2018全品种

城市政府能力蓝皮书
中国城市政府公共服务能力评估报告（2018）
著（编）者：何艳玲　2018年4月出版／估价：99.00元
PSN B-2013-338-1/1

创业蓝皮书
中国创业发展研究报告（2017~2018）
著（编）者：黄群慧　赵卫星　钟宏武
2018年11月出版／估价：99.00元
PSN B-2016-577-1/1

慈善蓝皮书
中国慈善发展报告（2018）
著（编）者：杨团　2018年6月出版／估价：99.00元
PSN B-2009-142-1/1

党建蓝皮书
党的建设研究报告No.2（2018）
著（编）者：崔建民　陈东平　2018年1月出版／估价：99.00元
PSN B-2016-523-1/1

地方法治蓝皮书
中国地方法治发展报告No.3（2018）
著（编）者：李林　田禾　2018年3月出版／估价：118.00元
PSN B-2015-442-1/1

电子政务蓝皮书
中国电子政务发展报告（2018）
著（编）者：李季　2018年8月出版／估价：99.00元
PSN B-2003-022-1/1

法治蓝皮书
中国法治发展报告No.16（2018）
著（编）者：吕艳滨　2018年3月出版／估价：118.00元
PSN B-2004-027-1/3

法治蓝皮书
中国法院信息化发展报告No.2（2018）
著（编）者：李林　田禾　2018年2月出版／估价：108.00元
PSN B-2017-604-3/3

法治政府蓝皮书
中国法治政府发展报告（2018）
著（编）者：中国政法大学法治政府研究院
2018年4月出版／估价：99.00元
PSN B-2015-502-1/2

法治政府蓝皮书
中国法治政府评估报告（2018）
著（编）者：中国政法大学法治政府研究院
2018年9月出版／估价：168.00元
PSN B-2016-576-2/2

反腐倡廉蓝皮书
中国反腐倡廉建设报告No.8
著（编）者：张英伟　2018年12月出版／估价：99.00元
PSN B-2012-259-1/1

扶贫蓝皮书
中国扶贫开发报告（2018）
著（编）者：李培林　魏后凯　2018年12月出版／估价：128.00元
PSN B-2016-599-1/1

妇女发展蓝皮书
中国妇女发展报告No.6
著（编）者：王金玲　2018年9月出版／估价：158.00元
PSN B-2006-069-1/1

妇女教育蓝皮书
中国妇女教育发展报告No.3
著（编）者：张李玺　2018年10月出版／估价：99.00元
PSN B-2008-121-1/1

妇女绿皮书
2018年：中国性别平等与妇女发展报告
著（编）者：谭琳　2018年12月出版／估价：99.00元
PSN G-2006-073-1/1

公共安全蓝皮书
中国城市公共安全发展报告（2017~2018）
著（编）者：黄育华　杨文明　赵建辉
2018年6月出版／估价：99.00元
PSN B-2017-628-1/1

公共服务蓝皮书
中国城市基本公共服务力评价（2018）
著（编）者：钟君　刘志昌　吴正昊
2018年12月出版／估价：99.00元
PSN B-2011-214-1/1

公民科学素质蓝皮书
中国公民科学素质报告（2017~2018）
著（编）者：李群　陈雄　马宗文
2018年1月出版／估价：99.00元
PSN B-2014-379-1/1

公益蓝皮书
中国公益慈善发展报告（2016）
著（编）者：朱健刚　胡小军　2018年2月出版／估价：99.00元
PSN B-2012-283-1/1

国际人才蓝皮书
中国国际移民报告（2018）
著（编）者：王辉耀　2018年2月出版／估价：99.00元
PSN B-2012-304-3/4

国际人才蓝皮书
中国留学发展报告（2018）No.7
著（编）者：王辉耀　苗绿　2018年12月出版／估价：99.00元
PSN B-2012-244-2/4

海洋社会蓝皮书
中国海洋社会发展报告（2017）
著（编）者：崔凤　宋宁而　2018年3月出版／估价：99.00元
PSN B-2015-478-1/1

行政改革蓝皮书
中国行政体制改革报告No.7（2018）
著（编）者：魏礼群　2018年6月出版／估价：99.00元
PSN B-2011-231-1/1

华侨华人蓝皮书
华侨华人研究报告（2017）
著（编）者：贾益民　2018年1月出版／估价：139.00元
PSN B-2011-204-1/1

皮书系列 2018全品种 社会政法类

环境竞争力绿皮书
中国省域环境竞争力发展报告（2018）
著(编)者：李建平 李闽榕 王金南
2018年11月出版 / 估价：198.00元
PSN G-2010-165-1/1

环境绿皮书
中国环境发展报告（2017~2018）
著(编)者：李波 2018年4月出版 / 估价：99.00元
PSN G-2006-048-1/1

家庭蓝皮书
中国"创建幸福家庭活动"评估报告（2018）
著(编)者：国务院发展研究中心"创建幸福家庭活动评估"课题组
2018年12月出版 / 估价：99.00元
PSN B-2015-508-1/1

健康城市蓝皮书
中国健康城市建设研究报告（2018）
著(编)者：王鸿春 盛继洪 2018年12月出版 / 估价：99.00元
PSN B-2016-564-2/2

健康中国蓝皮书
社区首诊与健康中国分析报告（2018）
著(编)者：高和荣 杨叔禹 姜杰
2018年4月出版 / 估价：99.00元
PSN B-2017-611-1/1

教师蓝皮书
中国中小学教师发展报告（2017）
著(编)者：曾晓东 鱼霞 2018年6月出版 / 估价：99.00元
PSN B-2012-289-1/1

教育扶贫蓝皮书
中国教育扶贫报告（2018）
著(编)者：司树杰 王文静 李兴洲
2018年12月出版 / 估价：99.00元
PSN B-2016-590-1/1

教育蓝皮书
中国教育发展报告（2018）
著(编)者：杨东平 2018年4月出版 / 估价：99.00元
PSN B-2006-047-1/1

金融法治建设蓝皮书
中国金融法治建设年度报告（2015~2016）
著(编)者：朱小黄 2018年6月出版 / 估价：99.00元
PSN B-2017-633-1/1

京津冀教育蓝皮书
京津冀教育发展研究报告（2017~2018）
著(编)者：方中雄 2018年4月出版 / 估价：99.00元
PSN B-2017-608-1/1

就业蓝皮书
2018年中国本科生就业报告
著(编)者：麦可思研究院 2018年6月出版 / 估价：99.00元
PSN B-2009-146-1/2

就业蓝皮书
2018年中国高职高专生就业报告
著(编)者：麦可思研究院 2018年6月出版 / 估价：99.00元
PSN B-2015-472-2/2

科学教育蓝皮书
中国科学教育发展报告（2018）
著(编)者：王康友 2018年10月出版 / 估价：99.00元
PSN B-2015-487-1/1

劳动保障蓝皮书
中国劳动保障发展报告（2018）
著(编)者：刘燕斌 2018年9月出版 / 估价：158.00元
PSN B-2014-415-1/1

老龄蓝皮书
中国老年宜居环境发展报告（2017）
著(编)者：党俊武 周燕珉 2018年1月出版 / 估价：99.00元
PSN B-2013-320-1/1

连片特困区蓝皮书
中国连片特困区发展报告（2017~2018）
著(编)者：游俊 冷志明 丁建军
2018年4月出版 / 估价：99.00元
PSN B-2013-321-1/1

流动儿童蓝皮书
中国流动儿童教育发展报告（2017）
著(编)者：杨东平 2018年1月出版 / 估价：99.00元
PSN B-2017-600-1/1

民调蓝皮书
中国民生调查报告（2018）
著(编)者：谢耘耕 2018年12月出版 / 估价：99.00元
PSN B-2014-398-1/1

民族发展蓝皮书
中国民族发展报告（2018）
著(编)者：王延中 2018年10月出版 / 估价：188.00元
PSN B-2006-070-1/1

女性生活蓝皮书
中国女性生活状况报告No.12（2018）
著(编)者：韩湘景 2018年7月出版 / 估价：99.00元
PSN B-2006-071-1/1

汽车社会蓝皮书
中国汽车社会发展报告（2017~2018）
著(编)者：王俊秀 2018年1月出版 / 估价：99.00元
PSN B-2011-224-1/1

青年蓝皮书
中国青年发展报告（2018）No.3
著(编)者：廉思 2018年4月出版 / 估价：99.00元
PSN B-2013-333-1/1

青少年蓝皮书
中国未成年人互联网运用报告（2017~2018）
著(编)者：季为民 李文革 沈杰
2018年11月出版 / 估价：99.00元
PSN B-2010-156-1/1

社会政法类

皮书系列 2018全品种

人权蓝皮书
中国人权事业发展报告No.8（2018）
著(编)者：李君如　2018年9月出版／估价：99.00元
PSN B-2011-215-1/1

社会保障绿皮书
中国社会保障发展报告No.9（2018）
著(编)者：王延中　2018年1月出版／估价：99.00元
PSN G-2001-014-1/1

社会风险评估蓝皮书
风险评估与危机预警报告（2017~2018）
著(编)者：唐钧　2018年8月出版／估价：99.00元
PSN B-2012-293-1/1

社会工作蓝皮书
中国社会工作发展报告（2016~2017）
著(编)者：民政部社会工作研究中心
2018年8月出版／估价：99.00元
PSN B-2009-141-1/1

社会管理蓝皮书
中国社会管理创新报告No.6
著(编)者：连玉明　2018年11月出版／估价：99.00元
PSN B-2012-300-1/1

社会蓝皮书
2018年中国社会形势分析与预测
著(编)者：李培林　陈光金　张翼
2017年12月出版／定价：89.00元
PSN B-1998-002-1/1

社会体制蓝皮书
中国社会体制改革报告No.6（2018）
著(编)者：龚维斌　2018年3月出版／估价：99.00元
PSN B-2013-330-1/1

社会心态蓝皮书
中国社会心态研究报告（2018）
著(编)者：王俊秀　2018年12月出版／估价：99.00元
PSN B-2011-199-1/1

社会组织蓝皮书
中国社会组织报告（2017-2018）
著(编)者：黄晓勇　2018年1月出版／估价：99.00元
PSN B-2008-118-1/2

社会组织蓝皮书
中国社会组织评估发展报告（2018）
著(编)者：徐家良　2018年12月出版／估价：99.00元
PSN B-2013-366-2/2

生态城市绿皮书
中国生态城市建设发展报告（2018）
著(编)者：刘举科　孙伟平　胡文臻
2018年9月出版／估价：158.00元
PSN G-2012-269-1/1

生态文明绿皮书
中国省域生态文明建设评价报告（ECI 2018）
著(编)者：严耕　2018年12月出版／估价：99.00元
PSN G-2010-170-1/1

退休生活蓝皮书
中国城市居民退休生活质量指数报告（2017）
著(编)者：杨一帆　2018年5月出版／估价：99.00元
PSN B-2017-618-1/1

危机管理蓝皮书
中国危机管理报告（2018）
著(编)者：文学国　范正青
2018年8月出版／估价：99.00元
PSN B-2010-171-1/1

学会蓝皮书
2018年中国学会发展报告
著(编)者：麦可思研究院
2018年12月出版／估价：99.00元
PSN B-2016-597-1/1

医改蓝皮书
中国医药卫生体制改革报告（2017~2018）
著(编)者：文学国　房志武
2018年11月出版／估价：99.00元
PSN B-2014-432-1/1

应急管理蓝皮书
中国应急管理报告（2018）
著(编)者：宋英华　2018年9月出版／估价：99.00元
PSN B-2016-562-1/1

政府绩效评估蓝皮书
中国地方政府绩效评估报告 No.2
著(编)者：贠杰　2018年12月出版／估价：99.00元
PSN B-2017-672-1/1

政治参与蓝皮书
中国政治参与报告（2018）
著(编)者：房宁　2010年8月出版／估价：128.00元
PSN B-2011-200-1/1

政治文化蓝皮书
中国政治文化报告（2018）
著(编)者：邢元敏　魏大鹏　龚克
2018年8月出版／估价：128.00元
PSN B-2017-615-1/1

中国传统村落蓝皮书
中国传统村落保护现状报告（2018）
著(编)者：胡彬彬　李向军　王晓波
2018年12月出版／估价：99.00元
PSN B-2017-663-1/1

中国农村妇女发展蓝皮书
农村流动女性城市生活发展报告（2018）
著(编)者：谢丽华　2018年12月出版／估价：99.00元
PSN B-2014-434-1/1

宗教蓝皮书
中国宗教报告（2017）
著(编)者：邱永辉　2018年8月出版／估价：99.00元
PSN B-2008-117-1/1

产业经济类

保健蓝皮书
中国保健服务产业发展报告 No.2
著(编)者：中国保健协会　中共中央党校
2018年7月出版 / 估价：198.00元
PSN B-2012-272-3/3

保健蓝皮书
中国保健食品产业发展报告 No.2
著(编)者：中国保健协会
　　　　　中国社会科学院食品药品产业发展与监管研究中心
2018年8月出版 / 估价：198.00元
PSN B-2012-271-2/3

保健蓝皮书
中国保健用品产业发展报告 No.2
著(编)者：中国保健协会
　　　　　国务院国有资产监督管理委员会研究中心
2018年3月出版 / 估价：198.00元
PSN B-2012-270-1/3

保险蓝皮书
中国保险业竞争力报告（2018）
著(编)者：保监会　2018年12月出版 / 估价：99.00元
PSN B-2013-311-1/1

冰雪蓝皮书
中国冰上运动产业发展报告（2018）
著(编)者：孙承华　杨占武　刘戈　张鸿俊
2018年9月出版 / 估价：99.00元
PSN B-2017-648-3/3

冰雪蓝皮书
中国滑雪产业发展报告（2018）
著(编)者：孙承华　伍斌　魏庆华　张鸿俊
2018年9月出版 / 估价：99.00元
PSN B-2016-559-1/3

餐饮产业蓝皮书
中国餐饮产业发展报告（2018）
著(编)者：邢颖
2018年6月出版 / 估价：99.00元
PSN B-2009-151-1/1

茶业蓝皮书
中国茶产业发展报告（2018）
著(编)者：杨江帆　李闽榕
2018年10月出版 / 估价：99.00元
PSN B-2010-164-1/1

产业安全蓝皮书
中国文化产业安全报告（2018）
著(编)者：北京印刷学院文化产业安全研究院
2018年12月出版 / 估价：99.00元
PSN B-2014-378-12/14

产业安全蓝皮书
中国新媒体产业安全报告（2016~2017）
著(编)者：肖丽　2018年6月出版 / 估价：99.00元
PSN B-2015-500-14/14

产业安全蓝皮书
中国出版传媒产业安全报告（2017~2018）
著(编)者：北京印刷学院产业安全研究院
2018年3月出版 / 估价：99.00元
PSN B-2014-384-13/14

产业蓝皮书
中国产业竞争力报告（2018）No.8
著(编)者：张其仔　2018年12月出版 / 估价：168.00元
PSN B-2010-175-1/1

动力电池蓝皮书
中国新能源汽车动力电池产业发展报告（2018）
著(编)者：中国汽车技术研究中心
2018年8月出版 / 估价：99.00元
PSN B-2017-639-1/1

杜仲产业绿皮书
中国杜仲橡胶资源与产业发展报告（2017~2018）
著(编)者：杜红岩　胡文臻　俞锐
2018年1月出版 / 估价：99.00元
PSN G-2013-350-1/1

房地产蓝皮书
中国房地产发展报告No.15（2018）
著(编)者：李春华　王业强
2018年5月出版 / 估价：99.00元
PSN B-2004-028-1/1

服务外包蓝皮书
中国服务外包产业发展报告（2017~2018）
著(编)者：王晓红　刘德军
2018年6月出版 / 估价：99.00元
PSN B-2013-331-2/2

服务外包蓝皮书
中国服务外包竞争力报告（2017~2018）
著(编)者：刘春生　王力　黄育华
2018年12月出版 / 估价：99.00元
PSN B-2011-216-1/2

工业和信息化蓝皮书
世界信息技术产业发展报告（2017~2018）
著(编)者：尹丽波　2018年6月出版 / 估价：99.00元
PSN B-2015-449-2/6

工业和信息化蓝皮书
战略性新兴产业发展报告（2017~2018）
著(编)者：尹丽波　2018年6月出版 / 估价：99.00元
PSN B-2015-450-3/6

产业经济类

皮书系列
2018全品种

客车蓝皮书
中国客车产业发展报告（2017~2018）
著(编)者：姚蔚　2018年10月出版／估价：99.00元
PSN B-2013-361-1/1

流通蓝皮书
中国商业发展报告（2018~2019）
著(编)者：王雪峰　林诗慧
2018年7月出版／估价：99.00元
PSN B-2009-152-1/2

能源蓝皮书
中国能源发展报告（2018）
著(编)者：崔民选　王军生　陈义和
2018年12月出版／估价：99.00元
PSN B-2006-049-1/1

农产品流通蓝皮书
中国农产品流通产业发展报告（2017）
著(编)者：贾敬敦　张东科　张玉玺　张鹏毅　周伟
2018年1月出版／估价：99.00元
PSN B-2012-288-1/1

汽车工业蓝皮书
中国汽车工业发展年度报告（2018）
著(编)者：中国汽车工业协会
　　　　　中国汽车技术研究中心
　　　　　丰田汽车公司
2018年5月出版／估价：168.00元
PSN B-2015-463-1/2

汽车工业蓝皮书
中国汽车零部件产业发展报告（2017~2018）
著(编)者：中国汽车工业协会
　　　　　中国汽车工程研究院深圳市沃特玛电池有限公司
2018年9月出版／估价：99.00元
PSN B-2016-515-2/2

汽车蓝皮书
中国汽车产业发展报告（2018）
著(编)者：中国汽车工程学会
　　　　　大众汽车集团（中国）
2018年11月出版／估价：99.00元
PSN B-2008-124-1/1

世界茶业蓝皮书
世界茶业发展报告（2018）
著(编)者：李闽榕　冯廷佺
2018年5月出版／估价：168.00元
PSN B-2017-619-1/1

世界能源蓝皮书
世界能源发展报告（2018）
著(编)者：黄晓勇　2018年6月出版／估价：168.00元
PSN B-2013-349-1/1

体育蓝皮书
国家体育产业基地发展报告（2016~2017）
著(编)者：李颖川　2018年4月出版／估价：168.00元
PSN B-2017-609-5/5

体育蓝皮书
中国体育产业发展报告（2018）
著(编)者：阮伟　钟秉枢
2018年12月出版／估价：99.00元
PSN B-2010-179-1/5

文化金融蓝皮书
中国文化金融发展报告（2018）
著(编)者：杨涛　金巍
2018年5月出版／估价：99.00元
PSN B-2017-610-1/1

新能源汽车蓝皮书
中国新能源汽车产业发展报告（2018）
著(编)者：中国汽车技术研究中心
　　　　　日产（中国）投资有限公司
　　　　　东风汽车有限公司
2018年8月出版／估价：99.00元
PSN B-2013-347-1/1

薏仁米产业蓝皮书
中国薏仁米产业发展报告No.2（2018）
著(编)者：李发耀　石明　秦礼康
2018年8月出版／估价：99.00元
PSN B-2017-645-1/1

邮轮绿皮书
中国邮轮产业发展报告（2018）
著(编)者：汪泓　2018年10月出版／估价：99.00元
PSN G-2014-419-1/1

智能养老蓝皮书
中国智能养老产业发展报告（2018）
著(编)者：朱勇　2018年10月出版／估价：99.00元
PSN B-2015-488-1/1

中国节能汽车蓝皮书
中国节能汽车发展报告（2017~2018）
著(编)者：中国汽车工程研究院股份有限公司
2018年9月出版／估价：99.00元
PSN B-2016-565-1/1

中国陶瓷产业蓝皮书
中国陶瓷产业发展报告（2018）
著(编)者：左和平　黄速建
2018年10月出版／估价：99.00元
PSN B-2016-573-1/1

装备制造业蓝皮书
中国装备制造业发展报告（2018）
著(编)者：徐东华　2018年12月出版／估价：118.00元
PSN B-2015-505-1/1

行业及其他类

"三农"互联网金融蓝皮书
中国"三农"互联网金融发展报告（2018）
著（编）者：李勇坚 王弢
2018年8月出版 / 估价：99.00元
PSN B-2016-560-1/1

SUV蓝皮书
中国SUV市场发展报告（2017~2018）
著（编）者：靳军　2018年9月出版 / 估价：99.00元
PSN B-2016-571-1/1

冰雪蓝皮书
中国冬季奥运会发展报告（2018）
著（编）者：孙承华 伍斌 魏庆华 张鸿俊
2018年9月出版 / 估价：99.00元
PSN B-2017-647-2/3

彩票蓝皮书
中国彩票发展报告（2018）
著（编）者：益彩基金　2018年4月出版 / 估价：99.00元
PSN B-2015-462-1/1

测绘地理信息蓝皮书
测绘地理信息供给侧结构性改革研究报告（2018）
著（编）者：库热西·买合苏提
2018年12月出版 / 估价：168.00元
PSN B-2009-145-1/1

产权市场蓝皮书
中国产权市场发展报告（2017）
著（编）者：曹和平　2018年5月出版 / 估价：99.00元
PSN B-2009-147-1/1

城投蓝皮书
中国城投行业发展报告（2018）
著（编）者：华景斌
2018年11月出版 / 估价：300.00元
PSN B-2016-514-1/1

大数据蓝皮书
中国大数据发展报告（No.2）
著（编）者：连玉明　2018年5月出版 / 估价：99.00元
PSN B-2017-620-1/1

大数据应用蓝皮书
中国大数据应用发展报告No.2（2018）
著（编）者：陈军君　2018年8月出版 / 估价：99.00元
PSN B-2017-644-1/1

对外投资与风险蓝皮书
中国对外直接投资与国家风险报告（2018）
著（编）者：中债资信评估有限责任公司
　　　　中国社会科学院世界经济与政治研究所
2018年4月出版 / 估价：189.00元
PSN B-2017-606-1/1

工业和信息化蓝皮书
人工智能发展报告（2017~2018）
著（编）者：尹丽波　2018年6月出版 / 估价：99.00元
PSN B-2015-448-1/6

工业和信息化蓝皮书
世界智慧城市发展报告（2017~2018）
著（编）者：尹丽波　2018年6月出版 / 估价：99.00元
PSN B-2017-624-6/6

工业和信息化蓝皮书
世界网络安全发展报告（2017~2018）
著（编）者：尹丽波　2018年6月出版 / 估价：99.00元
PSN B-2015-452-5/6

工业和信息化蓝皮书
世界信息化发展报告（2017~2018）
著（编）者：尹丽波　2018年6月出版 / 估价：99.00元
PSN B-2015-451-4/6

工业设计蓝皮书
中国工业设计发展报告（2018）
著（编）者：王晓红 于炜 张立群　2018年9月出版 / 估价：168.00元
PSN B-2014-420-1/1

公共关系蓝皮书
中国公共关系发展报告（2018）
著（编）者：柳斌杰　2018年11月出版 / 估价：99.00元
PSN B-2016-579-1/1

管理蓝皮书
中国管理发展报告（2018）
著（编）者：张晓东　2018年10月出版 / 估价：99.00元
PSN B-2014-416-1/1

海关发展蓝皮书
中国海关发展前沿报告（2018）
著（编）者：干春晖　2018年6月出版 / 估价：99.00元
PSN B-2017-616-1/1

互联网医疗蓝皮书
中国互联网健康医疗发展报告（2018）
著（编）者：芮晓武　2018年6月出版 / 估价：99.00元
PSN B-2016-567-1/1

黄金市场蓝皮书
中国商业银行黄金业务发展报告（2017~2018）
著（编）者：平安银行　2018年3月出版 / 估价：99.00元
PSN B-2016-524-1/1

会展蓝皮书
中外会展业动态评估研究报告（2018）
著（编）者：张敏 任中峰 聂鑫焱 牛盼强
2018年12月出版 / 估价：99.00元
PSN B-2013-327-1/1

基金会蓝皮书
中国基金会发展报告（2017~2018）
著（编）者：中国基金会发展报告课题组
2018年4月出版 / 估价：99.00元
PSN B-2013-368-1/1

基金会绿皮书
中国基金会发展独立研究报告（2018）
著（编）者：基金会中心网　中央民族大学基金会研究中心
2018年6月出版 / 估价：99.00元
PSN G-2011-213-1/1

行业及其他类

皮书系列 2018全品种

基金会透明度蓝皮书
中国基金会透明度发展研究报告（2018）
著（编）者：基金会中心网
　　　　　清华大学廉政与治理研究中心
2018年9月出版／估价：99.00元
PSN B-2013-339-1/1

建筑装饰蓝皮书
中国建筑装饰行业发展报告（2018）
著（编）者：葛道顺 刘晓一
2018年10月出版／估价：198.00元
PSN B-2016-553-1/1

金融监管蓝皮书
中国金融监管报告（2018）
著（编）者：胡滨　2018年5月出版／估价：99.00元
PSN B-2012-281-1/1

金融蓝皮书
中国互联网金融行业分析与评估（2018~2019）
著（编）者：黄国平 伍旭川　2018年12月出版／估价：99.00元
PSN B-2016-585-7/7

金融科技蓝皮书
中国金融科技发展报告（2018）
著（编）者：李扬 孙国峰
2018年10月出版／估价：99.00元
PSN B-2014-374-1/1

金融信息服务蓝皮书
中国金融信息服务发展报告（2018）
著（编）者：李平　2018年5月出版／估价：99.00元
PSN B-2017-621-1/1

京津冀金融蓝皮书
京津冀金融发展报告（2018）
著（编）者：王爱俭 王璟怡　2018年10月出版／估价：99.00元
PSN B-2016-527-1/1

科普蓝皮书
国家科普能力发展报告（2018）
著（编）者：王康友　2018年5月出版／估价：138.00元
PSN B-2017-632-4/4

科普蓝皮书
中国基层科普发展报告（2017~2018）
著（编）者：赵立新 陈玲　2018年9月出版／估价：99.00元
PSN B-2016-568-3/4

科普蓝皮书
中国科普基础设施发展报告（2017~2018）
著（编）者：任福君　2018年6月出版／估价：99.00元
PSN B-2010-174-1/3

科普蓝皮书
中国科普人才发展报告（2017~2018）
著（编）者：郑念 任嵘嵘　2018年7月出版／估价：99.00元
PSN B-2016-512-2/4

科普能力蓝皮书
中国科普能力评价报告（2018~2019）
著（编）者：李富强 李群　2018年8月出版／估价：99.00元
PSN B-2016-555-1/1

临空经济蓝皮书
中国临空经济发展报告（2018）
著（编）者：连玉明　2018年9月出版／估价：99.00元
PSN B-2014-421-1/1

旅游安全蓝皮书
中国旅游安全报告（2018）
著（编）者：郑向敏 谢朝武　2018年5月出版／估价：158.00元
PSN B-2012-280-1/1

旅游绿皮书
2017~2018年中国旅游发展分析与预测
著（编）者：宋瑞　2018年2月出版／估价：99.00元
PSN G-2002-018-1/1

煤炭蓝皮书
中国煤炭工业发展报告（2018）
著（编）者：岳福斌　2018年12月出版／估价：99.00元
PSN B-2008-123-1/1

民营企业社会责任蓝皮书
中国民营企业社会责任报告（2018）
著（编）者：中华全国工商业联合会
2018年12月出版／估价：99.00元
PSN B-2015-510-1/1

民营医院蓝皮书
中国民营医院发展报告（2017）
著（编）者：薛晓林　2018年1月出版／估价：99.00元
PSN B-2012-299-1/1

闽商蓝皮书
闽商发展报告（2018）
著（编）者：李闽榕 王日根 林琛
2010年12月出版／估价：99.00元
PSN B-2012-298-1/1

农业应对气候变化蓝皮书
中国农业气象灾害及其灾损评估报告（No.3）
著（编）者：矫梅燕　2018年1月出版／估价：118.00元
PSN B-2014-413-1/1

品牌蓝皮书
中国品牌战略发展报告（2018）
著（编）者：汪同三　2018年10月出版／估价：99.00元
PSN B-2016-580-1/1

企业扶贫蓝皮书
中国企业扶贫研究报告（2018）
著（编）者：钟宏武　2018年12月出版／估价：99.00元
PSN B-2016-593-1/1

企业公益蓝皮书
中国企业公益研究报告（2018）
著（编）者：钟宏武 汪杰 黄晓娟
2018年12月出版／估价：99.00元
PSN B-2015-501-1/1

企业国际化蓝皮书
中国企业全球化报告（2018）
著（编）者：王辉耀 苗绿　2018年11月出版／估价：99.00元
PSN B-2014-427-1/1

皮书系列 2018全品种

行业及其他类

企业蓝皮书
中国企业绿色发展报告No.2（2018）
著(编)者：李红玉 朱光辉
2018年8月出版 / 估价：99.00元
PSN B-2015-481-2/2

企业社会责任蓝皮书
中资企业海外社会责任研究报告（2017~2018）
著(编)者：钟宏武 叶柳红 张蒽
2018年1月出版 / 估价：99.00元
PSN B-2017-603-2/2

企业社会责任蓝皮书
中国企业社会责任研究报告（2018）
著(编)者：黄群慧 钟宏武 张蒽 汪杰
2018年11月出版 / 估价：99.00元
PSN B-2009-149-1/2

汽车安全蓝皮书
中国汽车安全发展报告（2018）
著(编)者：中国汽车技术研究中心
2018年8月出版 / 估价：99.00元
PSN B-2014-385-1/1

汽车电子商务蓝皮书
中国汽车电子商务发展报告（2018）
著(编)者：中华全国工商业联合会汽车经销商商会
北方工业大学
北京易观智库网络科技有限公司
2018年10月出版 / 估价：158.00元
PSN B-2015-485-1/1

汽车知识产权蓝皮书
中国汽车产业知识产权发展报告（2018）
著(编)者：中国汽车工程研究院股份有限公司
中国汽车工程学会
重庆长安汽车股份有限公司
2018年12月出版 / 估价：99.00元
PSN B-2016-594-1/1

青少年体育蓝皮书
中国青少年体育发展报告（2017）
著(编)者：刘扶民 杨桦
2018年1月出版 / 估价：99.00元
PSN B-2015-482-1/1

区块链蓝皮书
中国区块链发展报告（2018）
著(编)者：李伟
2018年9月出版 / 估价：99.00元
PSN B-2017-649-1/1

群众体育蓝皮书
中国群众体育发展报告（2017）
著(编)者：刘国永 戴健
2018年5月出版 / 估价：99.00元
PSN B-2014-411-1/3

群众体育蓝皮书
中国社会体育指导员发展报告（2018）
著(编)者：刘国永 王欢
2018年4月出版 / 估价：99.00元
PSN B-2016-520-3/3

人力资源蓝皮书
中国人力资源发展报告（2018）
著(编)者：余兴安
2018年11月出版 / 估价：99.00元
PSN B-2012-287-1/1

融资租赁蓝皮书
中国融资租赁业发展报告（2017~2018）
著(编)者：李光荣 王力
2018年8月出版 / 估价：99.00元
PSN B-2015-443-1/1

商会蓝皮书
中国商会发展报告No.5（2017）
著(编)者：王钦敏
2018年7月出版 / 估价：99.00元
PSN B-2008-125-1/1

商务中心区蓝皮书
中国商务中心区发展报告No.4（2017~2018）
著(编)者：李国红 单菁菁
2018年9月出版 / 估价：99.00元
PSN B-2015-444-1/1

设计产业蓝皮书
中国创新设计发展报告（2018）
著(编)者：王晓红 张立群 于炜
2018年11月出版 / 估价：99.00元
PSN B-2016-581-2/2

社会责任管理蓝皮书
中国上市公司社会责任能力成熟度报告No.4（2018）
著(编)者：肖红军 王晓光 李伟阳
2018年12月出版 / 估价：99.00元
PSN B-2015-507-2/2

社会责任管理蓝皮书
中国企业公众透明度报告No.4（2017~2018）
著(编)者：黄速建 熊梦 王晓光 肖红军
2018年4月出版 / 估价：99.00元
PSN B-2015-440-1/2

食品药品蓝皮书
食品药品安全与监管政策研究报告（2016~2017）
著(编)者：唐民皓
2018年6月出版 / 估价：99.00元
PSN B-2009-129-1/1

输血服务蓝皮书
中国输血行业发展报告（2018）
著(编)者：孙俊
2018年12月出版 / 估价：99.00元
PSN B-2016-582-1/1

水利风景区蓝皮书
中国水利风景区发展报告（2018）
著(编)者：董建文 兰思仁
2018年10月出版 / 估价：99.00元
PSN B-2015-480-1/1

私募市场蓝皮书
中国私募股权市场发展报告（2017~2018）
著(编)者：曹和平
2018年12月出版 / 估价：99.00元
PSN B-2010-162-1/1

碳排放权交易蓝皮书
中国碳排放权交易报告（2018）
著(编)者：孙永平
2018年11月出版 / 估价：99.00元
PSN B-2017-652-1/1

碳市场蓝皮书
中国碳市场报告（2018）
著(编)者：定金彪
2018年11月出版 / 估价：99.00元
PSN B-2014-430-1/1

体育蓝皮书
中国公共体育服务发展报告（2018）
著(编)者：戴健　2018年12月出版　估价：99.00元
PSN B-2013-367-2/5

土地市场蓝皮书
中国农村土地市场发展报告（2017～2018）
著(编)者：李光荣　2018年3月出版　估价：99.00元
PSN B-2016-526-1/1

土地整治蓝皮书
中国土地整治发展研究报告（No.5）
著(编)者：国土资源部土地整治中心
2018年7月出版　估价：99.00元
PSN B-2014-401-1/1

土地政策蓝皮书
中国土地政策研究报告（2018）
著(编)者：高延利 李宪文　2017年12月出版　估价：99.00元
PSN B-2015-506-1/1

网络空间安全蓝皮书
中国网络空间安全发展报告（2018）
著(编)者：惠志斌 覃庆玲
2018年11月出版　估价：99.00元
PSN B-2015-466-1/1

文化志愿服务蓝皮书
中国文化志愿服务发展报告（2018）
著(编)者：张永新 良警宇　2018年11月出版　估价：128.00元
PSN B-2016-596-1/1

西部金融蓝皮书
中国西部金融发展报告（2017～2018）
著(编)者：李忠民　2018年8月出版　估价：99.00元
PSN B-2010-160-1/1

协会商会蓝皮书
中国行业协会商会发展报告（2017）
著(编)者：景朝阳 李勇　2018年4月出版　估价：99.00元
PSN B-2015-461-1/1

新三板蓝皮书
中国新三板市场发展报告（2018）
著(编)者：王力　2018年8月出版　估价：99.00元
PSN B-2016-533-1/1

信托市场蓝皮书
中国信托业市场报告（2017～2018）
著(编)者：用益金融信托研究院
2018年1月出版　估价：198.00元
PSN B-2014-371-1/1

信息化蓝皮书
中国信息化形势分析与预测（2017～2018）
著(编)者：周宏仁　2018年8月出版　估价：99.00元
PSN B-2010-168-1/1

信用蓝皮书
中国信用发展报告（2017～2018）
著(编)者：章政 田侃　2018年4月出版　估价：99.00元
PSN B-2013-328-1/1

休闲绿皮书
2017～2018年中国休闲发展报告
著(编)者：宋瑞　2018年7月出版　估价：99.00元
PSN G-2010-158-1/1

休闲体育蓝皮书
中国休闲体育发展报告（2017～2018）
著(编)者：李相如 钟秉枢
2018年10月出版　估价：99.00元
PSN B-2016-516-1/1

养老金融蓝皮书
中国养老金融发展报告（2018）
著(编)者：董克用 姚余栋
2018年9月出版　估价：99.00元
PSN B-2016-583-1/1

遥感监测绿皮书
中国可持续发展遥感监测报告（2017）
著(编)者：顾行发 汪克强 潘教峰 李闽榕 徐东华 王琦安
2018年6月出版　估价：298.00元
PSN B-2017-629-1/1

药品流通蓝皮书
中国药品流通行业发展报告（2018）
著(编)者：佘鲁林 温再兴
2018年7月出版　估价：198.00元
PSN B-2014-429-1/1

医疗器械蓝皮书
中国医疗器械行业发展报告（2018）
著(编)者：王宝亭 耿鸿武
2018年10月出版　估价：99.00元
PSN B-2017-661-1/1

医院蓝皮书
中国医院竞争力报告（2018）
著(编)者：庄一强 曾益新　2018年3月出版　估价：118.00元
PSN B-2016-528-1/1

瑜伽蓝皮书
中国瑜伽业发展报告（2017~2018）
著(编)者：张永建 徐华锋 朱泰余
2018年6月出版　估价：198.00元
PSN B-2017-625-1/1

债券市场蓝皮书
中国债券市场发展报告（2017～2018）
著(编)者：杨农　2018年10月出版　估价：99.00元
PSN B-2016-572-1/1

志愿服务蓝皮书
中国志愿服务发展报告（2018）
著(编)者：中国志愿服务联合会
2018年11月出版　估价：99.00元
PSN B-2017-664-1/1

中国上市公司蓝皮书
中国上市公司发展报告（2018）
著(编)者：张鹏 张平 黄胤英
2018年9月出版　估价：99.00元
PSN B-2014-414-1/1

行业及其他类 · 国际问题与全球治理类

中国新三板蓝皮书
中国新三板创新与发展报告（2018）
著（编）者：刘平安 闻召林
2018年8月出版 / 估价：158.00元
PSN B-2017-638-1/1

中医文化蓝皮书
北京中医药文化传播发展报告（2018）
著（编）者：毛嘉陵　　2018年5月出版 / 估价：99.00元
PSN B-2015-468-1/2

中医文化蓝皮书
中国中医药文化传播发展报告（2018）
著（编）者：毛嘉陵　　2018年7月出版 / 估价：99.00元
PSN B-2016-584-2/2

中医药蓝皮书
北京中医药知识产权发展报告No.2
著（编）者：汪洪 屠志涛　　2018年4月出版 / 估价：168.00元
PSN B-2017-602-1/1

资本市场蓝皮书
中国场外交易市场发展报告（2016～2017）
著（编）者：高峦　　2018年3月出版 / 估价：99.00元
PSN B-2009-153-1/1

资产管理蓝皮书
中国资产管理行业发展报告（2018）
著（编）者：郑智　　2018年7月出版 / 估价：99.00元
PSN B-2014-407-2/2

资产证券化蓝皮书
中国资产证券化发展报告（2018）
著（编）者：纪志宏　　2018年11月出版 / 估价：99.00元
PSN B-2017-660-1/1

自贸区蓝皮书
中国自贸区发展报告（2018）
著（编）者：王力 黄育华　　2018年6月出版 / 估价：99.00元
PSN B-2016-558-1/1

国际问题与全球治理类

"一带一路"跨境通道蓝皮书
"一带一路"跨境通道建设研究报告（2018）
著（编）者：郭业洲　　2018年8月出版 / 估价：99.00元
PSN B-2016-557-1/1

"一带一路"蓝皮书
"一带一路"建设发展报告（2018）
著（编）者：王晓泉　　2018年6月出版 / 估价：99.00元
PSN B-2016-552-1/1

"一带一路"投资安全蓝皮书
中国"一带一路"投资与安全研究报告（2017～2018）
著（编）者：邹统钎 梁昊光　　2018年4月出版 / 估价：99.00元
PSN B-2017-612-1/1

"一带一路"文化交流蓝皮书
中阿文化交流发展报告（2017）
著（编）者：王辉　　2018年9月出版 / 估价：99.00元
PSN B-2017-655-1/1

G20国家创新竞争力黄皮书
二十国集团（G20）国家创新竞争力发展报告（2017～2018）
著（编）者：李建平 李闽榕 赵新力 周天勇
2018年7月出版 / 估价：168.00元
PSN Y-2011-229-1/1

阿拉伯黄皮书
阿拉伯发展报告（2016～2017）
著（编）者：罗林　　2018年3月出版 / 估价：99.00元
PSN Y-2014-381-1/1

北部湾蓝皮书
泛北部湾合作发展报告（2017～2018）
著（编）者：吕余生　　2018年12月出版 / 估价：99.00元
PSN B-2008-114-1/1

北极蓝皮书
北极地区发展报告（2017）
著（编）者：刘惠荣　　2018年7月出版 / 估价：99.00元
PSN B-2017-634-1/1

大洋洲蓝皮书
大洋洲发展报告（2017～2018）
著（编）者：喻常森　　2018年10月出版 / 估价：99.00元
PSN B-2013-341-1/1

东北亚区域合作蓝皮书
2017年"一带一路"倡议与东北亚区域合作
著（编）者：刘亚政 金美花
2018年5月出版 / 估价：99.00元
PSN B-2017-631-1/1

东盟黄皮书
东盟发展报告（2017）
著（编）者：杨晓强 庄国土
2018年3月出版 / 估价：99.00元
PSN Y-2012-303-1/1

东南亚蓝皮书
东南亚地区发展报告（2017～2018）
著（编）者：王勤　　2018年12月出版 / 估价：99.00元
PSN B-2012-240-1/1

非洲黄皮书
非洲发展报告No.20（2017～2018）
著（编）者：张宏明　　2018年7月出版 / 估价：99.00元
PSN Y-2012-239-1/1

非传统安全蓝皮书
中国非传统安全研究报告（2017～2018）
著（编）者：潇枫 罗中枢　　2018年8月出版 / 估价：99.00元
PSN B-2012-273-1/1

国际问题与全球治理类

皮书系列 2018全品种

国际安全蓝皮书
中国国际安全研究报告（2018）
著(编)者：刘慧　　2018年7月出版 / 估价：99.00元
PSN B-2016-521-1/1

国际城市蓝皮书
国际城市发展报告（2018）
著(编)者：屠启宇　　2018年2月出版 / 估价：99.00元
PSN B-2012-260-1/1

国际形势黄皮书
全球政治与安全报告（2018）
著(编)者：张宇燕　　2018年1月出版 / 估价：99.00元
PSN Y-2001-016-1/1

公共外交蓝皮书
中国公共外交发展报告（2018）
著(编)者：赵启正　雷蔚真　2018年4月出版 / 估价：99.00元
PSN B-2015-457-1/1

金砖国家黄皮书
金砖国家综合创新竞争力发展报告（2018）
著(编)者：赵新力　李闽榕　黄茂兴
2018年8月出版 / 估价：128.00元
PSN Y-2017-643-1/1

拉美黄皮书
拉丁美洲和加勒比发展报告（2017~2018）
著(编)者：袁东振　　2018年6月出版 / 估价：99.00元
PSN Y-1999-007-1/1

澜湄合作蓝皮书
澜沧江-湄公河合作发展报告（2018）
著(编)者：刘稚　　2018年9月出版 / 估价：99.00元
PSN B-2011-196-1/1

欧洲蓝皮书
欧洲发展报告（2017~2018）
著(编)者：黄平　周弘　程卫东
2018年6月出版 / 估价：99.00元
PSN B-1999-009-1/1

葡语国家蓝皮书
葡语国家发展报告（2016~2017）
著(编)者：王成安　张敏　刘金兰
2018年4月出版 / 估价：99.00元
PSN B-2015-503-1/2

葡语国家蓝皮书
中国与葡语国家关系发展报告·巴西（2016）
著(编)者：张曙光　　2018年8月出版 / 估价：99.00元
PSN B-2016-563-2/2

气候变化绿皮书
应对气候变化报告（2018）
著(编)者：王伟光　郑国光　2018年11月出版 / 估价：99.00元
PSN G-2009-144-1/1

全球环境竞争力绿皮书
全球环境竞争力报告（2018）
著(编)者：李建平　李闽榕　王金南
2018年12月出版 / 估价：198.00元
PSN G-2013-363-1/1

全球信息社会蓝皮书
全球信息社会发展报告（2018）
著(编)者：丁波涛　唐涛　2018年10月出版 / 估价：99.00元
PSN B-2017-665-1/1

日本经济蓝皮书
日本经济与中日经贸关系研究报告（2018）
著(编)者：张季风　　2018年6月出版 / 估价：99.00元
PSN B-2008-102-1/1

上海合作组织黄皮书
上海合作组织发展报告（2018）
著(编)者：李进峰　　2018年6月出版 / 估价：99.00元
PSN Y-2009-130-1/1

世界创新竞争力黄皮书
世界创新竞争力发展报告（2017）
著(编)者：李建平　李闽榕　赵新力
2018年1月出版 / 估价：168.00元
PSN Y-2013-318-1/1

世界经济黄皮书
2018年世界经济形势分析与预测
著(编)者：张宇燕　　2018年1月出版 / 估价：99.00元
PSN Y-1999-006-1/1

丝绸之路蓝皮书
丝绸之路经济带发展报告（2018）
著(编)者：任宗哲　白宽犁　谷孟宾
2018年1月出版 / 估价：99.00元
PSN B-2014-410-1/1

新兴经济体蓝皮书
金砖国家发展报告（2018）
著(编)者：林跃勤　周文　2018年8月出版 / 估价：99.00元
PSN B-2011-195-1/1

亚太蓝皮书
亚太地区发展报告（2018）
著(编)者：李向阳　　2018年5月出版 / 估价：99.00元
PSN B-2001-015-1/1

印度洋地区蓝皮书
印度洋地区发展报告（2018）
著(编)者：汪戎　　2018年6月出版 / 估价：99.00元
PSN B-2013-334-1/1

渝新欧蓝皮书
渝新欧沿线国家发展报告（2018）
著(编)者：杨柏　黄森　2018年6月出版 / 估价：99.00元
PSN B-2017-626-1/1

中阿蓝皮书
中国-阿拉伯国家经贸发展报告（2018）
著(编)者：张廉　段庆林　王林聪　杨巧红
2018年12月出版 / 估价：99.00元
PSN B-2016-598-1/1

中东黄皮书
中东发展报告No.20（2017~2018）
著(编)者：杨光　　2018年10月出版 / 估价：99.00元
PSN Y-1998-004-1/1

中亚黄皮书
中亚国家发展报告（2018）
著(编)者：孙力　　2018年6月出版 / 估价：99.00元
PSN Y-2012-238-1/1

国别类

澳大利亚蓝皮书
澳大利亚发展报告（2017-2018）
著（编）者：孙有中 韩锋　　2018年12月出版 / 估价：99.00元
PSN B-2016-587-1/1

巴西黄皮书
巴西发展报告（2017）
著（编）者：刘国枝　　2018年5月出版 / 估价：99.00元
PSN Y-2017-614-1/1

德国蓝皮书
德国发展报告（2018）
著（编）者：郑春荣　　2018年6月出版 / 估价：99.00元
PSN B-2012-278-1/1

俄罗斯黄皮书
俄罗斯发展报告（2018）
著（编）者：李永全　　2018年6月出版 / 估价：99.00元
PSN Y-2006-061-1/1

韩国蓝皮书
韩国发展报告（2017）
著（编）者：牛林杰 刘宝全　　2018年5月出版 / 估价：99.00元
PSN B-2010-155-1/1

加拿大蓝皮书
加拿大发展报告（2018）
著（编）者：唐小松　　2018年9月出版 / 估价：99.00元
PSN B-2014-389-1/1

美国蓝皮书
美国研究报告（2018）
著（编）者：郑秉文 黄平　　2018年5月出版 / 估价：99.00元
PSN B-2011-210-1/1

缅甸蓝皮书
缅甸国情报告（2017）
著（编）者：孔鹏 杨祥章　　2018年1月出版 / 估价：99.00元
PSN B-2013-343-1/1

日本蓝皮书
日本研究报告（2018）
著（编）者：杨伯江　　2018年6月出版 / 估价：99.00元
PSN B-2002-020-1/1

土耳其蓝皮书
土耳其发展报告（2018）
著（编）者：郭长刚 刘义　　2018年9月出版 / 估价：99.00元
PSN B-2014-412-1/1

伊朗蓝皮书
伊朗发展报告（2017~2018）
著（编）者：冀开运　　2018年10月 / 估价：99.00元
PSN B-2016-574-1/1

以色列蓝皮书
以色列发展报告（2018）
著（编）者：张倩红　　2018年8月出版 / 估价：99.00元
PSN B-2015-483-1/1

印度蓝皮书
印度国情报告（2017）
著（编）者：吕昭义　　2018年4月出版 / 估价：99.00元
PSN B-2012-241-1/1

英国蓝皮书
英国发展报告（2017~2018）
著（编）者：王展鹏　　2018年12月出版 / 估价：99.00元
PSN B-2015-486-1/1

越南蓝皮书
越南国情报告（2018）
著（编）者：谢林城　　2018年1月出版 / 估价：99.00元
PSN B-2006-056-1/1

泰国蓝皮书
泰国研究报告（2018）
著（编）者：庄国土 张禹东 刘文正
2018年10月出版 / 估价：99.00元
PSN B-2016-556-1/1

文化传媒类

"三农"舆情蓝皮书
中国"三农"网络舆情报告（2017~2018）
著（编）者：农业部信息中心
2018年6月出版 / 估价：99.00元
PSN B-2017-640-1/1

传媒竞争力蓝皮书
中国传媒国际竞争力研究报告（2018）
著（编）者：李本乾 刘强 王大可
2018年8月出版 / 估价：99.00元
PSN B-2013-356-1/1

传媒蓝皮书
中国传媒产业发展报告（2018）
著（编）者：崔保国　　2018年5月出版 / 估价：99.00元
PSN B-2005-035-1/1

传媒投资蓝皮书
中国传媒投资发展报告（2018）
著（编）者：张向东 谭云明
2018年6月出版 / 估价：148.00元
PSN B-2015-474-1/1

文化传媒类

非物质文化遗产蓝皮书
中国非物质文化遗产发展报告（2018）
著(编)者：陈平　2018年5月出版／估价：128.00元
PSN B-2015-469-1/2

非物质文化遗产蓝皮书
中国非物质文化遗产保护发展报告（2018）
著(编)者：宋俊华　2018年10月出版／估价：128.00元
PSN B-2016-586-2/2

广电蓝皮书
中国广播电影电视发展报告（2018）
著(编)者：国家新闻出版广电总局发展研究中心
2018年7月出版／估价：99.00元
PSN B-2006-072-1/1

广告主蓝皮书
中国广告主营销传播趋势报告No.9
著(编)者：黄升民　杜国清　邵华冬 等
2018年10月出版／估价：158.00元
PSN B-2005-041-1/1

国际传播蓝皮书
中国国际传播发展报告（2018）
著(编)者：胡正荣　李继东　姬德强
2018年12月出版／估价：99.00元
PSN B-2014-408-1/1

国家形象蓝皮书
中国国家形象传播报告（2017）
著(编)者：张昆　2018年3月出版／估价：128.00元
PSN B-2017-605-1/1

互联网治理蓝皮书
中国网络社会治理研究报告（2018）
著(编)者：罗昕　支庭荣
2018年9月出版／估价：118.00元
PSN B-2017-653-1/1

纪录片蓝皮书
中国纪录片发展报告（2018）
著(编)者：何苏六　2018年10月出版／估价：99.00元
PSN B-2011-222-1/1

科学传播蓝皮书
中国科学传播报告（2016~2017）
著(编)者：詹正茂　2018年6月出版／估价：99.00元
PSN B-2008-120-1/1

两岸创意经济蓝皮书
两岸创意经济研究报告（2018）
著(编)者：罗昌智　董泽平
2018年10月出版／估价：99.00元
PSN B-2014-437-1/1

媒介与女性蓝皮书
中国媒介与女性发展报告（2017~2018）
著(编)者：刘利群　2018年5月出版／估价：99.00元
PSN B-2013-345-1/1

媒体融合蓝皮书
中国媒体融合发展报告（2017）
著(编)者：梅宁华　支庭荣　2018年1月出版／估价：99.00元
PSN B-2015-479-1/1

全球传媒蓝皮书
全球传媒发展报告（2017~2018）
著(编)者：胡正荣　李继东　2018年6月出版／估价：99.00元
PSN B-2012-237-1/1

少数民族非遗蓝皮书
中国少数民族非物质文化遗产发展报告（2018）
著(编)者：肖远平（彝）　柴立（满）
2018年10月出版／估价：118.00元
PSN B-2015-467-1/1

视听新媒体蓝皮书
中国视听新媒体发展报告（2018）
著(编)者：国家新闻出版广电总局发展研究中心
2018年7月出版／估价：118.00元
PSN B-2011-184-1/1

数字娱乐产业蓝皮书
中国动画产业发展报告（2018）
著(编)者：孙立军　孙平　牛兴侦
2018年10月出版／估价：99.00元
PSN B-2011-198-1/2

数字娱乐产业蓝皮书
中国游戏产业发展报告（2018）
著(编)者：孙立军　刘跃军
2018年10月出版／估价：99.00元
PSN B-2017-662-2/2

文化创新蓝皮书
中国文化创新报告（2017·No.8）
著(编)者：傅才武　2018年4月出版／估价：99.00元
PSN B-2009-143-1/1

文化建设蓝皮书
中国文化发展报告（2018）
著(编)者：江畅　孙伟平　戴茂堂
2018年5月出版／估价：99.00元
PSN B-2014-392-1/1

文化科技蓝皮书
文化科技创新发展报告（2018）
著(编)者：于平　李凤亮　2018年10月出版／估价：99.00元
PSN B-2013-342-1/1

文化蓝皮书
中国公共文化服务发展报告（2017~2018）
著(编)者：刘新成　张永新　张旭
2018年12月出版／估价：99.00元
PSN B-2007-093-2/10

文化蓝皮书
中国少数民族文化发展报告（2017~2018）
著(编)者：武翠英　张晓明　任乌晶
2018年9月出版／估价：99.00元
PSN B-2013-369-9/10

文化蓝皮书
中国文化产业供需协调检测报告（2018）
著(编)者：王亚南　2018年2月出版／估价：99.00元
PSN B-2013-323-8/10

皮书系列 2018全品种 　　文化传媒类 · 地方发展类-经济

文化蓝皮书
中国文化消费需求景气评价报告（2018）
著(编)者：王亚南　2018年2月出版／估价：99.00元
PSN B-2011-236-4/10

文化蓝皮书
中国公共文化投入增长测评报告（2018）
著(编)者：王亚南　2018年2月出版／估价：99.00元
PSN B-2014-435-10/10

文化品牌蓝皮书
中国文化品牌发展报告（2018）
著(编)者：欧阳友权　2018年5月出版／估价：99.00元
PSN B-2012-277-1/1

文化遗产蓝皮书
中国文化遗产事业发展报告（2017～2018）
著(编)者：苏杨　张颖岚　卓杰　白海峰　陈晴　陈叙图
2018年8月出版／估价：99.00元
PSN B-2008-119-1/1

文学蓝皮书
中国文情报告（2017～2018）
著(编)者：白烨　2018年5月出版／估价：99.00元
PSN B-2011-221-1/1

新媒体蓝皮书
中国新媒体发展报告No.9（2018）
著(编)者：唐绪军　2018年7月出版／估价：99.00元
PSN B-2010-169-1/1

新媒体社会责任蓝皮书
中国新媒体社会责任研究报告（2018）
著(编)者：钟瑛　2018年12月出版／估价：99.00元
PSN B-2014-423-1/1

移动互联网蓝皮书
中国移动互联网发展报告（2018）
著(编)者：余清楚　2018年6月出版／估价：99.00元
PSN B-2012-282-1/1

影视蓝皮书
中国影视产业发展报告（2018）
著(编)者：司若　陈鹏　陈锐　2018年4月出版／估价：99.00元
PSN B-2016-529-1/1

舆情蓝皮书
中国社会舆情与危机管理报告（2018）
著(编)者：谢耘耕　2018年9月出版／估价：138.00元
PSN B-2011-235-1/1

地方发展类-经济

澳门蓝皮书
澳门经济社会发展报告（2017～2018）
著(编)者：吴志良　郝雨凡　2018年7月出版／估价：99.00元
PSN B-2009-138-1/1

澳门绿皮书
澳门旅游休闲发展报告（2018）
著(编)者：郝雨凡　林广志　2018年5月出版／估价：99.00元
PSN G-2017-617-1/1

北京蓝皮书
北京经济发展报告（2017～2018）
著(编)者：杨松　2018年6月出版／估价：99.00元
PSN B-2006-054-2/8

北京旅游绿皮书
北京旅游发展报告（2018）
著(编)者：北京旅游学会
2018年7月出版／估价：99.00元
PSN G-2012-301-1/1

北京体育蓝皮书
北京体育产业发展报告（2017～2018）
著(编)者：钟秉枢　陈杰　杨铁黎
2018年9月出版／估价：99.00元
PSN B-2015-475-1/1

滨海金融蓝皮书
滨海新区金融发展报告（2017）
著(编)者：王爱俭　李向前　2018年4月出版／估价：99.00元
PSN B-2014-424-1/1

城乡一体化蓝皮书
北京城乡一体化发展报告（2017～2018）
著(编)者：吴宝新　张宝秀　黄序
2018年5月出版／估价：99.00元
PSN B-2012-258-2/2

非公有制企业社会责任蓝皮书
北京非公有制企业社会责任报告（2018）
著(编)者：宋贵伦　冯培　2018年6月出版／估价：99.00元
PSN B-2017-613-1/1

福建旅游蓝皮书
福建省旅游产业发展现状研究（2017~2018）
著(编)者：陈敏华　黄远水
2018年12月出版／估价：128.00元
PSN B-2016-591-1/1

福建自贸区蓝皮书
中国(福建)自由贸易试验区发展报告(2017~2018)
著(编)者：黄茂兴　2018年4月出版／估价：118.00元
PSN B-2016-531-1/1

甘肃蓝皮书
甘肃经济发展分析与预测（2018）
著(编)者：安文华　罗哲　2018年1月出版／估价：99.00元
PSN B-2013-312-1/6

甘肃蓝皮书
甘肃商贸流通发展报告（2018）
著(编)者：张应华　王福生　王晓芳
2018年1月出版／估价：99.00元
PSN B-2016-522-6/6

地方发展类-经济

皮书系列 2018全品种

甘肃蓝皮书
甘肃县域和农村发展报告（2018）
著（编）者：朱智文 包东红 王建兵
2018年1月出版 / 估价：99.00元
PSN B-2013-316-5/6

甘肃农业科技绿皮书
甘肃农业科技发展研究报告（2018）
著（编）者：魏胜文 乔德华 张东伟
2018年12月出版 / 估价：198.00元
PSN B-2016-592-1/1

巩义蓝皮书
巩义经济社会发展报告（2018）
著（编）者：丁同民 朱军 2018年4月出版 / 估价：99.00元
PSN B-2016-532-1/1

广东外经贸蓝皮书
广东对外经济贸易发展研究报告（2017~2018）
著（编）者：陈万灵 2018年6月出版 / 估价：99.00元
PSN B-2012-286-1/1

广西北部湾经济区蓝皮书
广西北部湾经济区开放开发报告（2017~2018）
著（编）者：广西壮族自治区北部湾经济区和东盟开放合作办公室
  广西社会科学院
  广西北部湾发展研究院
2018年2月出版 / 估价：99.00元
PSN B-2010-181-1/1

广州蓝皮书
广州城市国际化发展报告（2018）
著（编）者：张跃国 2018年8月出版 / 估价：99.00元
PSN B-2012-246-11/14

广州蓝皮书
中国广州城市建设与管理发展报告（2018）
著（编）者：张其学 陈小钢 王宏伟 2018年8月出版 / 估价：99.00元
PSN B-2007-087-4/14

广州蓝皮书
广州创新型城市发展报告（2018）
著（编）者：尹涛 2018年6月出版 / 估价：99.00元
PSN B-2012-247-12/14

广州蓝皮书
广州经济发展报告（2018）
著（编）者：张跃国 尹涛 2018年7月出版 / 估价：99.00元
PSN B-2005-040-1/14

广州蓝皮书
2018年中国广州经济形势分析与预测
著（编）者：魏明海 谢博能 李华
2018年6月出版 / 估价：99.00元
PSN B-2011-185-9/14

广州蓝皮书
中国广州科技创新发展报告（2018）
著（编）者：于欣伟 陈爽 邓佑满 2018年8月出版 / 估价：99.00元
PSN B-2006-065-2/14

广州蓝皮书
广州农村发展报告（2018）
著（编）者：朱名宏 2018年7月出版 / 估价：99.00元
PSN B-2010-167-8/14

广州蓝皮书
广州汽车产业发展报告（2018）
著（编）者：杨再高 冯兴亚 2018年7月出版 / 估价：99.00元
PSN B-2006-066-3/14

广州蓝皮书
广州商贸业发展报告（2018）
著（编）者：张跃国 陈杰 荀振英
2018年7月出版 / 估价：99.00元
PSN B-2012-245-10/14

贵阳蓝皮书
贵阳城市创新发展报告No.3（白云篇）
著（编）者：连玉明 2018年5月出版 / 估价：99.00元
PSN B-2015-491-3/10

贵阳蓝皮书
贵阳城市创新发展报告No.3（观山湖篇）
著（编）者：连玉明 2018年5月出版 / 估价：99.00元
PSN B-2015-497-9/10

贵阳蓝皮书
贵阳城市创新发展报告No.3（花溪篇）
著（编）者：连玉明 2018年5月出版 / 估价：99.00元
PSN B-2015-490-2/10

贵阳蓝皮书
贵阳城市创新发展报告No.3（开阳篇）
著（编）者：连玉明 2018年5月出版 / 估价：99.00元
PSN B-2015-492-4/10

贵阳蓝皮书
贵阳城市创新发展报告No.3（南明篇）
著（编）者：连玉明 2018年5月出版 / 估价：99.00元
PSN B-2015-496-8/10

贵阳蓝皮书
贵阳城市创新发展报告No.3（清镇篇）
著（编）者：连玉明 2018年5月出版 / 估价：99.00元
PSN B-2015-489-1/10

贵阳蓝皮书
贵阳城市创新发展报告No.3（乌当篇）
著（编）者：连玉明 2018年5月出版 / 估价：99.00元
PSN B-2015-495-7/10

贵阳蓝皮书
贵阳城市创新发展报告No.3（息烽篇）
著（编）者：连玉明 2018年5月出版 / 估价：99.00元
PSN B-2015-493-5/10

贵阳蓝皮书
贵阳城市创新发展报告No.3（修文篇）
著（编）者：连玉明 2018年5月出版 / 估价：99.00元
PSN B-2015-494-6/10

贵阳蓝皮书
贵阳城市创新发展报告No.3（云岩篇）
著（编）者：连玉明 2018年5月出版 / 估价：99.00元
PSN B-2015-498-10/10

贵州房地产蓝皮书
贵州房地产发展报告No.5（2018）
著（编）者：武廷方 2018年7月出版 / 估价：99.00元
PSN B-2014-426-1/1

地方发展类-经济

贵州蓝皮书
贵州册亨经济社会发展报告（2018）
著(编)者：黄德林　　2018年3月出版／估价：99.00元
PSN B-2016-525-8/9

贵州蓝皮书
贵州地理标志产业发展报告（2018）
著(编)者：李发耀 黄其松　　2018年8月出版／估价：99.00元
PSN B-2017-646-10/10

贵州蓝皮书
贵安新区发展报告（2017~2018）
著(编)者：马长青 吴大华　　2018年6月出版／估价：99.00元
PSN B-2015-459-4/10

贵州蓝皮书
贵州国家级开放创新平台发展报告（2017~2018）
著(编)者：申晓庆 吴大华 季泓
2018年11月出版／估价：99.00元
PSN B-2016-518-7/10

贵州蓝皮书
贵州国有企业社会责任发展报告（2017~2018）
著(编)者：郭丽　　2018年12月出版／估价：99.00元
PSN B-2015-511-6/10

贵州蓝皮书
贵州民航业发展报告（2017）
著(编)者：申振东 吴大华　　2018年1月出版／估价：99.00元
PSN B-2015-471-5/10

贵州蓝皮书
贵州民营经济发展报告（2017）
著(编)者：杨静 吴大华　　2018年3月出版／估价：99.00元
PSN B-2016-530-9/9

杭州都市圈蓝皮书
杭州都市圈发展报告（2018）
著(编)者：沈翔 戚建国　　2018年5月出版／估价：128.00元
PSN B-2012-302-1/1

河北经济蓝皮书
河北省经济发展报告（2018）
著(编)者：马树强 金浩 张贵　　2018年4月出版／估价：99.00元
PSN B-2014-380-1/1

河北蓝皮书
河北经济社会发展报告（2018）
著(编)者：康振海　　2018年1月出版／估价：99.00元
PSN B-2014-372-1/3

河北蓝皮书
京津冀协同发展报告（2018）
著(编)者：陈璐　　2018年1月出版／估价：99.00元
PSN B-2017-601-2/3

河南经济蓝皮书
2018年河南经济形势分析与预测
著(编)者：王世炎　　2018年3月出版／估价：99.00元
PSN B-2007-086-1/1

河南蓝皮书
河南城市发展报告（2018）
著(编)者：张占仓 王建国　　2018年5月出版／估价：99.00元
PSN B-2009-131-3/9

河南蓝皮书
河南工业发展报告（2018）
著(编)者：张占仓　　2018年5月出版／估价：99.00元
PSN B-2013-317-5/7

河南蓝皮书
河南金融发展报告（2018）
著(编)者：喻新安 谷建全
2018年6月出版／估价：99.00元
PSN B-2014-390-7/9

河南蓝皮书
河南经济发展报告（2018）
著(编)者：张占仓 完世伟
2018年4月出版／估价：99.00元
PSN B-2010-157-4/9

河南蓝皮书
河南能源发展报告（2018）
著(编)者：国网河南省电力公司经济技术研究院
　　　　　河南省社会科学院
2018年3月出版／估价：99.00元
PSN B-2017-607-9/9

河南商务蓝皮书
河南商务发展报告（2018）
著(编)者：焦锦淼 穆荣国　　2018年5月出版／估价：99.00元
PSN B-2014-399-1/1

河南双创蓝皮书
河南创新创业发展报告（2018）
著(编)者：喻新安 杨雪梅　　2018年8月出版／估价：99.00元
PSN B-2017-641-1/1

黑龙江蓝皮书
黑龙江经济发展报告（2018）
著(编)者：朱宇　　2018年1月出版／估价：99.00元
PSN B-2011-190-2/2

湖南城市蓝皮书
区域城市群整合
著(编)者：童中贤 韩未名　　2018年12月出版／估价：99.00元
PSN B-2006-064-1/1

湖南蓝皮书
湖南城乡一体化发展报告（2018）
著(编)者：陈文胜 王文强 陆福兴
2018年8月出版／估价：99.00元
PSN B-2015-477-8/8

湖南蓝皮书
2018年湖南电子政务发展报告
著(编)者：梁志峰　　2018年5月出版／估价：128.00元
PSN B-2014-394-6/8

湖南蓝皮书
2018年湖南经济发展报告
著(编)者：卞鹰　　2018年5月出版／估价：128.00元
PSN B-2011-207-2/8

湖南蓝皮书
2016年湖南经济展望
著(编)者：梁志峰　　2018年5月出版／估价：128.00元
PSN B-2011-206-1/8

地方发展类-经济

皮书系列 2018全品种

湖南蓝皮书
2018年湖南县域经济社会发展报告
著(编)者:梁志峰　2018年5月出版 / 估价:128.00元
PSN B-2014-395-7/8

湖南县域绿皮书
湖南县域发展报告(No.5)
著(编)者:袁准　周小毛　黎仁寅
2018年3月出版　估价:99.00元
PSN G-2012-274-1/1

沪港蓝皮书
沪港发展报告(2018)
著(编)者:尤安山　2018年9月出版 / 估价:99.00元
PSN B-2013-362-1/1

吉林蓝皮书
2018年吉林经济社会形势分析与预测
著(编)者:邵汉明　2017年12月出版 / 估价:99.00元
PSN B-2013-319-1/1

吉林省城市竞争力蓝皮书
吉林省城市竞争力报告(2018~2019)
著(编)者:崔岳春　张磊　2018年12月出版 / 估价:99.00元
PSN B-2016-513-1/1

济源蓝皮书
济源经济社会发展报告(2018)
著(编)者:喻新安　2018年4月出版 / 估价:99.00元
PSN B-2014-387-1/1

江苏蓝皮书
2018年江苏经济发展分析与展望
著(编)者:王庆五　吴先满　2018年7月出版 / 估价:128.00元
PSN B-2017-635-1/3

江西蓝皮书
江西经济社会发展报告(2018)
著(编)者:陈石俊　龚建文　2018年10月出版 / 估价:128.00元
PSN B-2015-484-1/2

江西蓝皮书
江西设区市发展报告(2018)
著(编)者:姜玮　梁勇　2018年10月出版 / 估价:99.00元
PSN B-2016-517-2/2

经济特区蓝皮书
中国经济特区发展报告(2017)
著(编)者:陶一桃　2018年1月出版 / 估价:99.00元
PSN B-2009-139-1/1

辽宁蓝皮书
2018年辽宁经济社会形势分析与预测
著(编)者:梁启东　魏红江　2018年6月出版 / 估价:99.00元
PSN B-2006-053-1/1

民族经济蓝皮书
中国民族地区经济发展报告(2018)
著(编)者:李曦辉　2018年7月出版 / 估价:99.00元
PSN B-2017-630-1/1

南宁蓝皮书
南宁经济发展报告(2018)
著(编)者:胡建华　2018年9月出版 / 估价:99.00元
PSN B-2016-569-2/3

浦东新区蓝皮书
上海浦东经济发展报告(2018)
著(编)者:沈开艳　周奇　2018年2月出版 / 估价:99.00元
PSN B-2011-225-1/1

青海蓝皮书
2018年青海经济社会形势分析与预测
著(编)者:陈玮　2017年12月出版 / 估价:99.00元
PSN B-2012-275-1/2

山东蓝皮书
山东经济形势分析与预测(2018)
著(编)者:李广杰　2018年7月出版 / 估价:99.00元
PSN B-2014-404-1/5

山东蓝皮书
山东省普惠金融发展报告(2018)
著(编)者:齐鲁财富网
2018年9月出版 / 估价:99.00元
PSN B2017-676-5/5

山西蓝皮书
山西资源型经济转型发展报告(2018)
著(编)者:李志强　2018年7月出版 / 估价:99.00元
PSN B-2011-197-1/1

陕西蓝皮书
陕西经济发展报告(2018)
著(编)者:任宗哲　白宽犁　裴成荣
2018年1月出版 / 估价:99.00元
PSN B-2009-135-1/6

陕西蓝皮书
陕西精准脱贫研究报告(2018)
著(编)者:任宗哲　白宽犁　王建康
2018年6月出版 / 估价:99.00元
PSN B-2017-623-6/6

上海蓝皮书
上海经济发展报告(2018)
著(编)者:沈开艳
2018年2月出版 / 估价:99.00元
PSN B-2006-057-1/7

上海蓝皮书
上海资源环境发展报告(2018)
著(编)者:周冯琦　汤庆合
2018年2月出版 / 估价:99.00元
PSN B-2006-060-4/7

上饶蓝皮书
上饶发展报告(2016~2017)
著(编)者:廖其志　2018年3月出版 / 估价:128.00元
PSN B-2014-377-1/1

深圳蓝皮书
深圳经济发展报告(2018)
著(编)者:张骁儒　2018年6月出版 / 估价:99.00元
PSN B-2008-112-3/7

四川蓝皮书
四川城镇化发展报告(2018)
著(编)者:侯水平　陈炜
2018年4月出版 / 估价:99.00元
PSN B-2015-456-7/7

皮书系列
2018全品种

地方发展类-经济 · 地方发展类-社会

四川蓝皮书
2018年四川经济形势分析与预测
著(编)者：杨钢　　2018年1月出版／估价：99.00元
PSN B-2007-098-2/7

四川蓝皮书
四川企业社会责任研究报告（2017~2018）
著(编)者：侯水平 盛毅　2018年5月出版／估价：99.00元
PSN B-2014-386-4/7

四川蓝皮书
四川生态建设报告（2018）
著(编)者：李晟之　2018年5月出版／估价：99.00元
PSN B-2015-455-6/7

体育蓝皮书
上海体育产业发展报告（2017~2018）
著(编)者：张林 黄海燕　2018年10月出版／估价：99.00元
PSN B-2015-454-4/5

体育蓝皮书
长三角地区体育产业发展报告（2017~2018）
著(编)者：张林　2018年4月出版／估价：99.00元
PSN B-2015-453-3/5

天津金融蓝皮书
天津金融发展报告（2018）
著(编)者：王爱俭 孔德昌　2018年3月出版／估价：99.00元
PSN B-2014-418-1/1

图们江区域合作蓝皮书
图们江区域合作发展报告（2018）
著(编)者：李铁　2018年6月出版／估价：99.00元
PSN B-2015-464-1/1

温州蓝皮书
2018年温州经济社会形势分析与预测
著(编)者：蒋儒标 王春光 金浩
2018年4月出版／估价：99.00元
PSN B-2008-105-1/1

西咸新区蓝皮书
西咸新区发展报告（2018）
著(编)者：李扬 王军
2018年6月出版／估价：99.00元
PSN B-2016-534-1/1

修武蓝皮书
修武经济社会发展报告（2018）
著(编)者：张占仓 袁凯声
2018年10月出版／估价：99.00元
PSN B-2017-651-1/1

偃师蓝皮书
偃师经济社会发展报告（2018）
著(编)者：张占仓 袁凯声 何武周
2018年7月出版／估价：99.00元
PSN B-2017-627-1/1

扬州蓝皮书
扬州经济社会发展报告（2018）
著(编)者：陈扬
2018年12月出版／估价：108.00元
PSN B-2011-191-1/1

长垣蓝皮书
长垣经济社会发展报告（2018）
著(编)者：张占仓 袁凯声 秦保建
2018年10月出版／估价：99.00元
PSN B-2017-654-1/1

遵义蓝皮书
遵义发展报告（2018）
著(编)者：邓彦 曾征 龚永育
2018年9月出版／估价：99.00元
PSN B-2014-433-1/1

地方发展类-社会

安徽蓝皮书
安徽社会发展报告（2018）
著(编)者：程桦　2018年4月出版／估价：99.00元
PSN B-2013-325-1/1

安徽社会建设蓝皮书
安徽社会建设分析报告（2017~2018）
著(编)者：黄家海 蔡宪
2018年11月出版／估价：99.00元
PSN B-2013-322-1/1

北京蓝皮书
北京公共服务发展报告（2017~2018）
著(编)者：施昌奎　2018年3月出版／估价：99.00元
PSN B-2008-103-7/8

北京蓝皮书
北京社会发展报告（2017~2018）
著(编)者：李伟东
2018年7月出版／估价：99.00元
PSN B-2006-055-3/8

北京蓝皮书
北京社会治理发展报告（2017~2018）
著(编)者：殷星辰　2018年7月出版／估价：99.00元
PSN B-2014-391-8/8

北京律师蓝皮书
北京律师发展报告No.3（2018）
著(编)者：王隽　2018年12月出版／估价：99.00元
PSN B-2011-217-1/1

地方发展类-社会

北京人才蓝皮书
北京人才发展报告（2018）
著（编）者： 敏华　　2018年12月出版 / 估价：128.00元
PSN B-2011-201-1/1

北京社会心态蓝皮书
北京社会心态分析报告（2017~2018）
北京市社会心理服务促进中心
2018年10月出版 / 估价：99.00元
PSN B-2014-422-1/1

北京社会组织管理蓝皮书
北京社会组织发展与管理（2018）
著（编）者： 黄江松
2018年4月出版 / 估价：99.00元
PSN B-2015-446-1/1

北京养老产业蓝皮书
北京居家养老发展报告（2018）
著（编）者： 陆杰华　周明明
2018年8月出版 / 估价：99.00元
PSN B-2015-465-1/1

法治蓝皮书
四川依法治省年度报告No.4（2018）
著（编）者： 李林　杨天宗　田禾
2018年3月出版 / 估价：118.00元
PSN B-2015-447-2/3

福建妇女发展蓝皮书
福建省妇女发展报告（2018）
著（编）者： 刘群英　　2018年11月出版 / 估价：99.00元
PSN B-2011-220-1/1

甘肃蓝皮书
甘肃社会发展分析与预测（2018）
著（编）者： 安文华　包晓霞　谢增虎
2018年1月出版 / 估价：99.00元
PSN B-2013-313-2/6

广东蓝皮书
广东全面深化改革研究报告（2018）
著（编）者： 周林生　涂成林
2018年12月出版 / 估价：99.00元
PSN B-2015-504-3/3

广东蓝皮书
广东社会工作发展报告（2018）
著（编）者： 罗观翠　　2018年6月出版 / 估价：99.00元
PSN B-2014-402-2/3

广州蓝皮书
广州青年发展报告（2018）
著（编）者： 徐柳　张强
2018年8月出版 / 估价：99.00元
PSN B-2013-352-13/14

广州蓝皮书
广州社会保障发展报告（2018）
著（编）者： 张跃国　　2018年8月出版 / 估价：99.00元
PSN B-2014-425-14/14

广州蓝皮书
2018年中国广州社会形势分析与预测
著（编）者： 张强　郭志勇　何镜清
2018年6月出版 / 估价：99.00元
PSN B-2008-110-5/14

贵州蓝皮书
贵州法治发展报告（2018）
著（编）者： 吴大华　　2018年5月出版 / 估价：99.00元
PSN B-2012-254-2/10

贵州蓝皮书
贵州人才发展报告（2017）
著（编）者： 于杰　吴大华
2018年9月出版 / 估价：99.00元
PSN B-2014-382-3/10

贵州蓝皮书
贵州社会发展报告（2018）
著（编）者： 王兴骥　　2018年4月出版 / 估价：99.00元
PSN B-2010-166-1/10

杭州蓝皮书
杭州妇女发展报告（2018）
著（编）者： 魏颖　　2018年10月出版 / 估价：99.00元
PSN B-2014-403-1/1

河北蓝皮书
河北法治发展报告（2018）
著（编）者： 康振海　　2018年6月出版 / 估价：99.00元
PSN B-2017-622-3/3

河北食品药品安全蓝皮书
河北食品药品安全研究报告（2018）
著（编）者： 丁锦霞　　2018年10月出版 / 估价：99.00元
PSN B-2015-473-1/1

河南蓝皮书
河南法治发展报告（2018）
著（编）者： 张林海　　2018年7月出版 / 估价：99.00元
PSN B-2014-376-6/9

河南蓝皮书
2018年河南社会形势分析与预测
著（编）者： 牛苏林　　2018年5月出版 / 估价：99.00元
PSN B-2005-043-1/9

河南民办教育蓝皮书
河南民办教育发展报告（2018）
著（编）者： 胡大白　　2018年9月出版 / 估价：99.00元
PSN B-2017-642-1/1

黑龙江蓝皮书
黑龙江社会发展报告（2018）
著（编）者： 谢宝禄　　2018年1月出版 / 估价：99.00元
PSN B-2011-189-1/2

湖南蓝皮书
2018年湖南两型社会与生态文明建设报告
著（编）者： 卞鹰　　2018年5月出版 / 估价：128.00元
PSN B-2011-208-3/7

湖南蓝皮书
2018年湖南社会发展报告
著（编）者： 卞鹰　　2018年5月出版 / 估价：128.00元
PSN B-2014-393-5/8

健康城市蓝皮书
北京健康城市建设研究报告（2018）
著（编）者： 王鸿春　盛继洪　　2018年9月出版 / 估价：99.00元
PSN B-2015-460-1/2

皮书系列 2018全品种 — 地方发展类-社会 · 地方发展类-文化

江苏法治蓝皮书
江苏法治发展报告No.6（2017）
著(编)者：蔡道通 龚廷泰　2018年8月出版 / 估价：99.00元
PSN B-2012-290-1/1

江苏蓝皮书
2018年江苏社会发展分析与展望
著(编)者：王庆五 刘旺洪　2018年8月出版 / 估价：128.00元
PSN B-2017-636-2/3

南宁蓝皮书
南宁法治发展报告（2018）
著(编)者：杨维超　2018年12月出版 / 估价：99.00元
PSN B-2015-509-1/3

南宁蓝皮书
南宁社会发展报告（2018）
著(编)者：胡建华　2018年10月出版 / 估价：99.00元
PSN B-2016-570-3/3

内蒙古蓝皮书
内蒙古反腐倡廉建设报告 No.2
著(编)者：张志华　2018年6月出版 / 估价：99.00元
PSN B-2013-365-1/1

青海蓝皮书
2018年青海人才发展报告
著(编)者：王宇燕　2018年9月出版 / 估价：99.00元
PSN B-2017-650-2/2

青海生态文明建设蓝皮书
青海生态文明建设报告（2018）
著(编)者：张西明 高华　2018年12月出版 / 估价：99.00元
PSN B-2016-595-1/1

人口与健康蓝皮书
深圳人口与健康发展报告（2018）
著(编)者：陆杰华 傅崇辉　2018年11月出版 / 估价：99.00元
PSN B-2011-228-1/1

山东蓝皮书
山东社会形势分析与预测（2018）
著(编)者：李善峰　2018年6月出版 / 估价：99.00元
PSN B-2014-405-2/5

陕西蓝皮书
陕西社会发展报告（2018）
著(编)者：任宗哲 白宽犁 牛昉　2018年1月出版 / 估价：99.00元
PSN B-2009-136-2/6

上海蓝皮书
上海法治发展报告（2018）
著(编)者：叶必丰　2018年9月出版 / 估价：99.00元
PSN B-2012-296-6/7

上海蓝皮书
上海社会发展报告（2018）
著(编)者：杨雄 周海旺
2018年2月出版 / 估价：99.00元
PSN B-2006-058-2/7

社会建设蓝皮书
2018年北京社会建设分析报告
著(编)者：宋贵伦 冯虹　2018年9月出版 / 估价：99.00元
PSN B-2010-173-1/1

深圳蓝皮书
深圳法治发展报告（2018）
著(编)者：张骁儒　2018年6月出版 / 估价：99.00元
PSN B-2015-470-6/7

深圳蓝皮书
深圳劳动关系发展报告（2018）
著(编)者：汤庭芬　2018年8月出版 / 估价：99.00元
PSN B-2007-097-2/7

深圳蓝皮书
深圳社会治理与发展报告（2018）
著(编)者：张骁儒　2018年6月出版 / 估价：99.00元
PSN B-2008-113-4/7

生态安全绿皮书
甘肃国家生态安全屏障建设发展报告（2018）
著(编)者：刘举科 喜文华
2018年10月出版 / 估价：99.00元
PSN G-2017-659-1/1

顺义社会建设蓝皮书
北京市顺义区社会建设发展报告（2018）
著(编)者：王学武　2018年9月出版 / 估价：99.00元
PSN B-2017-658-1/1

四川蓝皮书
四川法治发展报告（2018）
著(编)者：郑泰安　2018年1月出版 / 估价：99.00元
PSN B-2015-441-5/7

四川蓝皮书
四川社会发展报告（2018）
著(编)者：李羚　2018年6月出版 / 估价：99.00元
PSN B-2008-127-3/7

云南社会治理蓝皮书
云南社会治理年度报告（2017）
著(编)者：晏雄 韩全芳
2018年5月出版 / 估价：99.00元
PSN B-2017-667-1/1

地方发展类-文化

北京传媒蓝皮书
北京新闻出版广电发展报告（2017～2018）
著(编)者：王志　2018年11月出版 / 估价：99.00元
PSN B-2016-588-1/1

北京蓝皮书
北京文化发展报告（2017～2018）
著(编)者：李建盛　2018年5月出版 / 估价：99.00元
PSN B-2007-082-4/8

地方发展类-文化

皮书系列
2018全品种

创意城市蓝皮书
北京文化创意产业发展报告（2018）
著(编)者：郭万超 张京成　2018年12月出版 / 估价：99.00元
PSN B-2012-263-1/7

创意城市蓝皮书
天津文化创意产业发展报告（2017~2018）
著(编)者：谢思全　2018年6月出版 / 估价：99.00元
PSN B-2016-536-7/7

创意城市蓝皮书
武汉文化创意产业发展报告（2018）
著(编)者：黄永林 陈汉桥　2018年12月出版 / 估价：99.00元
PSN B-2013-354-4/7

创意上海蓝皮书
上海文化创意产业发展报告（2017~2018）
著(编)者：王慧敏 王兴全　2018年8月出版 / 估价：99.00元
PSN B-2016-561-1/1

非物质文化遗产蓝皮书
广州市非物质文化遗产保护发展报告（2018）
著(编)者：宋俊华　2018年12月出版 / 估价：99.00元
PSN B-2016-589-1/1

甘肃蓝皮书
甘肃文化发展分析与预测（2018）
著(编)者：王俊莲 周小华　2018年1月出版 / 估价：99.00元
PSN B-2013-314-3/6

甘肃蓝皮书
甘肃舆情分析与预测（2018）
著(编)者：陈双梅 张谦元　2018年1月出版 / 估价：99.00元
PSN B-2013-315-4/6

广州蓝皮书
中国广州文化发展报告（2018）
著(编)者：屈哨兵 陆志强　2018年6月出版 / 估价：99.00元
PSN B-2009-134-7/14

广州蓝皮书
广州文化创意产业发展报告（2018）
著(编)者：徐咏虹　2018年7月出版 / 估价：99.00元
PSN B-2008-111-6/14

海淀蓝皮书
海淀区文化和科技融合发展报告（2018）
著(编)者：陈名杰 孟景伟　2018年5月出版 / 估价：99.00元
PSN B-2013-329-1/1

河南蓝皮书
河南文化发展报告（2018）
著(编)者：卫绍生　2018年7月出版 / 估价：99.00元
PSN B-2008-106-2/9

湖北文化产业蓝皮书
湖北省文化产业发展报告（2018）
著(编)者：黄晓华　2018年9月出版 / 估价：99.00元
PSN B-2017-656-1/1

湖北文化蓝皮书
湖北文化发展报告（2017~2018）
著(编)者：湖北大学高等人文研究院
中华文化发展湖北省协同创新中心
2018年10月出版 / 估价：99.00元
PSN B-2016-566-1/1

江苏蓝皮书
2018年江苏文化发展分析与展望
著(编)者：王庆五 樊和平　2018年9月出版 / 估价：128.00元
PSN B-2017-637-3/3

江西文化蓝皮书
江西非物质文化遗产发展报告（2018）
著(编)者：张圣才 傅安平　2018年12月出版 / 估价：128.00元
PSN B-2015-499-1/1

洛阳蓝皮书
洛阳文化发展报告（2018）
著(编)者：刘福兴 陈启明　2018年7月出版 / 估价：99.00元
PSN B-2015-476-1/1

南京蓝皮书
南京文化发展报告（2018）
著(编)者：中共南京市委宣传部
2018年12月出版 / 估价：99.00元
PSN B-2014-439-1/1

宁波文化蓝皮书
宁波"一人一艺"全民艺术普及发展报告（2017）
著(编)者：张爱琴　2018年11月出版 / 估价：128.00元
PSN B-2017-668-1/1

山东蓝皮书
山东文化发展报告（2018）
著(编)者：涂可国　2018年5月出版 / 估价：99.00元
PSN B-2014-406-3/5

陕西蓝皮书
陕西文化发展报告（2018）
著(编)者：任宗哲 白宽犁 王长寿
2018年1月出版 / 估价：99.00元
PSN B-2009-137-3/6

上海蓝皮书
上海传媒发展报告（2018）
著(编)者：强荧 焦雨虹　2018年2月出版 / 估价：99.00元
PSN B-2012-295-5/7

上海蓝皮书
上海文学发展报告（2018）
著(编)者：陈圣来　2018年6月出版 / 估价：99.00元
PSN B-2012-297-7/7

上海蓝皮书
上海文化发展报告（2018）
著(编)者：荣跃明　2018年2月出版 / 估价：99.00元
PSN B-2006-059-3/7

深圳蓝皮书
深圳文化发展报告（2018）
著(编)者：张骁儒　2018年7月出版 / 估价：99.00元
PSN B-2016-554-7/7

四川蓝皮书
四川文化产业发展报告（2018）
著(编)者：向宝云 张立伟　2018年4月出版 / 估价：99.00元
PSN B-2006-074-1/7

郑州蓝皮书
2018年郑州文化发展报告
著(编)者：王哲　2018年9月出版 / 估价：99.00元
PSN B-2008-107-1/1

社会科学文献出版社　皮书系列

❖ 皮书起源 ❖

"皮书"起源于十七、十八世纪的英国,主要指官方或社会组织正式发表的重要文件或报告,多以"白皮书"命名。在中国,"皮书"这一概念被社会广泛接受,并被成功运作、发展成为一种全新的出版形态,则源于中国社会科学院社会科学文献出版社。

❖ 皮书定义 ❖

皮书是对中国与世界发展状况和热点问题进行年度监测,以专业的角度、专家的视野和实证研究方法,针对某一领域或区域现状与发展态势展开分析和预测,具备原创性、实证性、专业性、连续性、前沿性、时效性等特点的公开出版物,由一系列权威研究报告组成。

❖ 皮书作者 ❖

皮书系列的作者以中国社会科学院、著名高校、地方社会科学院的研究人员为主,多为国内一流研究机构的权威专家学者,他们的看法和观点代表了学界对中国与世界的现实和未来最高水平的解读与分析。

❖ 皮书荣誉 ❖

皮书系列已成为社会科学文献出版社的著名图书品牌和中国社会科学院的知名学术品牌。2016年,皮书系列正式列入"十三五"国家重点出版规划项目;2013~2018年,重点皮书列入中国社会科学院承担的国家哲学社会科学创新工程项目;2018年,59种院外皮书使用"中国社会科学院创新工程学术出版项目"标识。

中国皮书网

（网址：www.pishu.cn）

发布皮书研创资讯，传播皮书精彩内容
引领皮书出版潮流，打造皮书服务平台

栏目设置

关于皮书：何谓皮书、皮书分类、皮书大事记、皮书荣誉、
皮书出版第一人、皮书编辑部

最新资讯：通知公告、新闻动态、媒体聚焦、网站专题、视频直播、下载专区

皮书研创：皮书规范、皮书选题、皮书出版、皮书研究、研创团队

皮书评奖评价：指标体系、皮书评价、皮书评奖

互动专区：皮书说、社科数托邦、皮书微博、留言板

所获荣誉

2008年、2011年，中国皮书网均在全国新闻出版业网站荣誉评选中获得"最具商业价值网站"称号；

2012年，获得"出版业网站百强"称号。

网库合一

2014年，中国皮书网与皮书数据库端口合一，实现资源共享。

权威报告·一手数据·特色资源

皮书数据库
ANNUAL REPORT(YEARBOOK) DATABASE

当代中国经济与社会发展高端智库平台

所获荣誉

- 2016年，入选"'十三五'国家重点电子出版物出版规划骨干工程"
- 2015年，荣获"搜索中国正能量 点赞2015""创新中国科技创新奖"
- 2013年，荣获"中国出版政府奖·网络出版物奖"提名奖
- 连续多年荣获中国数字出版博览会"数字出版·优秀品牌"奖

成为会员

通过网址www.pishu.com.cn或使用手机扫描二维码进入皮书数据库网站，进行手机号码验证或邮箱验证即可成为皮书数据库会员（建议通过手机号码快速验证注册）。

会员福利

- 使用手机号码首次注册的会员，账号自动充值100元体验金，可直接购买和查看数据库内容（仅限使用手机号码快速注册）。
- 已注册用户购书后可免费获赠100元皮书数据库充值卡。刮开充值卡涂层获取充值密码，登录并进入"会员中心"—"在线充值"—"充值卡充值"，充值成功后即可购买和查看数据库内容。

数据库服务热线：400-008-6695　　　　图书销售热线：010-59367070/7028
数据库服务QQ：2475522410　　　　　　图书服务QQ：1265056568
数据库服务邮箱：database@ssap.cn　　　图书服务邮箱：duzhe@ssap.cn